대통령 문재인의 4년

대통령 문재인의 4년

화합과 치유의 시대로 나아가다

편집부 엮음

더휴먼

차례

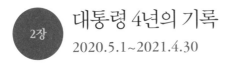

대통령 4년의 기록

2020.5.1~2021.4.30

2장

발언하는 대통령 문재인

들어가며

　문재인 정부 4년차는 서울, 부산시장 보궐선거를 놓고 국민의 선택을 받는 중간평가의 시간이었다. 지난 총선에서 여당에 힘을 실어준 국민은 불과 1년 후에 치러진 지방선거에서는 야당을 선택했다. 그만큼 '공정에 대한 국민의 명령은 준엄했다. 초심을 잃지 말고 개혁을 추진하라는 명령과 함께 선거를 통해 분열된 국민들의 마음을 치유하고 화합을 주문한 것이다.

　집권 4년차 문재인 정부의 가장 중요한 목표는 경제와 공정이다. 전 세계적인 코로나19의 혼란 속에서도 K‒방역의 성공과 더불어 경제 지표도 순항중인 것으로 평가된다. 올해 1월 주요 외신은 한국의 1인당 국민총소득이 G7에 진입했다며, 한국 경제는 코로나19로 인한 대규모 봉쇄에도 이탈리아를 제치고 세계 7위로 올라섰다고 보도했다. 2월 총수출 역시 9년만에 최대치를 기록하며 4개월 연속 상승흐름을 보였고, 취업률도 상승세를 타는 등 문재인 정부의 4년차는 어렵지만 잘 선방하며 성과를 이룬 시기였다.

경제가 호조세임에 반해 또다른 과제인 공정은 이에 미치지 못했다. 최근에 벌어진 LH 직원들의 투기 논란은 부정 부패를 척결하려는 정부의 노력에 찬물을 끼얹는 역할을 했다. 공정한 사회를 원하던 국민들의 눈에 미공개 사전 정보를 이용해 투기를 한 LH 직원들의 행동은 일탈이 아닌 범죄로 여겨졌다. 공공임대주택 확대를 통해 부동산 가격 안정과 서민들의 내집마련 꿈을 도우려던 문재인 정부의 노력도 수포로 돌아가는 듯 했다. 다주택자와 투기 세력을 뿌리 뽑는 것에 우선순위를 둔 부동산 정책은 분명 효과가 있지만, 힘들게 쌓은 공든 탑이 일부 공직자들의 불법 행위로 인해 위태해질 수도 있다는 것을 보여주는 사례가 되었다.

문재인 정부는 수십년간 이어져 온 불법행위와 불공정을 공정하게 만드는 것이 4월 재보궐선거 결과로 나타난 국민의 뜻임을 분명히 알아야 한다. 비록 미숙한 모습을 많이 보였지만 절치부심해서 더 노력하고 공정한 사회를 이루겠다는 초심만은 잃지 않겠다는 것을 겸손하게 보인다면 국민의 평가는 다시 달라질 수 있다.

미증유의 코로나19의 어려움 속에서 문재인 정부 4년차는 경제 회복과 대외적인 성장 두 마리 토끼를 잡은 성과가 분명히 있다. 그럼에도 불공정 행위에 의해 상처입은 국민의 마음을 치유하고 화합할 수 있는 공정한 세상을 만들라는 국민의 준엄한 목소리를 확인한 문재인 정부의 4년차는 공직기강 확립과 부패 청산, 공정이라는 대의에 충실해야 하는 중요한 시기이다. 민심이 곧 천심이다. 민심의 평가는 어제의 성과가 아니라 오늘의 문제와 내일의 과제에 맞추어져 있다. 문재인 정부는 스스로 낮춰서 뒤를 돌아보고 재정비해서 남은 임기동안 묵묵히 국민의 명령을 실현하기 위해 다시 뛸 준비를 하고 있다.

> "우리 정부 임기 마지막 날까지, 흔들림 없이, 국민과 역사가 부여한 책무를 다하자는 다짐을 새롭게 합니다. 국민의 질책을 쓴 약으로 여기고 국정 전반을 돌아보며 새출발의 전기로 삼겠습니다. 지금까지의 성과는 더욱 발전시키고, 부족한 것은 채우고 고치겠습니다."
> _대통령 문재인, 수석보좌관회의 중

대통령 문재인의 4년 —

1장

문재인
명연설
베스트
10

오월 정신은 용기의 원천입니다

제40주년 5·18민주화운동 기념식 기념사 │ 2020년 5월 18일 │

"우리는 오늘 5·18 광장에서 여전히 식지 않은 오월 영령들의 뜨거운 가슴과 만납니다. 언제나 나눔과 연대, 공동체 정신으로 되살아나는 오월 영령들을 기리며, 그들의 정신을 민주주의의 약속으로 지켜온 유공자, 유가족들께 깊은 위로와 존경의 마음을 바칩니다."

존경하는 국민 여러분,

광주·전남 시·도민 여러분,

오월 광주로부터 40년이 되었습니다. 시민들과 함께하는 5·18, 생활 속에서 되살아나는 5·18을 바라며, 정부는 처음으로 5·18민주화운동 기념식을 망월동 묘역이 아닌, 이곳 전남도청 앞 광장에서 거행합니다. 5·18 항쟁 기간 동안 광장은 서로의 안부를 확인하는 사랑방이었고, 용기를 나누는 항쟁의 지도부였습니다.

우리는 광장에서 결코 잊을 수 없는 대동세상을 보았습니다. 직접 시위에 참가하지 않은 시민들과 어린 학생들도 주먹밥을 나누고, 부상자들을 돌보며, 피가 부족하면 기꺼이 헌혈에 나섰습니다. 우리는 독재 권력과 다른 우리의 이웃들을 만났고, 목숨마저 바칠 수 있는 민주주의의 참모습을 보았습니다. 도청 앞 광장에 흩뿌려진 우리의 민주주의는 지난 40년, 전국의 광장으로 퍼져나가 서로의 손을 맞잡게 했습니다. 드디어 5월 광주는 전국으로 확장되었고, 열사들이 꿈꾸었던 내일이 우리의 오늘이 되었습니다.

그러나 함께 잘살 수 있는 세상은 아직도 갈 길이 멉니다. 오늘 우리에게는 서로를 믿고 의지할 수 있는 더 많은 광장이 필요합니다. 우리는 오늘 5·18 광장에서 여전히 식지 않은 오월 영령들의 뜨거운 가슴과 만납니다. 언제나 나눔과 연대, 공동체 정신으로 되살아나는 오월 영령들을 기리며, 그들의 정신을 민주주의의 약속으로 지켜온 유공자, 유가족들께 깊은 위로와 존경의 마음을 바칩니다. '오월 정신'을 키우고 나눠오신 광주시민과 전남도민들, 광주를 기억하고, 민주주의를 지켜주신 국민들께도 각별한 감사의 말씀을 드립니다.

국민 여러분,

'오월 정신'은 평범한 사람들의 평범한 희망이 타인의 고통에 응답하며 만들어진 것입니다. 가족을 사랑하고, 이웃을 걱정하는 마음이 모여 정의로운 정신이 되었습니다. 광주시민들의 서로를 격려하는 마음과 나눔이, 계엄군의 압도적 무력에 맞설 수 있었던 힘이었습니다. 광주는 철저히 고립되었지만, 단 한 건의 약탈이나 절도도 일어나지 않았습니다. 주인 없는 가게에 돈을 놓고 물건을 가져갔습니다. 그 정신은 지금도 우리 국민 한 사람 한 사람의 마음에 깃들어 있습니다.

'코로나' 극복에서 세계의 모범이 되는 저력이 되었습니다. 병상이 부족해 애태우던 대구를 위해 광주가 가장 먼저 병상을 마련했고, 대구 확진자들은 건강을 되찾아 집으로 돌아갈 수 있었습니다. '오월 어머니'들은 대구 의료진의 헌신에 정성으로 마련한 주먹밥 도시락으로 어려움을 나눴습니다. '오월 정신'은 역사의 부름에 응답하며 지금도 살아있는 숭고한 희생정신이 되었습니다. 1980년 5월 27일 새벽, 계엄군의 총칼에 이곳 전남도청에서 쓰러져간 시민들은 남은 이들이 더 나은 세상을 열어갈 것이라 믿었습니다. 오늘의 패배가 내일의 승리가 될 것이라 확신했습니다. 산 자들은 죽은 자들의 부름에 응답하며, 민주주의를 실천했습니다. 광주의 진실을 알리는 것이 민주화 운동이 되었고, 5·18은 대한민국 민주주의의 위대한 역사가 되었습니다.

"나라면 그날 도청에 남을 수 있었을까?" 그 대답이 무엇이든 스스로에게 물어보는 시간을 가졌다면, 우리는 그날의 희생자들에게 응답한 것입니다. 사람이 사람끼리 서로 공감하며 아픔을 나누고 희망을 만들어내듯, 우리는 진실한 역사와 공감하며, 더 강한 용기를 얻고, 더 큰 희망을 만들어냈습니다. 그것이 오늘의 우리 국민입니다. '오월 정신'은 더 널리 공감되어야 하고 세대와 세대를 이어 거듭 새롭게 태어나야 합니다.

한 청년이 말했습니다. "5·18에 대해 말할 수 있는 자격이 따로 있다면, 그것은 아직 5·18정신이 만개하지 않았다는 것입니다." 5·18을 겪지 않은 세대가 태어나고 자라 한 가정의 부모가 되고, 우리 사회의 주축이 되었습니다. 그날 광주에 있지 않았던 사람들도 나름의 방식으로 함께 광주를 겪었습니다.

그렇습니다. '오월 정신'은 누구의 것도 아닌 우리 모두의 것입니다. '오월 정신'은 이 시대를 살아가는 우리들과 미래를 열어가는 청년들에게 용기의 원천으로 끊임없이 재발견될 때 비로소 살아있는 정신이라 할 수 있습니다. '오월 정신'이 우리 마음에 살아 있을 때 5·18의 진실도 끊임없이 발굴될 것입니다. '오월 정신'을 나누는 행사들이 5·18민주화운동 40년을 맞아 전국에서 펼쳐지고 있습니다. 어려운 시기, 의미 있는 행사를 진행하고 계신 모든 분들께 진심으로 감사드립니다. 저와 정부도 '오월 정신'이 우리 모두의 자부심이 되고, 미래세대의 마음과 삶을 더 풍요롭게 할 수 있도록 언제나 함께할 것입니다.

서로 돕고 나눌 수 있을 때, 위기는 기회가 됩니다. 위기는 언제나 약한 사람들에게 더욱 가혹합니다. 우리의 연대가 우리 사회 가장 약한 사람들에게까지 미치고, 그들이 일어날 수 있을 때, 위기를 극복하는 우리의 힘도 더 강해질 것입니다. 오늘 '경과보고'와 '다짐'을 낭독해준 차경태, 김륜이 님과 같은 미래세대가 정의롭고 공정한 세상에서 자신의 꿈을 마음껏 펼칠 수 있도록 우리 사회의 연대의 힘을 더 키워 가겠습니다.

국민 여러분,

광주시민들은 아픔을 넘어서는 긍지로 5·18의 명예를 소중히 지켜왔습니다. 광주 밖에서도 수많은 이들이 광주의 고통에 눈감지 않고 광주의 진실을 세상에 알렸습니다. 정부도 5·18의 진상 규명에 최선을 다하겠습니다. 지난 5월 12일 본격적으로 활동을 시작한 '5·18진상규명조사위원회'가 남겨진 진실을 낱낱이 밝힐 수 있도록 지원을 아끼지 않겠습니다. 진실이 하나씩 세상에 드러날수록 마음속 응어리가 하나씩 풀리고, 우리는 그만큼 더 용서와 화해의 길로 가까이 갈 수 있을 것입니다. 왜곡과 폄훼는 더 이상 설 길이 없어질 것입니다. 발포 명령자 규명과 계엄군이 자행한 민간인 학살, 헬기 사격의 진실과 은폐·조작 의혹과 같은 국가폭력의 진상은 반드시 밝혀내야 할 것입니다.

처벌이 목적이 아닙니다. 역사를 올바로 기록하는 일입니다. 이제라도 용기를 내어 진실을 고백한다면 오히려 용서와 화해의 길이 열릴 것입니다. 5·18 행방불명자 소재를 파악하고, 추가 희생자의 명예회복과 배·보상에 있어서도 단 한 명도 억울함이 없도록 하겠습니다. 지난해 이준규 총경에 대한 파면 취소에 이어, 어제 5·18민주화운동으로 징계 받았던 퇴직 경찰관 21명에 대한 징계처분 직권취소가 이뤄졌습니다. 경찰관뿐만 아니라 군인, 해직 기자 같은 다양한 희생자들의 명예회복을 위해서도 노력하겠습니다.

진상규명의 가장 큰 동력은 광주의 아픔에 공감하는 국민들입니다. 우리 국민들은 민주공화국의 주권자로서 4·19혁명과 부마민주항쟁, 5·18민주화운동, 6월항쟁과 촛불혁명까지 민주주의의 거대한 물줄기를 헤쳐 왔습니다. 5·18의 완전한 진실을 향한 국민의 발걸음도 결코 되돌리거나 멈춰 세울 수 없습니다. 국민이 함께 밝혀내고 함께 기억하는 진실은 우리 사회를 더욱 정의롭게 만드는 힘이 되고, 국민 화합과 통합의 기반이 될 것입니다. 헌법 전문에 '5·18민주화운동'을 새기는 것은 5·18을 누구도 훼손하거나 부정할 수 없는 대한민국의 위대한 역사로 자리매김하는 일입니다.

2018년, 저는 '5·18민주이념의 계승'을 담은 개헌안을 발의한 바 있습니다. 언젠가 개헌이 이루어진다면 그 뜻을 살려가기를 희망합니다. 5·18민주화운동 기념일을 지방 공휴일로 지정한 광주시의 결정이 매우 뜻깊습니다. '오월 정신'은 도청과 광장에서 끊임없이 되살아날 것입니다. 전남도청의 충실한 복원을 통해 광주의 아픔과 정의로운 항쟁의 가치를 역사에 길이 남길 수 있도록 정부도 적극 지원하겠습니다.

존경하는 국민 여러분,

광주·전남 시·도민 여러분,

40년 전 광주는 숭고한 용기와 헌신으로 이 나라의 주인이 누구인지를 보여주었습니다. 우리는 광주를 떠올리며 스스로 정의로운지를 되물었고 그 물음으로 서로의 손을 잡으며, 민주주의를 향한 용기를 잃지 않았습니다. 세상을 바꾸는 힘은 언제나 국민에게 있습니다. 광주를 통해 우리는 서로의 마음을 더 많이 모으고, 더 많이 나누고, 더 깊이 소통하는 것이 민주주의라는 것을 경험했습니다. 우리에게 각인된 그 경험은 어떤 어려움 앞에서도 언제나 가장 큰 힘이 되어줄 것입니다. 이제 우리는 정치·사회에서의 민주주의를 넘어 가정, 직장, 경제에서의 민주주의를 실현해야 하고, 나누고 협력하는 세계질서를 위해 다시 오월의 전남도청 앞 광장을 기억해야 합니다. 그것이 그날, 도청을 사수하며 죽은 자들의 부름에 산 자들이 진정으로 응답하는 길입니다.

　감사합니다.

평화가 경제이자 일자리입니다

6·15 남북공동선언 20주년 기념식 축사 │ 2020년 6월 15일 │

국민 여러분,

내외 귀빈 여러분,

6·15남북공동선언 20주년을 맞아, 뜻깊은 자리에 함께 해주셔서 감사합니다. 오늘 역사적인 선언을 기념하는 기쁜 자리에서, 그 선언의 위대한 성과를 되짚어보고 평화의 한반도를 향해 우리가 얼마나 전진했는지 말씀드려야 하는데, 최근의 상황이 그렇지 못해 안타깝고 송구스럽습니다.

최근 북한이 일부 탈북자 단체 등의 대북 전단과 우리 정부를 비난하고 소통창구를 닫으면서 국민들께서 혹여 남북 간 대결국면으로 되돌아갈까 걱정하고 있습니다. 한걸음이라도 나아가기 위해 항상 얼음판을 걷듯이 조심스럽게 임했지만, 충분히 다하지 못했다는 심정입니다.

지금 우리의 상황이 녹록지 않기에 숱한 좌절과 가혹한 이념 공세를 이겨내며 끝내 남북정상회담을 성사시킨 김대중 대통령님의 용기와 지혜를 다시 생각하게 됩니다. 2000년 6월 15일, 한국전쟁 발발 50년 만에 처음으로 남북의 지도자가 마주 앉을 수 있었던 것은 두 지도자가 대화의 힘을 믿었기 때문입니다. 6·15남북공동선언으로 끊어진 철도와 도로가 이어졌고, 금강산 관광과 개성공단 사업이 시작되었습니다. 6만 이산가족의 생사를 확인했고, 2만 4천의 이산가족이 상봉했습니다. 개성공단에는 125개 기업이 입주하여 5만 5천 북한 노동자와 합작경제를 시작했고, 200만 우리 국민이 금강산 관광을 다녀왔습니다. 모두 대화가 이룬 성과입니다.

　　2017년 한반도에 전쟁의 먹구름이 짙어가는 상황에서 남북의 지도자가 다시 마주앉을 수 있었던 것도 6·15공동선언의 정신을 이어가고자 하는 의지가 두 지도자에게 있었기 때문입니다. 대화의 힘으로, 우리는 평창동계올림픽을 성공적인 평화올림픽으로 완성할 수 있었고, 사상 최초의 북미정상회담도 시작될 수 있었습니다. 한반도는 아직은 남과 북의 의지만으로 마음껏 달려갈 수 있는 상황이 아닙니다. 더디더라도 국제사회의 동의를 얻으며 나아가야 합니다. 그러나 남과 북이 자주적으로 할 수 있는 사업도 분명히 있습니다. 무엇보다도 중요한 것은 남북 간의 신뢰입니다. 끊임없는 대화로 남북간의 신뢰를 키워나가야 합니다.

　　국민 여러분,

　　내외 귀빈 여러분,

우리가 직면한 불편하고 어려운 문제들은 소통과 협력으로 풀어야 할 것들입니다. 반목과 오해가 평화와 공존을 향한 우리의 노력을 가로막게 두어서는 안됩니다. 한반도 정세를 획기적으로 전환하고자 했던 김정은 위원장의 노력을 나는 잘 알고 있습니다. 기대만큼 북미관계와 남북관계의 진전이 이루어지지 않은 것에 대해 나 또한 아쉬움이 매우 큽니다.

그러나 나와 김정은 위원장이 8천만 겨레 앞에서 했던 한반도 평화의 약속을 뒤로 돌릴 수는 없습니다. 우리 정부는 소통의 끈을 놓지 않을 것이며, 4·27판문점선언과 9·19평양공동선언의 이행을 위해 끊임없이 노력할 것입니다. 판문점선언에서 남북은 군사분계선 일대에서 전단살포 등 모든 적대 행위를 중단하기로 합의했습니다. 7·4남북공동성명과 남북기본합의서를 비롯한 역대 남북 합의들도 여러 차례 같은 뜻을 거듭 천명해왔습니다. 한반도의 평화와 번영을 바라는 사람이라면 누구나 준수해야 하는 합의입니다. 국민들께서 이 합의가 지켜지도록 마음을 모아주시기 바랍니다. 북한에게도 대화의 창을 닫지 말 것을 요청합니다. 장벽이 있더라도 대화로 지혜를 모아 함께 뛰어넘길 바랍니다.

6·15남북공동선언은 겨레의 마음에 깃든 훈풍이었으며, 한반도의 운명을 바꾼 역사적 선언이었습니다. 우리는 비로소 민족의 화해와 한반도 평화가 막연한 꿈이 아니라는 것을 체감할 수 있었습니다. 평화가 경제이고, 일자리이며 우리의 생명입니다. 평화는 하루아침에 오지 않습니다. 어려울수록 '작은 일부터, 가능한 것부터' 시작해야 합니다. 평화는 누가 대신 가져다주지도 않습니다. 우리의 운명을 우리 스스로 개척해야

합니다. 남과 북이 함께 해야 할 일입니다.

"우리 한민족이 반드시 같이 공존공영해서 새로운 21세기에 같이 손잡고 세계 일류 국가로 웅비하자"는 김대중 대통령님의 소회를 기억합니다. 평화와 번영을 위해 남북이 연대하고 협력하는 시대를 반드시 열어나가겠습니다.

감사합니다.

"끝까지, 확실히 성공할 때까지"

코로나19 백신 개발 기업 현장 방문 │ 2020년 10월 15일 │

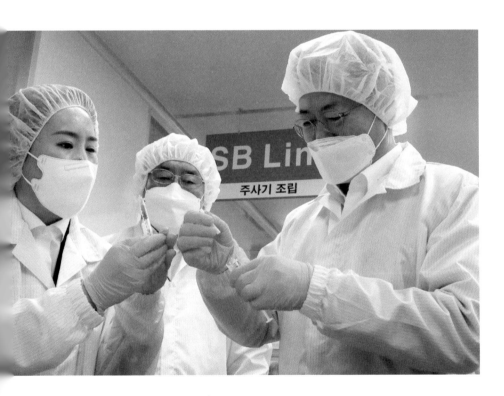

"우리는 코로나에 맞서 더 긴밀하게 연대하고 협력해야 합니다.
오늘 G20의 노력이 세계인에게 희망이 되길 바랍니다."

여러분, 반갑습니다.

코로나 백신 개발 현장인 SK바이오사이언스에서 기업, 의학계, 전문가, 연구자들을 모시고 간담회를 갖게 되었습니다. 바쁘신 가운데 함께해 주셔서 감사합니다.

코로나의 완전한 극복을 위해 백신과 치료제 개발은 반드시 넘어야 할 산입니다. 지금 우리 국민뿐만 아니라 전세계가 코로나 백신과 치료제 개발을 절실히 기다리고 있습니다. 반가운 소식은 세계적 기업들의 경쟁이 치열한 가운데 우리나라도 백신과 치료제 개발에서 상당한 성과를 내고 있는 것입니다. 지난 9개월간 기업, 병원, 대학, 연구소 등 민간과 정부의 모든 역량이 총동원된 가운데 우리 기업의 연구진들이 밤낮없이 연구 개발에 매진해왔습니다. 국민들께서도 혈장을 기증하고, 임상시험에 참여해 주셨습니다. 정부는 생물안전연구시설 등 공공연구 개발 시설을 민간에 개방하고, 개발과 허가, 또는 승인의 전 주기에 걸친 신속한 절차와 개발비 지원 등 특단의 대책을 마련했으며, 코로나19 치료제 및 백신 개발 범정부지원단을 구성해 업계를 적극 지원해왔습니다. 해외 백신 확보에도 총력전을 펼쳐 코백스(COVAX)를 통한 국제 공동 구매와 함께 글로벌 백신 선두 기업들과 협의를 진행해왔습니다. 그 결과 개발 과정이 순조롭게 진행된다면 치료제는 올해 안에 본격적인 생산을, 백신은 내년까지 개발 완료를 기대할 수 있게 되었습니다. 우리 국민의 60%에 달하는 총 3천만 명 분량의 백신을 우선 확보하기 위한 계획도 착실하게 진행되고 있습니다.

특별히 오늘 백신 개발 현장을 둘러보며 우리 기술력에 대해 새로운 감회와 자신감이 생깁니다. SK바이오사이언스는 안전하고 효능이 우수한 합성항원 백신을 개발하고 있고, 이번 달부터 임상시험에 착수하게 됩니다. 빌&멜린다 게이츠 재단으로부터 개발비를 지원받을 만큼 국제사회에서도 기술력을 인정받고 있습니다. 또한 첨단시설과 뛰어난 생산 능력을 갖춰 아스트라제네카와 노바백스와 같은 글로벌 백신회사들과 위탁생산을 협의하고 있습니다. 생산 물량의 일부를 우리 국민에게 우선 공급할 수 있게 된다면 백신의 안정적 확보에도 큰 힘이 될 것입니다. 제넥신과 진원생명과학도 DNA 백신 개발에 속도를 내고 임상시험과 비임상시험에 착수하고 있습니다.

치료제 개발도 빠른 성과를 보이고 있습니다. 기존에 허가받은 의약품 중 코로나에 효과가 있는 치료제를 찾아내는 약물 재창출 방식으로 19건의 임상시험이 진행 중입니다. 셀트리온은 항체 치료제를 개발하며 임상 마지막 단계인 2상과 3상을 동시에 진행하고 있고, GC녹십자사가 개발한 혈장 치료제도 임상 2상에 진입하여 올해 안에 환자 치료에 사용할 수 있게 되기를 기대하고 있습니다.

그러나 세계적으로 인정받는 백신과 치료제를 개발하기 위해서는 앞으로 넘어야 할 고비도 많습니다. 백신과 치료제는 국민의 생명과 직결되는 만큼 안전성이 확실히 담보되어야 합니다. 안전하고 효능이 우수한 제품 개발을 목표로 끝까지 매진해 주기 바랍니다. 또한 코로나 이후에 다시 찾아올 감염병에 대비해 우리의 치료제와 백신 개발 역량을 더욱 높여나가야 합니다. 기업과 연구소, 병원, 대학이 마지막까지 합심해

주실 것을 당부드립니다.

정부는 '끝까지, 확실히 성공할 때까지' 지원을 아끼지 않겠습니다. 이번 코로나 치료제와 백신만큼은 설령 다른 나라가 먼저 개발에 성공하고 우리가 수입할 수 있게 된다 하더라도 끝까지 자체 개발을 성공시켜야 한다는 의지를 가지고 있습니다. 그것은 개발 경험의 축적을 위해서도 반드시 필요한 일이고, 또 신종플루 때 경험했던 것처럼 공급 가격의 인하를 위해서도 필요한 일입니다. 백신과 치료제 개발은 많은 시간과 막대한 비용이 드는 만큼 높은 실패 가능성으로 인해 기업의 위험부담이 컸습니다. 정부는 기업의 임상시험 비용과 개발비 지원 등에 올해 2,100억 원을 지원했고, 내년 예산은 올해보다 19% 늘어난 2,600억 원을 편성하였습니다.

국내 거점 병원 세 곳과 전국의 17개 병원을 연계한 국가 감염병 임상시험센터를 가동하여 피험자 모집 등 임상시험을 적극 지원하고, 해외 임상 지원도 범정부 차원에서 해 나갈 것입니다. 국립감염병연구소, 공공백신 개발 지원센터, 바이러스기초연구소와 함께 백신 실증 지원센터 같은 공공 인프라를 확충하여 백신과 치료제 개발과 생산을 뒷받침하겠습니다. 코로나의 완전한 극복을 위해 백신과 치료제 개발이 하루빨리 성공하기를 바랍니다. K - 방역에 이어 K - 바이오가 우리에게 다시 한번 희망과 자부심이 되리라 믿습니다. 정부도 끝까지 함께하겠습니다.

감사합니다.

"우리는 일본과 '다른 길'을 걸을 것입니다. 대한민국은 위기를 오히려 기회로 삼아 글로벌 첨단 소재, 부품, 장비 강국으로 도약해 갈 것입니다. 그와 함께 글로벌 공급망의 안정에 기여하며 국제사회와 협력해 갈 것입니다. 이것이 우리가 가고자 하는, '한국의 길'입니다."

사람 중심의 따뜻한 인공지능 시대를 열겠습니다

한국판 뉴딜 '대한민국 인공지능'을 만나다 │ 2020년 11월 25일 │

존경하는 국민 여러분, 기업인과 전문가 여러분,

인공지능 시대가 열리고 있습니다. 사람처럼 학습하고 생각하는 기계, 추론하고 이해할 수 있는 컴퓨터가 이미 우리 곁에 왔습니다. 사람이 만든 것이지만 알파고처럼 사람의 수준을 뛰어넘고, 사람의 생활을 도우면서 우리 삶 곳곳에 스며들고 있습니다. 이제 인공지능은 사물인터넷, 자율주행, 헬스케어 같은 4차 산업혁명의 핵심 기술로 미래 시대를 여는 주인공이 되었습니다.

모든 나라가 인공지능 시장을 선점하기 위한 경쟁에 뛰어들고 있습니다. 맥킨지는 2030년 세계 70%의 기업이 인공지능을 활용할 것이며 인공지능이 세계 GDP에 기여할 금액이 무려 13조 달러에 달할 것이라고 전망했습니다. 인공지능 강국으로 도약하기 위해 우리도 뛰고 있습니다. 지난해 '인공지능 국가전략'을 발표했고, 오늘 국민과 함께 대한민국 인공지능 시대를 열기 위해 관련 기업, 기관, 전문가들이 이곳에 모였습니다. 우리 기업들은 산업현장과 일상에서 인공지능을 활용하기 위해 혁신해 왔고, 세계와 대등하게 경쟁할 수 있다는 것을 과감한 도전으로 증명하고 있습니다. 인공지능 시대를 활짝 열고 있는 대한민국 인공지능의 주역 여러분들을 국민들과 함께 응원합니다.

국민 여러분,

지난 5월 태어난 지 세 돌이 되도록 고개도 못 들던 발달지연 아기가 정밀진단 인공지능 '닥터 앤서'의 진단과 처방으로 한 달 만에 고개를 들고, 기어 다닐 수 있게 되었습니다. 1,800종이 넘는 소아 희귀질환 발병 유전자를 검사하느라 기존 검사방법으로는 병명 진단에만 평균 5년이 걸렸지만 '닥터 앤서'는 불과 몇 분 만에 아기의 정확한 병명을 찾아냈습니다. 지난해 "가장 똑똑하면서 인간다운 인공지능을 만들겠다"고 말씀드린 후 불과 1년 사이에 기업과 병원, 정부가 힘을 합쳐 만들어낸 성과입니다.

코로나 극복 과정에서도 우리의 인공지능은 유례없는 능력을 발휘했습니다. 인공지능 '누구 케어콜'은 자가격리 대상자들에게 하루 두 번씩 전화를 걸어 확진자를 조기에 발견했습니다. 원격교육과 재택근무, 소상공인의 고객유형별 할인전략에 이르기까지 인공지능 기술이 사용되었고, 코로나 진단키트와 치료제 개발 기간도 획기적으로 줄일 수 있었습니다. 더욱 자랑스러운 것은 세계를 놀라게 한 우리 기업들의 성과입니다. 우리 중소기업 '루닛'이 개발한 폐질환 진단 인공지능은 브라질,

이탈리아 등 세계 80개국에서 사용되고 있습니다. 데이터를 개방한 '네이버'는 스타트업과 벤처기업의 인공지능 개발을 돕는 한편, 세계 최고 수준의 인공지능 로봇기술을 개발했습니다.

'KT'는 'LG유플러스'와 '현대중공업' 등 9개의 산·학·연과 손잡고 '인공지능 원 팀'을 구성했습니다. 인공지능 공동 연구와 인력 양성을 통해 '호텔 로봇'처럼 개별 기업의 분야를 뛰어넘는 혁신적 성과가 기대됩니다. '삼성전자'는 제품의 혁신을 넘어 재난과 감염병 대응처럼 사람 중심 인공지능으로 인류의 안전을 지향하고 있습니다. 인공지능 전문기업으로 도약하고 있는 '카카오'와 국내 최초로 데이터센터용 인공지능 반도체를 출시하는 'SK텔레콤'의 미래도 매우 밝습니다. 사람 중심의 인공지능 기술을 실현하는 여러분들이 진정한 개척자입니다. 세계를 향해 성큼성큼 나아가고 있는 여러분께 격려와 감사의 박수를 보냅니다.

국민 여러분, 기업인과 전문가 여러분,

정부의 목표는 단지, 인공지능 기술력 1등 국가가 아니라 인공지능으로 국민 모두 행복한 나라가 되는 것입니다. 우리나라는 연간 노동시간이 OECD 국가 중 세 번째로 길지만 노동생산성은 하위권에 속합니다. 교육 수준은 최고지만, 공동체와 환경, 일과 삶의 균형은 하위권입니다. 인공지능은 우리가 꿈꿔온 일상을 실현하고, 우리 삶을 더 풍요롭게 만들어 줄 수 있을 것입니다. '데이터 가공인력', '디지털 강사', '인공지능 개발자' 같은 직접적인 일자리는 물론 파생되는 새로운 일자리를 많이 창출할 수 있게 될 것입니다.

우리는 지난해 '인공지능 기본구상'과 '인공지능 국가전략'을 마련하며 기초역량을 다져왔습니다. 이제 한국판 뉴딜의 핵심축인 디지털 뉴딜로 인공지능 분야의 경쟁력을 빠르게 높여갈 것입니다. 사람 중심의 사회를 지향하며 행정, 교육, 산업, 보건·의료, 교통·물류 등 사회 전 분야에 인공지능 기술을 접목하겠습니다.

첫째, 인공지능 '기술 혁신'의 속도를 높이겠습니다. 핵심 제품인 인공지능 반도체를 제2의 D램으로 키우겠습니다. 지난 10월 '인공지능 반도체 산업 발전전략'을 수립했고, 2029년까지 1조 원을 투자합니다. '인공지능 법·제도 개선 로드맵'을 연말까지 마련해 규제를 개선하고 기업 혁신을 돕겠습니다.

둘째, '인재 양성'으로 첨단 인공지능의 역량을 키우겠습니다. 지금까지 인공지능 대학원 12개가 설립됐고, 한국판 뉴딜로 인공지능 인력을 총 10만 명으로 늘릴 계획입니다. 산업현장 노동자들이 인공지능을 배우고, 활용하며 새로운 직업에 도전할 수 있도록 재직자 교육도 확대하겠습니다.

셋째, 튼튼한 '데이터 활용' 인프라를 구축하겠습니다. 정부는 '데이터 3법'과 '지능정보화기본법'을 마련하여 안전한 데이터 활용체계를 갖췄습니다. 공공데이터 개방을 확대해 이용을 활성화하고, 중소기업과 스타트업의 데이터 활용을 지원하고 있습니다. 한국판 뉴딜 대표사업인 데이터 댐 사업을 통해 자율차, 로봇, 스마트공장, 스마트팜 등 산업 분야별 혁신 방안과 연계하고, 데이터 활용 속도를 한층 높이겠습니다.

마지막으로, 우리가 결코 잊어서는 안 될 과제에 대해서 말씀드리고 싶습니다. 아무리 인공지능과 로봇이 생산성과 효율성을 높인다 해도 사람을 대체할 수는 없을 것입니다. 우리는 인공지능이 가져올 편리함과 동시에 사람의 소외를 초래할지도 모를 어두운 측면도 무겁게 고민해야 합니다. 경제적 가치와 함께 사람 중심의 가치의 중요성을 생각하며 미래를 설계해야 할 것입니다.

앞으로 마련할 '국가 인공지능 윤리기준'은 인공지능의 윤리를 세우는 출발점이 될 것입니다. 기술 오용, 데이터 편향성, 개인정보 침해 등의 역기능을 최소화하고, 사라지는 일자리로 인해 인간의 존엄성이 훼손되지 않도록 사회 안전망을 두텁게 만들겠습니다. 인공지능 오작동 등으로 사고가 발생한 경우의 책임 문제 등 인공지능의 행위를 어떻게 바라볼 것인지에 대한 사회적 합의를 만들어내고, 사람 중심의 인공지능 질서를 만들기 위해 국제사회와도 협력하겠습니다. 기업과 전문가들께서도 사람 중심의 인공지능을 위해 함께 노력해 주시길 바랍니다.

존경하는 국민 여러분, 기업인과 전문가 여러분,

대한민국의 꿈은 코로나 이후 시대의 선도국가가 되는 것입니다. 바로 인공지능을 가장 잘 활용하는 나라입니다. 대한민국이 IT 강국을 넘어 인공지능 강국으로, 'K-방역'의 모범 국가를 넘어 포스트 코로나 시대를 선도하는 국가로 도약할 수 있도록 함께 나아가길 바랍니다. 국민 누구나 일상 속에서 인공지능의 혜택을 골고루 누리는 사람 중심의 따뜻한 인공지능 시대를 열겠습니다.

감사합니다.

한 – 우즈베키스탄 화상 정상회담에서 인사하는 문재인 대통령

탄소중립은 선택이 아닌 필수입니다

대한민국 탄소중립선언 | 2020년 12월 10일 |

존경하는 국민 여러분,

올 한 해 정말 애 많이 쓰셨습니다. 코로나로 사랑하는 이를 잃어야 했던 모든 분들과 지금 이 순간에도 병마와 싸우고 계신 분들께 위로의 마음을 전합니다. 불편과 불이익을 감수하며 방역에 함께해 주신 국민 여러분께 진심으로 경의를 표하며, 내 이웃과 가족을 위해 묵묵히 땀흘리며 헌신하고 계시는 수많은 생활 속 영웅들께도 감사 인사를 올립니다.

국민 여러분,

많은 과학자가 오래전부터 기후위기와 그로 인한 신종감염병이 인류를 위협하게 될 것이라고 경고해왔습니다. 그러나 일상에 바쁜 우리에게 절실하게 와닿지 않았습니다. 무너져 내리는 빙하나, 길 잃은 북극

곰을 보며 안타까워했지만, 먼 나중의 일로 여겼습니다. 그런데 어느새, 기후위기가 우리의 일상에 아주 가까이 와 있었습니다. 지난 10년 사이, 100년 만의 집중호우, 100년 만의 이상고온, 100년 만의 가뭄, 폭염, 태풍, 최악의 미세먼지 등 '100년 만'이라는 이름이 붙는, 기록적 이상기후가 매년 한반도를 덮쳤습니다.

올해 태어난 우리 아이들이 30대에 접어드는 2050년이면, 한반도의 일상은 지금과 또 달라질 것입니다. 여름은 길어지고 겨울은 짧아질 것입니다. 폭염과 열대야 같은 극한 기후가 더 많이 늘어날 것입니다. 병해충 피해가 겹치게 되면, 쌀을 비롯한 곡물 수확량도 크게 감소할 수 있습니다. 가축을 키우는 일도 지금보다 어려워질 것입니다. 우리나라에만 분포하는 한라산의 구상나무, 소백산의 은방울꽃은 사진으로만 남고, 청개구리 울음소리마저 듣지 못할지도 모릅니다.

그나마 우리나라는 나은 편입니다. 시야를 바깥으로 돌려 보면, 세계적인 이상기후가 세계 도처에서 이미 인류에게 많은 고통을 주고 있습니다. 기후위기는 코로나와 마찬가지로 가장 취약한 지역과 계층, 어려운 이들을 가장 먼저 힘들게 하다가, 끝내는 모든 인류의 삶을 고통스럽게 할 것입니다.

국민 여러분,

그러나 지금 말씀드린 암담한 미래는, 인류가 변화 없이 지금처럼 살아간다면 그렇게 될 것이라는 말입니다. 어제의 우리가 오늘을 바꿨듯, 오늘의 우리가 어떻게 하느냐에 따라 내일을 바꿀 수 있습니다. 우리 국민들은 이미 30년 전부터 환경을 지키기 위한 실천을 계속해왔습니다. 1990년 2.3㎏에 이르던 1인당 하루 생활 쓰레기량은 종량제를 전면 도입한 1995년부터 줄어들어, 지금 1㎏ 내외로 유지하고 있습니다. 지난 20년간, 재활용률도 크게 증가해 매립하거나 소각해야 하는 쓰레기량도 많이 줄었습니다. 국민들은 음식물 쓰레기와 일회용품 줄이기, 재활용품 분리배출 같은 일상 속 실천으로 지구를 살리는 일에 이미 동참하고 계십니다.

그동안 정부는 국민과 함께 기후위기를 극복하기 위해 노력해왔고, 성과도 많았습니다. 산업발전과 함께 지속적인 증가추세였던 온실가스 배출량이 지난해 처음으로 감소로 돌아섰고, 올해 더 감소할 것으로 예상됩니다. 우리 정부는 신규 석탄발전소 건설허가를 전면 중단하고, 노후 석탄발전소 열 기를 조기 폐지하는 등 석탄발전을 과감히 감축하고, 재생에너지를 확대했으며, 노후 경유차의 공해저감과 친환경차 보급에 많은 노력을 기울여 왔습니다. 기업들도 탈탄소 대표산업인 태양광, 전기차, 수소차 분야에 적극 투자하여 세계시장을 선도하고 있습니다. 전기차 배터리와 에너지 저장장치 분야에서도 세계시장 점유율 1위를 차지하고 있습니다.

그럼에도 심각한 것은 기후변화의 속도가 빨라지고 있다는 사실입니다. 2018년 우리나라에서 열린 IPCC 48차 총회에서 만장일치로 채택된 '지구온난화 1.5도 특별보고서'는 산업화 이후 지구 온도가 1.5도 이상 상승하면 해수면 상승과 이상기후 등으로 수많은 인류의 삶이 위기에 처할 것이라고 경고했습니다. 위기는 이미 우리 눈앞에 다가오고 있습니다. 각 나라가 앞다투어 '2050년 탄소중립'을 선언하고 있는 이유입니다.

　세계 각국과 글로벌 기업들은 인류 공동의 목표를 달성하기 위해 협력하는 한편, 새로운 시대에 맞는 경쟁력을 갖추기 위해 혁신의 속도를 높이고 있습니다. 이미 EU를 시작으로 주요국들은 탄소 국경세 도입을 기정사실화하고 있습니다. 친환경 기업 위주로 거래와 투자를 제한하려는 움직임이 확산되고 있고, 국제 경제 규제와 무역 환경도 급변하고 있습니다. 제조업의 비중이 높고 철강, 석유화학을 비롯하여 에너지 다소비 업종이 많은 우리에게 쉽지 않은 도전입니다.

　그러나 전쟁의 폐허를 딛고, 농업 기반 사회에서 출발해 경공업, 중화학 공업, ICT에 이르기까지 끊임없이 발전하며 경제성장을 일궈온 우리 국민의 저력이라면 못해낼 것도 없습니다. 우리는 배터리, 수소 등 우수한 저탄소 기술을 보유하고 있고, 디지털 기술과 혁신역량에서 앞서가고 있습니다. 200년이나 늦게 시작한 산업화에 비하면, 비교적 동등한 선상에서 출발하는 '탄소중립'은 우리나라가 선도국가로 도약할 기회이기도 합니다. 지난 7월 발표한 '그린 뉴딜'은 '2050 탄소중립 사회'를 향한 담대한 첫걸음입니다. 한발 더 나아가 탄소중립과 경제성장, 삶의 질 향상을 동시에 달성하는 '2050년 대한민국 탄소중립 비전'을 마련했습니다. 전 세계적인 기후위기 대응을 '포용적이며 지속가능한 성장'의 기회로 삼아 능동적으로 혁신하며, 국제사회를 선도하는 것이 목표입니다. 우리 아이들의 건강하고 넉넉한 미래를 만들어 가는 것입니다.

　첫째, 산업과 경제, 사회 모든 영역에서 '탄소중립'을 강력히 추진해 나가겠습니다. 재생에너지 중심으로 에너지 주공급원을 전환하고, 재생에너지, 수소, 에너지IT 등 3대 에너지 신산업을 육성하겠습니다.

둘째, 저탄소 산업 생태계 조성에 힘쓰겠습니다. 저탄소 신산업 유망 업체들이 세계시장을 선점할 수 있도록 지원하겠습니다. 대기업부터 스타트업까지 서로 협력할 수 있는 플랫폼을 구축하여 혁신 생태계를 조성하겠습니다. 원료와 제품 그리고 폐기물의 재사용·재활용을 확대하여 에너지 소비를 최소화하는 순환경제를 활성화하겠습니다.

셋째, 소외되는 계층이나 지역이 없도록 공정한 전환을 도모하겠습니다. 지역별 맞춤형 전략과 지역 주도 녹색산업 육성을 통해 지역주민의 일자리와 수익을 창출할 것입니다.

정부의 책임이 무겁습니다. 우리 정부에서 기틀을 세울 수 있도록, 말씀드린 세 가지 목표를 달성하기 위해 과감히 투자하겠습니다. 기술개발을 확대하고, 연구개발 지원을 대폭 강화하겠습니다. '2050 탄소중립' 목표를 이루기 위해서는 기술 발전이 가장 중요합니다. 기술 발전으로 에너지 전환의 비용을 낮춰야 합니다. 우리의 핵심기술이 세계를 선도하고, 미래 먹거리가 될 수 있도록 정부가 든든한 뒷받침이 되겠습니다. '탄소중립 친화적 재정프로그램'을 구축하고, 그린 뉴딜에 국민들의 참여가 활발해질 수 있도록 녹색 금융과 펀드 활성화에도 적극 나서겠습니다. 내년 5월 우리는 '제2차 P4G 정상회의'를 서울에서 개최합니다. 국제사회와 함께 '탄소중립' 실현에 앞장서겠습니다. 임기 내에 확고한 '탄소중립 사회'의 기틀을 다지겠습니다.

존경하는 국민 여러분,

'탄소중립'은 어려운 과제이지만 피할 수 없는 과제입니다. 그러나,

우리가 어려우면 다른 나라들도 어렵고, 다른 나라가 할 수 있으면 우리도 할 수 있습니다. 우리는 코로나를 극복하며 세계를 선도하고 있습니다. 'K - 방역'은 세계의 표준이 되었고, 세계에서 가장 빨리 경제를 회복하고 있습니다. '2050 탄소중립 비전' 역시 국민 한 분 한 분의 작은 실천과 함께하면서 또다시 세계의 모범을 만들어 낼 수 있다고 믿습니다. 우리 모두의 일상 속 작은 실천으로 지구를 살리고 나와 이웃, 우리 아이들의 삶을 바꿀 수 있습니다. 더 늦기 전에, 지금 바로 시작합시다.

감사합니다.

공공임대주택 공급은 국가의 책무입니다

살고 싶은 임대주택 보고회 모두발언 | 2020년 12월 11일 |

"오늘 화성 동탄 공공임대 100만호 기념단지가 국민들께 공공임대주택의 새로운 모습, 새로운 주거문화를 보여주게 되길 기대합니다. 정부는 공공임대주택 공급을 지속적으로 늘려 국민 누구나 빠짐없이 안정적인 주거권을 누리도록 하겠습니다."

반갑습니다.

화성동탄 공공임대 100만호 기념단지 집들이에 함께하게 되어 매우 뜻깊습니다. 1인 가구 대학생과 청년, 신혼부부와 어르신까지 다양한 평형의 주택이 섞인 가운데 다양한 세대와 연령층이 함께 어울리며 지역주민과 소통하고 교류하는 모습이 정겹습니다. 공공임대주택이 함께 어울려 사는 곳이라는 사실을 잘 보여주는 모범적인 단지입니다. 집들이를 축하드리고, 이웃과 함께 주거문화를 바꾸고 계신 입주민 여러분께 감사드립니다.

화성동탄 공공임대 100만호 기념단지에는 그동안 발전해온 공공임대주택의 개선 노력과 성과가 담겨있습니다. 보기 좋은 외관과 편리한 실내 구조, 깔끔한 인테리어는 물론 어린이집, 실내놀이터를 비롯한 다양한 생활SOC까지 공공임대주택의 달라진 모습을 볼 수 있습니다. 국민의 질 높은 주거권을 보장하기 위해 애써 오신 국토교통부 직원들과 우리 김현미 장관님, 또 한국토지주택공사 직원들과 변창흠 사장님, 국가건축정책위원회와 박인석 위원장님 모두 애쓰셨습니다.

집이야말로 가장 기본적인 사회안전망이고, 주거권은 인간답게 살기 위한 최소한의 권리입니다. 청년과 신혼부부, 노인과 장애인, 저소득층과 같은 주거 취약계층을 위한 공공임대주택 공급은 국가가 가장 우선해야 할 책무입니다. 우리는 세계 10위권의 경제 강국으로 도약했고, 집 없는 설움을 가진 730만 가구의 주거권을 충분히 보장할 만큼 성장했습니다. 정부는 국민 모두의 기본적인 주거복지를 실현하는 주거정책을 흔들림 없이 추진할 것입니다.

첫째, 공공임대주택을 충분하게 공급하겠습니다. 서민들이 장기간 저렴하게 안정적으로 거주할 수 있도록 하겠습니다. 우리는 총 주택수 대비 공공임대주택 비율이 OECD 평균인 8%에 도달했지만 아직 충분하지 않습니다. 정부는 2022년 공공임대주택 200만호 시대를 열 것입니다. 이어서 2025년까지 240만호, 재고율 10%를 달성하여 주거의 공공성을 강화하고, OECD 상위권의 주거안전망을 갖추겠습니다.

둘째, 공공임대주택의 질적 혁신을 이루겠습니다. 누구나 살고 싶은 공공임대주택을 건설하겠습니다. 내년부터 공공임대주택 입주요건을 중산층까지 확대하고, 2025년까지 중형 임대주택 6만3,000호를 공급할 것입니다. 민간의 창의적 디자인을 채택하여 디자인 특화단지를 조성하고 생활문화센터, 국공립 어린이집 같은 다양한 생활SOC를 설치하겠습니다. 다양한 평형을 공급하여 청년과 어르신, 중산층과 저소득층 등 다양한 세대와 계층이 함께 어울려 사는 주거공동체를 만들겠습니다.

셋째, 주거복지의 사각지대를 줄여나가겠습니다. 주택보급률은 100%를 넘었지만 아직도 쪽방, 고시원 등 열악한 곳에 사는 분들이 많습니다. 저렴하고 쾌적한 공공임대주택으로 옮겨드리고, 취약 주거지는 공공임대주택으로 재탄생시키겠습니다. 당장 내년에 영등포 쪽방촌부터 착공하여 2025년까지 총 4만호의 이주를 지원할 예정입니다. 공공임대주택이 충분히 보급되기 전까지 주거안정을 위한 주거비 보조 지원도 강화해 갈 것입니다. 지원 대상과 수준을 대폭 확대하고, 주거급여와 저리의 전월세 자금을 지원하겠습니다. 정부는 올해 코로나 등으로 인해 명도소송과 강제퇴거 등의 주거위기를 겪고 있는 가구를 위해 지자체와 함께 총 2,228호의 긴급 임시주택을 지원했습니다. 주거위기 가구에 대한 안전망도 지속적으로 강화해 나가겠습니다.

오늘 화성동탄 공공임대 100만호 기념단지가 국민들께 공공임대주택의 새로운 모습, 새로운 주거문화를 보여주게 되길 기대합니다. 또한 질 좋은 공공임대주택의 가능성을 함께 확인하는 계기가 되길 바랍니다. 정부는 공공임대주택 공급을 지속적으로 늘려 국민 누구나 빠짐없이 안정적인 주거권을 누리도록 하겠습니다. 주거의 공공성을 강화하고, 주거 안전망을 더욱 촘촘하게 완성해 나가겠습니다. 입주민 여러분의 목소리에 귀 기울이며 누구나 살고 싶은 공공임대주택을 함께 마련하기 위해 항상 노력하겠습니다. 질 좋은 공공임대주택으로 중산층까지 혜택을 넓혀 가겠습니다. 공공임대주택의 다양한 공급 확대로 누구나 집을 소유하지 않고도 충분한 주거를 누릴 수 있도록 하겠습니다.

감사합니다.

연대와 협력은 인류의 가장 강력한 힘입니다

세계경제포럼 특별연설 │ 2021년 1월 27일 │

2021 세계경제포럼에서 특별연설을 하는 문재인대통령

의장님, 감사합니다.

존경하는 슈밥(Schwab) 회장님, 구리아(Guria) OECD 사무총장님, 세계의 지도자 여러분,

다보스 아젠다 주간에 글로벌 리더 여러분과 함께 '포용적 회복과 도약'의 길을 모색하게 되어 매우 기쁘게 생각합니다. 2020년은 모두가 힘든 한 해였지만, 그와 함께 '연대와 협력'의 절실함이 어느 때보다 커진 한 해이기도 했습니다. 한국이 신속하게 진단키트를 만들어 방역 현장에서 사용할 수 있었던 것은 WHO가 코로나 관련 정보를 회원국과 공유해준 덕분입니다. 통상 10년씩 걸리던 백신 개발이 불과 1년도 걸리지 않아 완료될 수 있었던 것도 많은 나라와 기업, 연구자들이 힘을 모은 결과입니다.

그러나, 상황이 낙관적이지만은 않습니다. 경제가 회복되고 있지만, 코로나 양극화와 불평등이 더욱 커지고 있습니다. 코로나가 장기화되는 가운데 불평등이 확대되는 것은 많은 나라에서 계층 간의 문제이기도 하고, 국가 간의 문제이기도 합니다. 당장 코로나 방역과 경제위기에 대처하는 것만큼, 포스트 코로나 시대의 양극화와 불평등을 막기 위해 인류가 지혜를 모으는 일도 중요합니다. 그런 의미에서 세계경제포럼이 '신뢰 재건을 위한 중요한 해'를 이번 포럼의 주제로 삼은 것은 매우 시의적절합니다.

세계의 지도자 여러분,

한국이 세계에서 두 번째로 코로나의 도전을 받게 되었을 때, 사회적 약자 그 누구도 배제하지 않는 '포용'의 정신을 해결의 이정표로 삼았

습니다. 국적을 가리지 않고 누구나 신속한 검사와 격리 치료를 무료로 받을 수 있게 하고, 마스크가 부족했을 때 마스크 5부제로 전 국민 모두가 공평하게 필요한 만큼 마스크를 구입할 수 있게 한 것이 대표적인 사례입니다.

이제 한국은 코로나 극복의 단계로 진입하며, 포용적 회복과 도약을 목표로 하고 있습니다. 그 시작은 다른 나라들과 마찬가지로 집단면역의 첫걸음이 될 백신 접종이 될 것입니다. 한국은 여러 제약회사와 계약을 맺어 전 국민에게 충분한, 다양한 종류의 백신을 확보했고, 일상회복의 포용성을 높이기 위해 전 국민 무료 접종을 결정했습니다. 백신 접종은 다음 달부터 요양병원, 노인의료복지시설, 고위험 의료기관 종사자와 돌봄 종사자 등을 시작으로 우선순위에 따라 이뤄질 것입니다. 이미 백신별 특성을 고려하여 운송과 보관, 접종에서 최적화된 방안과 함께, 이상 반응 시 대처 방안과 피해보상체계를 준비하고 있습니다. 자체 백신 개발에도 최선을 다하고, 한국에서 개발 중인 치료제가 성공하면 원하는 나라에 포용적으로 공급될 수 있도록 지원할 것입니다.

한국은 또한 포용적 회복을 위해 위기 속에서 격차가 더 커지지 않도록 노력해왔습니다. 적극적인 고용유지 정책과 공공일자리 창출 등의 정책으로 고용 충격을 완화했고, 저소득층에 대한 정부 지원을 대폭 늘려 재정을 통한 분배 개선 효과를 높였습니다. 3차에 걸친 정부의 재난지원금과 고용유지지원금, 저소득층 소비쿠폰, 긴급고용안정지원금, 소상공인 새희망자금은 더 어려운 사람들에게, 더 먼저, 더 빠르게 지급되었고, 필수노동자 보호, 산재보험과 고용보험 가입 확대와 같이 사회 곳곳의 격차를 줄이기 위한 노력에도 속도를 내고 있습니다.

거기서 한발 더 나아가, 정부의 방역 조치로 영업금지 또는 영업제한을 받는 소상공인·자영업자에 대한 '손실보상제'와, 코로나 승자 기업의 자발적인 출연으로 코로나 약자들을 돕는 대신 정부가 강력한 인센티브를 제공하는 '이익공유제'가 정부와 국회 차원에서 논의되고 있습니다. 구체적인 방안에 대해서는 더 많은 지혜를 모아야 하지만, 실현된다면 앞으로 코로나와 같은 신종 감염병 재난을 함께 이겨내는 포용적인 정책 모델이 될 수 있을 것입니다.

세계의 지도자 여러분,

한국은 지난해 경제 타격을 최소화하며 OECD 국가 중 최상위 수준의 성장률을 보였습니다. GDP 규모 세계 10위권 진입을 바라보고 있으며 주가 역시 G20 국가 중 가장 높은 상승률을 기록했습니다. 세계는 방역 모범국가 한국이 거둔 경제 선방에 주목하고, 국내외 투자자들도 한국 경제를 밝게 전망하고 있습니다. 이미 한국 경제는 지난해 3분기부터 플러스 성장으로 전환했습니다. 지난해 12월 수출은 2년 만에 500억 달러를 넘었고 12월 기준으로 역대 최고치를 기록했습니다.

한국 경제는 올 상반기에 코로나 이전 수준을 회복할 전망이며, 지난해와 올해를 더한 합산 성장률에서도 OECD 국가 중 최고 수준을 기록할 전망입니다. 이와 같이 빠른 경제회복의 흐름 속에서 한국 국민들은 일상의 포용적 회복과 함께 경제에서도 '포용적 회복과 도약'의 가능성을 확인하고 더욱 담대한 도전으로 '한국판 뉴딜'을 추진하고 있습니다. 한국은 '한국판 뉴딜'을 통해 고용안전망과 사회안전망을 확대하고 포용적 회복을 이룰 것입니다. 디지털 뉴딜과 그린 뉴딜을 통해 지속가능한 성장으로 한국 경제를 도약시키고, 지역균형 뉴딜을 더해 지역 경제를 활성화하고 전 국민의 삶의 질을 고르게 높일 것입니다.

한국 정부는 '한국판 뉴딜'에 2025년까지 160조 원을 투입할 예정입니다. 고용안전망과 사회안전망 강화에 28조 원, 디지털 뉴딜 58조 원, 그린 뉴딜 73조 원을 각각 투자하여 일자리와 미래 먹거리를 만들 계획입니다. 민간 부문에서도 대규모 투자계획 발표가 잇따르고 있으며, 정책 금융과 민간 금융이 조성하는 '뉴딜 펀드'도 활성화되고 있어, 총 투자 규모는 더욱 커질 것입니다.

한국은 세계 최고 수준의 정보통신기술 인프라를 갖추고 있고, 디지털 경쟁력도 괄목할만한 발전을 이루고 있습니다. IT와 환경, 에너지 등 그린산업을 접목한 신제품과 신기술 테스트베드로 한국을 활용할 수도 있을 것입니다. 코로나 상황 속에서도 한국이 한 번도 국경과 지역을 봉쇄한 적이 없다는 사실로도 확인되듯이, 무엇보다도 한국은 안전하고 안정적인 거래처이며 투자처입니다. '한국판 뉴딜'이 글로벌 기업과 벤처창업 기업들에게 새로운 도전의 장을 열고, 미래 산업 분야에서 협력을 확대하는 계기가 되길 바랍니다.

'그린 뉴딜'은 오늘의 주제인 '글로벌 공공재 보호'를 위한 한국 국민들의 특별한 노력이 담긴 분야입니다. 지난해, 한국은 기후변화 대응에 동참하고 인류의 '포용적이며 지속가능한 성장'을 위해 '2050 탄소중립 비전'을 선언했습니다. 경제, 사회 모든 영역에서 '탄소중립'을 강력히 추진해 나가는 한편, 저탄소 산업 생태계를 조성할 것입니다. 한국은 오는 5월 '제2차 P4G 정상회의' 개최를 통해 기후위기 극복을 위한 국제 사회의 협력을 이끄는 데도 앞장서겠습니다. 많은 관심과 참여를 당부드립니다.

존경하는 세계의 지도자 여러분,

수많은 불확실성과 위험 앞에서 멈추지 않고 도전해온 사람들이 있었기에 인류의 역사는 발전할 수 있었습니다. 코로나 대유행의 지금 이 순간에도 인류는, 기아와 질병, 전쟁을 극복하며 공동으로 쌓아온 자유와 민주주의, 인도주의와 다자주의의 가치를 실천하며 한 걸음씩 전진하고 있습니다. 이제 세계는, K자형 회복이 아니라 더 포용적인 새로운 일상으로 가기 위해 더욱 굳건하게 연대하고 협력해야 합니다. 한국은 백신의 공평한 접근권을 보장하기 위한 WHO의 노력을 지지하며 코박스에 적극 동참하고 있습니다. 개도국의 백신 보급을 위한 국제 협력이 강화되길 기대하며, 국제백신연구소와의 협력도 더욱 확대할 것입니다.

아울러, 지난해 G20이 합의한 무역·투자 코로나 대응 행동계획과 필수 인력의 국경 간 이동이 원활하게 이뤄지고, 다자주의적 협력으로 더 지속가능하고 포용적인 회복을 함께 이뤄가길 바랍니다. 한국은 전 세계와 함께 위기를 극복하고자 하는 강한 의지를 갖고 있으며, 국제사회의 연대와 협력에 적극 동참할 준비가 되어 있습니다. 방역 모범국가로서 코로나 대응 경험을 전 세계와 공유하고, 보건 취약 국가에 대한 인도적 지원을 확대할 것입니다. 각자도생이 아니라 연대와 협력이야말로 감염병을 이길 수 있는 가장 강력한 힘이라는 인식을 함께 공유하면서 함께 실천해가길 바랍니다.

감사합니다.

함께 꾸는 꿈은 미래를 만듭니다

동남권 메가시티 구축 전략 보고 모두발언 | 2021년 2월 25일 |

존경하는 국민 여러분,

부산·울산 시민과 경남도민 여러분,

거센 바람을 뚫고 세계를 향해 길을 여는 부산 신항만의 열기가 아주 뜨겁습니다. 가덕도 앞 푸른 바다는 저 멀리 하늘과 맞닿아 800만 부산·울산·경남 시·도민들과 함께 새로운 도전을 꿈꾸고 있습니다. 부산·울산·경남은 오늘 힘찬 비상을 위해 뜻을 모았습니다. 동남권의 역량을 결집하여 수도권과 어깨를 나란히 하고, 동북아 8대 대도시권으로 도약하는 메가시티 구축전략을 수립했습니다. 2040년까지 인구 1,000만 명, 경제 규모 490조 원의 초광역 도시권 구축이 목표입니다.

불가능한 도전이 아닙니다. 부·울·경은 숱한 도전을 성공으로 만들어온 저력이 있습니다. 1948년, 대한민국 첫 수출선 앵도호가 부산항에서 출발했습니다. 자동차와 조선, 기계와 석유화학 등 중·화학공업을 일으켜 우리나라를 세계 7위 수출 강국으로 이끈 힘이 바로 동남권의 산업단지들에서 나왔습니다. 동남권이 힘을 모으면 못해 낼 일이 없습니다. 대한민국의 산업화를 이끈 저력 위에서 800만 시·도민들의 뜨거운 열정과 도전정신이 뭉친다면 새로운 역사를 이루어 내리라 확신합니다.

이제 부·울·경은, 경제 원팀으로 스마트 제조업, 스마트 물류, 스마트 시티, 수소경제와 같은 미래 산업의 메카가 될 것입니다. 생활 원팀으로 교통·교육·재난관리·의료·물 문제 등 공동 과제에 함께 대응하고, 문화 원팀으로 2030 월드엑스포 유치, 관광벨트 조성에 함께하며 대한민국의 도약을 선도하게 될 것입니다. 담대한 도전에 함께해 주신 부·울·경 시·도민 여러분의 용기와 의지에 경의를 표합니다. 이병진 부산시장 권한대행님과 송철호 울산시장님, 김경수 경남지사님과 관계자들께 깊이 감사드립니다. 오늘 부·울·경의 도전을 응원하기 위해 함께 자리해 주신 민주당 이낙연 대표님과 김태년 원내대표님, 그리고 이광재 K-뉴딜위원회 본부장께도 감사드립니다.

부·울·경 시·도민 여러분, 동남권 메가시티 구축은 대한민국의 성공 전략입니다. 현재 국토면적의 12%인 수도권에 전체 인구 절반 이상이 거주하고 있습니다. 지역 내 총생산도, 300인 이상 사업체 수도 모두 절반이 넘습니다. 문화도, 교육도, 의료도 수도권에 집중되어 있습니다. 지난 10년간 지역의 20대 청년 55만 명이 수도권에 모였고, R&D 투자의 70%가 집중되어 수도권과 지역의 격차가 더욱 커지고 있습니다.

수도권 집중은 지방만의 문제가 아닙니다. 수도권도 과밀로 주거,

교통, 환경, 일자리 등 어려움이 날로 커지고 있습니다. 수도권 과밀은 심각한 저출산과 인구감소의 원인이 되고 있습니다. 국가균형발전은 우리 국민 모두의 삶의 질 향상과 지속 가능한 성장을 위해 더 이상 미룰 수 없는 시급한 과제가 되었습니다. 동남권이 수도권과 경쟁하는 국가발전의 양대 축으로 자리매김한다면 우리는 수도권 집중 추세를 반전시킬 수 있습니다. 동남권과 같은 초광역 협력 사례가 다른 권역으로 퍼져 나간다면 우리가 꿈꾸던 다극화, 입체화된 국가균형발전 시대로 나아갈 수 있습니다. 초광역 협력은 계속 진화하고 발전하는 지역균형 뉴딜의 새로운 비전이 될 것입니다. 오늘 부·울·경의 협력은 혁신의 힘을 몇 배로 강하게 키울 수 있음을 증명했습니다. 동남권 메가시티 전략을 시작으로 초광역 협력이 지역균형 뉴딜의 새로운 모델로 자리잡게 되길 기대합니다. 부·울·경 시·도민 여러분, 정부는 국가균형발전과 지역균형 뉴딜을 선도할 동남권 메가시티 구축전략을 힘껏 뒷받침하겠습니다.

15년간 지체되어 온 동남권 신공항 사업부터 시작하겠습니다. 가덕도에 신 관문 공항이 들어서면 세계로 뻗어가고, 세계에서 들어오는 24시간 하늘길이 열리게 됩니다. 하늘길과 바닷길, 육지길이 하나로 만나 명실상부한 세계적 물류 허브로 발돋움할 것입니다. 정치권도 함께 힘을 모으고 있습니다. 경제성은 물론 환경, 안전과 같은 기술적 문제도 면밀하게 점검하여 가덕도 신공항 특별법 제정을 추진하고 있습니다. 묵은 숙원이 하루라도 빨리 이루어질 수 있도록 조속한 입법을 희망합니다. 정부도 특별법이 제정되는 대로 관련 절차를 최대한 신속히 진행하고, 필요한 지원을 아끼지 않을 것을 약속드립니다.

신공항의 파급효과를 극대화하고, 동남권 경제·생활공동체 구성을 뒷받침하기 위해 육·해·공의 교통·물류 인프라를 더욱 긴밀히 연결하겠습니다. 먼저, 광역도로망과 철도망 등 광역교통망 확충을 통해 부·울·경의 1시간 생활권 시대를 열겠습니다. 오늘 동남권에서 건의한 새로운 사업들도 관련 부처에서 꼼꼼하게 검토할 것입니다. 부산신항과 함께 해상 물류의 중심이 될 진해 신항 건설도 예비타당성조사 등 관련 절차에 따라 차질없이 진행하겠습니다. 자동차·조선·석유화학·해운·항만에서 특히 강점을 지닌 동남권은 수소 경제를 선도할 충분한 잠재력을 가지고 있습니다. 동남권의 미래 성장동력, 수소경제권 구축에도 힘쓰겠습니다. 동남권의 광역 인프라 사업들을 디지털 뉴딜과 그린 뉴딜, 탄소 중립의 정부 정책과 연계하여 지원하겠습니다.

문화공동체를 위해서도 함께 노력할 것입니다. 오늘 2030 부산 월드엑스포 유치를 위해 부·울·경이 힘을 모으기로 했습니다. 정부도 함께 뛰겠습니다. 동남권은 경제·생활·문화공동체 조성을 위해 행정공동체인 광역특별연합 구성을 추진하고 있습니다. 새로운 시도인 만큼 어려움도 있을 것입니다. 정부와 지자체, 주민들이 대화하고 협력하면서 함께 모범을 만들어 나가길 바랍니다. 오늘 동남권을 시작으로 초광역 협력이 전국 곳곳으로 확산되길 기대합니다. 앞으로도 지자체들이 서로 협력하여 행정구역의 경계를 뛰어넘는 창의적인 발전 계획을 수립한다면, 정부도 함께 맞춤형 지원 방안을 강구해 나가겠습니다.

존경하는 국민 여러분,

부·울·경 시·도민 여러분,

함께 꾸는 꿈은 미래를 만들고 현실을 바꿉니다. 오늘 부산·울산·경남은 '따로가 아닌 협력'을 통해 더 높이 날아오를 수 있음을 보여주었습니다. 대한민국의 산업화를 이끌었던 동남권은 이제 포용과 통합, 협력을 통해 동북아의 거점 도시로 비상할 것입니다. 수도권과 비수도권 국민이 모두 함께 잘사는 국가균형발전의 시대를 선도해 나갈 것입니다. 하나된 동남권의 도전을 국민과 함께 응원합니다.

감사합니다.

세계 7대 우주 강국, 대한민국입니다

대한민국 우주전략 보고회 모두발언 │ 2021년 3월 25일 │

"드디어 오는 10월 '누리호'는 더미 위성'을 탑재하여 우주로 떠날 수 있게 되었습니다. 2013년 '나로호'가 러시아의 도움을 받아야 했던 아쉬움을 털어내고 우리 위성을, 우리 발사체로, 우리 땅에서 발사하게 된 것입니다. 세계 일곱 번째의, 매우 자랑스러운 성과입니다."

존경하는 국민 여러분, 우주과학기술인 여러분,

자랑스럽습니다. 축하합니다.

오늘 우리는 한국형 우주발사체 '누리호' 1단부 최종 종합연소시험에 성공했습니다. 1단부 최종 종합연소시험은 실제 발사와 똑같은 과정을 거치는 마지막 시험이기 때문에 사실상 개발 완료를 의미합니다. 이제 본 발사만 남았습니다. 오늘 75톤급 네 개의 로켓엔진이 결합된 종합연소시험의 성공으로 '누리호'를 구성하는 3단 중 이미 성능검증을 마친 2단, 3단부의 로켓에 이어 조립 난이도와 추진력이 가장 높은 1단부까지 개발이 완료되었습니다. 드디어 오는 10월 '누리호'는 더미 위성을 탑재하여 우주로 떠날 수 있게 되었습니다. 2013년 '나로호'가 러시아의 도움을 받아야 했던 아쉬움을 털어내고 우리 위성을, 우리 발사체로, 우리 땅에서 발사하게 된 것입니다. 세계 일곱 번째의, 매우 자랑스러운 성과입니다.

김대중 前 대통령님은 외환위기의 고통 속에서도 국민들과 함께 우주를 향한 꿈을 꾸었고, 우주발사체 개발을 결정했습니다. 그로부터 20년, 국민들의 응원 속에서 항공우주연구원을 중심으로 연구자들과 기업들이 함께 한마음으로 오늘의 성취를 이루었습니다. 연소시험에 성공한 관계자들을 격려하며, 오늘이 있기까지 오랜 기간 땀과 눈물을 흘려온 모든 분들께 진심으로 존경과 감사의 인사를 드립니다. 특히 오랜 기간 참여해준 많은 기업인들에게 거듭 고마움을 표합니다.

국민 여러분,

1957년 세계 최초의 우주선이 발사되고, 1969년에는 인류가 달에 첫 발자국을 새겼습니다. 그저 부럽고, 먼 나라 이야기 같았지만 이제 '대한민국의 우주시대'가 눈앞에 다가왔습니다. 우리도, 우리의 위성을, 우리가 만든 발사체에 실어 우주로 쏘아 올릴 수 있게 되었고, 민간이 혁신적인 우주산업을 주도하는 '뉴 스페이스' 경쟁에도 본격적으로 뛰어들게 되었습니다. 정부는 국민들과 함께 꿈을 현실로 이룰 것입니다. 장기적인 비전과 흔들림 없는 의지로 우주개발에 과감하게 투자하고, 과학기술인들과 함께 우주로 뻗어 나갈 것입니다.

첫째, 한국형 발사체 개발 성과를 바탕으로 도전적인 우주탐사 사업을 적극 추진하겠습니다. 내년에 달 궤도선을 발사하고, 2030년까지 우리 발사체를 이용한 달 착륙의 꿈을 이루겠습니다. 우주탐사의 첫걸음인 달 탐사를 통해 얻게 될 기술력과 경험, 자신감은 우주개발에 든든한 밑거름이 될 것입니다. 2029년 지구에 접근하는 아포피스 소행성에 대해서도 타당성을 검토하여 탐사계획을 수립하겠습니다.

둘째, 다양한 인공위성 개발과 활용에 박차를 가하겠습니다. 이제 인공위성으로 길을 찾고, 환경과 국토를 관리하는 시대입니다. 우리는 그동안 열일곱 기의 인공위성을 우주로 보냈습니다. 그중 아홉 기는 임무를 종료했고, 여덟 기는 지금도 지구 궤도에서 방송·통신부터 국토·환경관리까지 다양한 임무를 수행하고 있습니다. 지난해 발사한 '천리안 2B호'는 세계 최초의 미세먼지 관측 정지궤도 위성으로 맑은 하늘을 위해 아시아 13개국과 정보를 나누고 있습니다. 지난 22일에는 '차세대 중형위성 1호'를 궤도에 안착시켰습니다. 우리 국토를 정밀하게 관측하여 자원관리와 재해·재난 대응에 도움을 줄 것입니다. 우리의 위성기술은 위성시스템과 탑재체를 해외 여러 나라에 수출할 정도로 높은 경쟁력을 갖췄습니다. 앞으로도 6G 시대를 열어갈 통신위성 시범망, 자율주행차와 드론 산업에 필수적인 한국형 위성항법시스템, 국방 우주력 강화를 위한 초소형 군집위성시스템 구축으로 인공위성 기술력을 계속 키워나가겠습니다.

셋째, 민간의 우주개발 역량 강화에 힘을 쏟겠습니다. '스페이스 엑스'와 같은 글로벌 우주기업이 우리나라에서도 생겨날 수 있도록 혁신적인 산업 생태계를 조성할 것입니다. 출연연구기관이 보유한 기술을 단계적으로 민간에 이전하고, 우주산업 클러스터 구축과 우주서비스산업 활성화를 위한 제도 개선을 차질없이 추진하겠습니다. 특히, 지난해 한-미 미사일지침 개정으로 고체연료 사용이 가능해진 것이 좋은 계기가 되고 있습니다. 나로우주센터에 민간기업이 사용할 수 있는 고체발사장을 설치하는 등 민간 발사체 기업의 성장을 적극 지원하겠습니다. 정부는 국가우주위원회 위원장을 국무총리로 격상할 것입니다. 민·관의 역량을 더욱 긴밀히 결집하고, '세계 7대 우주 강국'으로 확실하게 도약하겠습니다.

존경하는 국민 여러분, 우주과학기술인 여러분,

우리는 90년대 '우리별 위성' 발사를 보며 꿈을 키웠던 젊은이들이 지금 '대한민국 우주시대'를 열고 있습니다. 오늘 '누리호' 1단부 연소시험 성공을 지켜본 우리 아이들이 달을 넘어 화성으로, 그 너머 광활한 우주로 나아갈 것입니다. 우리 과학기술은 이미 여러 분야에서 세계 수준에 도달했습니다. 그러나 항공우주 분야에서는 아직도 기술격차를 좁히지 못하고 있는 것이 사실입니다. 하지만, 우리가 밤하늘의 별을 바라보며 우주로 향한 꿈을 멈추지 않고 나아간다면 항공우주 분야에서도 반드시 선도국가로 도약할 수 있을 것입니다. 실패를 두려워하지 않고 끊임없이 도전하는 우주과학기술인과 기업인 여러분의 꿈과 열정을 응원합니다. 오늘의 성공이 코로나로 지친 국민들에게 큰 희망을 주었습니다. 국민들께서도 변치 않는 성원을 보내주실 것입니다. 여러분, 감사합니다. 오늘 정말 자랑스러웠습니다. 다시 한번 국민과 함께 축하 말씀을 드립니다.

감사합니다.

부동산 부패의 근본부터 해결하겠습니다

제7차 공정사회 반부패정책협의회 모두발언 │ 2021년 3월 29일 │

"우리 사회의 부동산 부패 청산이 지금 이 시기 반부패정책의 최우선 과제임을 천명하고, 범정부적 대책을 강력하게 추진하기 위해 긴급하게 소집하였습니다. 우리는 국민들의 분노와 질책을 엄중하게 받아들여야 합니다."

오늘 7차 공정사회 반부패정책협의회는, 우리 사회의 부동산 부패 청산이 지금 이 시기 반부패정책의 최우선 과제임을 천명하고, 범정부적 대책을 강력하게 추진하기 위해 긴급하게 소집하였습니다.

우리는 국민들의 분노와 질책을 엄중하게 받아들여야 합니다. 공직 자와 공공기관 직원들의 부동산 투기는 국민들의 내 집 마련의 소박한 꿈과, 공평한 기회라는 기본적인 요구를 짓밟았습니다. 우리 사회가 더 공정한 사회로 나아가고 있다는 국민의 기대도 무너뜨렸습니다. 대다수 공직자들의 명예와 자부심에 상처를 주었고, 공직사회 전체의 신뢰를 깨 뜨렸습니다. 국민들의 분노는, 드러난 공직자들의 투기행위를 넘어 더 근본적인 문제까지 미치고 있다고 생각합니다. 막대한 부동산 불로소득, 갈수록 커지는 자산 격차, 멀어지는 내 집 마련의 꿈, 부동산으로 나뉘는 인생과 새로운 신분 사회 같은 구조적인 문제들을 우리는 오래전부터 알고 있었습니다.

그러나 우리는 손대지 못했습니다. 도시 개발 과정에서 일어나는 투기행위들과 개발 정보의 유출, 기획부동산과 위법·부당 금융대출의 결합 같은 그 원인의 일단도 때때로 드러났지만, 우리는 뿌리 뽑지 못했 습니다. 이제 우리는 원점으로 되돌아가서 새로 시작해야 합니다. 이번 사건을 철저하고 단호하게 처리하는 한편 부동산 부패의 구조적이고 근 본적인 문제의 해결까지 나아가야 할 것입니다. 우리 정부가 다할 수 있 다고 생각하지 않습니다. 그러나 그 길로 가기 위한 첫 단추만큼은 제대 로 채워야 할 것입니다. 야단맞을 것은 맞으면서, 국민의 분노를 부동산 부패의 근본적인 청산을 위한 동력으로 삼아 주기 바랍니다. 그 출발은 철저한 조사와 수사를 통해, 도시 개발 과정에서 있었던 공직자와 기획부동산 등의 투기 행태에 대해, 소속과 지위 고하를 막론하고 있는 그대로 드러내고 엄정하게 처리하는 것입니다.

국가의 행정력과 수사력을 총동원해 주기 바랍니다. 하다 보면 조사와 수사 대상이 넓어질 수도 있습니다. 멈추지 말고, 정치적 유·불리도 따지지 말고 끝까지 파헤쳐 주기 바랍니다. 드러난 범법행위에 대해서는 단호히 처벌하고, 부당이익을 철저하게 환수해야 할 것입니다. 차명 거래와 탈세, 불법 자금, 투기와 결합된 부당 금융대출까지 끝까지 추적해 주기 바랍니다. 그와 함께 강력한 투기 근절 방안과 재발 방지책을 빈틈없이 시행하여 부동산 부패가 들어설 여지를 원천적으로 봉쇄해 나가야 할 것입니다. 최우선적으로 공직사회의 부동산 부패부터 철저히 차단해야 합니다. 재산등록제도를 모든 공직자로 확대하여, 최초 임명 이후의 재산 변동 사항과 재산 형성 과정을 상시적으로 점검받는 시스템을 마련해 주기 바랍니다.

또한 이번 기회에 공직자 이해충돌방지법을 반드시 제정해야 하겠습니다. 공직자 사익 추구를 방지하는 제도로서 이해충돌방지법은 19대 국회에서 '김영란법'이란 이름으로 부정청탁금지법과 함께 논의되었으나, 부정청탁금지법만 입법이 되고 이해충돌방지법은 국회의 문턱을 넘지 못했습니다. 우리의 의지가 부족했기 때문일 것입니다. 이번 기회에 이해충돌방지법을 반드시 제도화하여 공직자 부패의 싹을 원천적으로 차단해 주기 바랍니다. 국회에도 특별한 협조를 당부드리겠습니다.

한편으로는 우리 사회에 만연한 부동산 투기를 막고, 투명하고 공정한 부동산 거래질서를 확립해야 하겠습니다. 부동산 불공정거래 행위와 시장교란 행위를 금지하고 상설적 감시기구로 부동산거래분석원을 설치하겠습니다. 투기 목적의 토지거래로 수익을 기대할 수 없도록 하고, 농지 취득 심사도 대폭 강화하겠습니다. 투기자에 대해서는 토지 보상에 불이익을 부여하는 방안도 마련하겠습니다.

사실 개발예정지나 수용예정지에 나무나 묘목을 빼곡히 심어 보상금을 늘리는 적폐는 수십 년 전부터 되풀이되어 순박한 농민들도 알만한 수법이 된 지 오래입니다. 과거에는 일일이 파악하기가 어려워서 막지 못했다고 하더라도, 항공사진이나 드론 촬영으로 토지의 현상 변경을 상시적으로 확인할 수 있는 이 시대에 와서도 그와 같은 적폐를 청산하지 못했다는 것은 참으로 부끄러운 일입니다. 부동산 부패를 청산하기 위한 공직사회의 일대 혁신을 당부합니다. 국회도 개혁의 공동 주체가되어 주시기 바랍니다. 부동산 거래질서 확립은 피할 수 없는 시대적 과제가 되었습니다. 국민이 선출한 공직자로서 솔선수범하는 노력과 함께 제도 개혁에 힘을 모아 국민의 요구에 부응해 나가길 기대합니다.

우리 정부는 코로나 위기 상황 속에서도 경제 정책 운용을 비교적 잘해왔습니다. 지표로도 확인되고, 세계적으로도 높이 평가받고 있습니다. 완전한 회복까지 길이 멀지만, 다른 나라들보다 잘해낼 것이라고 확신합니다. 그러나 부동산 정책만큼은 국민들로부터 엄혹한 평가를 벗어나지 못하고 있습니다. 지금 우리가 맞고 있는 매도 매우 아픕니다. 지금을, 우리 정부가 부동산 정책에 있어서도 평가를 반전시킬 수 있는 마지막 기회로 삼겠다는 강력한 의지를 가져 줄 것을 각별히 당부합니다.

"전국에 49만 명이 넘는 우리 수험생 모두에게, 그리고 또 그 수험생들을 또 1년 내내 뒷바라지 해오신 우리 학부모님들에게 특별히 응원과 격려의 말씀을 드리고 싶습니다."

1968년 김신조 사건 이후 일반인의 출입이 제한된 북악산 북쪽 탐방로를 둘레길로 만들어서 시민들께 개방한 문재인 대통령

대통령 문재인의 4년 —

2장

대통령
4년의 기록
2020. 5. 1 ~ 2021. 4. 30

제130주년 세계 노동절을 맞았습니다

| 2020년 5월 1일 |

이천 화재로 희생된 분들 대부분이 일용직 노동자입니다. 전기, 도장, 설비, 타설 등의 노동자들이 물류창고 마무리 공사를 하다 날벼락 같은 피해를 입었습니다. 노동절을 맞아, 다시 한 번 불의의 사고 앞에 숙연한 마음으로 명복을 빌며 이 땅 모든 노동자들의 수고에 경의를 표합니다. 고국에서 꿈을 키우던 재외동포 노동자의 죽음도 참으로 안타깝습니다. 가족들을 진심으로 위로합니다.

변함없이 신록이 무성해지듯 농부는 때에 맞춰 씨를 뿌리고, 해를 거듭할수록 나무가 자라듯 노동자는 반복되는 일 속에서 숙련공이 됩니다. 노동의 힘은 성실함이 가져오는 지속성에 있습니다. '코로나19'의 힘겨운 일상도 새벽부터 거리를 오간 배달·운송 노동자, 돌봄과 사회서비스 노동자의 성실함으로 지켜질 수 있었습니다. 세계의 모범으로 평가받은 K - 방역의 힘도 우수한 방역·의료 시스템과 함께 방역과 의료를 헌신적으로 감당해 준 노동 덕분입니다.

목수는 반듯하게 나무를 다듬어야 하고, 재단사는 치수에 맞게 옷감을 잘라야 합니다. 노동의 힘은 한쪽에 치우치지 않는 균형에 있습니다. 연대와 협력으로 우월한 힘에 맞서 삶의 균형을 맞추고자 하는 것은 노동자의 숙명입니다. 노동자들의 오랜 노력으로 최저임금 인상과 비정규직의 정규직화, 주 52시간 근로제가 이뤄졌고, 우리 사회는 양극화를 극복해가고 있습니다.

노동을 존중하는 사회가 되어야 함께 잘살 수 있습니다. '코로나19'를 겪으며 우리는 '상생'이 얼마나 소중한 가치인지 돌아보았고, 새로운 가치를 만들고 나누는 노동의 중요성을 다시 생각하게 되었습니다. 노동자는 이제 우리 사회의 주류이며, 주류로서 모든 삶을 위한 '연대와 협력'의 중심이 되어야 합니다. 정부도 노동자, 기업과 함께 혼신을 다해 일자리를 지키겠습니다. 우리 경제가 '상생'으로 활력을 찾고, 희망을 만들어갈 수 있게 하겠습니다.

산재는 성실한 노동의 과정에서 발생합니다. 그 어떤 희생에 못지 않게 사회적 의미가 깊고 가슴 아픈 일입니다. 무엇보다 안전한 일터로 산재를 줄이는데 최선을 다하겠습니다. 노동절 아침, 더 나은 세상을 위해 땀 흘리다 희생된 모든 노동자를 생각합니다. 지금도 일터 곳곳에서 변함없이 일상을 지키며 세상을 움직이는, 노동자들을 응원합니다.

"자식들의 몫을 다하는 '효도하는 정부'가 되겠습니다."

| 2020년 5월 8일 |

어버이날은 어르신들을 공경하는 날입니다. 어르신들에 대한 최고의 공경은 지혜를 배우는 것입니다. 우리나라 어르신들은 식민지, 전쟁, 가난, 독재같은 많은 위기들을 넘으면서 오늘의 대한민국을 만든 분들입니다. 오늘의 위기를 극복하는 지혜도 어르신들에게서 배울 수 있습니다.

우리나라 어르신들은 내일을 생각하며 오늘을 참고 견디신 분들입니다. 자신들은 힘들어도 자식들만큼은 성공하기를 간절히 바랐던 높은 교육열이 대한민국을 경제력을 비롯한 여러 분야에서 뒤지지 않는 나라로 발전시켰습니다. 우리 국민들도 어느 나라보다 높은 시민의식을 갖게 되었습니다. 세계의 표준이 된 K방역으로 높아진 국가위상도 어느날 갑

자기 이루어진 것이 아닙니다. 우리가 자부심을 가질 수 있도록 실력을 키워주신 어르신들께 어버이날을 맞아 깊은 존경과 감사의 큰절을 올립니다.

어르신들이 만들고자 했던 '내일'이 우리의 '오늘'이 되었습니다. 우리는 어르신들의 삶을 하나하나 기억하고 더 깊이 공경할 것입니다. 자식들의 몫을 다하는 '효도하는 정부'가 될 것입니다. 치매 국가책임제를 더욱 발전시키고, 노후의 건강과 복지를 더욱 꼼꼼히 챙기겠습니다. 더 오랫동안 사회적 역할을 할 수 있도록 일자리 등 활동의 공간을 넓혀 나가겠습니다.

자식들은 어버이의 사랑을 다 갚지 못하는 법입니다. 그래서 더욱, 5월 '가정의 달'에서 어버이날을 가장 소중하게 여기며, 부족한 마음을 다했으면 합니다. 어르신들께도 사랑의 마음을 맘껏 표현해주기 바랍니다. 세상의 모든 아버지, 어머니들께 카네이션을 달아드리며, 사랑과 존경의 마음을 바칩니다.

문재인 대통령 취임 3주년 특별연설

| 2020년 5월 10일 |

존경하는 국민 여러분,

취임 3년이 되었습니다.

지난 3년, 촛불의 염원을 항상 가슴에 담고 국정을 운영했습니다. 공정과 정의, 혁신과 포용, 평화와 번영의 길을 걷고자 했습니다. 하루하루가 살얼음판을 걷는 심정이었습니다. 어려울 때도 많았습니다. 그때마다 국민들께서 힘과 용기를 주셨습니다. 국민들께서 보내주신 한결같은 지지와 성원에 한량없는 감사를 드립니다. 남은 2년, 더욱 단단한 각오로 국정에 임하겠습니다. 임기를 마치는 그 순간까지, 국민과 역사가 부여한 사명을 위해 무거운 책임감으로 전력을 다하겠습니다.

국민 여러분,

우리는 지금, 전세계적인 격변의 한복판에 서 있습니다. 보이지 않는 바이러스가 세상을 송두리째 바꾸고 있습니다. 우리의 일상을 근본적으로 변화시키고, 세계 경제를 전례 없는 위기에 몰아넣고 있습니다. 각국의 경제사회 구조는 물론 국제질서까지 거대한 변화를 불러오고 있습니다. 피하고 싶어도 피할 수 없습니다. 정면으로 부딪쳐 돌파하는 길밖에 없습니다. '하늘은 스스로 행동하지 않는 자를 돕지 않는다'고 했습니다. 비상한 각오와 용기로 위기를 돌파해 나가겠습니다.

나아가 위기를 기회로 만들겠습니다. '기회는 찾는 자의 몫이고, 도전하는 자의 몫'이라고 했습니다. 국민과 함께 지혜롭게 길을 찾고 담대하게 도전하겠습니다. 지금의 위기를 새로운 기회와 발전의 원동력으로 삼겠습니다. 우리의 목표는 '세계 속의 대한민국'을 넘어서 있습니다. 우리의 목표는 '세계를 선도하는 대한민국'입니다. 우리가 염원했던 새로운 대한민국입니다.

이미 우리는 방역에서 세계를 선도하는 나라가 되었습니다. K방역은 세계의 표준이 되었습니다. 대한민국의 국가적 위상과 국민적 자부심은 어느 때보다도 높아졌습니다. 방역당국과 의료진의 헌신, 수많은 자원봉사자들의 자발적 참여, 연대와 협력의 정신을 유감없이 발휘해준 국민의 힘입니다. 우리는 국민의 힘으로 방역전선을 견고히 사수했고, 바이러스와의 전쟁을 이겨왔습니다. 국내 상황이 안정화 단계에 들어서며 방역과 일상이 공존하는 새로운 일상으로 전환하였습니다.

그러나 우리는 코로나 이전으로 돌아간 것이 아닙니다. 이번 유흥시설 집단감염은, 비록 안정화 단계라고 하더라도, 사람이 밀집하는 밀폐된 공간이라면, 언제 어디서나 유사한 상황이 발생할 수 있다는 경각심을 일깨워 주었습니다. 끝날 때까지 끝난 게 아닙니다. 마지막까지 더욱 경계하며 방역의 끈을 놓지 말아야 하겠습니다.

　　그렇다고 두려워 제자리에 멈춰 설 이유는 없습니다. 우리가 방심하지만 않는다면, 우리의 방역체계는 바이러스 확산을 충분히 통제하고 관리할 수 있습니다. 예기치 않은 집단감염이 발생한다 해도 우리는 신속히 대응할 방역·의료체계와 경험을 함께 갖추고 있습니다. 코로나19가 완전히 종식되는 데는 오랜 시간이 걸릴 것입니다. 많은 전문가들이 예상하는 2차 대유행에도 대비해야 하는 상황입니다. 그러나 그때까지 일상 복귀를 마냥 늦출 수 없습니다. 방역이 경세의 출발점이지만, 방역이 먹고 사는 문제까지 해결해 주지 않습니다.

　　정부는 장기전의 자세로 코로나19에 빈틈없이 대처하겠습니다. 국민들께서도 일상생활로 복귀하면서도 끝까지 방역수칙을 잘 지켜주실 것을 당부드립니다. 방역과 일상이 함께하는 새로운 도전에 성공할 수 있도록 힘을 모아주시기 바랍니다. 국민들께서 성숙한 역량을 다시 한번 발휘해 주신다면, 일상으로의 전환도 세계의 모범이 되리라 확신합니다. 우리는 이미 우리의 방역과 보건의료체계가 세계 최고 수준임을 확인했습니다. 사스와 메르스 때의 경험을 살려 대응체계를 발전시켜온 결과입니다. 방역시스템을 더욱 보강하여 세계를 선도하는 확실한 '방역 1등 국가'가 되겠습니다.

질병관리본부를 질병관리청으로 승격하여 전문성과 독립성을 강화하겠습니다. 전문인력을 확충하고 지역체계도 구축하여 지역의 부족한 역량을 보완하겠습니다. 국회가 동의한다면 보건복지부에 복수차관제도 도입하고자 합니다. 감염병 전문병원과 국립 감염병연구소 설립도 추진하겠습니다. 공공보건의료 체계와 감염병 대응역량을 획기적으로 강화하여 보다 안전한 대한민국을 만들어 나가겠습니다. 전문가들이 올해 가을 또는 겨울로 예상하는 2차 대유행에 대비하려면 매우 시급한 과제입니다. 국회의 신속한 협조를 부탁드립니다.

국민 여러분,

문제는 경제입니다. 지금의 경제위기는 100년 전 대공황과 비교되고 있습니다. 세계 경제는 멈춰 섰습니다. 공장은 생산을 중단했고, 실직자가 빠르게 늘고 있습니다. 국경이 봉쇄되고 교류가 차단되며, 글로벌 공급망이 붕괴되고 세계 교역은 급감하고 있습니다. 대공황 이후 최악의 마이너스 성장에 직면했습니다. 바닥이 어디인지, 끝이 언제인지 아무도 모르는 상황입니다.

우리 경제가 입는 피해도 실로 막대합니다. 4월 수출이 급감하면서 99개월 만에 무역수지 적자를 기록했습니다. 관광·여행, 음식·숙박업에서 시작된 서비스업 위축이 제조업의 위기로 확산되고 있습니다. 비교적 튼튼했던 기간 산업이나 주력 기업들마저도 어려움이 가중되며 긴급하게 자금지원을 요청하는 경우가 늘고 있습니다. 고용충격도 갈수록 커지고 있습니다. 실직의 공포는 영세자영업자, 비정규직, 일용직을 넘어

정규직과 중견기업, 대기업 종사자들까지 전방위로 확산되고 있습니다. 그야말로 '경제 전시상황'입니다.

이 어려운 상황을 견디고 계신 국민 여러분께 깊은 위로의 말씀을 드립니다. 정부는 경제위기 극복에 모든 역량을 집중하겠습니다. 벼랑 끝에 선 국민의 손을 잡겠습니다. 국민의 삶과 일자리를 지키는 버팀목이 되겠습니다. 정부는 파격적이며 신속한 비상 처방으로 GDP의 10%가 넘는 245조 원을 기업 지원과 일자리 대책에 투입했습니다. 1, 2차 추경에 이어 3차 추경도 준비하고 있습니다. 앞으로 있을 더한 충격에도 단단히 대비하겠습니다. 정부가 할 수 있는 자원과 정책을 총동원하겠습니다. 다른 나라들보다 빠른 코로나 사태의 안정과 새로운 일상으로의 전환을 경제활력을 높이는 전기로 삼겠습니다. 소비진작과 관광회복의 시간표를 앞당기고, 투자 활성화에 적극 나서겠습니다. 제조업이 활력을 되찾도록 지원을 강화하며, 위축된 지역경제를 부양하는 대책도 신속히 추진하겠습니다.

국민들께서도 경제의 주체로서 방역수칙을 지키면서, 소비와 경제 활동에 활발히 나서주시기 바랍니다. 방역과 마찬가지로 경제위기 극복도 국민이 함께해 주신다면 성공할 수 있습니다. 위기 극복의 DNA를 가진 우리 국민을 믿습니다. 정부는 국민과 함께 경제위기 극복에서도 세계의 모범이 되겠습니다.

존경하는 국민 여러분,

코로나 이후의 세계 경제 질서는 결코 장밋빛이 아닙니다. 우리는 바이러스 앞에서 국제사회의 연대와 협력이 얼마나 취약한지 생생하게 보았습니다. 현실은 매우 엄중합니다. 각자도생의 자국중심주의가 더욱 커질 수 있습니다. 지금까지 세계 경제를 발전시켜온 세계화 속의 분업 질서가 위협받고 있습니다. 개방과 협력을 통해 성장해온 우리 경제에도 매우 중대한 도전입니다. 위기를 기회로 바꾸지 못하면 살아남을 수 없습니다. 미래를 선제적으로 준비해야 하는 절체절명의 시간입니다.

국민 여러분,

저는 남은 임기 동안, 국민과 함께 국난 극복에 매진하면서 위기를 기회로 바꾸는 데 전력을 다하겠습니다. 세계를 선도하는 대한민국의 길을 열어나가겠습니다.

첫째, 선도형 경제로 포스트 코로나 시대를 개척하겠습니다. 우리는 ICT 분야에서 우수한 인프라와 세계 1위의 경쟁력을 지니고 있습니다. 바이오 분야의 경쟁력과 가능성도 확인되었습니다. 비대면 의료서비스와 온라인 교육, 온라인 거래, 방역과 바이오산업 등 포스트 코로나 산업 분야에서 강점을 가지고 있습니다. 인공지능, 빅데이터 등 4차 산업혁명 기술을 결합하여 디지털 경제를 선도해 나갈 충분한 역량을 갖추고 있습니다. 혁신 벤처와 스타트업이 주력이 되어 세계를 선도하는 '디지털 강국'으로 대한민국을 도약시키겠습니다. 시스템반도체, 바이오헬스, 미래차 등 3대 신성장 산업을 더욱 강력히 육성하여 미래먹거리를 창출하겠습니다.

대한민국은 세계에서 가장 안전하고 투명한 생산기지가 되었습니다. 세계는 이제 값싼 인건비보다 혁신역량과 안심 투자처를 선호하기 시작했습니다. 우리에겐 절호의 기회입니다. 국 기업의 유턴은 물론 해외의 첨단산업과 투자를 유치하기 위해 과감한 전략을 추진하겠습니다. 대한민국이 '첨단산업의 세계공장'이 되어 세계의 산업지도를 바꾸겠습니다.

둘째, 고용보험 적용을 획기적으로 확대하고, 국민취업지원제도를 시행하여 우리의 고용안전망 수준을 한 단계 높이겠습니다. 실직과 생계위협으로부터 국민 모두의 삶을 지키겠습니다. 류의 역사는 위기를 겪을 때, 복지를 확대하고 안전망을 강화해 왔습니다. 국은 대공황을 거치며 사회보장제도의 근간을 마련하였고, 우리나라는 IMF 외환위기를 건너며 기초생활보장제도를 앞당겨 도입했습니다. 지금의 코로나 위기는 여전히 취약한 우리의 고용안전망을 더욱 튼튼히 구축할 것을 요구하고 있습니다. 모든 취업자가 고용보험 혜택을 받는 '전국민 고용보험시대'의 기초를 놓겠습니다. 직도 가입해 있지 않은 저임금 비정규직 노동자들의 고용보험 가입을 조속히 추진하고, 특수고용노동자, 플랫폼 노동자, 프리랜서, 예술인 등 고용보험 사각지대를 빠르게 해소해 나가겠습니다. 영업자들에 대한 고용보험 적용도 사회적 합의를 통해 점진적으로 확대해 나가겠습니다. 고용안전망 확충은 우리 경제의 역동성을 위해서도 필요한 과제입니다. 법과 제도를 정비하여 고용보험 대상을 단계적으로 넓혀 나가겠습니다. 회의 공감과 협조가 매우 중요합니다. 법을 통해 뒷받침해 주실 것을 당부드립니다.

또한, 한국형 실업부조 제도인 국민취업지원제도를 조속히 시행하겠습니다. 국민취업제도는 저소득층, 청년, 영세 자영업자 등에 대해 직업 훈련 등 맞춤형 취업을 지원하며 구직촉진 수당 등 소득을 지원하는 제도입니다. 고용보험이 1차 고용안전망이라면, 국민취업지원제도는 2차 고용안전망입니다. 취업을 준비하거나 장기 실직 상태의 국민들을 위해 꼭 필요한 고용안전망입니다. 경사노위 합의를 거쳐 국회에 이미 법이 제출되어 있습니다. 국회가 조속히 처리해 주시길 바랍니다.

셋째, 일자리 창출을 위한 '한국판 뉴딜'을 국가프로젝트로 추진하겠습니다. 정부는 새로운 일자리를 만들어 국민에게 새로운 기회를 제공하겠습니다. 한국판 뉴딜은 디지털 인프라를 구축하는 미래 선점투자입니다. 5G 인프라 조기 구축과 데이터를 수집, 축적, 활용하는 데이터 인프라 구축을 국가적 사업으로 추진하겠습니다. 의료, 교육, 유통 등 비대면 산업을 집중 육성하고, 도시와 산단, 도로와 교통망, 노후 SOC 등 국가기반시설에 인공지능과 디지털 기술을 결합하여 스마트화하는 대규모 일자리 창출 사업도 적극 전개하겠습니다. 그 과정에서 개인정보보호는 물론 의료와 교육의 공공성 확보라는 중요한 가치가 충분히 지켜질 수 있도록 조화시켜 나갈 것입니다. 정부는 새로운 일자리 창출을 위해 공공투자를 확대하고 민간협력을 강화하겠습니다. 위기극복과 함께 선도형 경제로 전환하는 발판을 마련하겠습니다. 대담하고 창의적인 기획과 신속 과감한 집행으로 양질의 새로운 일자리를 적극 만들어 내겠습니다.

넷째, 사람의 생명과 안전을 우선하는 연대와 협력의 국제질서를 선도해 나가겠습니다. 우리가 방역에서 보여준 개방, 투명, 민주의 원칙과 창의적 방식은 세계적 성공모델이 되었습니다. 우리 사회 전체가 함께 만들어 낸 것입니다. 봉사하고 기부하는 행동, 연대하고 협력하는 정신은 대한민국의 국격이 되고 국제적인 리더십의 원천이 되고 있습니다. 국제사회의 호평은 우리의 외교 지평을 크게 넓혔습니다. 우리나라가 국제협력의 중심에 서게 되었고, G20, 아세안+3 등 다자무대에서도 대한민국의 위상이 몰라보게 높아졌습니다. 이 기회를 적극 살려나가겠습니다. 성공적 방역에 기초하여, '인간안보(Human Security)'를 중심에 놓고 포스트 코로나시대의 국제협력을 선도해 나가겠습니다. 오늘날의 안보는 전통적인 군사안보에서 재난, 질병, 환경문제 등 안전을 위협하는 모든 요인에 대처하는 '인간안보'로 확장되었습니다. 모든 국가가 연대와 협력으로 힘을 모아야 대처할 수 있습니다. 동북아와 아세안, 전세계가 연대와 협력으로 인간안보라는 공동의 목표를 향해 나가도록 주도적 역할을 하겠습니다. 남과 북도 인간안보에 협력하여 하나의 생명공동체가 되고 평화공동체로 나아가길 희망합니다.

존경하고 사랑하는 국민 여러분,

바이러스와 힘겨운 전쟁을 치르며 국민들은 대한민국을 재발견하기 시작했습니다. '이미 우리는 선진국'이라고 말하기 시작했습니다. 우리가 따르고 싶었던 나라들이 우리를 배우기 시작했습니다. 우리가 표준이 되고 우리가 세계가 되었습니다. 이제는 대한민국의 위대함을 말하기 시작했습니다. 국민 스스로 만든 위대함입니다. 양보하고 배려했고, 연대하고 협력했습니다. 위기의 순간 더욱 강해졌습니다. 국민이 위대했습니다. 국민 여러분이 정말 자랑스럽습니다.

위기는 끝나지 않았고, 더 큰 도전이 남아 있습니다. 정부는 더욱 막중한 책임감을 가지겠습니다. 위기를 가장 빠르게 극복한 나라가 되겠습니다. 세계의 모범이 되고 세계를 선도하는 나라가 되겠습니다. 새로운 대한민국으로 세계 속에 우뚝 서겠습니다. 임기 마지막까지 위대한 국민과 함께 담대하게 나아가겠습니다.

감사합니다.

차세대 글로벌 청년 스타트업
간담회 모두 발언

| 2021년 5월 14일 |

여러분, 반갑습니다. 혁신창업의 현장에서 우리 자랑스러운 청년 스타트업 리더들을 만나게 되어 기쁩니다. 미국 포브스가 선정한 30세 이하 글로벌 리더에 우리나라의 21개 스타트업 청년 CEO들이 뽑혔습니다. K - 스타트업의 위상을 한껏 높여 주었을 뿐만 아니라 우리 국민들께도 큰 희망을 주었습니다. 오늘의 주인공들은 세계 속의 대한민국을 넘어 세계를 선도하는 대한민국을 만들어 가고 있습니다. 매우 자랑스럽게 생각합니다. 우리 경제의 미래가 여러분의 혁신에 달려 있습니다.

오늘 함께한 스타트업 중 '폴라리언트'는 GPS가 닿지 않는 실내에서도 정밀 위치 측정이 가능하도록 세계 최초로 빛의 편광을 이용했습니다. '스타스테크'는 불가사리 추출물을 활용해 친환경 제설제를, 또 리본은 미생물을 활용한 플라스틱 재활용 처리 기술을 개발했습니다. 젖소의 초유를 가공해 스킨케어 제품을 만든 '팜스킨', 또 수수료 없는 부동산 중개 플랫폼을 만든 '집토스', 커플행동 분석으로 맞춤형 데이트코스 추천앱을 만든 '텐핑거스', 사진을 찍어 질문하면 곧바로 답을 주는 교육앱 '콴다(Qanda)'를 개발한 '매스프레소', 그밖에 AI, 또 빅데이터 서비스를 제공하는 'AB180', '화이트스캔', '슈퍼브에이아이', '띵스플로우', '레티널', '윙블링', '브이픽스메디칼', '푸드팡', '아티슨앤오션' 등 모두 혁신의 마인드로 미래를 앞당긴 기업들입니다.

코로나19를 극복해 가는 과정에서도 우리 벤처스타트업의 활약이 눈부셨습니다. 코로나 맵, 마스크 맵으로 실시간 정보 제공을 해 주었고, 신속 진단키트 개발로 전세계에 K - 방역을 알렸습니다. 원격근무 시스템과 돌봄서비스를 무상으로 제공하여 어려울 때 힘이 되어 준 착한 스타트업들도 탄생했습니다. 창의와 혁신으로 국민의 안전을 지키고 미래를 열어가는 여러분에게 거는 기대가 매우 큽니다.

정부는 출범 초부터 혁신창업 국가를 핵심 국정과제로 삼았습니다. 여러 차례 벤처스타트업의 현장을 제가 직접 찾아가서 만났고, 또 현장의 어려움을 해결하고자 노력했습니다. 혁신적 아이디어만 있다면 누구나 쉽게 창업하고 재기할 수 있도록 혁신모험펀드를 조성하고 연대보증을 폐지했습니다. 기술을 담보로 대출을 받을 수 있는 혁신금융도 확대했습니다. 규제샌드박스와 규제자유특구를 도입해 창업을 가로막는 규제도 과감히 걷어냈습니다. 그 결과, 지난해 신규 벤처투자가 4조 3,000억 원으로 사상 최고를 기록했고, 신설 법인 수도 10만9,000개를 돌파했습니다. 유니콘 기업은 11개로, 예비 유니콘 기업도 235개로 크게 늘었습니다.

그러던 중 코로나 경제 위기를 맞이했습니다. 이제부터가 다시 시작입니다. 스타트업이 글로벌 유니콘 기업으로 성장하기까지는 죽음의 계곡, 다윈의 바다 같은 많은 난관을 극복해야 합니다. 혁신적 아이디어가 사업화되어 세계무대에 우뚝 설 수 있도록 정부가 끝까지 힘이 되겠습니다. 글로벌 유니콘 기업으로 성장할 수 있도록, K - 유니콘 프로젝트를 강력히 추진하겠습니다. 유망 스타트업을 발굴해 융자, 보증, 시장 개척을 패키지로 지원할 것입니다. 지금과 같은 예기치 못한 파고도 함께 넘어야 합니다.

정부는 어려움을 겪는 벤처스타트업을 돕기 위해 긴급 지원 방안을 마련했습니다. 스타트업 특별 저리 대출과 특례 보증 신설을 포함해 올해 말까지 총 2조2,000억 원 규모의 자금을 추가 지원할 것입니다. 가용수단을 총동원해 혁신성장의 불꽃을 반드시 살려가겠습니다. 지금 상황이 어렵지만 우리가 포스트 코로나 시대를 잘 대비한다면 스타트업의 새로운 기회를 맞이할 수 있습니다. 전세계적으로 비대면, 온라인화가 본격화될 것이고, 디지털 경제로의 전환이 가속화될 것입니다. 오늘 이 자리에도 P2P 교육매칭 서비스를 개발한 '탈잉'과 '두브레인', 또 당뇨 등 만성질환 관리 앱을 개발한 '닥터다이어리' 등 한발 앞서 준비한 기업들이 있습니다.

정부는 비대면 디지털 분야 신산업을 우리가 선도해 나갈 수 있도록 한국판 뉴딜을 과감히 추진할 것입니다. 데이터, 5G, AI 등 디지털 인프라 구축, 비대면 산업 육성, SOC 디지털화의 3대 영역의 추진 방안을 곧 국민들께 보고 드리겠습니다. 디지털 스마트 대한민국 펀드를 신규로 조성하는 등 디지털 강국 도약을 위해 더욱 박차를 가하겠습니다.

우리 경제가 활력을 되찾고 좋은 일자리를 만들기 위해 혁신창업은 선택이 아닌 필수입니다. 여러분의 역할이 매우 중요합니다. 여러분이 성공해야 더 많은 청년들이 스타트업에 뛰어들고, 혁신창업의 물결이 경제 전반으로 퍼져나갈 수 있습니다. 글로벌 스타트업 리더로 뽑힌 여러분의 사업이 더 번창해 다음에는 글로벌 유니콘 기업 리더로 다시 만나길 기대합니다. 함께 위기를 기회로 만들어 세계를 선도해 갑시다.

감사합니다.

제73차 세계보건총회(화상회의) 초청연설

| 2020년 05월 18일 |

존경하는 의장님, 사무총장님, 각국 대표단 여러분,

'코로나'를 극복하고 새로운 희망을 만들기 위한 세계보건총회에 함께하게 되어 뜻깊습니다. 먼저, 전세계에서 '코로나'로 희생되신 많은 분들께 진심으로 애도와 위로의 마음을 전합니다. 또한, 인류의 건강과 안전을 위해 헌신하고 있는 모든 나라의 의료진과 방역진에게, 깊은 존경과 감사의 말씀을 드립니다.

나는 오늘, 코로나를 이기기 위해 대한민국 국민이 선택한, '모두를 위한 자유'의 길을 소개하고자 합니다. 한국은 '코로나'의 피해를 가장 먼저 입은 나라 중 하나였고, 공격적인 바이러스에 대응하는 해결책을 빠르게 찾아내야만 했습니다. 도전과 위기의 순간, 한국 국민들은 담대한 선택을 했습니다. 개개인이 가지고 있는 '자유'를 '모두를 위한 자유'로 확장시켰습니다. '이웃'을, 바이러스를 전파하는 위험한 대상으로 여기고, 봉쇄하고 차단하는 대신, '나'의 안전을 위해 '이웃'의 안전을 먼저 지켰습니다. 자유롭게 이동하고 경제활동을 지속하기 위해 자발적으로 마스크를 착용하고, '사회적 거리두기'에 적극 참여했습니다. '사회적 거리두기' 속에서도 서로의 마음은 더욱 가까워졌습니다. 의료인들은 자원봉사로 혼신의 노력을 다했고, 시민들은 '나눔'으로 격려했습니다.

전국 단위의 총선거에서는 엄격한 방역 절차에도 불구하고 2,900만 명이 넘는 유권자가 투표에 참여했습니다. 평상시보다 더욱 높은 투표율을 기록하면서도 한 명의 감염자 없이, '민주주의의 축제'를 만들어 냈습니다. '이웃'의 범위는 '국경' 너머로까지 확장됐습니다. 국경을 막지 않고 교류를 계속하는 한편, 형편이 허용하는 대로 진단키트와 마스크를 비롯한 방역물품을 나눴습니다. 높은 시민의식으로 '모두를 위한 자유'의 정신을 실천하며 방역의 주체가 되어준 국민들 덕분에, '개방성, 투명성, 민주성'의 3대 원칙이 힘을 발휘할 수 있었습니다. 정부도 신속하고 광범위한 진단 검사와 창의적인 방식으로 국민의 노력을 뒷받침했습니다.

한국이 '코로나'에 아직 완전히 승리한 것은 아닙니다. '사회적 거리두기'를 '생활 속 거리두기'로 전환하여 일상과 방역이 공존하도록 노력하고 있지만, 아직도 산발적인 집단감염이 이어지고 있습니다. 또한 국외에서 계속되고 있는 세계적인 대유행이 여전히 위협적입니다. 치료제와 백신이 준비되지 않는다면 또다시 새로운 대유행이 올 수도 있습니다.

그러나 우리는 분명히 알고 있습니다. 정보를 공유하고 함께 협력하는 힘은 바이러스가 갖지 못한 인류만의 힘입니다. '코로나'는 인류 공동의 가치인 '자유의 정신'까지 위협하지만, '자유의 정신'에 기반한 '연대와 협력'이야말로 '코로나'와의 전쟁에서 승리할 수 있는 가장 강력한 무기입니다.

의장님, 각국 대표단 여러분,

나는 '모두를 위한 자유'의 정신에 입각하여, 세계가 지금의 위기를 극복하고 그 이후를 대비하기 위한 세 가지 제안을 하고자 합니다.

첫째, 보건 취약 국가에 대한 인도적 지원을 확대하고, 방역 경험을 공유해 나가야 합니다. 모두가 '코로나'에서 자유로워질 때까지 '단 한 사람도 소외되지 않도록' 함께 협력해야 합니다. 한국은 올해 총 1억불 규모의 인도적 지원을 계획하고 있습니다. 위기 대응과 출입국 정책에 이르기까지 그 동안 축적해온 경험과 데이터도 지속적으로 국제사회와 공유해 나갈 것입니다. 인류의 건강을 함께 지키기 위해 WHO와 적극 협력해 나갈 것입니다.

둘째, 백신과 치료제 개발을 위해 국경을 넘어 협력해야 합니다. 개발된 백신과 치료제는 인류를 위한 공공재로서 전 세계에 공평하게 보급되어야 할 것입니다.

한국은 백신과 치료제 개발을 위한 WHO의 노력을 전적으로 지지합니다. 한국은 세계 백신 면역 연합, 글로벌 펀드, 국제 의약품 구매기구, 국제 백신 연구소에 공여국으로 참여하고 있으며, 올해부터 감염병 혁신 연합에도 기여할 예정입니다.

셋째, WHO 국제보건규칙을 비롯한 관련 규범을 빠르게 정비하고 기속력을 갖춰야 합니다. 우리는 언제라도 올 수 있는 신종 감염병 위기에 보다 신속하고 효과적으로 대응할 수 있어야 합니다. 감염병 관련 정보를 국가 간에 더욱 투명하게 공개하고, 조기 경보 시스템과 협력체계를 공동으로 구축하는 노력이 필요합니다. G20 정상회의와 아세안+3 정상회의에서 논의된 협력 방안들이 더욱 구체화될 수 있기를 바랍니다.

존경하는 의장님, 사무총장님, 각국 대표단 여러분,

위기 앞에서 인류는 각자 도생이 아니라 '연대와 협력'을 선택해야 합니다. 위기일수록 세계는 '상호 신뢰와 포용'으로 단합해야 합니다. 국제사회가 '모두를 위한 자유'의 가치를 더욱 굳게 공유한다면, 우리는 지금의 위기극복을 앞당기고 포스트 코로나 시대의 희망을 더 크게 키울 수 있을 것이라고 믿습니다.

감사합니다.

위기 극복을 위한
주요 산업계 간담회 모두발언

| 2020년05월 21일 |

여러분, 반갑습니다. 다 아시는 바와 같이 우리 산업과 일자리 모두 위기상황입니다. 실물경제 침체와 고용위기가 서비스업을 넘어 제조업으로 확산되고 있습니다. 오늘 항공, 해운, 기계, 자동차, 조선, 정유, 석유화학, 철강, 섬유, 아홉 개 업종 기업 대표들과 경제단체 대표들을 모시고 위기 극복 방안을 논의하고자 합니다. 민관이 함께 위기를 넘고 성장의 발판을 마련하여 국민께 희망을 드리는 자리가 되었으면 합니다.

최근 세계적인 국경봉쇄와 이동제한으로 항공·해운업이 직접 타격을 받았고, 조선 수주도 급감했습니다. 북미·유럽시장 수요 감소와 해외생산 차질로 자동차 산업도 매우 어려운 상황입니다. 미국과 유럽 패션기업의 80% 이상이 문을 닫으면서 섬유 업계의 일감도 급감했습니다.

자동차, 조선업의 부진은 기계, 석유화학, 철강, 정유 등 후방산업의 어려움으로 이어지고, 수출시장도 정상적이지 않습니다. 대기업의 생산 차질과 수주 감소로 중소 협력업체의 일감이 줄었고 2차, 3차 협력업체로 갈수록 피해가 더 심각합니다. 정부와 경제계 간의 협력은 물론 업종 간, 대기업과 중소기업 간, 노사 간 협력이 절실합니다. '산업 생태계' 전체를 지킨다는 비상한 각오로 일자리를 지키고 우리 산업과 경제를 반드시 살려야 합니다.

정부는 다섯 차례의 비상경제회의를 통해 GDP의 13%에 달하는 총 245조 원을 경제위기 극복에 투입하는 특단의 결정을 내렸고, 3차 추경도 준비하고 있습니다. 항공업과 해운업에 이어, 어려움에 처한 기간 산업들을 빠르게 지원하기 위해 특별히 '기간산업안정기금' 40조 원을 마련했고, 140조 원 규모의 민생·금융안정 패키지 프로그램으로 중소기업과 소상공인을 지원하고 있습니다. 또한 고용안정을 위해 고용유지 지원금과 무급휴직 지원요건을 완화했고, 특별고용지원 업종을 확대했습니다. 10조 원 규모의 고용안정 패키지를 통해 취약계층과 청년들의 취업도 지원할 것입니다. 특히 정부는 한국판 뉴딜을 신속히 추진하겠습니다. 경제 회복과 미래 경쟁력 확보, 일자리 지키기와 고용 안전망 확대에 총력을 기울이겠습니다.

코로나로 가속화된 디지털 경제시대는 더 과감하고 빠른 변화를 요구합니다. 항공 업계와 해운 업계는 데이터를 활용해 여객·물류 서비스 경쟁력을 높이고 있습니다. 섬유공장과 제철소, 조선소는 빅데이터와 인공지능 기술을 활용해 생산공정과 품질을 관리하고 있습니다. 정유사는 전기차 충전·결제데이터 시스템을 구축하고, 석유화학 업계는 첨단소재 개발에 돌입했습니다. 건설현장의 무인 자동화와 모빌리티 서비스 시장에 기계 업계와 자동차 업계가 발 빠르게 대응하고 있습니다.

우리 기업들의 혁신 노력을 응원하면서 정부도 미래 기술 인재 양성에 힘쓰겠습니다. 정부는 인공지능, 빅데이터, 블록체인과 미래차, 드론, 지능형 로봇, 스마트 선박, 바이오 의약 등 신산업 전문인력 양성에 박차를 가하고 있습니다. 세계적 대학, 연구소, 기업과의 공동연구 참여를 지원하고, 연구 역량을 키우겠습니다. 변화를 기회로 삼고 도전하는 젊은이들에게 더 많은 기회가 주어질 때 기업과 국가 경쟁력을 높일 수 있을 것입니다. 기업에 필요한 인재들을 더 많이 키워서 디지털 경제의 핵심 역량이 강화되길 기대합니다.

우리는 위기를 극복하며 새로운 미래를 만들어왔습니다. 외환위기에는 IT산업을 일으켰고, 글로벌 경제위기 때는 녹색산업을 육성했습니다. 기업과 정부, 국민이 모두 합심하면 코로나로 유발된 산업 위기를 극복하고, 디지털 경제 시대의 강자로 거듭날 것이라 확신합니다. 방역도 경제 위기도 우리가 먼저 극복하고, 포스트 코로나 시대를 선도한다는 강력한 의지를 가져 주시기 바랍니다.

감사합니다.

2020 국가재정전략회의 모두

| 2020년 5월 25일 |

　해마다 하는 국가재정전략회의를 올해는 전세계적인 경제 위기 상황에서 갖게 되었습니다. 국회에서도 이해찬 대표님, 김태년 원내대표님, 조정식 정책위 의장님 등 여러 분이 함께해 주셨습니다. 경제 상황에 따라 재정 운용 전략도 크게 달라지지 않을 수 없습니다. 엄중한 인식과 비상한 각오로 논의에 임해 주시기 바랍니다.

　재정은 국가 정책을 실현하는 직접적인 수단입니다. 우리 사회가 가야 할 방향과 목표를 담아야 하고, 경제 위기 국면에서는 국민의 고통을 해결하는 데 앞장서 역할을 해야 합니다. 지금은 '누구를 위한 재정이며 무엇을 향한 재정인가?'라는 질문이 더욱 절박한 시점입니다.

　세계 경제의 바닥이 보이지 않습니다. IMF는 올해와 내년의 글로벌 GDP 손실 규모가 일본과 독일 경제를 합친 것보다 더 클 것이라고 전망합니다. 대공황 이후 최악의 경기 침체와 마이너스 성장으로 전세계 170개 이상 국가에서 1인당 소득이 감소할 것으로 예측하고 있습니다.

우리 경제도 예외가 아닙니다. 수출이 급감하는 가운데 항공, 관광, 외식업 등 서비스업 위축이 제조업 위기로 확산되고 있습니다. 취업자 수가 크게 감소하며 고용 충격도 가시화되고 있습니다. 그야말로 경제 전시 상황입니다. 전시 재정을 편성한다는 각오로 정부의 재정 역량을 총동원해야 합니다. 불을 끌 때도 조기에, 초기에 충분한 물을 부어야 빠른 진화로 더 큰 피해를 막을 수 있습니다. IMF가 지금 과감한 재정 조치를 취하지 않는다면 가까운 미래에 오히려 더 큰 비용을 치르게 될 것이라고 경고하고 있는 것도 그 때문입니다.

재정 당국이 그동안 건전성에 중점을 두며 확장 재정의 여력을 비축해 온 것이 큰 힘이 되고 있습니다. 벌써 전세계가 너나 할 것 없이 재정을 총동원하고 있습니다. 이미 발표된 총재정 지원 규모가 세계 GDP의 10%에 해당하는 9조 달러에 달합니다. 우리도 다섯 차례의 비상경제회의를 통해 중소 소상공인, 고용 취약계층, 피해 업종, 기간산업 등에 총 250조 원을 투입하는 특단의 결정을 내렸습니다. 우리 GDP의 13%에 해당하는 규모입니다.

국민의 삶이 어려울 때 재정이 큰 역할을 해 주었습니다. 하지만 고용, 수출 등 실물경제의 위축이 본격화하고 있어 더 과감한 재정의 역할이 필요합니다. 1, 2차 추경을 뛰어넘는 3차 추경안을 신속하게 준비해 주기 바랍니다. 고용안전망과 사회안전망을 확충하고 위기 기업과 국민의 일자리를 지키며 경제 활력을 되살리기 위한 과감한 지원이 담겨야 할 것입니다. 재정이 경제 충격의 파고를 막는 방파제, 경제 회복을 앞당기는 마중물 역할을 해야 합니다.

경제 위기 극복과 함께 포스트 코로나 시대의 새로운 도약을 위한 '한국판 뉴딜'도 준비해야 합니다. 디지털 경제보의 전환을 앞서 준비하며 미래형 일자리를 만드는 '디지털 뉴딜'과 함께 환경친화적 일자리를 창출하는 '그린 뉴딜'을 통해 지속가능한 성장의 토대를 만들겠습니다. 또한 디지털 경제 시대의 일자리 변화에 대응하여 복지 제도를 확충하고, 공정경제 개혁도 멈추지 않고 추진할 것입니다. 재정이 당면한 경제 위기의 치료제이면서 포스트 코로나 이후 경제체질과 면역을 강화하는 백신 역할까지 해야 합니다. 추경의 효과는 속도와 타이밍에 달려있는 만큼 새 국회에서 3차 추경안이 6월 중 처리될 수 있도록 잘 협조해 주시길 당부 드립니다.

재정 건전성 악화를 우려하는 의견도 있습니다. 재정 당국도 그 점을 충분히 유념해 주시기 바랍니다. 하지만 지금의 심각한 위기 국면에서는 충분한 재정 투입을 통해 빠르게 위기를 극복하고 경제성장률을 높여 재정 건전성을 회복하는, 좀 더 긴 호흡의 재정 투자 선순환을 도모하지 않으면 안 됩니다. 그것이 길게 볼 때 오히려 GDP 대비 국가채무비율의 악화를 막는 길입니다.

우리 국가 재정은 OECD 국가들 가운데서도 매우 건전한 편입니다. 지금 우리의 국가채무비율은 2차 추경까지 포함해서 41% 수준입니다. 3차 추경까지 하더라도 110%에 달하는 OECD 평균에 비해 크게 낮은 수준입니다. 또한 코로나에 대응하는 국가채무비율의 증가폭도 다른 주요 국가들에 비해 오히려 낮은 편입니다. 재정 건전성을 고려하면서 우리의 재정 여력을 국민 삶을 지키는데 잘 활용해야 하겠습니다.

물론 강도 높은 지출 구조조정을 함께해 나가야 합니다. 불요불급한 지출을 과감히 줄여야 합니다. 특히 내년 세입 여건도 녹록치 않을 것을 감안하면 뼈를 깎는 지출 구조조정이 필수적입니다. 정부부터 허리띠를 졸라매겠습니다. 코로나 이전과 이후의 상황이 매우 달라진 만큼 부처 별로 지출 우선순위를 다시 원점에서 꼼꼼히 살펴서 지출 구조조정에 적극 협력해주기 바랍니다. 당에서도 활발히 의견을 내 주시고, 국회 논의도 잘 이끌어 주시길 부탁드립니다.

감사합니다.

6월

새로운 일상, 국민들께 부탁드립니다

제65회 현충일 추념식 추념사

승리와 희망의 역사를 만든 평범한 국민의 위대한 힘을 가슴에 새깁니다

제33주년 6·10민주항쟁 기념식 기념사

한국판 뉴딜, 디지털경제 현장방문

국무회의 및 수도권 방역대책회의 모두발언

6·25전쟁 제70주년 기념사

한-EU 화상 정상회담 모두발언

새로운 일상, 국민들께 부탁드립니다

| 2020년 06월 03일 |

한숨 돌리나 했더니 아니었습니다.

수도권 중심으로 코로나 집단감염이 그치지 않고 있습니다. 유흥클럽에서 시작하여 물류센터, 학원, 종교시설 등에서 연달아 터져나오고 있습니다. 공통점은 모두 밀폐, 밀접, 밀집된 시설에서 발생하고 있다는 것입니다.

이와 같은 3밀 시설에서 이루어지는 모든 종류의 활동은 코로나 감염에 취약합니다. 특히 열성적이면서 밀접한 접촉이 행해지는 종교 소모임 활동은 집단 전파의 위험이 매우 높다는 것을 이번 개척교회 집단감염에서도 확인할 수 있습니다. 특별한 경계와 자제가 필요합니다. 정부가 촘촘한 방역망을 잘 구축한다 하더라도, 은밀하게 행해지는 소모임까지 일일이 통제하는 것은 한계가 있을 수밖에 없습니다. 국민들의 자발적 참여가 바이러스 확산을 막는 예방 백신입니다.

국민들께 다시 한번 간곡히 당부드립니다. 수개월간 바이러스와 싸우는 동안 우리는 경험을 통해 확인했습니다. 기본만 지켜도 바이러스가 쉽게 우리를 넘볼 수 없으며, 우리의 작은 방심의 빈틈을 바이러스는 놓치지 않는다는 사실을. 거리두기와 마스크 등 방역수칙만 잘 지켜도 바이러스의 공격으로부터 자신과 가족과 공동체를 지켜 낼 수 있습니다.

생활방역은 바이러스와 공존하는 새로운 일상입니다. 과거와는 다른 낯선 일상이지만, 결코 어렵기만 한 일이 아닙니다. 방역수칙과 함께하는 새로운 일상을 평범한 일상으로 만들어 주시기 바랍니다. 생활방역에서 승리하는 길은 결국 정부와 국민의 일치된 노력에 달려있습니다.

정부도 새로운 일상에 맞춰 더욱 노력하겠습니다.

제65회 현충일 추념식 추념사

| 2020년 6월 6일 |

존경하는 국민 여러분,

국가유공자와 유가족 여러분,

6·25전쟁 70주년인 올해, 예순다섯 번째 현충일을 맞았습니다. 독립과 호국이 나라를 세우고 지켜낸 애국의 뿌리임을 되새기는 날입니다. 오늘 우리가 누리고 있는 자유와 번영은 가장 빛나는 시기 자신의 모든 것을 조국에 바친 순국선열과 호국영령의 헌신과 희생 위에 서 있습니다. 이곳에 잠들어 계신 한 분 한 분 모두가 대한민국의 오늘을 만들어낸 분들입니다. 애국 영령과 국가유공자들께 존경을 표하며, 유가족께 깊은 위로와 감사의 인사를 드립니다.

국민 여러분,

국립 대전현충원의 현판을 안중근 의사의 글씨체로 교체하게 되어 매우 뜻깊습니다. 안중근 의사가 마지막으로 남긴 글씨는 '위국헌신 군인본분'이었습니다. 광복군을 거쳐 지금의 우리 군까지 이어지고 있는 군인정신의 사표입니다. 올해 안중근 의사 순국 110주년을 맞아 대한의 자유독립과 동양평화를 위해 당당히 죽음을 맞이하신 안중근 의사의 숭고한 뜻이 모든 애국 영령들과 함께할 것이라 믿습니다.

내일은 봉오동전투 전승 100주년 기념일입니다. 100년 전인 1920년 6월 7일, 홍범도·최진동 장군이 이끈 독립군 연합부대가 봉오동에서 '독립전쟁 첫 번째 대승리'를 거뒀고, 10월에는 김좌진·홍범도 장군이 주축이 된 연합부대가 '청산리대첩'이라는 독립전쟁 사상 최고의 승리를 이뤘습니다. 1940년 대한민국 임시정부가 창설한 광복군의 뿌리가 독립군이었고, 2018년 국방부는 독립군과 광복군을 국군의 기원으로 공식 확인했습니다. 해방 후 많은 독립군, 광복군이 국군이 되었습니다. 독립정신을 호국정신으로 계승하여 6·25전쟁에 참전했습니다.

광복군 참모장 김홍일 장군은 '한강 방어선 전투'를 지휘했습니다. 장병들과 함께 혼신의 힘을 다해 북한군의 남하를 막아냈고, 반격의 새로운 전기를 마련했습니다. 광복군 유격대장 장철부 중령은 기병대 대장으로 활약했습니다. 많은 전투에서 전공을 세운 후, 1950년 8월 4일, 대대 지휘소가 점령되기 직전 포로로 잡히지 않기 위해 스스로 스물아홉의 생을 마감했고, 이곳 대전현충원에 잠들어 계십니다.

목숨을 바쳐 용맹하게 싸운 장병들뿐만 아니라, 부상병을 헌신적으로 돌본 보이지 않는 영웅들도 있습니다. 독립운동가 이상설 선생의 외손녀 이현원 중위는 국군간호사관학교 1기생으로 1953년 3월 임관해 참전했고, 간호장교가 절대적으로 부족하던 시절, 헌신적으로 장병들을 돌보셨습니다. 이현원 님은 오랜 시간 자신의 공훈을 알리지 않으셨습니다. 2017년 9월, 러시아 동포 간담회에서 뵙고, 오늘 국민의 마음을 담아 국가유공자 증서를 드리게 되어 매우 기쁩니다. 이 자리에 함께하신 이현원 님께 따뜻한 박수를 부탁드립니다. 독립군의 딸, 故오금손 대위는 6·25전쟁 때 '백골부대' 간호장교로 복무했고, 전역 후 오지의 환자들과 가난한 독립운동가들을 돌봤습니다. 이곳에 잠들어 계신 故김필달 대령 역시 1950년 11월 간호장교로 임관해 6·25전쟁과 베트남전에 참전했고, 간호병과장을 역임했습니다. '위국헌신 군인본분'을 실천한 간호장교들이 있어 가장 위태롭고 절박한 순간에도 병사들은 삶의 희망을 가질 수 있었으며, 이 역사는 70년이 지난 오늘, 후배들에게 이어지고 있습니다.

올해, 2020년 3월 3일, 국군간호사관학교 60기 졸업생 일흔다섯 명이 임관과 동시에 코로나와 힘겨운 싸움을 벌이던 대구로 향했습니다. 오늘 '경례문'을 낭독한 이혜민 소위는 그날 임관식에서 "6·25 참전용사인 할아버지를 본받아, 국민과 군을 위해 목숨 바칠 각오로 임무를 완수하겠다"고 말했습니다. 일흔다섯 명의 신임 간호장교들은 모두 맡은 임무를 당당히 완수하며, 국민들에게 커다란 용기와 자부심을 주었습니다.

우리 군은 국민의 곁에서 헌신적으로 코로나와 맞섰습니다. 20만 명이 넘는 장병들이 물자 운송지원, 방역과 소독, 공항·항만 검역 등 국민의 안전과 건강을 지키기 위해 땀 흘렸습니다. 헌혈에 가장 먼저 팔을 걷어붙인 것도 군 장병들입니다. 철통같은 안보태세 속에 방역에도 임무를 다한 우리 군을 애국선열들과 호국영령들도 자랑스러워하실 것이라 믿습니다. 저 역시 국군통수권자로서 국민과 함께한 우리 장병들이 참으로 든든하고 자랑스럽습니다.

국민 여러분,

故임춘수 소령은 1951년 7월 강원도 양구 전투에서 전사했습니다. 마지막 순간까지 가슴 깊이 딸의 돌사진과 부치지 못한 편지를 품고 있었습니다. 오늘 따님 임욱자 님이 70년 만에 아버지에게 보내는 답장을 낭독해 주셨습니다. 임춘수 소령의 편지 한 통은 가족에 대한 사랑이 조국을 지키는 힘이라는 것을 전해 주고, 따님의 답장은 호국 영웅이 "가족을 많이 사랑한 평범한 아버지"였음을 알려주고 있습니다. 이 편지들은 6·25전쟁이 과거의 역사가 아니라, 오늘 우리의 삶에 닿아 있는, 살아 있는 역사임을 증명합니다. 국가의 공식기록 못지않은 무게로 애국과 호국의 역사가 한 개인과 한 가족의 역사임을 증언하고 있습니다.

이제 나와 내 가족, 내 이웃이 지켜낸 대한민국은 무엇과도 바꿀 수 없는 '내 조국', '우리 모두의 나라'가 되었습니다. 평화는 국민이 마땅히 누려야 할 권리이며, 두 번 다시 전쟁이 없는 평화의 한반도를 만드는 것은 국민이 부여한 국가의 책무입니다. 정부는 평화를 지키고 평화를 만들기 위해 더욱 강한 국방, 더욱 튼튼한 안보에 전력을 다할 것입니다.

대한민국의 오늘을 만든 분들을 영원히 기억하고 역사에 새길 것입니다. 저는 또한 오늘 현충일을 맞아, 코로나로부터 국민의 생명과 안전을 지키다 순직하신 신창섭 주무관과 피재호 사무관을 여러분과 함께 기억하고자 합니다. 고인들의 안식을 기원하며, 유가족들께 깊은 위로의 말씀을 드립니다.

정부는 지난해 7월, '6·25 무공훈장 찾아주기 조사단'을 출범시켰습니다. 6·25전쟁 당시 훈장 수여가 결정됐지만, 훈장과 증서를 받지 못한 5만6천여 명의 유공자와 유가족을 찾아 무공훈장과 국가유공자 증서를 전해드리는 사업을 펼치고 있습니다. 모두 5천여 명의 유공자를 찾았고, 생존 유공자들께 훈장을 전달해드렸습니다. 당시 화랑무공훈장을 받았지만, 증서를 받지 못한 예비역 병장 김종효 님께 오늘 국가유공자 증서를 수여하게 되어 매우 뜻깊습니다. 참전용사 한 분이라도 더 생존해 계실 때 훈장과 증서를 전달해드리도록 노력하겠습니다. 김영창 님은 미 극동사령부 비군인 특수부대 소속으로 참전하여 복무기록이 없었지만, 공적을 찾아내어 오늘 국가유공자 증서를 드렸습니다. 이름도, 계급도 남기지 못한 3만2천여 유격군들의 공적도 함께 발굴하고 기리겠습니다.

유해발굴 사업도 계속해 나갈 것입니다. 지난해 비무장지대 화살머리고지에서 찾은 6·25전쟁 전사자 故박재권, 故남궁선, 故김기봉 이등중사를 이곳 대전현충원에 모셨고, 故정영진 하사의 아드님께 화랑무공훈장을 전달했습니다. 신혼에 헤어져 혼자 아들을 키워온 이분애 님은 오랜 기다림 끝에 아흔 나이에 故김진구 하사의 유해와 상봉했습니다. 사흘전 6월 3일, 대구 앞산 충혼탑에서 귀환행사가 열렸습니다. 가족들의 유전자 검사 협조가 있었기에 우리는 영웅들을 다시 만날 수 있었습니다. 故김진구 하사의 형님은 2006년, 반드시 유해를 찾을 것이라는 믿음으로 유전자 검사를 해 주셨습니다.

정부는 올해에도 화살머리고지 일대에서 예순일곱 구로 추정되는 유해를 추가 발굴했습니다. 발굴한 호국용사의 신원확인에는 유가족들의 유전자가 반드시 필요합니다. 유가족 여러분의 적극적인 참여를 당부드립니다. 정부도 호국용사들을 가족의 품으로 모실 수 있도록 최선을 다하겠습니다.

존경하는 국민 여러분,

국가유공자와 유가족 여러분,

모든 희생과 헌신에 국가는 반드시 보답해야 합니다. 우리 정부는 지난 3년 동안 국가유공자와 유가족들의 삶을 뒷받침하고, 기억과 계승을 위한 보훈에 최선을 다해왔습니다. 앞으로도 '생활조정 수당'과 '참전 명예 수당'을 지속적으로 인상해 국가유공자와 유가족들의 명예로운 삶을 지원하고, 의료지원도 한층 강화하겠습니다. 현재 국립 대전현충원에 4만9천 기 규모의 봉안당을 건립하고 있습니다. 내년에는 전국 35만 기의 안장 능력을 44만 기까지 확충하고, 2025년에는 54만 기 규모로 늘려 예우를 다해 국가유공자를 모실 수 있도록 하겠습니다.

지난 6월 2일 '군인재해보상법 시행령'이 국무회의를 통과했습니다. 군 장병의 헌신과 희생에 대한 국가의 책임을 한층 강화할 수 있게 되어 매우 뜻깊습니다. 병사들의 일반장애 보상금을 대폭 인상하고, 교전으로 인한 장애는 특히 일반장애 보상금의 2.5배를 지급할 수 있게 되었습니다. 유족연금 지급률도 근무 기간에 관계없이 일원화했고, 유가족 가산제도를 신설해 가족이 많은 경우 더 많은 연금을 받도록 했습니다. 국가유공자와 유가족들에 대한 보훈은 정부의 가장 중요한 정책과제 중 하나입니다. 보훈이야말로 국가의 가장 기본적인 책무일 뿐 아니라 국가를 위해 생명까지 바칠 수 있는 애국심의 원천이기 때문입니다. 독립과 호국이 오늘 우리가 누리는 대한민국의 뿌리입니다. 나라를 지켜낸 긍지가 민주주의로 부활했고, 가족과 이웃을 위해 희생한 수많은 의인을 낳았습니다.

독립·호국·민주 영령들은 각자 시대가 요구하는 애국을 실천했고, 새로운 시대정신과 역동적인 역사의 물결을 만들어냈습니다. 우리의 애국은 오늘 서로를 이해하고 존중하는 마음으로 더욱 강해지고 있습니다. 서로 양보하고 타협하며 상생 협력의 길을 넓히고 있습니다. 누군가의 아들과 딸이었으며, 아버지였고 어머니였던 평범한 이웃들이 우리의 오늘을 만든 애국 영령들입니다. 독립·호국·민주의 역사를 일궈온 우리 국민의 저력을 가슴 깊이 새기며, 애국 영령들께 다시 한 번 깊은 존경을 표합니다.

감사합니다.

승리와 희망의 역사를 만든 평범한 국민의
위대한 힘을 가슴에 새깁니다

2020년 6월 7일

100년 전 오늘, 홍범도 장군과 최진동 장군이 이끈 우리 독립군이 중국 봉오동 골짜기에서 일본 정규군 '월강추격대'와 독립투쟁 최초의 전면전을 벌여 빛나는 승리를 거뒀습니다. 바로 '봉오동 전투'입니다. 임시정부가 '독립전쟁의 해'를 선포한 지 불과 5개월 만에 일궈낸, 무장독립운동사에 길이 남을 승리였습니다.

'봉오동 전투'의 승리로 독립운동가들은 '자신감'을 얻었고, 고통받던 우리 민족은 자주독립의 '희망'을 갖게 되었습니다. 무엇보다 구한말 의병뿐 아니라 농민과 노동자 등 평범한 백성들로 구성된 독립군의 승리였기에 겨레의 사기는 더 높이 고양되었습니다. 너도나도 가난한 살림에 의연금을 보태 독립군의 무기구입을 도왔고, 식량과 의복을 비롯한 보급품을 마련하는데 나섰습니다.

독립군 한 분 한 분을 기억하고 기리는 일은 국가의 책무임과 동시에 후손들에게 미래를 열어갈 힘을 주는 일입니다. 코로나 때문에 늦어졌지만, 정부는 이역만리 카자흐스탄에 잠들어 계신 홍범도 장군의 유해를 조국으로 모셔올 것입니다. 독립운동의 뜻을 기리고 최고의 예우로 보답하겠습니다.

100년이 지난 오늘, 코로나 국난극복의 원동력도 평범한 우리의 이웃들입니다. '나'의 안전을 위해, '이웃' 안전을 지켰고, 연대와 협력으로 코로나 극복의 모범을 만들어냈습니다. '봉오동 전투 전승 100주년'을 맞아, 승리와 희망의 역사를 만든 평범한 국민의 위대한 힘을 가슴에 새깁니다.

제33주년 6·10민주항쟁 기념식 기념사

| 2020년 06월 10일 |

존경하는 국민 여러분,

6·10민주항쟁의 그날, 우리는 민주주의를 함께 만들어냈습니다. 학생들은 앞장섰고, 회사원들은 손수건을 흔들고, 택시기사들은 경적을 울렸습니다. 어머니들은 전투경찰의 가슴에 꽃을 달아주었습니다. 온 국민이 함께 민주주의라는 이름의 나무를 광장에 심었습니다.

그로부터 서른세 해가 흘렀습니다. 노동자들이 평등과 단결이라는 햇빛을, 시민들은 공감과 참여라는 햇빛을 나무에 비춰주었습니다. 청년들이 어머니, 아버지가 되면서 우리의 가정에 민주주의가 시작되었습니다. 인권을 돌아보게 되었고, 한 사람 한 사람을 소중하게 여기게 되었습니다. 민주주의가 위태로울 때 우리는 촛불을 들었고, 모두와 함께 천천히, 그러나 결코 방향을 잃지 않고 오늘에 이르렀습니다.

　　오늘 민주주의라는 이름의 나무는 어느 나라보다 더 빠르게 자라고 있습니다. 우리의 민주주의는 나눔과 상생의 민주주의입니다. 개인의 자유를 존중하는 만큼 국민 모두의 자유를 존중하는 민주주의입니다. 우리는 코로나를 극복하는 과정에서 연대와 협력의 민주주의를 보여주었습니다. 우리가 만든 민주주의가 대한민국을 코로나 방역 모범국으로 만들었습니다. 온 국민이 함께 만든 민주주의입니다.

　　6·10민주항쟁 서른세 돌을 맞아 민주주의를 위해 산화해간 열사들을 기립니다. 33년 전, 6·10민주항쟁에 함께했던 시민들과 그 이후에도 민주주의 발전을 위해 헌신한 모든 분들께 깊은 존경과 감사의 마음을 바칩니다. 우리의 민주주의는 더 크게 더 튼튼하게 자라고 있습니다. 이제는 남부럽지 않게 성숙했습니다. 서로를 위한 마음으로 오늘 우리의 민주주의를 이만큼 성장시킨 우리 국민 모두에게 격려의 박수를 보내고 싶습니다.

　　국민 여러분,

　　이곳은 남영동입니다. 남영역 기차소리가 들리는 이곳은, 한때 '남영동 대공분실'로 불리던 악명 높았던 곳입니다. 담벼락 하나를 사이에 두고 시민들이 오가던 이곳에서 불법연행, 고문조작, 인권침해가 벌어졌습니다. 단지 민주화를 염원했다는 이유 하나로 많은 이들이 이곳에서 인간으로서 감당하기 힘든 고통과 공포와 치욕을 겪어야 했습니다. 김근태 민청련 의장은 전기고문을 비롯한 죽음을 넘나드는 고문을 당했습니다. 1987년 1월 14일, 이곳 509호 조사실에서 서울대 언어학과 스물두 살 박종철 열사가 물고문에 숨졌습니다. 그러나 죽음 같은 고통과 치욕적인 고문을 견뎌낸 민주인사들이 '독재와 폭력'의 공간을 '민주화 투쟁'의 공간으로 바꿔냈습니다. 천주교정의구현 전국사제단 신부님들의 용기로 박종철 열사의 고문치사 사실이 세상에 알려졌고, 6·10민주항쟁은 남영동 국가폭력의 진실을 세상으로 끌어냈습니다. 이제 남영동은 '민주인권기념관'으로 조성되고 있습니다. 피해자들의 상처를 치유하고, 민주주의의 역사를 기억하는 공간이 될 것입니다. 오늘 이곳에서 6·10 민주항쟁 기념식을 열게 되어 매우 뜻깊습니다.

이 불행한 공간을 민주주의의 공간으로 재탄생시킨 것은 마치 마술 같은 위대한 기적이 아닐 수 없습니다. 엄혹한 시절을 이겨내고, 끝내 어둠의 공간을 희망과 미래의 공간으로 바꿔낸 우리 국민들과 민주 인사들이 자랑스럽습니다.

국민 여러분,

오늘 우리의 민주주의가 이만큼 오기까지, 많은 헌신과 희생이 있었습니다. 오늘 우리는 대한민국 민주주의 발전에 기여한 공로자들께 훈포장을 수여했습니다. 한 분 한 분, 훈포장 하나로 결코 다 말할 수 없는, 훌륭한 분들입니다. 시민사회와 유관단체의 광범위한 추천으로 선정되었고, 사상 처음 있는 일입니다.

전태일 열사를 가슴에 담고

노동자의 권익을 위해 평생을 다하신 고 이소선 여사님,

반독재 민주화 운동으로 일생을 바친 고 박형규 목사님,

인권변호사의 상징이었던 고 조영래 변호사님,

시대의 양심 고 지학순 주교님,

5·18민주화운동의 산증인 고 조비오(철현) 신부님,

전국민족민주유가족협의회 회장으로 오랫동안 활동하신

고 박정기 박종철 열사의 아버님,

언론민주화를 위해 투쟁한 고 성유보 기자님,

시대와 함께 고뇌한 지식인 고 김진균 교수님,

유신독재에 항거한 고 김찬국 상지대 총장님,

농민의 친구 고 권종대 전국농민회총연맹 의장님,

민주·인권 변호의 태동을 알린 고 황인철 변호사님,

그리고 아직도 민주주의의 현장에서 우리와 함께 계신

이한열 열사의 어머니 배은심 여사님과

해외에서 우리를 지원해 주신

고 제임스 시노트 신부님, 조지 오글 목사님,

실로 이름 그 자체로 대한민국 민주주의이며, 엄혹했던 독재시대 국민의 울타리가 되어주셨던 분들입니다. 저는 거리와 광장에서 이분들과 동행할 수 있었던 것을 영광스럽게 기억합니다. 오늘의 훈포장은 정부가 드리는 것이지만, 자랑스러운 민주주의의 역사와 감사하는 국민의

마음을 대신할 뿐입니다. 국민과 함께 진심으로 존경과 감사를 전합니다. 인고의 세월을 함께해 오신 유가족 여러분께도 위로의 마음을 보냅니다. 정부는 앞으로도 예우를 다해 독립, 호국, 민주유공자들을 모실 것입니다. 애국과 민주주의를 위해 헌신하신 분들의 뜻이 후손들에게 교훈이 될 수 있도록 항상 노력하겠습니다.

정부는 위대한 민주주의의 역사를 기념하는 데도 최선을 다하겠습니다. 2018년부터 2·28대구민주운동과 3·8대전민주의거를 국가기념일로 지정하여 3·15마산의거와 함께 4·19혁명까지 연결된 역사로 기억하게 되었습니다. 반드시 4·3의 명예회복을 이루고 5·18민주화운동의 진실을 온전히 규명하겠습니다.

국민 여러분,

다시 민주주의를 생각합니다. 제도로서의 민주주의가 잘 정비되어 우리 손으로 대통령과 국회의원, 단체장을 뽑고, 국민으로서의 권한을 많은 곳에서 행사하지만, 국민 모두 생활 속에서 민주주의를 누리고 있는지 우리는 항상 되돌아보아야 합니다.

대한민국 주인은 국민입니다. 국민이 주권자입니다. 국가는 국민의 삶을 위해 존재하고, 언제나 주권자의 명령에 부응해야 합니다. 선거로 뽑힌 지도자들이 늘 가슴에 새겨야 할 일입니다. 민주주의는 자유와 평등의 두 날개로 날아오릅니다.

소수여도 존중받아야 하고, 소외된 곳을 끊임없이 돌아볼 때 민주주의는 제대로 작동합니다. 우리는 마음껏 이익을 추구할 자유가 있지만, 남의 몫을 빼앗을 자유는 갖고 있지 않습니다. 우리는 이웃이 함께 잘살아야 내 가게도 잘된다는, 평범한 진리를 너무나 잘 알고 있습니다. 지속가능하고 보다 평등한 경제는 제도의 민주주의를 넘어 우리가 반드시 성취해야 할 실질적 민주주의입니다. 민주주의가 당연하다고 느낄 때일수록 우리는 민주주의에 대해 더 많이 질문해야 합니다. 민주주의는 제도를 넘어 우리의 삶 속으로 스며들어야 합니다. 가정과 직장에서의 민주주의야말로 더욱 성숙한 민주주의입니다. 일상에서 민주주의를 체험하고 반복될 때 민주주의는 끊임없이 전진할 것입니다.

조급해서도 안 됩니다. 갈등과 합의는 민주주의의 다른 이름입니다. 사람은 누구나 다릅니다. 이상이 다르고 생각이 다르고 처해있는 현실이 다릅니다. 현재를 위한 선택과 미래를 위한 선택도 사람마다 다릅니다. 우리는 갈등 속에서 상생의 방법을 찾고, 불편함 속에서 편함을 찾아야 합니다. 그것이 민주주의의 가치입니다. 평화는 어렵고 힘든 길이지만, 그럴수록 우리는 민주주의로 평화를 이뤄야 합니다. 그렇게 이룬 평화만이 오래도록 우리에게 번영을 가져다줄 것입니다.

존경하는 국민 여러분,

우리의 민주주의를 세계가 주목하고 있습니다. 코로나의 힘겨운 상황 속에서 국민들 모두 서로를 배려하는 민주주의를 실천하고, 민주주의의 꽃인 선거를 성공적으로 치러낸 유일한 나라입니다.

6·10민주항쟁은 어느 날 갑자기 찾아온 기적이 아닙니다. 3·1독립운동으로 시작된 민주공화국의 역사, 국민주권을 되찾고자 한 국민들의 오랜 열망이 만든 승리의 역사입니다. 16년 만에 대통령을 국민의 손으로 뽑게 되었고 삼권분립의 민주주의 기본체제를 헌법에 복원하게 되었지만, 우리 국민들이 이룬 가장 위대한 성과는 국민의 힘으로 역사를 전진시킨 경험과 집단 기억을 갖게 된 것입니다. 그래서 우리의 민주주의는 결코 후퇴할 수 없습니다. 우리는 이제 더 많은 민주주의, 더 큰 민주주의, 더 다양한 민주주의를 향해가야 합니다. 민주주의를 향한 길은 중단할 수 없습니다. 민주주의가 끊임없이 발전해가기 때문입니다. 지난날과 같이, 우리는 잘해낼 수 있습니다.

6·10민주항쟁 서른세 돌을 맞아, 정부도 '일상의 민주주의'를 위해 더욱 노력하겠습니다. 민주주의라는 이름의 나무가 광장에서 더 푸르러지도록 국민들께서도 함께해 주시기 바랍니다.

감사합니다.

한국판 뉴딜, 디지털경제 현장방문

| 2020년 6월 18일 |

여러분, 반갑습니다. 앞에서 먼저 시연해 주신 분들도 고맙습니다. 우리 더존비즈온, 대기업은 아니고 아직은 중견기업이지만 데이터와 인공지능 전문기업으로서 대한민국 최고의 기업이라고 들었습니다. 아주 자랑스럽습니다.

지금 정부가 코로나 위기 극복, 그리고 또 포스트 코로나 시대 대응을 위해서 한국판 뉴딜을 추진하고 있는데, 그 가운데 가장 중요한 축이 디지털 뉴딜입니다. 더존비즈온이야말로 이 디지털 뉴딜을 선도하는 그런 기업입니다. 아마 여러분들께서 그런 디지털 뉴딜의 길을 앞서서 열어가는 그런 주역들이라고 할 수 있습니다. 아주 기대가 큽니다.

왜 한국판 뉴딜이라고 부르느냐, 아시다시피 원뉴딜은 세계 대공황시대의 미국의 루즈벨트 대통령이 위기 극복을 위해서 채택했던 그런 정책입니다. 그 가운데 가장 핵심적인 것 중 하나가 한 축은 노동자들의 권익을 신장하고 또 복지제도를 도입하면서 다른 또 한 축은 대규모 공공 토목사업을 통해서 많은 일자리를 만들어내는 그런 정책을 펼쳤습니다. 그 대표적인 것이 여기 후버댐이죠. 지금은 순위를 잘 모르겠는데 당시는 세계 최고의 댐입니다. 우선 아주 대규모 댐을 건설해서 많은 물을 가두고 모읍니다. 그리고 그렇게 모아진 물을 수문을 통해서 내려보내면서 어떤 물은 발전에 사용되고, 어떤 물은 농업용수나 공업용수 같은 산업용수로 사용되고, 또 어떤 물은 식수로 사용되고, 그다음에 또 홍수나 가뭄을 조절하는 기능도 하기도 하고, 그래서 아주 다목적댐이라고 부릅니다.

우선은 굉장히 많은 예산을 투입해서 여러 해 동안 이런 공사를 하기 때문에 공사 과정에서 많은 일자리가 만들어지고, 또 완공되고 나면 이 물을 여러 가지로 활용하는 많은 관련 산업들이 생겨나게 되고, 거기에서 산업이 부흥하면서 일자리들이 생겨나게 됩니다. 나아가서는 이 상부에는 물을 가둔 아주 거대한 인공호수가 아주 아름답게 조성이 되게 되고, 또 물이 떨어지는 그 위용이 대단히 말하자면 볼만하기 때문에 아주 유명한 관광지가 되는 거죠. 그러면 관광산업. 숙박업체, 심지어는 카지노 같은 위락업체까지 이렇게 생기면서 공사하는 기간 동안 생긴 일자리 때문에 도시가 만들어지고 그다음에 나중에 더 관광산업까지 발전되면서 더 큰 도시가 만들어지고 이런 식의 선순환을 통해서 일자리를 만들고, 경제를 살리고자 했던 것입니다.

우리는 취지는 같습니다. 이제는 이런 대규모 토목사업을 통해서

할 수는 없죠. 우리가 하고자 하는 디지털 뉴딜은 앞으로 디지털 경제의 기반이 되는 데이터 활용을 최대한 활성화하기 위한 이른바 '데이터 댐'을 만드는 것입니다. 이 데이터 댐에는 우리 공공과 민간의 네트워크를 통해서 생성되는 데이터들이 모이게 되고, 이렇게 수집된 데이터가 원 데이터 자체로서는 활용할 수가 없기 때문에 그것을 표준화하고, 또 서로 결합해서 가공하고, 또 이것을 개인정보가 다 이렇게 거기에서 빠지게 만드는, 보호되게 만드는 비식별 정보로 만들어내고, 그렇게 하면 그것이 많이 이렇게 활용될수록 더 똑똑한 인공지능을 만들어내고, 그 인공지능이 네트워크를 통해서 기존의 산업에 있어서도 기존의 산업단지, 그다음에 공장들을 스마트화하면서 혁신하고, 또 기존의 산업이 하지 못했던 여러 가지 혁신산업을 만들어내고, 그다음에 언택트 서비스 같은 혁신적인 서비스도 만들어내고, 그럼으로써 우리 경제를 살리면서 앞으로 디지털 경제의 기반을 만들어서 포스트 코로나 시대에 한국이 선도형 경제로 나아갈 수 있는 그 기반이 되는 것입니다.

뿐만 아니라 데이터를 수집하고, 이것을 표준화하고, 이것을 또 가공 결합하고 하는 과정들은 전부 사람들의 작업에 의해서 이루어져야 되는 것이기 때문에 그 과정에서도 많은 일자리들이 생겨나게 되는 것입니다. 이것이 우리 정부가 추진하는 한국판 뉴딜 가운데서 디지털 뉴딜, 후버댐을 통해서 했던 미국의 정책과 유사하면서도 확연히 말하자면 이제 시대에 따라서 달라진 그런 모습을 우리가 볼 수가 있습니다. 이 디지털 뉴딜이 성공한다면 우리는 포스트 코로나 시대의 디지털경제를 다른 나라들보다 앞서가서 성공할 수 있을 것이라고 믿습니다. 여기 계신 분들이 그 주역이 되리라고 믿습니다. 지금은 중견기업이지만 그때는 아마 세계적인 그런 대기업으로 우뚝 서지 않을까 생각을 합니다.

몇 가지 중요한 포인트가 있다고 생각합니다. 우선은 이런 공공과 민관에서 생성되는 많은 데이터들이 기업들이 활용할 수 있도록 과감하게 개방되는 것이 이제 필요합니다. 그리고 그 개방의 과정에서 아까 말씀드린 바와 같이 개인정보가 침해되는 일이 없도록 철저하게 비식별 데이터로 만들어내는 그 일들이 필요할 것입니다. 그리고 이 디지털 경제가 우리 산업을 고도화하고 혁신시키면서 많은 새로운 일자리를 만들어내겠지만 그러나 기존에 그 산업에 종사하던 일자리는 없앨 수가 있습니다. 그러면 기존에 산업에 종사하던 그 분들을 새롭게 만들어진 일자리로 옮겨드리는 그것의 사업들을 국가적으로 이렇게 함께 병행해 나가야 됩니다.

또한 디지털 경제에서는 디지털에 쉽게 접근하는 사람과 그렇지 못한 분들 간의 디지털 격차, 이것이 지금 우리 사회의 격차보다 훨씬 더 격차를 심화시킬 수 있습니다. 그런 격차를 줄여서 말하자면 포용적인 디지털경제를 만들어내는 것도 우리의 큰 과제라고 생각합니다.

지금까지는 제가 약간 이론적으로 말씀드린 것이고요. 실제로 기업 현장에서 여러분들이 느끼는 여러 가지 애로라든지 또 정부가 좀 더 관심을 가지면 좋겠다든지 하는 요망 사항들이 있다면 편하게 말씀들 해주시기 바랍니다.

감사합니다.

국무회의 및 수도권 방역대책회의 모두발언

| 2020년 6월 23일 |

　　제32회 국무회의 및 수도권 방역 대책회의를 시작하겠습니다. 오늘 국무회의는 특별히 서울, 인천, 경기 수도권 세 단체장을 모시고, 수도권 방역 대책을 논의하는 것부터 시작하겠습니다.

　　국내에 코로나가 발생한 지 5개월이 지났습니다. 우리는 국민들의 높은 시민의식과 공동체의식 덕분에 세계에서 가장 모범적인 방역국가로 평가받고 있습니다. 이제는 신규 확진자 수를 더 줄여서 하루빨리 안정적인 상황으로 넘어가야 하는 중요한 고비에 놓여 있습니다. 해외의 확산세가 다시 증가하고 있고, 치료제와 백신 개발은 더 시간이 필요하기 때문에 더욱 절실한 상황입니다. 지금 코로나의 안정이 수도권에 달려있다고 해도 과언이 아닙니다. 방역 당국과 수도권 지자체들 간의 긴밀한 협력을 당부 드립니다.

바이러스를 완전히 정복하는데 긴 시간이 필요하다면 의료진들이나 국민들이 지치지 않도록 장기전의 자세로 냉정하게 상황을 관리하고 대처해 나가야 할 것입니다. 우리나라는 어느 나라보다 코로나 방역을 잘해내고 있습니다. 우리가 채택한 투명, 개방, 민주의 원칙은 세계적인 모범이 되었습니다. 국민들께서 방역의 주체가 되어 주셨기에 가능한 일이었습니다. 앞으로도 정부는 지자체들과 협력하면서 국민과 함께 기나긴 바이러스와의 전쟁에서 흔들림 없이 방역전선을 사수해 나가겠습니다.

　　자신 있게 말씀드리지만 우리의 코로나 상황은 여전히 통제 및 관리할 수 있는 범위 안에 있습니다. 지난 5개월 동안 확인된 사실은 일상생활을 하면서도 정부의 방역지침과 기본적인 방역수칙만 잘 지키면 바이러스 감염을 막을 수 있다는 것입니다. 이제는 지치기도 하고, 폭염 때문에 더 힘들어지기도 하지만 상황이 안정될 때까지 국민들께서 조금만 더 힘을 내어 주시길 바랍니다.

　　지금까지 지자체는 현장 방역의 최일선에서 역할을 잘해 주었습니다. 고위험시설 관리와 자가격리자 관리, 병상 확보 등 선제적 대응은 물론 확진자 발생에도 발 빠르게 대처하며 감염병 확산을 조기에 차단하고 있습니다. 의료진에 대한 지원뿐 아니라 코로나로 경제적 어려움에 처한 주민들과 골목상권을 지원하는 등 경제 위기 극복에도 최선을 다하고 있습니다.

지자체들의 창의적 사고와 신속한 현장 대응은 지방분권이 왜 중요한지 잘 보여주고 있습니다. 관련 부처들은 지자체의 현장 방역에 어려움이 없도록 적극적으로 지원해 주기 바랍니다. 최근 증가하고 있는 해외로부터의 감염병 유입에 대해서도 지역감염으로 이어지는 요인이 되지 않도록 각별히 관리해 주기 바랍니다.

정부가 제출한 추경안에 대한 국회 심의가 20일째 착수조차 못하고 있습니다. 어려운 국민들과 기업들로서는 대단히 유감스러운 상황입니다. 촌각을 다투는 긴급한 상황입니다. 추경안 처리가 늦어지면 늦어질수록, 국민들의 고통이 커질 것입니다. 고용 충격으로 일자리를 잃었거나, 잃을 위험에 처해 있는 국민들, 자금난을 겪으며 도산 위기에 처한 중소상공인들과 기업들, 경제 위기로 더 힘겨운 저소득층과 취약계층에게 실기하지 않는 지원이 절실합니다.

경기 회복 시간표를 앞당기는 계획에도 차질이 생깁니다. 가뜩이나 어려운 경제 상황에서 내수 활력과 수출 회복, 투자 촉진과 지역경제 활성화 등 경제 활력 조치를 조기에 시행할 수 없게 됩니다. 2차 대유행의 우려가 커지는 상황에서 선제적으로 방역시스템을 보강하고 강화하는 것도 시기를 놓칠 수 없습니다.

온 나라가 국가적 위기를 헤쳐나가기 위해 힘을 모으고 있습니다. 방역 요원들과 의료진의 헌신, 국민들이 함께 힘을 모아 코로나와 싸우고 있고, 가계와 기업 모두 사활을 걸며 경제적 어려움을 해결하기 위해 분투하고 있습니다. 정부도 국난을 빠르게 극복하고 위기를 기회로 만들기 위해 총력을 다하고 있습니다.

국회의 협조만 더해진다면 코로나 위기와 경제 위기를 극복해 나가는 데 큰 힘이 될 것입니다. 국회의 운영과 관련한 것은 오로지 국회가 결정할 문제입니다. 그러나 국민의 생명과 민생과 직결된 사안은 어떤 이유에서건 지체되어서는 안 됩니다. 추경안 처리는 다른 무엇보다도 국민의 삶을 지키는 데 절실하고 시급한 일입니다. '소 잃고 외양간 고치는 일'이 없도록 국회가 지혜를 모아주시기를 간곡히 부탁드립니다.

이상입니다.

6·25전쟁 제70주년 기념사

| 2020년 06월 25일 |

존경하는 국민 여러분,

참전유공자와 유가족 여러분,

우리는 오늘 6·25전쟁 70주년을 맞아, 백마흔일곱 분 용사의 유해를 모셨습니다. 서울공항은 영웅들의 귀환을 환영하는 가장 엄숙한 자리가 되었습니다. 용사들은 이제야 대한민국 국군의 계급장을 되찾고, 70년 만에 우리 곁으로 돌아왔습니다. 슬프고도 자랑스러운 일입니다. 지체되었지만, 조국은 단 한 순간도 당신들을 잊지 않았습니다. 예우를 다해 모실 수 있어 영광입니다.

오늘 우리가 모신 영웅들 중에는 이미 신원이 밝혀진 일곱 분이 계십니다. 모두 함경남도의 장진호 전투에서 산화하신 분들입니다.

> 고 김동성 일병, 고 김정용 일병, 고 박진실 일병,
> 고 정재술 일병, 고 최재익 일병, 고 하진호 일병,
> 고 오대영 이등중사의 이름을 역사에 새겨넣겠습니다.
> 가족의 품에서 편히 쉬시길 기원합니다.

참전용사 한분 한분의 헌신이 우리의 자유와 평화, 번영의 기반이 되었습니다. 그리움과 슬픔을 자긍심으로 견뎌온 유가족께 깊은 존경과 위로의 말씀을 드리며, 전우를 애타게 기다려온 생존 참전용사들께 경의를 표합니다. 정부는 국민과 함께 호국의 영웅들을 영원히 기억할 것입니다. 아직 우리 곁으로 돌아오지 못한 12만3천 전사자들이 가족의 품으로 돌아오는 그날까지 포기하지 않고 찾아낼 것입니다.

우리 정부는 그동안 5천여 명의 참전용사들에게 미처 전달하지 못한 훈장을 수여했고, 생활조정수당을 비롯해 무공명예수당과 참전명예수당, 전몰용사 자녀수당을 대폭 인상했습니다. 참전용사와 유가족들의 예우에 계속해서 최선을 다하겠습니다. 오늘 영현단에는 우리가 찾아내어 미국으로 보내드릴 미군 전사자 여섯 분의 유해도 함께하고 있습니다. 우리 국민들은 미국을 비롯한 22개국 유엔 참전용사들의 희생을 결코 잊지 않을 것입니다. 워싱턴 '추모의 벽'을 2022년까지 완공하여 '위대한 동맹'이 참전용사들의 숭고한 희생 위에 뿌리내리고 있다는 사실

을 영원히 기리겠습니다.

　제가 해외순방 중 만난 유엔 참전용사들은 한결같이 한국을 제2의 고향으로 여기며, 우리의 발전에 자기 일처럼 큰 기쁨과 자부심을 지니고 있었습니다. 미국, 프랑스, 뉴질랜드, 노르웨이, 스웨덴 참전용사들께 국민을 대표해 감사와 존경의 마음을 전했고, 태국 참전용사들께는 '평화의 사도 메달'을 달아드렸습니다.

　보훈에는 국경이 없습니다. 유엔참전국과 함께 하는 다양한 보훈사업을 통해 용사들의 숭고한 희생을 기억하고 기리겠습니다. 6·25전쟁 70주년을 맞아, 뜻깊은 영상 메시지를 보내주신 유엔참전국 정상들과 오늘 행사에 함께해 주신 각국 대사들께도 깊이 감사드립니다.

　국민 여러분,

　6·25전쟁은 오늘의 우리를 만든 전쟁입니다. 전쟁이 가져온 비극도, 전쟁을 이겨낸 의지도, 전쟁을 딛고 이룩한 경제성장의 자부심과 전쟁이 남긴 이념적 상처 모두 우리의 삶과 마음속에 고스란히 살아있습니다. 70년이 흘렀지만, 그대로 우리의 모습이 되었습니다. 우리는 전쟁의 참화에 함께 맞서고 이겨내며 진정한 대한민국 국민으로 거듭났습니다. 국난 앞에서 단합했고, 자유민주주의의 가치를 지킬 힘을 길렀습니다.

'가장 평범한 사람'을 '가장 위대한 애국자'로 만든 것도 6·25전쟁입니다. 농사를 짓다 말고, 학기를 다 마치지도 못하고, 가족을 집에 남겨두고 떠난 우리의 이웃들이 낙동강 전선을 지키고 서울을 수복한 영웅이 되었습니다. 국가의 존재가치를 체감하며 애국심이 고양되었고, 평화의 소중함을 자각하게 되었습니다.

어떤 난관도 극복할 수 있는 자신감의 원천도 6·25전쟁이었습니다. 참전용사들은 전쟁을 이겨낸 자부심과 군에서 익힌 기술로 전후 재건의 주축이 되었습니다. 전장에서 쓰러져간 전우들의 몫까지 대한민국을 사랑했고, 이웃과 가족들의 긍지가 되었습니다. 그러나 아직 우리는 6·25전쟁을 진정으로 기념할 수 없습니다. 아직 전쟁이 끝나지 않았기 때문입니다. 지금 이 순간에도 전쟁의 위협은 계속되고, 우리는 눈에 보이는 위협뿐 아니라 우리 내부의 보이지 않는 반목과도 전쟁을 치르고 있습니다.

우리는 모두 참전용사의 딸이고, 피난민의 아들입니다. 전쟁은 국토 곳곳에 상흔을 남기며, 아직도 한 개인의 삶과 한 가족의 역사에 고스란히 살아있습니다. 그것은 투철한 반공정신으로, 우리도 잘 살아보자는 근면함으로, 국민주권과 민주주의 정신으로 다양하게 표출되었습니다. 그러나 모든 이들에게 공통된 하나의 마음은, 이 땅에 두 번 다시 전쟁은 없어야 한다는 것입니다. 자신이 살아가는 시대와 함께 자신의 모든 것을 헌신한 사람들은 서로를 존중하며 손잡을 수 있습니다. 우리는 6·25

전쟁을 세대와 이념을 통합하는 모두의 역사적 경험으로 만들기 위해, 이 오래된 전쟁을 끝내야 합니다.

전쟁의 참혹함을 잊지 않는 것이 '종전'을 향한 첫걸음입니다.

70년 전 이 땅의 자유와 평화를 위해 목숨 바친 유엔 참전용사들과 평화를 사랑하는 세계인 모두의 염원이기도 합니다. 1950년 6월 25일, 유엔 안전보장이사회는 전쟁 발발 10시간 만에 결의문을 채택해 '북한군의 침략 중지와 38도선 이북으로의 철수'를 촉구하고, 한반도의 평화와 안전의 회복을 위해 역사상 최초의 '유엔 집단안보'를 발동했습니다. 세계가 함께 고귀한 희생을 치렀습니다. 지금 우리에게 필요한 것은 오늘의 자유와 평화, 번영의 뿌리가 된 수많은 희생에 대한 기억과 우리 자신에 대한 자부심입니다. 독립선열의 정신이 호국영령의 정신으로 이어져 다시 민주주의를 지켜내는 거대한 정신이 되었듯, 6·25전쟁에서 실천한 애국과 가슴에 담은 자유민주주의를 평화와 번영의 동력으로 되살려내야 합니다. 그것이 진정으로 전쟁을 기념하는 길입니다.

국민 여러분,

6·25전쟁으로 국군 13만8천 명이 전사했습니다. 45만 명이 부상당했고, 2만5천 명이 실종되었습니다. 100만 명에 달하는 민간인이 사망, 학살, 부상으로 희생되었습니다. 10만 명의 아이들이 고아가 되었으며, 320만 명이 고향을 떠나고, 천만 명의 국민이 이산의 고통을 겪어야

했습니다.

전쟁에서 자유로울 수 있는 사람은 단 한 명도 없었습니다. 민주주의가 후퇴했고, 경제적으로도 참혹한 피해를 안겼습니다. 산업시설의 80%가 파괴되었고, 당시 2년 치 국민소득에 달하는 재산이 잿더미가 되었습니다. 사회경제의 기반과 국민의 삶의 터전이 무너졌습니다. 전쟁이 끝난 후에도 남과 북은 긴 세월 냉전의 최전방에서 맞서며 국력을 소모해야만 했습니다. 우리 민족이 전쟁의 아픔을 겪는 동안, 오히려 전쟁특수를 누린 나라들도 있었습니다.

그러나 우리에게 전후 경제의 재건은 식민지배에서 벗어나는 것만큼이나 험난한 길이었습니다. 처음에는 원조에 의존해 복구와 재건에 힘썼고 경공업, 중화학공업, ICT산업을 차례로 육성하며, 선진국을 따라잡기까지 꼬박 70년이 걸렸습니다. 6·25전쟁을 극복한 세대에 의해 우리는 '한강의 기적'을 이뤘습니다. 전쟁이 끝난 1953년 1인당 국민소득 67불에 불과했던 대한민국이 폐허에서 일어나 국민소득 3만 불이 넘는 세계 10위권 경제 강국으로 발전했습니다. 원조를 받던 나라에서 원조를 주는 나라가 되었고, 추격형 경제에서 선도형 경제로 탈바꿈하고 있습니다. 코로나 극복 과정에서 세계가 주목하는 나라가 되었습니다.

이제 국민이 지켜낸 대한민국은 국민을 지켜낼 만큼 강해졌습니다. 평화를 만들어낼 만큼 강한 힘과 정신을 가졌습니다. 우리 군은 어떤 위협도 막아낼 힘이 있습니다. 철저한 대비태세를 갖추고 있으며 우리는 두 번 다시 단 한 뼘의 영토, 영해, 영공도 침탈당하지 않을 것입니다.

우리는 평화를 원합니다. 그러나 누구라도 우리 국민의 안전과 생명을 위협한다면 단호히 대응할 것입니다. 우리는 전방위적으로 어떤 도발도 용납하지 않을 강한 국방력을 보유하고 있습니다. 굳건한 한미동맹 위에서 전시작전통제권의 전환도 빈틈없이 준비하고 있습니다. 우리는 우리 자신의 힘을 바탕으로 반드시 평화를 지키고 만들어갈 것입니다.

존경하는 국민 여러분,
참전유공자와 유가족 여러분,

우리는 전쟁을 반대합니다. 우리의 GDP는 북한의 50배가 넘고, 무역액은 북한의 400배를 넘습니다. 남북 간 체제경쟁은 이미 오래전에 끝났습니다. 우리의 체제를 북한에 강요할 생각도 없습니다. 우리는 평화를 추구하며, 함께 잘 살고자 합니다. 우리는 끊임없이 평화를 통해 남북 상생의 길을 찾아낼 것입니다. 통일을 말하기 이전에 먼저 사이좋은 이웃이 되길 바랍니다. 우리는 전쟁을 치르면서도 초·중등 '피난학교'를 세웠고, 여러 지역에서 '전시연합대학'을 운영했습니다. 우리는 미래를 준비했고, 평화를 지키는 힘을 기르며 아무도 넘볼 수 없는 나라를 만들었습니다.

이제 우리의 아들과 딸들은 '포스트 코로나' 시대를 남보다 앞서 준비하며, 세계를 선도하는 대한민국의 주인공이 되었습니다. 전쟁을 겪은 부모세대와 새로운 70년을 열어갈 후세들 모두에게 평화와 번영의 한반도는 반드시 이뤄야 할 책무입니다. 8,000만 겨레 모두의 숙원입니다. 세계사에서 가장 슬픈 전쟁을 끝내기 위한 노력에 북한도 담대하게 나서주길 바랍니다.

남과 북, 온 겨레가 겪은 전쟁의 비극이 후세들에게 공동의 기억으로 전해져 평화를 열어가는 힘이 되길 기원합니다. 통일을 말하려면 먼저 평화를 이뤄야 하고, 평화가 오래 이어진 후에야 비로소 통일의 문을 볼 수 있을 것입니다. 남북의 화해와 평화가 전 세계에 희망으로 전해질 때, 호국영령들의 숭고한 희생에 진정으로 보답하게 될 것이라 믿습니다.

감사합니다.

한-EU 화상 정상회담 모두발언

| 2020년 6월 30일 |

샤를 미셸(Charles Michel) 상임의장님, 우르술라 폰 데어 라이엔 (Ursula von der Leyen) 집행위원장님, 안녕하십니까. 지난달로 예정되었던 두 분의 방한이 코로나 상황 때문에 성사되지 못해 매우 아쉬웠는데, 우선 화상회의로 함께 뵙게 되어 반갑습니다. 상황이 안정되는 대로 한국에서 뵙게 되기를 기대합니다.

올해는 한국과 EU가 '전략적 동반자 관계'를 맺은지 10년이 되는 뜻깊은 해입니다. 우리는 경제통상, 기후변화, 개발, 보건 등 많은 분야에서 긴밀히 협력해왔고, 인류 보편적 가치를 공유하면서 우정을 다졌습니다.

EU는 한국의 가장 큰 투자 파트너이자 제3의 교역 파트너입니다.

한국은 EU와 3대 핵심 협정을 모두 체결한 최초의 국가이고, 한-EU FTA는 경제 협력의 버팀목 역할을 하고 있습니다. 우리 정부의 한반도 평화 프로세스에 변함없는 지지와 성원을 보내주신 것에 대해서도 항상 든든하게 생각합니다. 한국은 지난 10년간 함께 이룬 성과를 토대로 더욱 굳건하게 협력할 것이며, 코로나 이후의 세상을 함께 준비할 것입니다.

세계는 코로나를 겪으며 기후환경의 중요성에 대해 다시 한 번 크게 각성했고, 빠르게 다가오는 디지털 시대를 체감했습니다. 기후변화와 디지털 경제 분야에서의 협력을 강화하는 것은 함께 미래를 준비하는 가장 중요한 일이 되리라 생각합니다. '유럽 그린 딜' 정책을 통해 글로벌 기후 환경 문제 해결을 주도하는 EU 신지도부의 리더십에 경의를 표하며, 우리 정부가 추진하는 '그린 뉴딜' 정책의 중요 파트너가 되길 기대합니다.

'평화의 위협'에 '석탄철강공동체'라는 창의적 노력으로 극복한 유럽의 용기는 한반도 평화를 염원하는 우리에게 깊은 공감을 주고 있습니다. '슈망선언 70주년'을 맞은 해에 한-EU 정상회담을 갖게 되어 더욱 뜻깊습니다. 오늘 회담에서 양자 현안과 글로벌 도전 과제들에 대한 논의를 통해 한국과 EU가 미래 지구촌의 평화와 번영, 상생을 선도하는 동반자가 되기를 희망합니다.

감사합니다.

대한민국 동행세일, 가치 삽시다

| 2020년 7월 2일 |

안녕하십니까. 모두가 다 아시는 내용이지만 수출과 내수, 우리 경제를 떠받치는 두 가지 기둥입니다. 근데 지금 둘 다 상황이 솔직히 좋지 않습니다. 수출은 4월, 5월, 6월 연이어서 작년 같은 달에 비해서 큰 폭으로 감소했습니다. 한 가지 다행스러운 점은 그 감소하는 폭이 점점 줄고 있어서 하반기에는 훨씬 좋아질 것이라는 그런 기대를 가지고 있습니다.

또 한 가지 위안은 그래도 우리가 주요 수출국 가운데서는 수출에서 선방을 하고 있어서 작년에 우리가 세계 7위 수출국이었는데, 올해는 세계 6위를 달리고 있습니다. 앞으로도 이 수출의 빠른 증가를 위해서 정부는 기업과 함께 노력을 기울이겠습니다.

그런데 이 수출은 우리가 아무리 노력해도 다른 나라들 경제 상황이 정상화되지 않으면 우리 노력만으로 빠르게 회복하는 데에는 한계가 있습니다. 그러나 내수는 우리가 노력하면 노력하는 만큼 더 낫게 만들 수 있습니다. 지난번 전 국민 재난지원금이 소비를 많이 이렇게 늘렸습니다. 그것이 우리 유통업체들, 또 골목상권, 전통시장, 그다음에 또 지역 경제에 큰 도움이 되었습니다.

이제는 재난지원금의 그 효과가 조금 주춤해지고 있습니다. 재난지원금이 소비 촉진을 위한 첫 번째 주자였다면 지금 우리 하고 있는 '대한민국 동행세일'은 소비 촉진을 위한 두 번째 이어달리기라고 말할 수 있습니다. 앞으로 3차 추경이 통과가 되면 소비 촉진과 경제 회복을 위한 세 번째 이어달리기가 될 수 있을 것입니다.

지금 아시는 바와 같이 전세계 경제가 모두 극심한 침체에 빠져있습니다. 그러나 그런 가운데서도 우리 한국은 코로나로 인한 경제 타격이 가장 적은 나라, 그래서 가장 경제가 빠르게 회복될 나라로 평가를 받고 있습니다. IMF나 OECD의 국제기구들의 공통된 평가입니다. 심지어는 그중에서 '한국은 아주 특이한 나라'라는 그런 표현까지 이렇게 쓰고 있습니다.

그 요인은 두 가지입니다. 첫 번째는 방역 성공입니다. 우리가 다른 나라들과는 달리 국경을 봉쇄하지도 않고 지역을 봉쇄하지도 않고 또 국민들의 이동도 금지하지 않아서 말하자면 경제를 중단시키지 않은 채 효율적으로 방역에 성공한 나라라는 그런 평가를 받고 있습니다.

국민들 덕분입니다. 앞으로도 방역의 성공이 경제 회복의 가장 빠른 지름길이라고 말씀드릴 수 있습니다. 조금 지루하기도 하고 좀 지겹기도 하고, 힘들기도 하지만 방역 성공을 위해서 국민들께서 정부와 함께 조금 더 노력을 계속해 주십사라는 당부 말씀을 드리겠습니다. 앞으로 경제에 있어서도 우리 국민들께서 방역의 성공을 이끌어 주신 것처럼 경제의 주체가 되어서 빠른 경제 회복을 이끌어 주시기를 바라겠습니다.

'대한민국 동행세일'은 아주 질 좋은 제품을 우리 소비자들이 직접 보면서 저렴한 가격으로 구입할 수 있는 기회입니다. 그리고 또 많이 소비를 해 주시면 우리 경제를 살리는데 큰 도움이 될 것입니다. 과거에는 소비를 아끼고 저축을 하는 것이 애국이었지만 지금은 소비가 애국이다라는 말씀을 국민들께 드리고 싶습니다. 많은 국민들께서 참여해 주시기를 당부 드립니다.

감사합니다.

국제노동기구(ILO) 글로벌 회담
"코로나19와 일의 세계 글로벌 회담"

2020년 7월 8일

존경하는 가이 라이더 사무총장님, 각국 정상과 노사 대표 여러분,

새롭고 더 나은 일자리를 만들기 위한 ILO 글로벌 회담에 함께하게 되어 매우 뜻깊습니다. 먼저 코로나로 희생된 지구촌의 형제들과 유가족, 병마와 싸우고 계신 분들, 일자리를 잃고 고통 받는 분들께 위로의 마음을 전합니다. 아울러 인류의 건강을 지키기 위해 헌신하는 의료진과 방역요원들께 경의를 표하며, 일자리를 지키기 위해 애쓰는 각국 노사정과 ILO 등 국제기구 관계자들께 감사드립니다.

코로나 '지진'이 전세계를 강타했고, 지진 후의 쓰나미처럼 '일자리 충격'도 벌써 우리 앞에 와있습니다. 모든 나라들이 방역과 함께 일자리를 지키기 위해 애쓰고 있지만, 코로나 상황이 여전히 좋지 않아 언제 어떻게 일자리가 안정될지 가늠하기 어렵습니다. 한 나라의 경제가 유지된다고 해도 세계경제 침체가 계속되고 국제무역이 활성화되지 않는다면, 일자리 위기는 계속될 것입니다. 코로나가 가져온 경제 위기는 어느 한 경제주체, 어느 한 나라의 힘만으로는 해결할 수 없습니다. ILO는 전세계적으로 2천5백만 명의 실업자 증가를 예상했고, 취약계층이 겪는 고통은 더 가혹할 것이 분명합니다. 어느 때보다 사회적 대화와 국제공조가 절실하며, ILO 같은 국제기구의 역할이 중요합니다.

ILO는 그동안 노동기본권과 양질의 일자리를 위해 큰 역할을 해주었습니다. 노동은 상품이 아니라고 한 1944년 필라델피아 선언에서부터 지난해 미래 일자리 보고서까지, 항상 새로운 길을 개척해왔습니다. 오늘 ILO 글로벌 회담도 매우 시의적절합니다. 글로벌 논의와 협력을 통해 일자리 위기의 해법을 함께 찾아내길 기대합니다.

사무총장님, 각국 정상과 노사 대표 여러분,

한국은 코로나 피해를 먼저 입은 나라 중 하나였고, 일자리 충격도 일찍 시작되었지만 위기에 맞서 '상생의 길'을 선택했습니다. 한국의 노동자, 기업인, 정부는 '코로나 극복을 위한 노사정 선언문'에 합의했습니다. 인원 조정 대신 노동시간 단축과 휴직 등을 최대한 활용해 고용 유지에 함께 노력하기로 했습니다. 코로나 이전부터 한국은 '지역 상생형 일자리 모델'을 추진하고 있습니다. 지역 노사정이 상생 협력하여 질 좋은 일자리를 만드는 방식으로, 전국 여러 도시에서 확산되고 있습니다. 한국의 전통적인 상호부조의 정신을 노사 간에 서로 양보하고 고통을 분담하는 문화로 키워왔고 코로나 위기극복의 힘이 되어주고 있습니다. 일자리뿐 아니라 노사관계에도 변화를 가져오고 있습니다.

한국은 또한 '격차를 좁히는 위기극복'에 집중하고 있습니다. 경제위기 때마다 불평등이 심화되었던 경험을 되풀이하지 않기 위해, 한국은 '고용 안전망'을 더욱 튼튼히 구축하고자 합니다. 최근 고용보험 대상을 확대하고 '한국형 실업부조'를 도입하는 등 고용안전망 확충의 첫 단추를 끼웠습니다. '전 국민 고용안전망' 구축도 계획하고 있습니다. '격차를 좁히는 위기극복'은 우리 모두의 공통된 의지라고 믿습니다.

포스트 코로나 시대, 디지털 경제가 가속화되면서 일자리에 큰 변화가 예상됩니다. 이에 대응하기 위해 한국은 '고용 안전망'을 바탕으로 '한국판 뉴딜'을 추진하고 있습니다. '디지털'과 '그린'이라는 새로운 가치와 시대변화에 맞춰 미래 일자리를 준비하고 만들어갈 것입니다. 한국은 오래전부터 '노동이 사회의 근본'이라는 인식을 가지고, '노동이 존중받는 사회'를 향해 꾸준히 전진해왔습니다. 노동시간의 단축과 최저임금 인상을 위해 지속적으로 노력하고 있습니다. 한국은 '상생의 길'을 통해 일자리를 지키고 새롭게 만들어낼 것입니다. ILO 핵심협약 비준을 비롯해 노동자의 삶의 질을 높이기 위한 노력에 국제사회와 함께할 것입니다.

존경하는 사무총장님, 각국 정상과 노사 대표 여러분,

인도양 모리셔스에서는 도도새가 멸종하자 도도새의 먹이가 되어 씨앗을 발아시켰던 나무들이 자라지 못했습니다. 무엇보다 상생이 먼저입니다. 이웃이 살아야 나도 살 수 있습니다. 인류는 협력하도록 진화해왔고, 분업을 통해 서로에게 필요한 것을 나눴습니다. 코로나로 인해 연대와 협력의 중요성을 더욱 절실하게 느낍니다. 국제사회가 '각자도생'이 아닌 '상생의 길'로 가야 위기를 극복할 수 있습니다. 국제사회는 '격차와 불평등을 좁히는 위기극복'을 위해 협력해야 합니다. 그 중심에 ILO가 있고, 한국도 함께 협력하며 행동할 것입니다.

감사합니다.

대한민국 소재·부품·장비산업현장 방문

| 2020년 7월 9일 |

여러분, 반갑습니다.

일본의 부당한 수출 규제 조치가 1년째 이어지고 있습니다. 우리 경제에 큰 타격이 될 것이란 우려가 있었지만, 정부와 기업과 연구자들이 함께 힘을 모았고, 민관이 혼연일체가 되어 지금까지 단 한 건의 생산 차질 없이 위기를 잘 극복해왔습니다. 오늘 반도체 핵심소재의 국산화에 앞장서며 차세대 반도체 산업의 산실이 되고 있는 SK하이닉스에서 그 성과를 국민들께 말씀드리고, '소재·부품·장비2.0 전략'을 새롭게 보고 드리고자 합니다.

우리는 코로나 위기에서 다른 나라들처럼 '봉쇄의 길'을 선택하지 않고 효율적인 '방역'에 성공함으로써 세계의 모범이 되었습니다. 'K –

방역'이 세계의 표준이 된 것처럼 우리는 '소재·부품·장비산업'에서도 세계를 선도할 수 있습니다. 오늘 발표하는 '소재·부품·장비2.0 전략'은 지금까지의 성과를 기반으로, '수세적인 대응'에서 한 걸음 더 나아가 '도약'으로, 정책을 전환하는 내용을 담고 있습니다.

우리는 일본과 '다른 길'을 걸을 것입니다. 대한민국은 위기를 오히려 기회로 삼아 '글로벌 첨단소재·부품·장비강국'으로 도약해 갈 것입니다. 그와 함께 글로벌 공급망의 안정에 기여하며 국제사회와 협력해 갈 것입니다. 이것이 우리가 가고자 하는, '한국의 길'입니다. 상생 협력에 과감한 투자를 결정한 SK하이닉스를 비롯하여 지난 1년, 소재·부품·장비의 자립을 위해 애써 주신 기업들과 또 그렇게 할 수 있도록 힘을 모아주신 국민들께 깊이 감사드립니다.

우리는 불과 1년 만에 일본에 의존하던 '불화수소가스'와 '불화폴리이미드'의 국산화에 성공했고, '불산액'을 두 배 이상 생산할 수 있게 되었습니다. 'EUV레지스트'도 글로벌 기업의 투자를 유치하여 공급 안정화를 이뤄냈습니다. 정부도 긴밀하게 협력했습니다. 2조가 넘는 '소부장 특별회계'를 신설해 집중 투자했고, 인허가 기간을 대폭 단축했으며, 특정 국가에 의존적이었던 공급망을 새롭게 구축했습니다. 수요 대기업과 소재·부품·장비를 공급하는 중소기업 간 새로운 '상생 협력모델'도 정착되었습니다. 오늘 이 자리에서도, '전자업계 국내복귀 활성화 협약', '용인 반도체 클러스터 조성 협약', '외투기업과 국내 소부장기업 간 상생 협약' 등 다양한 '상생협약'이 체결됩니다. 무엇보다도 '해보니 되더라'라는 자신감을 얻은 것이 큽니다. 이 자신감이 코로나 위기 극복에서도 큰 힘이 되고 있습니다.

최근 코로나 대응을 위한 각국의 봉쇄조치와 자국중심주의의 확산으로 글로벌 분업구조에 균열이 커지고 있습니다. 우리가 글로벌 공급망의 재편에 흔들리지 않고 오히려 기회로 삼으려면, 스스로 '글로벌 첨단 소재·부품·장비강국'으로 도약하지 않으면 안 됩니다. 동시에 글로벌 공급망의 안정을 위해 국제사회와 협력해야 합니다. 그 목표가 '소재·부품·장비2.0 전략'에 담겨 있습니다.

첫째, '글로벌 소재·부품·장비산업 강국'이 되겠습니다. 일본을 대상으로 했던 핵심 관리품목 100개를 전세계를 대상으로 확대하여 338개로 대폭 늘리고, '소부장 으뜸기업' 100개를 선정해 세계시장을 선도하는 기업으로 육성하겠습니다. '디지털 공급망'과 '스마트 물류체계'를 구축하여 공급망 변화에 신속히 대처하고, '소재혁신 AI 플랫폼'으로 신소재 개발에 드는 비용과 시간을 70% 이상 단축하겠습니다.

둘째, 첨단산업 유치와 유턴으로 '첨단산업의 세계공장'이 되겠습니다. 반도체, 바이오, 미래차, 수소, 이차전지 같은 신산업에 집중하여 첨단산업을 유치하고, 전자, 자동차, 패션 같은 중요도가 높은 품목을 중심으로 국내 유턴을 촉진하겠습니다. 첨단산업 클러스터 조성으로 국내외

공급, 수요기업이 모여 협업할 수 있도록 하고, 기존 산단에 '첨단투자지구'를 새로 도입할 것입니다. 유턴 기업에 대한 지원도 아끼지 않겠습니다. 입지·시설 투자와 이전비용을 지원하는 '유턴 기업 보조금'을 신설하고, 법령을 정비해 체계적으로 지원하겠습니다.

셋째, 글로벌 공급망을 안정시키기 위해 국제사회와 협력을 강화하겠습니다. 우리는 일본의 부당한 수출 규제 조치를 겪으면서 신뢰를 기반으로 한 국제분업의 중요성을 절감했습니다. 세계가 이미 긴밀히 연계되어 있다는 것을 역설적이게도, 코로나가 증명하고 있습니다. 글로벌 분업구조 안정과 자유무역의 수호는 '포스트 코로나 시대', 새로운 세계 질서에서 매우 중요한 가치가 될 것입니다. 우리는 튼튼한 제조업 기반과 세계적인 ICT 혁신 인프라를 갖추고 있습니다. 또한 기업 친화적 투자 환경을 갖고 있고 무엇보다도 코로나 방역의 성공을 통해 세계에서 가장 안전한 투자처임을 입증했습니다.

이제 우리는 수출 규제 대응과 코로나 위기 극복에 발휘한 '연대와 협력'의 정신으로 '세계를 선도하는 대한민국'으로 나아가야 합니다. 소재·부품·장비와 첨단산업의 성장이 '경제 위기 극복'이고 '산업 안보'이며, 혁신성장의 길입니다. 여기 계신 여러분들이 그 주인공들입니다. 대한민국 경제가 소재·부품·장비산업에서부터 다시 활력을 찾길 기대하며, SK하이닉스의 무궁한 발전을 기원합니다.

감사합니다.

한국판 뉴딜 국민보고대회 기조연설

| 2020년 7월 14일 |

존경하는 국민 여러분,

우리는 바이러스와 언제 끝날지 모르는 전쟁을 치르고 있습니다. 하지만 우리 국민은 바이러스에 지지 않는 방법을 알고 있습니다. 우리 국민이 생활화하고 있는 안전수칙이야말로 최고의 바이러스 예방백신입니다.

우리는 코로나 위기를 가장 모범적으로 극복하고 있습니다. 우리는 다른 나라들처럼 국경봉쇄나 지역봉쇄 없이, 경제를 멈추지 않으면서 '효율적인 방역'에 성공했습니다. 지금 세계적으로 코로나가 다시 확산되는 상황 속에서도 국내 지역 감염 신규 확진자 수는 일일 평균 20~30명 선에 머물고 있습니다. K - 방역은 세계의 표준이 되었습니다. K - 방역의 성공 덕분에 경제충격을 최소화하고, 세계에서 가장 빨리 경제를 회복할 수 있다는 자신감을 갖게 되었습니다. 위대한 국민 여러분께 한없는 감사와 존경의 마음을 표합니다. 우리나라는 이제, 빠른 추격자가 되고자 했던 과거의 대한민국이 아닙니다. '우리는 이미 선진국'이라는 자부심과 함께, 세계를 선도할 수 있다는 자신감까지 갖게 되었습니다. 한민국의 세계적 위상도 몰라보게 높아졌습니다.

그러나, 앞날을 결코 낙관할 수 없습니다. 인류는 일찍이 겪어보지 못한 거대한 도전에 직면해 있습니다. 바이러스가 세계 경제를 무너뜨렸고, 인류의 일상을 송두리째 바꿨습니다. 글로벌 공급망이 재편되고 있고, 새로운 국제질서를 요구하고 있습니다. 코로나 이전과 이후의 세계가 근본적으로 달라지고 있습니다. 이 거대한 변화에 능동적으로 대처해야 합니다. 변화에 뒤처지면 영원한 2등 국가로 남게 될 것입니다. 정부는 다시 한 번 국민의 힘으로, 코로나 위기극복을 넘어, 세계사적 변화를 도약의 기회로 삼고자 합니다. 변화를 피할 수 없다면, 그 변화를 적극적으로 주도해 나가겠습니다. 세계를 선도하는 새로운 대한민국의 길을 열어나가겠습니다.

국민 여러분,

정부는 오늘, 새로운 대한민국의 미래를 여는 약속으로, 한국판 뉴딜의 담대한 구상과 계획을 발표합니다. 한국판 뉴딜은 선도국가로 도약하는 '대한민국 대전환' 선언입니다. 추격형 경제에서 선도형 경제로, 탄소의존 경제에서 저탄소 경제로, 불평등 사회에서 포용 사회로, 대한민국을 근본적으로 바꾸겠다는 정부의 강력한 의지입니다. 한국판 뉴딜은, 대한민국 새로운 100년의 설계입니다. 지금까지 우리는 정말 잘 해냈습니다. 식민과 분단, 전쟁을 딛고 놀라운 압축성장을 이루었습니다. 하지만 과거 방식의 성장은 이제 한계에 다다랐고, 불평등의 어두운 그늘이 짙게 남아있습니다. '포스트 코로나 시대'가 새로운 100년의 길을 더욱 빠르게 재촉하고 있습니다. 선도형 경제, 기후변화에 대한 적극적인 대응, 포용사회로의 대전환은 대한민국의 미래를 위해 더는 머뭇거리거나 지체할 수 없는 시대적 과제입니다. 결코 한국만의 길이 아닙니다. 전세계가 함께 나아가야 하는 피할 수 없는 시대적 흐름입니다.

4차 산업혁명과 디지털 문명은 이미 시작된 인류의 미래입니다. 그 도도한 흐름 속에서 앞서가기 위한 국가발전 전략이 한국판 뉴딜입니다. 튼튼한 고용·사회안전망을 토대로 디지털 뉴딜과 그린 뉴딜을 두 축으로 세워, 세계사적 흐름을 앞서가는 선도국가로 나아가겠습니다.

우리는 이미 디지털 분야에서 세계적으로 앞서가는 경쟁력을 갖고 있습니다. 우리의 디지털 역량을 전 산업 분야에 결합시킨다면 추격형 경제에서 선도형 경제로 거듭날 수 있습니다. 그것이 디지털 뉴딜의 목표입니다. 이미 우리 삶 깊숙이 비대면 디지털 세계가 들어와 있고, 교육·보건 분야에서 원격의 시대가 도래하고 있습니다. 데이터가 경쟁력인 사회가 열렸고, 인공지능과 네트워크가 결합된 새로운 산업이 미래의 먹거리가 되고, 미래형 일자리의 보고가 되고 있습니다. 우리는 세계 최고의 ICT 경쟁력, 반도체 1등 국가로서 디지털 혁명을 선도해 나갈 기술과 역량을 가지고 있습니다. 이미 혁신벤처 창업 열풍이 역동적인 경제를 만들어내고 있습니다. 더 대담하고 선제적인 투자로 사회, 경제, 교육, 산업, 의료 등 우리 삶의 전 분야에서 디지털화를 강력하게 추진하여 세계를 선도하는 디지털 1등 국가로 나아갈 것입니다.

그린 뉴딜은 기후위기에 선제적으로 대응하는 것입니다. 기후위기는 이미 우리에게 닥친 절박한 현실입니다. 코로나 대유행이 기후변화 대응의 절박성을 다시 한 번 확인시켜 주었습니다. 기후변화 대응이 감염병을 막는 데에도 필수적이라는 공감대 속에서 유럽 등 선진국들은 이미 그린 뉴딜을 핵심과제로 추진하고 있습니다. 우리가 전체적으로 뒤처진 분야이지만, 우리에게도 강점이 있습니다. 그린 혁명도 우리가 강점을 가진 디지털 기술을 기반으로 삼아야 하기 때문입니다. K – 방역으로 세계적 찬사를 받고 있는 한국이 그린 뉴딜로 나아갈 때 기후위기 해결을 위한 연대와 협력의 새로운 세계 질서를 주도해 나갈 수 있을 것입니다. 저탄소 경제도 세계적 추세입니다. 그린 뉴딜은 미세먼지 해결 등 우리의 삶의 질을 높여줄 뿐 아니라, 날로 강화되고 있는 국제 환경규제 속에서 우리의 산업경쟁력을 높여주고 녹색산업의 성장으로 대규모 일자리를 창출해낼 것입니다. 불평등 해소와 포용사회로의 전환은 대한민국 대전환의 전제조건입니다. 코로나 위기는 우리 사회 안전망의 취약성을 더 극명하게 드러내고 있습니다. 취약계층이 가장 먼저 타격을 받고, 프리랜서, 플랫폼 노동자 등 새로운 형태의 노동과 일자리가 크게 위협받고 있습니다.

한국판 뉴딜은 대한민국의 새로운 사회계약입니다. 위기가 닥쳐도 누구도 낙오되지 않고 모두가 상생할 수 있어야 합니다. 우리는 과거 외환위기와 글로벌 금융위기를 잘 극복했지만, 고용불안과 함께 양극화의 후유증을 남겼습니다. '위기는 곧 불평등 심화'라는 공식을 깨겠습니다. 이번의 코로나 위기를 오히려 사회안전망을 강화하고 불평등을 줄이는 계기로 삼겠습니다. 정부부터 앞장서겠습니다. 고용안전망과 사회안전망을 두텁게 하고 사람에 대한 투자를 적극적으로 확대하겠습니다. 누구도 소외되지 않는 사람 중심의 디지털 경제와 지속가능한 발전을 위해 노사정 등 경제주체들이 위기극복에 손을 잡고 양보하고 타협하며 상생의 미래로 함께 나아가길 바랍니다.

국민 여러분,

정부의 역할이 더욱 커지고 책임도 무거워졌습니다. 재정지출을 확대하고 미래를 위해 과감히 투자하겠습니다. 정부가 앞장서 새로운 일자리 창출에 적극 나서겠습니다. 불평등 해소와 안전망 확충에 국가적 역량을 모아 나가겠습니다. 한국판 뉴딜을 국가발전전략으로 삼아, 정부의 역할과 책임을 힘있게 실천하겠습니다. 우리 경제를 바꾸고, 우리 사회를 바꾸며, 국민의 삶을 바꾸는 대규모 국가프로젝트를 대표사업으로 선정하여 집중 투자하겠습니다. 정부는 디지털 뉴딜과 그린 뉴딜 분야에서 한국판 뉴딜의 간판사업이 될 10대 대표사업을 선정했습니다. '데이터 댐', '인공지능 정부', '스마트 의료 인프라', '그린 리모델링', '그린 에너지', '친환경 미래 모빌리티' '그린 스마트 스쿨', '디지털 트윈', 'SOC 디지털화''스마트 그린산단' 등 10대 대표사업이 대한민국 대전환을 이끌게 될 것입니다. 우리 정부 임기 안에 국민들께서 직접 눈으로 변화를 확인하게 될 것입니다.

한국판 뉴딜은 안전망 확충과 사람투자에 특별히 역점을 두었습니다. 전 국민 대상 고용안전망을 단계적으로 확대하는 노력과 함께 부양의무자 기준을 2022년까지 완전 폐지하고, 아프면 쉴 수 있는 상병수당의 시범 도입을 추진하겠습니다. 사람투자를 확대하여 사회·경제구조의 변화에 맞춰 인재 양성과 직업훈련 체계를 강화하고 디지털 격차 해소를 위한 디지털 포용을 힘있게 추진하겠습니다. 정부는 한국판 뉴딜에 전례 없는 투자를 약속합니다. 2025년까지 국고 114조 원을 직접 투자하고, 민간과 지자체까지 포함하여 약 160조 원을 투입할 것입니다. 우리 정부 마지막 해인 2022년까지 국고 49조 원 등 총 68조 원을 투입하여 체감할 수 있는 변화를 만들어내겠습니다. 새로운 일자리도 2022년까지 89만 개, 2025년까지 190만 개가 창출될 것입니다. 일자리가 필요한 국민들께 한국판 뉴딜이 새로운 기회가 되길 희망합니다.

국민 여러분,

한국판 뉴딜은 앞으로도 계속 진화할 것입니다. 지역으로, 민간으로 확산되어 대한민국을 역동적으로 변화시킬 것입니다. 세계의 변화에 앞장서서 우리 정부를 넘어 다음 정부로 이어지고 발전해 나갈 것입니다. 오늘 발표하는 한국판 뉴딜 종합계획은 대한민국 대전환의 시작입니다. 세계를 선도하는 나라로 도약하는 출발점입니다. 시작이 반입니다. 한국판 뉴딜의 성공에 모두 힘을 모아주시기 바랍니다. 선도국가 대한민국의 미래를 다함께 열어나갑시다.

감사합니다.

21대 국회 개원연설

| 2020년 7월 16일 |

존경하는 국민 여러분,

박병석 국회의장님, 김상희 국회부의장님과 국회의원 여러분,

21대 국회 개원을 국민과 함께 축하합니다. 첫 출발에서부터 많은 어려움을 겪었지만, 지금까지의 진통을 모두 털어내고, 함께 성찰하며, 새로운 마음가짐으로 21대 국회가 출발하기를 바라마지 않습니다.

21대 국회는 역대 가장 많은 여성의원이 선출되었습니다. 2,30대 청년 의원도 20대 국회보다 네 배나 늘었습니다. 장애인, 노동자, 소방관, 간호사, 체육인, 문화예술인에 이르기까지 국민들의 다양한 마음을 대변해줄 분들이 국민의 대표로 선출되었습니다. 국회의사당은 '함께 잘

사는 나라'로 가기 위해 매일매일 새롭게 태어나야 하는 곳이며, 한순간도 멈출 수 없는 대한민국의 엔진입니다. 6선으로 통합의 리더십을 갖춘 박병석 의장님과 헌정사상 첫 여성 부의장이 되신 김상희 부의장님을 중심으로 경륜과 패기, 원숙함과 신선함, 토론과 타협이 조화를 이루는 국회의사당을 국민과 함께 기대합니다.

의원 여러분,

우리 국회는 '연대와 협력'의 전통으로 위기 때마다 힘을 발휘했습니다. 한국전쟁 시기, 국회는 대구와 부산의 피난 시절에도 계속 문을 열어 민생을 논의했고, 피난민 구호와 장병위문으로 국민과 함께했습니다. 국회의원 제명과 가택연금 속에서도 선배 의원들은 민주주의의 불씨를 지키며 독재를 이겨냈습니다. 코로나를 겪으며 가장 의미 깊게 회고되는 일은 15대 국회 때 '국민 기초생활보장법'을 제정한 것입니다. 최소한의 생계와 교육, 의료를 비롯한 기본생활의 보장을 제도화함으로써 외환위기의 어려움 속에서 국회는 국민의 삶을 지키고 복지의 기초를 놓았습니다. 지금 우리나라가 코로나를 극복할 수 있는 역량도 국회의 민생입법들 속에서 축적되고 길러진 것입니다.

지난 20대 국회도 '공정하고 정의로운 나라'라는 시대적 과제 앞에서, 우리 정부의 임기 3년을 같이 하는 동안, 국민의 삶과 안전을 위해 노력해 주셨습니다. 20대 국회의 많은 입법 성과에 의해 우리는 '혁신적 포용국가'의 기틀을 마련할 수 있었습니다. 일본의 수출규제를 이겨내는 데도 20대 국회의 역할이 컸습니다. 1,2차 추경을 신속히 처리하는 등 코로나 위기대응에도 임기 마지막까지 애써주셨습니다. 20대 국회의 노고에 이 자리를 빌려 감사의 마음을 전합니다.

하지만 뼈아픈 말씀도 드리지 않을 수 없습니다. 20대 국회의 성과와 노고에도 불구하고, 국민들의 평가가 매우 낮았던 것이 사실입니다. 국민의 정치의식은 계속 높아지는데 현실정치가 뒤따라가지 못했습니다. 가장 큰 실패는 '협치의 실패'였다고 생각합니다. 저는 약식으로 치러진 대통령 취임식에 앞서 야4당부터 먼저 방문한 데 이어, 20대 국회 중 열 번에 걸쳐 각 당 대표, 원내대표들과 청와대 초청 대화를 가졌고, 여야정 국정상설협의체를 열기도 했습니다. 또 여러 차례 국회 시정연설 등 다양한 기회를 통해 소통하고자 했습니다. 그럴 때마다 우리는 국민들 앞에서 협치를 다짐했지만, 실천이 이어지지 못했습니다. '협치'도 손바닥이 서로 마주쳐야 가능합니다. 누구를 탓할 것도 없이 저를 포함한 우리 모두의 공동책임이라고 고백하지 않을 수 없습니다.

21대 국회는 대결과 적대의 정치를 청산하고 반드시 '협치의 시대'를 열어야 합니다. 지금과 같은 전 세계적인 위기와 격변 속에서 협치는 더욱 절실합니다. 국난극복을 위한 초당적 협력을 바라는 국민의 염원에 부응하면서 더 나은 정치와 정책으로 경쟁해 나가기를 바라마지 않습니다.

의원 여러분,

우리 헌정사에 어느 한순간도 중요하지 않은 시기가 없었지만, 지금이야말로 대한민국의 미래가 걸린 특별히 엄중한 시기입니다. 바이러스가 인류의 일상을 송두리째 바꿨고 세계 경제를 무너뜨렸습니다. 국제 질서까지 새롭게 변화시키고 있습니다. 우리 역시 온 국민이 일상생활에 큰 어려움을 겪고 있고 지금까지 290여 분의 국민을 잃는 아픔을 겪었습니다. 수출과 고용 등 우리 경제에 미치는 충격도 본격화되고 있습니다. 그 가운데 위안이 있었다면 우리 국민들이 위기에 대응하는 과정에서 대한민국을 '재발견'하게 된 것입니다.

나의 안전을 이웃이 지켜주며 이웃의 안전을 우리가 함께 지킨다는 사회적 신뢰가 쌓였습니다. 연대하고 협력하면 어떤 어려움도 극복할 수 있다는 공동의 경험과 집단 기억을 쌓았습니다. 우리 국민이 우리 스스로의 역량을 높이 평가하며 '우리가 선진국이다'라는 자부심이 어느 때보다 높아졌습니다. 식민지와 전쟁을 겪고 선진국을 쫓아가는 동안 우리 스스로의 역량을 돌아볼 여유가 없었지만, 이제 우리는 우리가 부러워하던 나라들과의 비교를 통해, 또한 국제사회가 우리를 보는 눈을 통해, 우리의 위상을 확인할 수 있게 되었습니다. 이미 세계의 표준이 된 'K - 방역'을 포함하여 우리 국민들은 민주주의, 경제, 문화, 사회 등 많은 분야에서 세계를 앞서가는 역량을 가지고 있습니다.

다른 나라들이 전국 단위 선거를 엄두내지 못하고 연기하거나 중단할 때 우리는 국민들의 높은 시민의식으로 방역과 민주주의를 조화시키면서 세계에서 유일하게 전국 단위 선거를 치러냈습니다. 투표에 참여한 2,900만 명의 유권자와 투·개표 관리인력 30만 명 가운데 단 한 명도 감염자가 발생하지 않는 기적을 이뤄냈습니다. 국민 모두가 방역의 주체가 되면서 '개개인의 자유'를 '모두를 위한 자유'로 확장하며 '민주주의'의 새로운 지평을 열었습니다. 국제사회는 '진정한 민주주의가 어떻게 작동하는지' 모범을 보여준 우리 국민에게 찬사를 보냈고, 우리의 성공적인 선거방역을 배우고자 했습니다.

우리는 세계의 경제가 서로 문을 닫고 있을 때 글로벌 공조에 앞장서며 방역과 경제를 함께 해나갈 수 있다는 것도 보여주었습니다. '연대와 협력'의 정신으로, 진단키트와 마스크를 비롯한 방역물품을 많은 나라에 지원했고, 백신과 치료제 개발에 국경을 넘어 협력하고 있습니다. BTS를 비롯한 K - 팝과 영화 〈기생충〉과 같은 K - 콘텐츠 등 문화영역에 이르기까지 우리 국민의 역량과 성숙한 시민의식은 놀랍고도 존경스럽습니다.

이제 정치가 뒷받침해야 할 때입니다. 국민에 의해 '재발견'된 대한민국을 반석 위에 올려놓아야 합니다. 국민들께서 모아주신 힘으로 코로나를 극복하고, 나아가 세계를 선도하는 나라를 만들 소명이 21대 국회에 맡겨졌습니다. 그 역사적 과업에 필수적인, '국민 통합'을 이끄는 중심이 되어주시길 바랍니다. 정부도 최선을 다하겠습니다. 국난극복과 '포스트 코로나 시대'를 선도하고 한반도 평화를 이루는 역사적 변곡점을 함께 만들고, 함께 헤쳐나갑시다.

의원 여러분,

국난극복이 지금 시기 최우선의 국가적 과제입니다. 국민의 생명을 보호하고 국민의 삶을 지키기 위해 범국가적 역량을 하나로 모아야 할 때입니다. 우리는 세계에서 가장 빠르고, 가장 모범적으로 코로나 위기를 극복할 수 있습니다. 우리가 방역에서 채택한 투명, 개방, 민주의 원칙은 이미 세계적인 모범이 되었습니다. 방역과 일상의 공존도 국민들의 높은 시민의식과 공동체 정신, 의료진의 헌신 덕분에 어느 나라보다 잘 해내고 있습니다. 정부는 언제 끝날지 모르는 바이러스와의 전쟁에서 흔들림 없이 방역 전선을 사수해 나가겠습니다. 국회도 입법으로 뒷받침해 주시길 바랍니다. 특히, 세계적으로 코로나가 계속 확산되고 있는 상황에서 방역체계를 더욱 튼튼히 구축할 필요가 있습니다. 질병관리본부를 질병관리청으로 승격하는 등의 조직개편안을 신속히 논의하여 처리해 주시기 바랍니다.

경제에서도 우리나라는 다른 나라들보다 상대적으로 선방하고 있습니다. 세계경제의 마이너스 성장 속에서 OECD국가 가운데 한국의 경제성장률이 가장 양호하다는 것이 OECD, IMF 같은 국제기구들의 한결

같은 전망입니다. 효율적인 방역과 함께 우리 정부의 강력한 경기대책을 그 요인으로 평가하고 있습니다. 실제로 우리는 다른 나라들처럼 국경봉쇄나 지역봉쇄 없이, 경제를 멈추지 않으면서 효율적인 방역에 성공했고, 경제충격을 최소화할 수 있었습니다. 사상 최초의 재난지원금과 세 차례의 추경 등 정부의 과감하고 전례 없는 조치들이 소상공인들의 보호와 고용유지에 기여하고, 경제회복의 시간표를 앞당기고 있습니다. 안전수칙을 생활화하면서 경제생활을 정상화하고 있는 국민들의 노력 덕분에 우리의 경제 지표들이 조금씩 나아지기 시작했습니다.

4, 5월을 저점으로 6월과 7월을 지나면서 수출, 소비, 고용 등에서 경제회복의 흐름이 보이기 시작했습니다. 때를 놓치지 말고 이 흐름을 적극적으로 살려나가는 것이 필요합니다. 국회의 협조가 더해진다면 경제위기를 극복하는 데 더 큰 힘이 될 것입니다. 빠르게 경기반등을 이뤄내기 위해 너나없이 전력투구할 때입니다. 정부는 혼신의 힘을 다하겠습니다. 국회도 힘을 모아 뒷받침해 주시기 바랍니다.

의원 여러분,

인류는 일찍이 겪어보지 못한 거대한 도전에 직면해 있습니다. 코로나 이전과 이후의 세계가 근본적으로 달라지고 있습니다. 이 거대한 변화에 능동적으로 대처하지 못하면 미래로 나아갈 수 없습니다. 영원한 2등 국가로 남게 될 것입니다. 정부는 피할 수 없는 변화라면, 변화를 적극적으로 주도하며 오히려 도약의 기회로 삼고자 합니다. 세계를 선도해 나가는 새로운 대한민국의 미래를 열어나가고자 합니다. 국회도 함께 손을 잡고 미래로 나아가길 희망합니다. 한국판 뉴딜이 새로운 미래로 가는 열쇠입니다. 선도국가로 도약하기 위한 국가 발전전략입니다. 추격형 경제에서 선도형 경제로, 탄소의존 경제에서 저탄소 경제로, 불평등 사회에서 포용사회로, 대한민국을 근본적으로 바꾸겠다는 대한민국 대전환 선언입니다. 새로운 대한민국 100년의 설계입니다.

한국판 뉴딜은 포용국가의 토대 위에서 디지털 뉴딜과 그린 뉴딜의 두 축으로 추진할 것입니다. 디지털 문명과 그린 혁명은 세계가 함께 나아가야 할 인류의 미래입니다. 우리는 이 도도한 세계사적 흐름에서 앞서나가겠습니다. 포스트 코로나 시대를 선도하는 나라로, 대한민국을 더 이상 세계의 변방이 아니라 세계의 중심에 두는 새로운 역사를 쓰겠습니다.

결코 꿈이 아닙니다. 우리는 이미 디지털 분야에서 세계적 경쟁력을 가지고 있습니다. 우리는 세계 최고의 ICT 경쟁력, 반도체 1등 국가로서 디지털 혁명을 선도해 나갈 기술과 역량을 가지고 있습니다. 비대면 산업이 발전할 충분한 토양을 가지고 있고, 혁신벤처 창업 열풍이 역동적인 경제를 만들어내고 있습니다. 우리가 가지고 있는 디지털 역량을 전 산업분야에 결합시킨다면 우리 경제는 추격형 경제에서 선도형 경제로 거듭날 수 있습니다. 세계를 선도하는 디지털 1등 국가를 현실로 만들어 낼 수 있습니다. 그린 분야에서도 우리의 장점을 살려낸다면 가능성이 무궁무진합니다. 우리는 이미 세계 1위 태양광 기업과 기술을 보유하고, 세계 최고 수준의 수소차 개발로 수소 경제를 선도하고 있습니다. 전기차와 전기배터리 분야에서도 선두 그룹을 달리고 있습니다.

아직은 뒤처진 부분이 많지만, 우리의 강점인 디지털 기술을 기반으로 삼는다면 그린 혁명의 대세를 만들어 낼 수 있습니다. 기후위기 해결을 위한 연대와 협력의 세계 질서를 주도하면서, 더욱 엄격해지는 국제환경 규제 속에서 우리의 산업경쟁력을 높여줄 것입니다.

한국판 뉴딜은 대한민국의 새로운 사회계약입니다. 지금의 위기를 고용안전망과 사회안전망을 강화하는 계기로 삼겠다는 약속입니다. '위기는 곧 불평등 심화'라는 공식을 깨겠습니다. 정부부터 앞장서겠습니다. 전 국민 대상 고용안전망을 단계적으로 확대하여 프리랜서, 플랫폼 노동자 등 새로운 형태의 노동자들의 고용안전망을 두텁게 하겠습니다. 부양의무자 기준을 2022년까지 완전 폐지하고, 아프면 쉴 수 있는 상병수당의 시범 도입을 추진하겠습니다. 디지털시대, 그린 혁명 시대로의 성공적인 전환을 위해 사람투자를 확대하겠습니다. 인재양성과 직업훈련체계를 강화하고, 디지털 격차 해소를 위한 투자에 특히 역점을 두겠습니다.

정부는 한국판 뉴딜에 전례 없는 투자를 약속했습니다. 국고를 2022년까지 49조 원, 2025년까지 114조 원을 직접 투입하겠습니다. 지자체와 민간까지 포함하면 그 규모가 각각 68조 원, 160조 원에 이를 것입니다. 이에 따라 일자리도 2022년까지 89만 개, 2025년까지 190만 개가 창출될 것입니다. 정부의 과감한 투자는 위기극복을 넘어 대한민국의 새로운 변화를 이끌 것입니다. 선도국가로 도약하는 기회의 문이 될 것입니다. 국민의 삶의 질을 획기적으로 높이고, 국민에게 새로운 일자리 기회를 제공할 것입니다.

해외에서도 한국판 뉴딜을 주목하고 있습니다. 최근 OECD는 우리나라를 2020년 성장률 하락이 소폭에 그친 '주목할만한 특이국가'라고 지목하면서, 특히 "디지털과 그린 중심의 한국판 뉴딜이 고용과 투자를 전망보다 더 개선시킬 것"이라고 평가한 바 있습니다. 한국판 뉴딜이 성공하기 위해서는 국회의 협력이 필수적입니다. 정부와 국회의 든든한 연대를 바랍니다. 한국판 뉴딜을 국가발전 전략으로 삼아 세계를 선도하는 나라로 도약하는 길을 함께 걷기를 희망합니다. 정부는 더욱 커진 역할과 더 무거워진 책임을 다하겠습니다.

국회도 함께해 주십시오. 새로운 시대에는 새로운 규범이 필요합니다. 새로운 시대를 여는 데 걸림돌이 되는 규제혁파에 힘을 모아주시기 바랍니다. 변화된 환경에 맞는 제도개선에 속도를 내주시기 바랍니다. 미래로 나아가는 데 어려움을 줄 수 있는 이해관계의 충돌을 조정하고 통합하는 데도 국회의 역할이 큽니다. 더욱 절실해진 고용안전망과 사회안전망 강화를 위한 입법에도 각별하게 관심과 애정을 가져주시기 바랍니다.

한국판 뉴딜은 앞으로 계속 진화할 것입니다. 지역으로, 민간으로 확산되어 대한민국을 역동적으로 변화시킬 것입니다. 특히, 한국판 뉴딜은 지역 주도의 다양한 뉴딜 프로젝트와 연결될 것입니다. 지역을 디지털 공간, 그린 마을로 바꾸는 힘이 될 것입니다. 의원 여러분께서 적극적으로 역할을 해 주신다면 큰 도움이 되리라 믿습니다. 한국판 뉴딜을 지역으로 확산할 좋은 아이디어를 국회에서 제안해 주신다면, 정부는 여야를 넘어 전폭적으로 지원할 것입니다. 한국판 뉴딜은 이제 막 발걸음을 떼었습니다. 국회가 함께하며 부족한 부분을 채워줄 때 한국판 뉴딜의 구상은 더욱 발전하고 완성되어 나갈 것입니다.

'민생'과 '공정경제'에 대한 국민의 요구에도 국회와 정부가 시급히 답해야 합니다. 지금 최고의 민생 입법과제는 부동산 대책입니다. 세계적으로 유동자금은 사상 최대로 풍부하고 금리는 사상 최저로 낮은 상황입니다. 부동산으로 몰리는 투기 수요를 억제하지 않고는 실수요자를 보호할 수 없습니다. 정부는 투기억제와 집값 안정을 위해 필요한 모든 수단을 강구할 것입니다. 다주택자에 대한 주택 보유 부담을 높이고 시세차익에 대한 양도세를 대폭 인상하여 부동산 투기를 통해서는 더 이상 돈을 벌 수 없다는 점을 분명히 하겠습니다.

반면에 1가구 1주택의 실거주자에 대한 부담을 완화하고 서민들과 청년 등 실수요자들의 주택구입과 주거안정을 위한 대책을 강력히 추진해 나가겠습니다. 주택공급 확대를 요구하는 야당의 목소리에도 귀를 기울이면서 필요한 방안을 적극 강구할 것입니다. 국회도 협조해 주시기 바랍니다. '임대차 3법'을 비롯해 정부의 부동산 대책들을 국회가 입법으로 뒷받침해 주지 않는다면, 정부의 대책은 언제나 반쪽짜리 대책이 되고 말 것입니다. 아울러 '상법', '공정거래법', '금융그룹 감독법', '대·중소기업 상생법', '유통산업 발전법' 등 공정경제와 상생을 위한 법안들도 21대 국회에서 조속히 처리되길 바랍니다.

의원 여러분,

한반도 평화는 여전히 취약합니다. 그동안 각고의 노력으로 어렵게 만들어낸 남북관계와 북미관계의 성과들은 아직까지 미완성입니다. 아직까지 남북관계와 북미관계는 얼음판 위를 걷는 것과 같습니다. 지금이야말로 당파적 이해관계를 뛰어넘어 한반도의 평화를 위해 지혜를 모을 때입니다. 평화는 지속가능한 번영의 토대입니다. '포스트 코로나 시대'의 안전한 삶을 위해서도 평화는 절대적입니다. 평화를 향한 발걸음을 결코 멈춰서는 안 됩니다. 대화만이 남북 간의 신뢰를 키우는 힘입니다. 우리는 대화의 힘으로 이산가족 상봉과, 개성공단과 금강산의 평화경제를 경험했고, 평창올림픽을 성공적인 평화올림픽으로 치러냈으며, 사상 최초의 북미정상회담도 이끌 수 있었습니다.

우리 국민은 그동안 평화를 위해 수많은 난관을 극복해왔습니다. 또다시 장벽이 다가오더라도 우리는 그 장벽을 반드시 뛰어넘을 것입니다. 남과 북이 합의한 '전쟁불용', '상호 간 안전보장', '공동번영'의 3대

원칙을 함께 이행해나갈 수 있도록 최선을 다하겠습니다. 국회도 함께해 주시길 바랍니다. 남북관계의 뒷걸음질 없는 전진, '한반도 평화'의 불가역성을 국회가 담보해 준다면 '한반도 평화'의 추진 기반이 더욱 튼튼해질 것입니다. 역대 남북 정상회담의 성과들의 '제도화'와 사상 최초의 '남북 국회 회담'도 21대 국회에서 꼭 성사되길 기대합니다.

남북이 신뢰 속에서 서로 협력하면, 남과 북 모두에게 이득이 됩니다. 남북 철도와 도로가 연결되고, 대륙으로 이어지는 것만으로도 남과 북은 엄청난 물류경제의 이익을 얻을 수 있습니다. 무엇보다 평화는 무궁무진한 일자리의 기회를 늘려줍니다. 21대 국회가 힘을 모아주신다면, 우리는 동아시아 지역을 중심으로 한 '평화·안보·생명공동체'의 문을 더 적극적으로 열어갈 수 있을 것입니다. 그것은 한반도 비핵화를 영속시키는 방안이 될 수도 있고, 코로나 위기 등 감염병 위기에 대응하는 지역협력 방안이 될 수도 있을 것입니다.

존경하는 국민 여러분, 국회의장과 국회의원 여러분,

지금은 정부와 국회가 빠르게 법 제도를 개선해나가도, 더 빨리 발전하는 현실을 뒤쫓기가 어려울 때가 많습니다. 국회의 입법속도를 더욱 높여주지 않으면 안 됩니다. 국민을 위한 정책들이 적시에 시행될 수 있도록 국회가 주도하여 정부를 이끌어주길 기대합니다. 시대정신인 공정의 가치를 실현하는 데도 국회가 앞장서 주길 바랍니다. 우리 국민이 가진 혁신의 DNA는 '공정한 사회'라는 믿음이 있어야 더 큰 힘을 발휘합니다. 20년 넘게 이루지 못했던 개혁과제인 공수처법과 검경수사권 조정법을 20대 국회에서 마련하여 권력기관 개혁에 한 걸음 더 다가갈 수 있게 되었습니다.

국회가 법률로 정한 공수처 출범일이 이미 지났습니다. 정부는 하위 법령을 정비하는 등 준비를 마쳤습니다. 그러나 공수처장 임명을 비롯해 국회가 결정해 주어야 할 일들이 아직 안 되고 있습니다. 이번 회기 중에 추천을 완료하고 인사청문회도 기한 안에 열어주실 것을 거듭 당부드리며, 21대 국회가 권력기관 개혁을 완수해 주시길 기대합니다.

국민을 위한 국회의 길을 정부도 최선을 다해 뒷받침하겠습니다. '여야정 국정상설협의체' 재개를 비롯해 대화의 형식을 고집하지 않고, 다양한 방법으로 국회와 소통의 폭을 넓히겠습니다. 여야와 정부가 정례적으로 만나 신뢰를 쌓고, 신뢰를 바탕으로 국정 현안을 논의하고 추진하겠습니다. 포용과 상생, 연대와 협력의 가치가 국회에서 시작하여 우리 사회에 깊게 뿌리내리게 되길 바라마지 않습니다. 큰 기대 속에서 21대 국회의 첫 출발을 다시 한 번 국민과 함께 축하합니다.

감사합니다.

한국판 뉴딜, 그린에너지 현장방문

| 2020년 7월 17일 |

존경하는 국민 여러분,

전북도민과 부안·고창 주민 여러분,

전북에 올 때마다 아름답고 풍요로운 자연에 감탄하는데 이렇게 전북 서남권 해상풍력단지가 보이는 바다 한가운데, 선상에서 바라보는 풍광은 더욱 새롭습니다. '대한민국 대전환'의 선언, '한국판 뉴딜 국민보고대회' 이후 첫걸음을 전북 부안과 고창에서 시작하게 되었습니다. 전북도민들과 함께 '그린 에너지'의 핵심인 '해상풍력'을 국민 여러분께 소개하게 되어 매우 뜻깊습니다.

전북을 대표하는 특산물이 많지만, 협력과 상생의 정신이야말로 가장 유명한 특산물이 아닐까 생각합니다. 의병, 동학농민혁명, 항일운동, 민주화운동을 비롯해 새로운 시대정신으로 나라를 이끌어온 전북의 상생정신은 이번 코로나 위기를 극복하는 과정에서도 빛을 발했습니다. '착한 임대료 운동', '해고 없는 도시 선언'과 같이 이웃의 어려움을 나누고, 위기를 함께 극복해 주신 전북도민 여러분께 진심으로 감사드립니다. 전국 최고 수준의 방역으로 코로나 확산을 막아내고, 전국에서 가장 먼저 지역 차원의 긴급지원금과 민생안정 추경예산을 편성해 도민들의 삶을 지켜내고 있는 송하진 전북지사님과 공직자 여러분께도 감사드립니다.

전북도민과 부안 · 고창 주민 여러분, 아름다운 산하, 넉넉한 상생의 정신에 이어, '그린 뉴딜'이 전북을 대표하는 세 번째 특산물이 되고 있습니다. 세계 최대 규모의 수상태양광 단지가 새만금에 건설되기 시작했고, '군산형 일자리' 전기차 클러스터 사업도 '그린 뉴딜'로 더욱 힘차게 추진되고 있습니다.

'그린 뉴딜'은 탄소의존 경제에서 저탄소 경제로 도약하는 구상입니다. '석탄 에너지'를 '그린 에너지'로 바꾸는 것부터 시작합니다. '그린 에너지'는 기후위기를 해결하는 동시에 일자리를 창출하고, 불평등을 줄이며 우리 사회의 포용성을 높이는 성장 전략입니다. 날로 강화되는 국제 환경규제에 선제적으로 대응하고, 기존의 강점 산업과 새로운 녹색산업을 동시에 발전시킬 수 있는 상생 도약의 길입니다. 또한 '그린 에너지'는 국가 에너지 시스템을 근본적으로 바꾸면서 미래세대를 위한 경제·사회 분야의 대전환을 이끌 분야입니다. 석탄과 석유처럼 수입에 의존하지 않고, 에너지 안보를 튼튼하게 지킬 수 있습니다.

세계는 이미 '그린 에너지' 중에서 가장 성장 가능성이 큰 '해상풍력'에 주목하고 있습니다. 지난해 기준 세계 해상풍력은 전체 풍력발전 중 4.5%에 불과하지만, 신규 설비는 해상풍력이 육상풍력의 두 배 이상으로 설치되고 있습니다. 각국이 해상풍력을 확대하면서, 2030년이면 지금의 세 배에 달하는 177기가와트(GW)까지 해상풍력이 증가할 전망입니다. 육상풍력에 비해 설치장소가 자유롭고, 대규모단지 개발이 가능하며, 설비이용률도 높습니다. 다른 발전에 비해 최대 열 배에 이르는 양질의 일자리도 만들어 낼 수 있습니다. 해상풍력 타워는 해양 플랜트와 조선·기자재 기술, 하부구조물 시공에는 건설기술이 적용됩니다. 따라서 해상풍력의 확대는 세계 최고 수준의 기술력을 가진 우리 조선산업과 철강산업, 건설산업에도 새로운 수요 창출이 될 것입니다. 풍력 블레이드에는 탄소섬유가 사용되어 미래 신소재 탄소섬유산업의 경쟁력 확보에도 도움이 될 것입니다.

전북도민과 부안·고창 주민 여러분,

해상풍력이 시작단계인 지금, 경쟁력을 먼저 확보하는 것이 중요합니다. 우리의 강점과 가능성을 중심으로 과감히 투자해 나가야 합니다. 세계시장의 주도권을 잡기까지 우리가 가야 할 길이 먼 것은 사실입니다. 그러나 불가능한 일도 아닙니다. 정부의 목표는 명확합니다. 3면이 바다인 우리의 지리적 이점을 활용해 2030년 '세계 5대 해상풍력 강국'으로 도약하는 것입니다. 현재 세 개 단지 124메가와트(MW) 규모의 해상풍력을 2030년에는 백 배 수준인 12기가와트(GW)까지 확대하는 3대 추진방향을 세웠습니다.

첫째, 지자체가 주도하여 체계적인 대규모 발전단지를 개발할 수 있도록 정부가 적극적으로 뒷받침하겠습니다. 사업성이 좋으면서 어업 피해가 적은 부지를 발굴하고, 원활한 사업 추진을 위해 인허가 절차도 개선하겠습니다.

둘째, 정부가 시장 창출의 마중물이 되겠습니다. 국내 기업들이 가격경쟁력과 기술경쟁력을 갖출 수 있도록 대규모 프로젝트 중심으로 초기 수요를 만들고, 기술개발에 대한 투자를 계속해 나가겠습니다. 배후 부두, 전용 선박을 비롯한 인프라도 확충할 것입니다.

셋째, 해상풍력을 통해 지역경제를 살리겠습니다. 어민들의 삶의 터전이었던 바다도 기후변화의 영향을 크게 받고 있습니다. 어업생산량 감소로 시름이 깊어진 어민들과 지역주민들께 새로운 소득원이 되고 지역경제에 새로운 활력이 될 것입니다.

계획수립 단계부터 지역주민이 참여하고 함께 만들어, 발전수익이 지역주민께 돌아갈 수 있도록 세심하게 살피겠습니다. 대규모 민간투자를 촉진해 연간 8만 개 이상의 일자리를 창출하고, 지역주민과 함께 상생을 도모하겠습니다.

존경하는 국민 여러분, 전북도민과 부안·고창 주민 여러분, '그린에너지', '해상풍력'으로 우리는 함께 성장하며 기후위기 대응 속에서 성장동력을 만들어 갈 것입니다. 전북 서남권 해상풍력단지는 해상풍력 시설의 하부구조물에 양식자원 복합단지를 조성했습니다. 수산업과 해상풍력의 공존을 통해 주민들께 더 많은 수익이 돌아가도록 체계를 정비했습니다.

전북 서남권 해상풍력단지는 그 자체로 상생단지입니다. 전북 서남권 해상풍력단지에 대한 국민들의 기대가 큽니다. 전북 서남권 해상풍력단지에서 시작된 상생 도약의 바람이 한반도를 둘러싼 바다 곳곳으로 퍼져나가기를 기대합니다.

감사합니다.

국방과학연구소 격려 방문

| 2020년 7월 23일 |

　　여러분, 반갑습니다. 국방과학연구소가 다음 달 창설 50주년을 맞이합니다. 축하드립니다. 우리 국방의 첨단화, 또 과학화를 이끌고 있는 대전연구소를 방문하게 되어 매우 뜻깊습니다. 정부 출범 직후 안흥시험장을 방문해 현무-2 탄도미사일 시험 발사 장면을 참관한 바 있습니다. 거대한 미사일의 위용과 함께 해상의 목표물을 한 치의 오차도 없이 정확하게 타격하는 모습을 보고 가슴이 뜨거웠습니다.

　　자주적이고 강한 국방력의 기반이 국방과학연구소입니다. 고위력 탄도미사일에서 첨단전투기의 핵심 레이더 개발까지 세계적인 국방연구 개발을 이루어낸 여러분이 자랑스럽습니다. 우리 과학의 힘으로 우리 국방을 지킨다는 사명감으로 굳게 뭉친 남세규 소장님과 연구원 여러분의 노고와 성취를 높이 치하합니다.

오늘 현황 보고에 앞서 우리 국방과학기술의 성과를 직접 눈으로 확인했습니다. 세계 최고 수준의 정확도와 강력한 파괴력을 갖춘 최첨단 전략무기들을 보니 참으로 든든합니다. 세계군사력 평가에서 6위를 차지한 대한민국의 국방력 원천이 국방과학연구소에서 나오고 있습니다. 국민들께 다 보여드릴 수 없지만 우리는 어떠한 안보 위협도 막아내고 억제할 수 있는 충분한 국방 능력을 갖추고 있다는 것을 자신 있게 말씀드릴 수 있습니다.

국방과학연구소 반세기의 역사는 불가능을 가능으로 바꾸어온 역사입니다. 소총 한 자루 제대로 만들지 못하던 시절에 창설되어 이제는 한반도의 평화를 지키기 위해 충분한 사거리와 세계 최대 수준의 탄두 중량을 갖춘 탄도미사일을 개발하기에 이르렀습니다. 현무, 해성, 신궁, 천궁을 비롯한 최첨단 국산 정밀유도무기가 잇따라 개발되었고, 지상전력 분야의 K9 자주포와 K2 전차기술은 해외로 수출되어 우리 국방과학기술력의 위상을 높이고 있습니다. 잠수함과 수상함을 타격하는 백상어, 홍상어, 청상어 어뢰는 바다를 지키는 무기체계 기술력 역시 상당한 수준임을 증명했습니다. 잠수함을 탐지하고 경고하는 소나 체제는 소중한 우리 장병들의 생명을 지키고 있습니다.

우리의 영해와 영공도 국방과학연구소의 역량으로 더욱 공고히 지킬 수 있게 되었습니다. 국산 최초의 기본훈련기 KT-1에서 시작하여 T-50 고등훈련기와 FA-50 전투기 등은 세계적으로 우수한 성능을 인정받으며 여러 나라에 수출되고 있습니다. 수입에 의존하던 공군 정밀유도무기 또한 국산화에 성공했습니다. 우리 군은 세계에서 10번째로 군사전용 통신위성을 보유하게 되었습니다. 조만간 우리 기술로 군사정보 정찰위성까지 보유하게 되기를 기대합니다. 정부는 국방과학기술의 토양을 탄탄히 쌓기 위해 많은 예산을 투입하고 있습니다. 우리 정부에서 국방비의 증가율이 두 배, 방위력 개선비의 증가율은 세 배로 늘어났습니다. 올해 국방 예산은 역대 최초로 50조 원을 돌파했습니다.

저는 정부 출범 직후 한미 정상회담 등을 통해 한미 미사일 지침을 개정함으로써 탄도미사일 탑재 중량 제한을 해제했습니다. 국방과학연구소는 이제 한계 없이 몇 십 배 높은 위력의 미사일을 개발할 수 있게 되었습니다. 정부는 앞으로도 우리 스스로 책임지는 국방, 우리 손으로 만드는 한반도 평화에 대한 강력한 의지를 갖고 국방과학기술 분야에 대한 투자를 계속해 나가겠습니다.

국방과학 분야는 기술력과 함께 국민의 삶을 지켜낸다는 책임감과 자부심이 동시에 필요한 분야입니다. 국방과학연구소의 연구원들은 해외여행도 자유롭지 못하고, 본인이 하는 일을 가족에게도 속시원히 밝히지 못합니다. 여러분 손에 유능한 안보, 강한 국방력이 달려 있다는 책임감과 평화를 만드는 핵심이라는 자부심으로 불편과 어려움을 감내해 주고 계신 것에 대해서 항상 감사드립니다.

대한민국 국방과학기술의 50년, 100년을 선도해 나갈 막중한 임무가 여러분에게 주어져 있습니다. 몇 가지 당부 말씀을 드리고자 합니다.

첫째, 날로 고도화되는 다양한 안보 위협에 대비해 더 높은 국방과학기술 역량을 갖추어야 합니다. 4차 산업혁명기술을 적극적으로 접목해 디지털 강군, 스마트 국방의 구현을 앞당겨야 합니다. 이미 국방과학연구소가 성과를 내고 있는 감시정찰 및 레이더 분야는 고도화된 현대전에서 매우 중요한 분야입니다. 그런 점에서 우리 차세대 전투기 사업의 핵심 장비이면서 난이도가 매우 높은 AESA 레이더 개발을 우리 기술로 기어코 성공시켜낸 것에 큰 자부심을 느끼며 특별한 축하를 보냅니다. 앞으로도 정보·정찰 능력을 더욱 고도해 나가는데 역량을 모아 주기 바랍니다.

둘째, 국방 분야에서 개발된 첨단기술을 민간으로 이전하여 민간의 산업과 수요를 발전시키는 데에도 적극적으로 기여를 해 주기 바랍니다.

셋째, 국방과학연구소의 성과를 토대로 방위산업을 수출산업으로 적극 육성시켜 주기 바랍니다. 우리는 이미 전투기와 잠수함까지 수출하는 나라가 되었습니다. 방위산업은 우리 내부의 수요가 충분하지 않기 때문에 수출 수요까지 함께 만들어내야만 지속적인 발전의 기반을 갖출 수 있을 것입니다.

넷째, 국방과학기술의 연구 과정에서 발생할 수 있는 안전 문제와 또 연구 성과의 보호와 보안을 위해서도 각별하게 노력을 기울여 주기 바랍니다. 연구원 한 분 한 분이 안보를 지키고 평화를 만드는 애국자이며 대한민국 국방력을 구성하는 소중한 전략 자산입니다. 여러분의 열정과 노력이 국민들께서 누리는 일상의 편안함으로 돌아갑니다. 심지어 연구소가 가지고 있는 생화학 연구 능력을 토대로 코로나 치료제와 백신 연구 개발 연구에까지 역할을 해 주고 있는 것에 대해 대통령으로서 매우 고맙게 생각합니다. 정부는 연구원 여러분이 충분히 예우 받으며 연구에만 매진할 수 있도록 지원을 아끼지 않겠습니다.

유능한 안보, 강한 국방력을 뒷받침하기 위해 각자의 자리에서 헌신하고 있는 국방과학연구소 연구원 여러분에게 깊은 신뢰와 뜨거운 격려를 보냅니다.

감사합니다.

재외동포 화상간담회 인사말

| 2020년 7월 24일 |

재외국민 여러분, 재외동포 여러분, 안녕하십니까. 해외순방에서 동포 여러분을 뵐 때마다 감동받고 큰 기운을 얻었습니다. 오늘 화상으로 안부를 묻게 되어 무척 반갑습니다.

지난 3월 한국이 코로나로 어려움을 겪을 때 재외동포 여러분의 따뜻한 마음이 고국에 큰 힘이 되었습니다. 마다가스카르의 200여 교민들은 따뜻한 성금을 보내주셨고, 홍콩 교민들이 보내주신 6만 장의 마스크와 호치민한인회가 300여 명의 베트남 격리자에게 보내 주신 마스크는 어려운 시기를 잘 견뎌낼 수 있는 힘이 되었습니다.

우한의 동포들을 위해 귀국 전세기를 포기하고 잔류를 선택한 의사도 계십니다. 많은 동포들이 어려움 속에서도 고국을 먼저 걱정하고 양국 간 우정을 생각해 주셨습니다. 모두 자랑스러운 대한민국의 민간 외교관입니다. 여러분이 실천한 연대와 협력의 정신이 우리 국민들에게는 물론 세계인들에게도 희망이 되고 있습니다. 다시 한 번 깊이 감사드립니다.

이제 국가가 답할 차례입니다. 국가는 우리 국민과 동포들의 생명과 안전을 보호할 의무가 있습니다. 정부는 해외의 국경 봉쇄와 지역 봉쇄 속에서 우리 교민들의 안전한 귀국에 총력을 다했습니다. 특별전세기를 동원해 117개국에서 4만 명이 넘는 교민들이 한국으로 무사히 귀국할 수 있었습니다. 이라크 건설현장에서 일하던 우리 근로자 293명을 태운 군용기가 곧 인천공항에 도착할 예정입니다. 아직 많은 분이 남아 있지만 우선 귀국 희망자들부터 먼저 모셔올 수 있어서 다행입니다.

한편으로 기업 활동이 급한 우리 기업인 1만6천 명이 17개국으로부터 예외적 입국을 허용 받도록 했습니다. 지난해 영사조력법을 제정해 동포들이 더 체계적인 영사 서비스를 받을 수 있도록 했고, 해외안전지킴센터의 설치로 안전기능이 대폭 강화되었습니다. 해외안전지킴센터가 이번에 많은 역할을 해 주었습니다.

보이지 않는 곳에서 묵묵히 헌신한 재외공관과 외교부 직원들의 노고도 컸습니다. 공관원들이야말로 재외국민과 동포들이 가장 가깝게 만나는 대한민국입니다. 특별히 감사를 표하면서 자긍심과 소명의식을 갖고 임해 주길 당부 드립니다. 코로나 확산이 장기화되면서 각국의 경제난이 가중되고, 치안 상황도 악화되고 있습니다. 우리 동포들의 생명과 안전을 더욱 챙겨 주시기를 바랍니다.

코로나 상황 속에서 대한민국의 국제적 위상은 오히려 높아졌습니다. 국경과 지역을 봉쇄하지 않고 경제를 멈추지 않으면서 효율적인 방역에 성공했고, 무엇보다도 성숙한 국민의식을 세계가 부러워하고 있습니다. 우리 국민 모두가 방역의 주체가 되어 코로나를 극복하면서 우리 국민 스스로도 대한민국을 재발견하고 있습니다.

지금 국제사회는 대한민국의 모범적인 방역을 주목하면서 우리를 배우고자 합니다. 코로나 이후 40여 차례 각국 정상들과 통화했고, 화상으로 한-EU, 아세안+3, G20 정상회담을 가졌습니다. 주요 국제회의에서도 한국의 참여를 요청하고 있습니다. 나의 안전을 위해 이웃의 안전을 지키고, 연대와 협력을 실천한 우리 국민과 동포 여러분 덕분입니다. 오늘 특별히 재외동포 여러분과 공관장, 외교부 직원을 함께 모신 만큼 현재 어려움이나 또 정부가 도울 일이 있다면 주저 말고 이야기해 주시기 바랍니다. 여러분의 안녕이 곧 대한민국의 안녕입니다.

감사합니다.

경제사회노동위원회 노사정 협약식 모두발언

| 2020년 7월 28일 |

여러분, 반갑습니다. 오늘 노사정 협약의 체결은 코로나 경제 위기 극복을 위해 경제주체들이 서로 한발씩 양보하여 이루어낸 소중한 결실입니다. 민주노총이 막판에 불참하여 아쉽지만 경제사회노동위원회의 제도적 틀 속에서 이루어진 매우 의미 있는 성과입니다. 국가적으로 어려운 시기에 연대와 상생의 정신을 발휘해 주신 데 대해 노사정 대표들께 깊이 감사드립니다. 작은 차이를 앞세우지 않고 합의를 이끌어내기 위해 큰 역할을 하신 한국노총 김동명 위원장님, 경총 손경식 회장님, 대한상의 박용만 회장님, 그리고 경제부총리, 고용노동부 장관 모두 수고하셨습니다.

국가적으로 위기에 처할 때마다 우리 노사정은 함께 뜻을 모으고 연대하고 협력하며 위기를 극복해온 역사적 전통을 가지고 있습니다. 외환위기 때 처음으로 노사정 사회적 합의를 이루어 위기 극복에 큰 힘이 되었고, 글로벌 금융위기 때 노사민정 합의를 통해 OECD 국가 중 가장 빨리 경제 위기를 극복한 경험이 있습니다. 오늘 합의 또한 미증유의 코로나 경제 위기를 극복하는 데 굳건한 발판이 되리라 믿어 의심치 않습니다. 서로 조금씩 고통을 분담하여 이룬 합의가 기업과 일자리를 지키면서 빠른 경제 회복은 물론 경제적 불평등 해소에도 큰 도움이 되리라 확신합니다.

정부는 이번 노사정 합의정신을 존중하여 약속한 사항을 충실히 이행해 나가겠습니다. 이미 잠정합의문에 담겨있던 내용을 3차 추경에 증액 반영하기로 했습니다. 전 국민 고용보험 도입을 위한 로드맵 마련, 국민취업지원제도의 단계적 확대, 상병 수당의 사회적 논의도 차질 없이 추진해 나가겠습니다. 정부와 함께 노와 사도 합의 이행에 최선을 다해 주시길 당부 드립니다.

정부는 이번 합의문에 머무르지 않고 우리 사회의 포용성을 더욱 강화해 나가겠습니다. 정부가 새로운 국가발전전략으로 강력히 추진하는 한국판 뉴딜의 근본적 토대가 고용사회안전망 강화입니다. 위기가 불평등을 심화시켰던 전례들을 깨고, 지나친 양극화와 경제적 불평등을 완화해 나가는 계기로 삼겠습니다. 그러기 위해서 꼭 필요한 것이 서로 고통을 분담하는 사회적 합의입니다. 지금 우리는 경제 위기의 긴 터널을 지나고 있습니다. 코로나 경제 위기 극복은 정부의 힘만으로 부족합니다. 노사정이 함께 힘을 모은다면 3분기부터 경제 반등을 이루며 빠르게 위기를 극복하는 원동력이 될 것입니다.

경제 위기 극복뿐이 아닙니다. 앞으로 보다 본격화될 디지털 경제가 가져올 혁명적인 사회·경제적 구조 변화와 일자리의 변화 속에서 우리가 포용적인 사회를 유지해 나가려면 사회적 합의와 대타협이 더욱 절실합니다.

오늘부터 새로운 시작입니다. 경사노위가 중심이 되어 노사정이 상생하고 협력하는 새로운 시대를 열어주시기 바랍니다. 이번 합의 이행에 대한 충실한 이행으로부터 시작하여 더 진전된 후속 논의로 이어나가기를 기대합니다. 정부는 경사노위에서 논의하고 합의한 사항을 최대한 존중하여 정책에 적극 반영해 나가겠습니다.

감사합니다.

국제핵융합실험로(ITER) 장치
조립 착수 기념 영상축사

2020년 7월 28일

존경하는 마크롱 대통령님, 폰 데어 라이엔 EU 집행위원장님, 국제 핵융합실험로 '이터'의 베르나 비고 사무총장님, 그리고 회원국 정상과 대표 여러분, 반갑습니다.

'이터'는 라틴어로 '길'을 뜻합니다. '우리의 길'은 지구의 다른 생명과 함께 공존하는 것입니다. 우리는 지구를 지켜내기 위해 '미래 에너지'라는 꿈을 꾸었고 우리의 꿈은 세계가 함께 핵융합 '인공 태양'을 만드는, 사상 최대의 국제 과학기술 프로젝트 '이터'를 낳았습니다. 오늘은 국제핵융합실험로 '이터'가 장치조립을 시작하는 기쁜 날입니다. 코로나로 인해 기후환경 보호가 더욱 중요해지는 지금, '이터'와 각국 사업단이 인류에게 희망을 주고 있습니다. '우리의 길'을 향해 도전하는 전세계 과학기술자가 있어 든든합니다. 여러분의 노력에 존경과 감사의 말씀을 드립니다.

'인공 태양'은 꿈의 에너지입니다. 바닷물을 활용해 거의 무한정 생산이 가능하고, 방사능 위험이나 온실가스 배출도 없는 청정에너지입니다. 인류가 새로운 과학기술을 개척할 때 늘 그랬듯, '이터' 역시 수많은 도전과 시행착오를 겪었습니다. 이를 극복하고 오늘 장치조립 단계까지 올 수 있었던 것은 '이터'를 중심으로 7개 회원국이 함께 지혜를 모았기 때문입니다. 전세계가 연대하고 협력해 이뤄낸 자랑스러운 성과입니다.

한국의 연구진은 1억 도에 달하는 초고온 플라즈마를 8초간 유지하는 데 성공했습니다. 세계 최장 기록입니다. 초고온을 견뎌내는 진공용기는 핵융합에 필수적입니다. 한국의 산업체들이 10년여에 걸쳐 이를 개발해냈고 곧 '이터' 건설현장에 도착할 예정입니다. 한국은 방역물품을 나누며, K - 방역으로 전세계와 연대와 협력을 실천했습니다. 이제 과학으로 세계와 함께하고 있어 매우 자랑스럽습니다. 핵심 품목을 만들어 '우리의 길'에 한 걸음 더 가까이 다가갈 수 있게 되어 한국 국민도 매우 기쁘게 생각하고 있습니다.

'이터'의 거대 부품들을 조립하는 단계에서 또 다른 도전이 기다리고 있을 것입니다. 코로나로 인한 영향도 경계하고 최소화해야 할 것입니다. 각국이 그동안 제작한 품목을 이제 하나로 완성하듯이, 7개국이 하나 된 협력으로 새로운 도전을 함께 극복할 것으로 확신합니다. 한국 역시 우수한 과학기술자들이 '이터'에 더 많이 참여할 수 있도록 지원할 것입니다. 2050년, '청정하고 안전한 핵융합에너지' 실현을 위해 국제사회와 함께할 것입니다. 밤하늘의 별은 핵융합으로 빛납니다. 세계가 지혜를 모으면 '인공 태양'이 인류의 미래를 밝게 비출 것입니다. 지구를 지키는 '우리의 길'을 응원합니다. 꿈을 현실로 만들어가는 여러분을 응원합니다.

감사합니다.

"대한민국 문화예술, 체육 힘내자!"

| 2020년 7월 31일 |

프로야구 관람이 시작되었고, 수도권 문화시설도 지난주 문을 열었습니다. 일상이 회복되고 있어 매우 기쁩니다. 코로나 방역을 위해 불편을 감수해주신 국민들께 감사드리며, 그동안 애타게 만남을 기다려왔던 문화예술인, 체육인들을 응원합니다.

어제 저도 국립중앙박물관에서 열리고 있는 '신국보보물전'을 관람했습니다. 2017년부터 2019년까지, 새로 국보와 보물로 지정되거나 승격된 문화재들을 만날 수 있는 귀중한 시간이었습니다. 삼국사기, 삼국유사, 조선왕조실록 같은 기록유산을 비롯하여 회화, 서예, 도자기, 공예, 불교미술 같은 다양한 문화재들이 우리의 전통문화를 빛내고 있었습니다. 평일이고, 코로나 거리두기로 관람 인원이 제한되고 있는데도 많은 시민들이 아이들과 함께 찾아주셔서 무척 반가웠습니다.

　개인적으로는 세종대왕이 훈민정음으로 지은 '월인천강지곡(月印千 江之曲)'이 제일 인상적이었습니다. 먼저 죽은 소헌왕후의 극락왕생을 빌 며 부처님의 공덕을 칭송한 찬불가인데, 세종대왕 당시 간행된 활자본으 로 지금까지 전해지는 유일본이라고 합니다. 훈민정음이 사용된 가장 오 래된 문헌이어서 한글의 맨 초기 모습을 볼 수 있습니다. 한글음을 먼저 큰 글자로 표기하고 한자를 작게 병기하고 있어서, 한글을 백성들에게 알리려는 세종대왕의 애민정신이 생생하게 가슴에 와닿았습니다.

　지역적으로 발생한 폭우 피해 걱정 때문에 글을 바로 올리지 못했 지만, 전시부터 방역까지 함께 협력해주신 국립중앙박물관과 문화재청, 그리고 출품해 주신 간송미술문화재단 등 모든 소장자들께 감사드립니 다. 국민들께서도 모쪼록 잠시나마 코로나를 잊고 우리의 전통문화를 즐 기는 시간을 가졌으면 합니다. 매우 드문 기회이기 때문에 아이들에게도 큰 공부가 될 것입니다.

집중호우 긴급상황점검회의 모두발언

| 2020년 8월 4일 |

여러분, 수고 많으십니다.

수도권과 중부지방을 강타한 집중호우로 인명과 재산피해가 속출하고 있습니다. 코로나와 장시간 전쟁을 치르고 있는 상황에서 사상 최장의 장마와 기록적인 폭우까지 겹쳐 국민들의 고통과 함께 재난 관련 부처와 지자체 공무원들의 노고가 참으로 많습니다. 거듭되는 비상상황으로 현장의 수고가 매우 크겠지만, 국민의 생명과 안전을 지킨다는 사명감으로 더욱 힘을 내주시길 당부드립니다.

세계적인 이상기후로 인해 7월이면 끝났을 장마가 장기간 이어지고, 좁은 지역에, 집중적으로 많은 양의 비가 내리고 있습니다. 산사태가 200건 이상 발생했고, 저지대가 침수되거나 하천 범람으로 철도와 도로,

농경지가 유실되고, 주택피해도 눈덩이처럼 늘어나고 있습니다. 무엇보다 안타까운 것은, 인명피해가 지속적으로 발생하고 있다는 점입니다.

구조과정에서 희생된 소방대원을 비롯하여 불의의 사고로 아까운 생명을 잃은 분들과 유족들께 다시 한 번 깊은 위로의 말씀을 드립니다. 앞으로가 더 긴장되는 상황입니다. 태풍의 영향까지 받으며 내일까지 최대 500mm의 물폭탄이 예상된다고 하니 피해 규모가 얼마나 커질지 매우 걱정이 큽니다. 막바지 장마 대응에 더욱 긴장해줄 것을 특별히 당부합니다.

정부는 긴급하고 엄중한 상황에 대비하여 재난대응을 최고 수준으로 끌어올려 위기 경보를 심각 단계로 높였습니다. 지자체와 함께 비상대응체제를 가동하며 피해 최소화에 총력을 기울여주기 바랍니다. 지나치다 싶을 정도의 예방 점검과 선제적인 사전조치를 주문합니다. 특별히 인명피해만큼은 원천적으로 발생 소지를 차단하여 추가 피해를 막는데 최선의 노력을 기울여 주기 바랍니다. 조그만 우려가 있어도 위험지역을 선제적으로 통제하고 주민을 미리 대피시켜야 합니다. 특히 언제 어디서 지반 붕괴와 산사태가 일어날지 모르는 상황에 각별히 대비해 주시기 바랍니다. 침수 위험지역 관리와 함께 저수지와 댐의 수량을 조정하는 등 홍수를 사전통제하는 일에도 만전을 기해 주시기 바랍니다.

정부와 지자체의 협력을 다시 한 번 강조합니다. 안전점검과 인명구조, 응급복구, 이재민 지원과 재난 구호 등 모든 과정에서 유기적으로 협력해 주시기 바랍니다. 방역대응과 함께 재난대응에서도 중앙정부와 지자체 간 원활한 협력체계가 국민의 안전을 지키는 든든한 울타리가 되길 바랍니다.

"청년과 함께 꿈을 이루겠습니다"

| 2020년 8월 5일 |

오늘부터 '청년기본법'이 시행됩니다. 청년 스스로 이겨내야 했던 어려움을 국가가 함께 나누겠다는 약속입니다. '1만명 서명운동'을 비롯해 당사자인 청년들이 앞서서 노력하고, 지자체의 '청년기본조례' 등이 축적되어 맺은 결실입니다.

시대에 따라 청년들 어깨에 지워진 짐도 달라져 왔습니다. 어르신들이 청년이었을 때 식민지와 전쟁, 가난의 짐을 떠맡아야 했습니다. 산업화와 민주화 시대에 청춘을 바친 세대도 있습니다. 지금의 청년들에게는 일자리, 주거, 소통, 참여, 복지, 삶의 질 문제를 비롯해 예전보다 훨씬 복잡하고 다양한 문제들이 있습니다.

그동안 정부는 청년들이 겪는 주거, 금융, 일자리, 복지, 교육 문제 등을 해결하기 위해 다각도로 노력해왔지만 여전히 부족합니다. 보다 자유롭게 삶의 경로를 선택하고, 실패해도 다시 일어설 수 있는 환경을 구축해야 합니다. 무엇보다 우리가 코로나를 이겨내며 '모두를 위한 자유'를 실천했듯이 서로가 서로를 지켜줄 수 있다는 믿음이 중요합니다.

'청년기본법' 시행으로 정부와 지자체는 청년정책을 체계적으로 추진하고, 청년들은 정책결정의 주체로 참여할 법적 기반이 마련되었습니다. 정부는 법에 규정된 책무를 충실히 이행해나가는 한편, 더 좋은 정책이 제때에 더 많은 청년에게 돌아갈 수 있도록 최선을 다하겠습니다.

청년 정책은 청년이 주체가 되어야 제대로 만들 수 있습니다. 청년들의 노력으로 청년기본법이 제정된 것을 축하하면서, '청년정책조정위원회'를 통해 청년들이 더 많은 목소리를 활발하게 내줄 것을 기대합니다.

일본군 '위안부' 피해자 기림의 날
기념식 축사

| 2020년 8월 14일 |

존경하는 국민 여러분,

일본군 '위안부' 피해 할머니와 가족 여러분,

코로나 방역과 집중호우로 여러모로 불편하실 텐데, 오늘 일본군 '위안부' 피해자 기림의 날 기념식에 함께해 주셔서 감사합니다. 기념식에 함께하지 못한 할머니들께도 안부 인사를 드리며, 이미 우리 곁을 떠나신 분들의 영원한 안식과 명복을 빕니다.

오늘은 29년 전, 김학순 할머니께서 피해 사실을 처음으로 증언하신 날입니다. 증언에 용기를 얻은 할머니들은 자신이 겪은 고통과 아픔을 세상에 알리면서, 역사의 산증인으로서 여성 인권과 평화의 가치를 실천해 왔습니다. 할머니들의 용기 있는 증언으로 일본군 '위안부' 문제는 UN인권조사관의 보고서로 채택되었고, 국제인권 법정을 거쳐 전쟁범죄로 규정되었습니다. 또한 국내외 시민단체와 학계 전문가들이 할머니들과 연대하였고, 오랜 시간 함께해온 노력으로 많은 국민들이 할머니들의 아픔에 공감하고 있습니다. 국제사회에서도 '인류 보편의 여성 인권운동'이자 '세계적인 평화운동'으로 인식하고 있습니다.

정부는 할머니들의 용기와 헌신이 존엄과 명예를 회복하는 것으로 보답받을 수 있도록 현실적이고 실현 가능한 방안을 마련하기 위해 최선의 노력을 다해나갈 것입니다. 문제해결의 가장 중요한 원칙은 '피해자 중심주의'입니다. 정부는 할머니들이 "괜찮다"라고 하실 때까지 할머니들이 수용할 수 있는 해법을 찾을 것입니다. 역사를 바로 세우기 위한 조사와 연구, 교육을 보다 발전적으로 추진하여 더 많은 학생과 시민들이 할머니들의 아픔을 나누며 굳게 연대할 수 있도록 하겠습니다.

할머니들의 건강이 항상 걱정됩니다. 열일곱 분, 생존 피해 할머니들께서 건강하고 안정적인 삶을 누리실 수 있도록 더욱 세심히 살펴나가겠습니다. 피해자를 넘어 인권운동가로서 끊임없이 우리 사회에 새로운 가치를 심어주고 계신 할머니들의 삶을 깊이 존경합니다.

할머니들께서는 이제 일본군 '위안부' 문제해결을 위한 새로운 방향을 제시하고 계십니다. 시민운동의 성과를 계승하는 한편, 평화와 인권을 향해 한일 양국 미래세대가 나아갈 방안을 만들어야 한다고 하셨습니다. '위안부 피해자 해결을 위한 운동'의 과정과 결과, 검증 전 과정에 개방성과 투명성을 갖춰 다양한 시민이 함께 참여할 수 있기를 바라셨습니다. 참혹한 아픔을 삶의 지혜로 승화시킨 할머니의 말씀을 가슴 깊이 새기겠습니다.

오늘 일본군 '위안부' 피해자 기림의 날, 할머니들의 아픔과 상처가 조금이나마 아물고 우리 국민들이 함께 할머니들의 마음을 되새기길 바랍니다. 항상 여성 인권과 평화의 가치를 위해 연대하겠습니다. 할머니들의 숭고한 삶에 감사와 경의를 표합니다.

감사합니다.

제75주년 광복절 경축사

| 2020년 8월 15일 |

존경하는 국민 여러분,

독립유공자와 유가족 여러분, 해외 동포 여러분,

광복 75주년을 맞은 오늘, 자신의 모든 것을 바쳐 나라의 독립을 이룬 선열들의 고귀한 희생과 정신을 되새깁니다. 오늘 경축식은 생존 애국지사님들을 맞이하는 것으로 시작했습니다. 임우철 지사님은 101세이시고, 다른 세 분도 백수에 가까우신 분들입니다. 어떤 예우로도 한 분한 분이 만들어온 대한민국의 자랑스러운 발전과 긍지에 미치지 못할 것입니다.

지금 우리 곁에 생존해 계신 애국지사님은 서른한 분에 불과합니다. 너무도 귀한 걸음을 해주신 임우철, 김영관, 이영수, 장병하 애국지사 님께 깊은 존경과 감사를 표하는 힘찬 박수를 부탁드립니다. 우리의 광복은 한 사람 한 사람이 민주공화국의 주인으로 함께 일어나 이룬 것입니다. 자기 삶의 주인공으로, 크고 작은 성취를 이룬 모든 분들이 오늘을 사는 우리의 뿌리가 되었습니다.

선열들은 '함께하면 어떤 위기도 이겨낼 수 있다'는 신념을 '거대한 역사의 뿌리'로 우리에게 남겨주었고, 우리는 코로나를 극복하는 과정에서도 함께 위기를 이겨내며, 우리 자신의 역량을 다시 확인할 수 있었습니다. 지금 기후이변으로 인한 거대한 자연재난이 또 한 번 우리의 일상을 위협하고 있습니다. 그러나 우리는 이 역시 반드시 이겨낼 것입니다.

소중한 생명을 잃은 분들을 비롯하여 재난에 피해를 입은 모든 분들께 깊은 위로의 말씀을 드리며, 국민의 생명과 재산을 지키기 위해 끝까지 재난에 맞서고 복구에 최선을 다하겠습니다. 또한 기상이변이 앞으로 더욱 심해질 것까지 대비하여 반복되는 아픔을 겪지 않도록 국민안전에 모든 역량을 기울이겠습니다. 대한민국의 자부심이 되어주신 독립유공자와 유가족 여러분께 경의를 표하며, 오늘의 위기와 재난을 반드시 국민과 함께 헤쳐나갈 것을 약속드립니다.

국민 여러분,

오늘 우리가 모인 동대문디자인플라자는 조선시대 훈련도감과 훈련원 터였습니다.

일제강점기 경성운동장, 해방 후 서울운동장으로 바뀌었고, 오랫동
안 동대문운동장이라는 이름으로 수많은 땀의 역사를 간직한 곳입니다.
그 가운데 식민지 조선 청년 손기정이 흘린 땀방울이야말로 가장 뜨겁
고도 안타까운 땀방울로 기억될 것입니다. 1935년 경성운동장, 만 미터
경기 1위로 등장한 손기정은 이듬해 베를린 올림픽 마라톤 경기에서 세
계신기록으로 우승했습니다. 일본 국가가 연주되는 순간 금메달 수상자
손기정은 월계수 묘목으로 가슴의 일장기를 가렸고, 동메달을 차지한 남
승룡은 고개를 숙인 채 눈을 감았습니다. 민족의 자존심을 세운 위대한
승리였지만 승리의 영광을 바칠 나라가 없었습니다.

우리의 독립운동은 나라를 되찾는 것이자, 동시에 개개인의 존엄을
세우는 과정이었습니다. 우리는 독립과, 주권재민의 민주공화국을 수립
하는 혁명을 동시에 이루었습니다. 다시는 누구에게도 지지 않는 당당
한 나라를 만들고자 하는 우리 국민의 노력은 광복 후에도 멈추지 않았
습니다. 우리는 원조를 받는 가장 가난한 나라에서 세계 10위권의 경제
강국이 되었고, 독재에 맞서 세계 민주주의의 이정표를 세웠습니다. 국
가의 이름으로 개인의 희생을 요구하고, 인권을 억압하던 시대도 있었지
만, 우리는 자유와 평등, 존엄과 안전이 국민 개개인의 당연한 권리가 되
는, '나라다운 나라'를 향한 발걸음도 멈추지 않았습니다.

우리 국민들은 많은 위기를 이겨왔습니다. 전쟁의 참화를 이겨냈고,
외환위기와 금융위기를 극복했습니다. 일본의 수출규제라는 위기도 국

민들과 함께 이겨냈습니다. 오히려 '아무도 흔들 수 없는 나라'로 도약하는 기회로 만들었습니다. 대기업과 중소기업의 상생협력으로 '소재·부품·장비의 독립'을 이루며, 일부 품목에서 해외투자 유치의 성과까지 이뤘습니다.

코로나 위기 역시 나라와 개인, 의료진, 기업들이 서로를 믿고 의지하며 극복해냈습니다. 정부는 방역에 필요한 모든 정보를 투명하게 공개했고, 국민들은 정부의 방침을 신뢰하며 스스로 방역의 주체가 되었습니다. 기업들은 세계에서 가장 먼저 빠르면서도 정확한 진단 시약을 개발했고, 노동자들은 이웃을 먼저 생각하며 방역물품을 생산했습니다. 의료진들과 자원봉사자들, 국민과 기업 하나하나의 노력이 모여 코로나를 극복하는 힘이 되었고, 전세계가 인정하는 모범이 되었습니다.

그러나 여전히 더 높은 긴장이 지속적으로 요구되는 상황입니다. 정부는 백신 확보와 치료제 조기 개발을 비롯하여 바이러스로부터 국민의 안전을 지킬 수 있을 때까지 끝까지 전력을 다하겠습니다. 국경과 지역을 봉쇄하지 않고, 경제를 멈추지 않으면서 이룬 방역의 성공은 경제의 선방으로 이어지고 있습니다. 방역의 성공이 있었기에 정부의 확장재정에 의한 신속한 경기 대책이 효과를 볼 수 있었습니다.

전세계적인 경제위기 속에서도 한국 경제는 올해 OECD 37개국 가운데 성장률 1위를 기록하고, GDP 규모에서도 세계 10위권 안으로 진입할 것으로 전망되고 있습니다. 많은 고통을 겪으면서도 위기를 기회로 바꾸고 있는 우리 국민들께 다시 한 번 존경과 감사 인사를 드리지 않을 수 없습니다.

이제 우리는 '이웃'의 안전이 '나'의 안전이라는 것을 확인하며 포스트 코로나 시대를 준비하고 있습니다. 우리는 '한국판 뉴딜'을 힘차게 실행하며 디지털 뉴딜과 그린 뉴딜을 양 날개로 우리 경제의 체질을 혁신하고, 격을 높일 것입니다. 추격형 경제에서 선도형 경제로, 탄소의존 경제에서 저탄소 경제로 대한민국을 근본적으로 바꾸며 다시 한 번 도약할 것입니다.

'한국판 뉴딜'의 핵심을 관통하는 정신은 역시 사람 중심의 '상생'입니다. '한국판 뉴딜'은 '상생'을 위한 새로운 사회계약이며, '고용·사회안전망'을 더욱 강화하고, '사람'에 대한 투자를 늘려 번영과 상생을 함께 이루겠다는 약속입니다. 무엇보다 중요한 것은 격차와 불평등을 줄여나가는 것입니다. 모두가 함께 잘살아야 진정한 광복이라 할 수 있습니다. 우리와 미래세대 모두를 위한 지속가능한 발전의 길에 국민 여러분께서 함께해 주실 것이라 믿습니다.

국민 여러분,
2016년 겨울, 전국 곳곳의 광장과 거리를 가득 채웠던 것은 '대한민국의 모든 권력은 국민으로부터 나온다'는 헌법 1조의 정신이었습니다. 세상을 바꾸는 힘은 언제나 국민에게 있다는 사실을 촛불을 들어 다시 한 번 역사에 새겨놓았습니다.

그 정신이 우리 정부의 기반이 되었습니다. 저는 오늘, 75주년 광복절을 맞아 과연 한 사람 한 사람에게도 광복이 이뤄졌는지 되돌아보며, 개인이 나라를 위해 존재하는 것이 아니라, 개인의 인간다운 삶을 보장하기 위해 존재하는 나라를 생각합니다. 그것은 모든 국민이 인간으로서의 존엄과 가치를 가지고 행복을 추구할 권리를 가지는 헌법 10조의 시대입니다. 우리 정부가 실현하고자 하는 목표입니다.

정부는 그동안 자유와 평등의 실질적인 기초를 탄탄히 다지고, 사회안전망과 안전한 일상을 통해 저마다 개성과 능력을 마음껏 발휘하며, 한 사람의 성취를 함께 존중하는 나라를 만들고자 노력해 왔습니다. 결코 우리 정부 내에서 모두 이룰 수 있는 과제라고 생각하지 않습니다. 그러나 우리 사회가 그 방향으로 가고 있다는 믿음을 국민들께 드리고, 확실한 토대를 구축하는 데 최선을 다하겠습니다.

우리는 대한제국 시절 하와이, 멕시코로 노동이민을 떠나 조국을 잃고 돌아오지 못한 동포들을 기억합니다. 그 눈물겨운 역사를 결코 잊어서는 안 됩니다. 조국은 동포들을 지켜주지 못했지만, 그분들은 오히려 품삯을 모으고, '한 술갈씩 쌀'을 모아 임시정부에 독립운동 자금을 지원하며, 해외 독립운동의 뿌리가 되어 주었습니다. 우리는 해방된 조국과 가족의 품으로 끝내 돌아오지 못한 동포들도 끝까지 기억해야 합니다. 나라가 국민에게 해야 할 역할을 다했는지, 지금은 다하고 있는지, 우리는 물어야 합니다.

대한민국은 이제 단 한 사람의 국민도 포기하지 않을 것입니다. 그만큼 성장했고, 그만큼 자신감을 갖고 있습니다. 2018년 4월 30일, 가나 해역에서 피랍되었던 우리 선원 세 명이, 구출 작전을 수행한 청해부대 문무대왕함과 함께 조국으로 돌아왔습니다. 2018년 7월에는 리비아 무장괴한들에게 피랍된 우리 국민이, 2020년 7월에는 서아프리카 베냉 해역에서 피랍된 선원 다섯 명이 무사히 구출되었습니다. 코로나 상황에서도 군용기를 이라크에 급파하여 우리 근로자 293명을 국내에 모셔왔습니다. 코로나 확산이 심각한 일곱 개 나라에는 특별수송기와 군용기, 대통령전용기까지 투입해 교민 2천 명을 국내로 안전하게 이송했고, 전세기를 통해 119개국, 4만6천여 명에 이르는 교민들을 무사히 모셔왔습니다.

3·1운동과 임시정부 수립 100주년이었던 지난해 해외 독립유공자 다섯 분의 유해를 고국으로 모신 것도 뜻깊습니다. 자신의 존엄을 증명하고자 하는 개인의 노력에 대해서도 국가는 반드시 응답하고 해결방법에 대해 함께 지혜를 모아야 할 것입니다. 2005년 네 분의 강제징용 피해자들이 일본의 징용기업을 상대로 법원에 손해배상소송을 제기했고, 2018년 대법원 승소 확정판결을 받았습니다. 대법원은 1965년 한일 청구권협정의 유효성을 인정하면서도 개인의 '불법행위 배상청구권'은 소

멸하지 않았다고 판단했습니다. 대법원의 판결은 대한민국의 영토 내에서 최고의 법적 권위와 집행력을 가집니다. 정부는 사법부의 판결을 존중하며, 피해자들이 동의할 수 있는 원만한 해결 방안을 일본 정부와 협의해왔고, 지금도 협의의 문을 활짝 열어두고 있습니다. 우리 정부는 언제든 일본 정부와 마주 앉을 준비가 되어 있습니다.

함께 소송한 세 분은 이미 고인이 되셨고, 홀로 남은 이춘식 어르신은 지난해 일본의 수출규제가 시작되자, "나 때문에 대한민국이 손해가 아닌지 모르겠다" 하셨습니다. 우리는 한 개인의 존엄을 지키는 일이 결코 나라에 손해가 되지 않는다는 사실을 확인할 것입니다. 동시에 3권분립에 기초한 민주주의, 인류의 보편적 가치와 국제법의 원칙을 지켜가기 위해 일본과 함께 노력할 것입니다. 한 사람의 인권을 존중하는 일본과 한국, 공동의 노력이 양국 국민 간 우호와 미래 협력의 다리가 될 것이라 믿습니다.

국민 여러분,

동대문운동장은 해방의 환희와 남북분단의 아픔이 함께 깃든 곳입니다. 1945년 12월 19일, '대한민국임시정부 개선 전국환영대회'가 열렸고, 그날, 백범 김구 선생은 "전 민족이 단결해 자주·평등·행복의 신한국을 건설하자"고 호소했습니다. 그러나 1949년 7월 5일, 100만 조객이 운집한 가운데 다시 이곳에서 우리 국민은 선생을 눈물로 떠나보내야 했습니다. 분단으로 인한 미완의 광복을 통일 한반도로 완성하고자 했던 김구 선생의 꿈은 남겨진 모든 이들의 과제가 되었습니다.

진정한 광복은 평화롭고 안전한 통일 한반도에서 한 사람 한 사람의 꿈과 삶이 보장되는 것입니다. 우리가 평화를 추구하고 남과 북의 협력을 추진하는 것도 남과 북의 국민이 안전하게 함께 잘살기 위해서입니다. 우리는 가축전염병과 코로나에 대응하고, 기상이변으로 인한 유례없는 집중호우를 겪으며 개인의 건강과 안전이 서로에게 긴밀히 연결되어 있음을 자각했고, 남과 북이 생명과 안전의 공동체임을 거듭 확인하고 있습니다. 한반도에서 살아가는 모든 사람의 생명과 안전을 보장하는 것이 우리 시대의 안보이자 평화입니다. 방역 협력과 공유하천의 공동관리로 남북의 국민들이 평화의 혜택을 실질적으로 체감하게 되길 바랍니다. 보건의료와 산림협력, 농업기술과 품종개발에 대한 공동연구로 코로나 시대 새로운 안보 상황에 더욱 긴밀히 협력하며, 평화공동체, 경제공동체와 함께 생명공동체를 이루기 위한 상생과 평화의 물꼬가 트이길 바랍니다.

국민의 생명과 안전을 위한 인도주의적 협력과 함께, 죽기 전에 만나고 싶은 사람을 만나고, 가보고 싶은 곳을 가볼 수 있게 협력하는 것이 실질적인 남북 협력입니다. 남북 협력이야말로 남·북 모두에게 있어서 핵이나 군사력의 의존에서 벗어날 수 있는 최고의 안보정책입니다. 남북 간의 협력이 공고해질수록 남과 북 각각의 안보가 그만큼 공고해지고,

그것은 곧 국제사회와의 협력 속에서 번영으로 나아갈 수 있는 힘이 될 것입니다. '판문점 선언'에서 합의한 대로전쟁 위협을 항구적으로 해소하며 선열들이 꿈꾸었던 진정한 광복의 토대를 마련하겠습니다. 남북이 공동조사와 착공식까지 진행한 철도 연결은 미래의 남북 협력을 대륙으로 확장하는 핵심 동력입니다. 남북이 이미 합의한 사항을 하나하나 점검하고 실천하면서 '평화와 공동번영의 한반도'를 향해 나아가겠습니다.

존경하는 국민 여러분,
독립유공자와 유가족 여러분, 해외 동포 여러분,

국가를 위해 희생할 때 기억해줄 것이라는 믿음, 재난재해 앞에서 국가가 안전을 보장해줄 것이라는 믿음, 이국땅에서 고난을 겪어도 국가가 구해줄 것이라는 믿음, 개개인의 어려움을 국가가 살펴줄 것이라는 믿음, 실패해도 재기할 수 있는 기회가 보장될 것이라는 믿음. 이러한 믿음으로 개개인은 새로움에 도전하고 어려움을 감내하고 있습니다. 국가가 이러한 믿음에 응답할 때 나라의 광복을 넘어 개인에게 광복이 깃들 것입니다.

식민지 시대 한 마라톤 선수의 땀과 한, 해방의 기쁨과 분단의 탄식이 함께 배어 있는 동대문디자인플라자, 역사의 지층 위에 늘 개인의 창의성과 개성이 만발하고 있습니다. 100년 전 시작한 민주공화국의 길 너머, 개인의 자유와 평등이 넘치는 대한민국을 향해 국민과 함께 가겠습니다. 선열들이 꿈꾼 자주독립의 나라를 넘어, 평화와 번영의 통일 한반도를 향해 국민과 함께 가겠습니다.

감사합니다.

코로나 관련 대통령 메시지

| 2020년 8월 16일 |

코로나 확진자 수가 일부 교회를 중심으로 폭증하며 하루 사이에 279명으로 급격하게 늘었습니다. 집단 감염이 발생한 일부 교회에 대한 확진자 검사가 진행되고 있고, 이들에 의한 2차, 3차 감염의 가능성도 적지 않아서, 당분간 큰 규모의 신규확진자 발생이 지속될 것으로 예상되고 있는 매우 엄중한 상황입니다. 신천지 이후 맞이한 우리 방역의 성패를 가늠하는 중대고비입니다.

정부는 수도권 확산세를 효과적으로 차단하고 전국적 확산을 방지하기 위해 서울과 경기지역의 사회적 거리두기를 1단계에서 2단계로 격상하였습니다. 고위험시설과 업종의 이용을 제한하고 강화된 방역수칙이 적용되며, 사람 간 접촉을 최소화하는 다방면의 조치가 시행됩니다.

대규모 감염이 발생하고 있는 교회의 협조가 절대적으로 중요합니다. 마스크 쓰기와 거리 두기를 반드시 실천해주는 것과 함께 밀집, 밀폐, 밀접의 3밀 환경에 노출되기 쉬운 소모임 활동을 자제해 주기 바랍니다.

특히 대규모 집단 감염원이 되고 있는 일부 교회의 상황은 매우 우려스럽습니다. 방역 당국의 지속적인 협조 요청에도 불구하고 방역수칙을 지키지 않고 무시하는 행태를 보이면서 확진자가 대량으로 발생했고, 집단 감염 이후에도 검사와 역학조사 등 방역협조를 거부하고 있어 방역 당국이 큰 애로를 호소하고 있습니다.

게다가 격리조치가 필요한 사람들 다수가 거리 집회에 참여까지 함으로써 전국에서 온 집회 참석자들에게 코로나가 전파되었을 수도 있는 심각한 상황입니다. 코로나 확산을 막기 위해 온 국민이 오랫동안 애써온 상황에서 국민의 노력에 찬물을 끼얹는 대단히 비상식적 행태입니다. 국가방역 시스템에 대한 명백한 도전이며 국민 생명을 위협하는 용서할 수 없는 행위입니다. 정부는 강제수단을 동원해서라도 매우 단호하고 강력한 조치를 취해 나가지 않을 수 없습니다. 공공의 안녕과 질서를 훼손하는 불법행위를 엄단함으로써 국민의 안전을 최우선으로 지키고 법치를 확고히 세워나가는 정부의 사명을 다할 것입니다.

또한 집단감염이 발생한 교회의 교인들과 가족, 접촉자들과 어제 집회 참석자들과 가족, 접촉자들은 조속한 진단 등의 방역조치에 적극 협력해 주실 것을 호소드립니다. 국민들께서 최장기간의 장마와 유례없는 폭우로 큰 수해 피해까지 겪으며 어려움이 크신 상황에서 코로나 확산으로 또 다른 심려를 드려 송구한 마음입니다. 중대 고비에 처한 코로나 상황에서 극복할 수 있는 힘은 오직 국민에게 있습니다. 성숙한 시민의식으로 코로나 저지에 힘을 모아주시길 간곡히 당부드립니다.

8월 17일 임시공휴일 등 연휴와 마지막 여름휴가를 보내는 시간이고 폭염특보도 예보되고 있습니다. 불편하시겠지만 방역의 주체로서 마스크 착용 생활화, 밀접 접촉 자제 등 정부의 방역방침과 방역수칙을 철저히 지켜주시기 바랍니다. 정부는 국민을 믿고 지금의 어려움을 극복해나가기 위해 최선을 다하겠습니다.

슬기로운 그린 스마트 스쿨 현장 방문

| 2020년 8월 18일 |

　시·도 교육감님들, 그리고 교육 관계자 여러분, 반갑습니다. 장기간 장마와 집중호우로 학교시설에도 많은 피해가 있었습니다. 2학기를 앞두고 복구와 준비로 바쁜 시기입니다. 지난 1학기는 모범적인 방역수칙 준수로 학교가 어느 곳보다 안전한 공간임을 입증했습니다. 선생님과 학생, 학부모까지 모두 긴장하면서 아이들의 건강을 최우선에 두고 노력한 결과입니다. 진심으로 감사드립니다.

　그러나 최근 특히 수도권 지역에 코로나 확진자가 급증하여 우리 방역의 성패를 가늠하는 중대한 고비를 맞고 있습니다. 조속한 전면 등교가 우리의 목표였는데, 지역이나 상황에 따라서는 그 목표에도 차질이 불가피해졌습니다. 학교 현장에서 다시 한 번 긴장의 끈을 다잡아 주서야 하겠습니다. 2학기를 맞아 준비와 점검을 철저히 해 주시기 바랍니다. 정부도 최선을 다해 학교 현장의 노력을 뒷받침하고, 아이들의 건강과 안전을 지켜나가겠습니다.

우리는 함께 코로나를 이겨내면서 코로나 이후의 교육을 준비해야 합니다. 새로운 대한민국의 새로운 미래 교육입니다. 상생과 포용을 토대로 디지털 뉴딜과 그린 뉴딜을 함께 추진하는 한국판 뉴딜이 가장 먼저 적용되어야 할 현장 중 하나가 학교입니다. 오늘 창덕여중 방문은 디지털 데이터 기업과 그린해상 풍력단지에 이은 세 번째 한국판 뉴딜 현장 방문입니다. 오늘 우리는 디지털과 그린이 융합된 그린 스마트 스쿨의 미래를 논의하게 될 것입니다.

조금 전 스마트 수학 수업과 과학 수업을 참관해 보았고, ICT 교육지원 체계인 테크센터도 둘러보았습니다. 40년이 넘은 노후 학교가 그린 스마트 스쿨로 새롭게 거듭난 모습에서 한국판 뉴딜이 교육 현장에서 열어갈 새로운 미래를 보았습니다. 전국 단위의 원격 수업 같은 낯선 방식의 교육을 시작하면서 미래를 위한 한국판 뉴딜을 착실히 준비해 주신 시·도 교육감님들을 비롯한 학교 관계자 여러분께 다시 한 번 감사의 말씀을 드립니다.

교육은 우리 아이들의 미래이자 우리 사회의 미래입니다. 대한민국의 대전환도 학교에서 시작됩니다. 코로나를 이기는 힘은 이웃을 먼저 생각하는 마음이며, 한국판 뉴딜 속에 담긴 핵심 가치는 상생의 정신입니다. 다른 사람을 먼저 배려하는 것이 결국 나 자신을 위한 일이라는 것을 우리 아이들이 교육 속에서 체감했으면 합니다.

그린 스마트 스쿨은 명실상부 21세기 교실에서 21세기 방식으로 21세기 인재를 배출하는 공간이 되어야 합니다. 그린 스마트 스쿨 자체가 그린 교육과 디지털 교육, 사람 교육의 훌륭한 콘텐츠이고, 교재이면서, 또 교육 방식이 되도록 함께 노력해 주기 바랍니다. 정부는 그린 스마트 스쿨을 한국판 뉴딜 10대 핵심 과제 중 하나로 선정했습니다. 2025년까지 노후 학교 건물 2,835동 이상을 디지털과 친환경 기반 첨단 학교로 전환하고, 언제 어디서든 온·오프라인 융합 교육이 가능하도록 할 것입니다.

첫째, 스마트 교실로 디지털 기반 융합 교육 체계를 구축하겠습니다. 우리는 세계 최고의 ICT 경쟁력과 우수한 교원을 갖고 있습니다. 이러한 역량을 결집해 교실과 학교, 학제의 벽을 뛰어넘는 새 시대의 교육을 실현하겠습니다.

둘째, 그린 학교로 학교 자체가 환경 교육의 장이자 교재가 될 수 있게 하겠습니다. 태양광 발전, 친환경 건축 자재 등을 통해 제로에너지 그린 학교를 구현해 나갈 것입니다.

셋째, 디지털 이용에 있어서 어디에 있든지, 또 누구이든지 아무 격차 없이 공평하게 접근할 수 있는 상생을 학교에서부터 실현하겠습니다. 또한 미래 환경 변화와 지역사회 수요 등을 반영한 학교 공간 혁신을 통해 지역사회 혁신과 연계되는 거점이 될 수 있도록 하겠습니다.

정부는 이를 위해 2025년까지 총 18조5,000억 원의 과감한 투자를 하겠습니다. 그린 스마트 스쿨을 우리 교육의 방식과 사회적 역할을 근본적으로 변화시키고, 지역과 국가의 대전환을 이끄는 토대로 만들겠습니다. 미래 교육, 미래 학교가 열어갈 미래 대한민국으로의 여정에 시·도 교육감님들께서 앞장서 주시고, 또 국민들께서 함께해 주시기 바랍니다.

우리 국민의 성숙한 시민의식은 선생님들의 따뜻한 마음과 사명 의식에서 비롯되었습니다. 새학기 새로운 교육을 위해서 하실 일이 많으실 텐데, 수해 복구와 코로나 재확산 방지의 역할까지 더해져서 참으로 미안한 마음입니다. 안전한 학교를 위해 정부가 더욱 세심하게 살피겠습니다. 우리에게 닥친 위기를 새로운 도전으로 함께 극복해 갑시다.

감사합니다.

"국민이 물으면, 정부는 답해야 합니다"

| 2020년 8월 19일 |

'국민청원'이 문을 연 지 3년이 되었습니다.

책임 있는 답변으로 국민과 소통하겠다고 시작했지만, 정부가 더 많은 것을 배운 시간이었습니다. 우리가 소홀히 해왔던 것들이 국민의 삶에서 중요한 가치가 되고 있다는 사실을 실감할 수 있었습니다. 지난 3년, 공론의 장에 함께해주신 국민들께 진심으로 감사드립니다.

그동안 3억 4천만 명이 '국민청원'을 방문해주셨고, 1억 5천만 명이 청원에 참여해주셨습니다. 아이들의 안전한 일상부터 이웃의 어려움에 같이하자는, 간절함이 담긴 문제들이 국민청원으로 제기되었고, 공수처 설치, 윤창호법, 미세먼지 해결을 위한 국제협력, 주식 공매도, 소방공무원 국가직 전환을 비롯해 우리 사회가 한 단계 더 발전해 나갈 방안도 구체적으로 제시해주셨습니다.

'국민께서 물으면 정부가 답한다'는 약속대로, 국민의 목소리에 응답하기 위해 정부도 최선을 다했습니다. 오늘까지 178건에 대해 답변을 드렸고 법 제정과 개정, 제도개선으로 해결책을 마련해왔습니다. 때로는 정부가 답변드리기 어려운 문제도 있었지만, 문제를 제기하고 토론하는 과정 자체가 큰 의미가 있었습니다.

코로나 위기 앞에서도 국민들의 적극적인 참여와 협력이 큰 힘이 되었습니다. 방역수칙을 지키지 않거나 무시하는 행동에 대해서는 단호하게 대처하는 한편, '나'의 안전을 위해 '이웃'의 안전을 먼저 챙기며 상생의 해법을 찾았습니다. 최근 확진자가 늘면서 새로운 고비를 맞고 있지만, 이 또한 이겨낼 것입니다.

세상을 바꾸는 힘은 언제나 국민에게 있습니다. 정부의 답에 만족하지 못한 국민들도 계시겠지만, 국민 참여의 공간을 소중하게 키워간다면 그것이 바로 변화의 힘이 될 것입니다. 국민들께서 물으면, 문재인 정부는 답하겠습니다. 당장 바뀌지 않더라도 끝내 바뀔 수 있습니다.

끝까지 국민과 함께 가겠습니다.

한국 천주교 지도자 초청
오찬 간담회 모두발언

| 2020년 8월 20일 |

염수정 추기경님, 김희중 주교회의 의장님, 그리고 대주교님, 또 주교님들을 모시게 되어서 무척 반갑습니다. 코로나와 집중호우 등으로 매우 바쁜 시간에 귀한 걸음 해 주셔서 감사드립니다.

작년부터 뵈려던 일정이 오늘에야 성사가 되었습니다. 날짜를 몇 차례 잡았다가 제가 유엔총회에 참석하느라 연기되기도 하고, 또 코로나 상황 때문에 연기되기도 했습니다. 오늘도 이렇게 편안한 상황이 아니어서 좌석 배치가 매우 불편하게 된 것을 양해를 해 주시기 바랍니다. 어려울 때일수록 천주교는 국민들에게 희망을 주어왔습니다. 가장 낮은 곳에서 어려운 이들과 나눔과 상생의 정신으로 함께해 주셨습니다. 지난해 신안군 흑산성당과 목포 경동성당에 이어 올해 세종 부강성당이 국가등

록문화재로 지정이 되었습니다. 천주교 역사와 상생정신을 국가적으로 함께 보존하고 기릴 수 있게 되어서 매우 뜻깊습니다.

천주교는 코로나 극복과 수해 복구에도 국민들께 많은 위로를 주었습니다. 지역감염이 시작된 지난 2월 전국의 가톨릭 교구에서 일제히 미사를 중단하는 큰 결단을 내려주셨고, 연중 가장 큰 행사인 사순절과 부활절 행사를 방송으로 대신하여 국민의 안전을 지켜주셨습니다. 한국천주교 236년 역사상 처음 있는 일이라고 들었습니다. 코로나로 생계가 막막해진 이웃의 손을 잡아주시고, 또 수해 피해 지역에 모아주신 성금을 국민들 모두 감사하게 기억할 것입니다.

최근 수도권을 중심으로 확진자가 크게 늘고 있어서 우리 방역이 또 한 번 중대한 고비를 맞고 있습니다. 방역 책임자로서 매우 엄중하게 인식하고 있습니다. 지금 같은 세계적인 코로나 대유행 상황에서 방역과 경제를 함께 성공해 나간다는 것은 그런 나라가 거의 없을 정도로 현실적으로 매우 어려운 일입니다.

다행스럽게도 지금까지 우리나라는 국민들께서 정부를 믿고 힘을 모아주신 덕분에 경제의 충격을 최소화하면서 방역에 성공할 수 있었습니다. 우리가 OECD 국가 가운데 방역도 경제도 모두 최고다라는 평가를 받는 이유입니다. 국민들께서 만들어 주신 기적 같은 성과입니다.

그런데 이제 자칫하면 그 성과가 무너질 위기에 놓여 있습니다. 방역 상황이 더 악화가 되어 사회적 거리두기 단계를 높이게 된다면 우리 경제의 타격은 이루 말할 수 없고, 또 고용도 무너져서 국민들의 삶에서도 큰 어려움이 발생할 것입니다. 한순간의 방심으로 모든 노력이 수포로 돌아가는 일은 결코 일어나서는 안 됩니다. 정부는 국민의 안전이 최우선이라는 생각으로 방역수칙을 지키지 않거나 무시하는 행동에 대해 단호하게 대처할 것입니다. 다음 주까지가 고비인데, 이번 주가 특히 중요합니다. 더 이상 방역을 악화시키지 않고 코로나를 통제할 수 있도록 종교가 모범이 되어 주시길 부탁드립니다.

수난의 시간에 예수님께서 '모두가 하나가 되게 하여 주십시오'라고 하셨던 기도 말씀을 되새겨 봅니다. 국민의 마음을 하나로 모으는 것이 그 어느 때보다 절실한 상황입니다. 코로나 장기화로 국민들 마음이 매우 지치고, 또 짜증도 나고, 심지어는 아주 분노하는 그런 마음들도 많이 있습니다. 국민들의 힘든 마음을 치유해 주고, 서로의 안전을 위한 연대의 힘이 커지도록 종교 지도자들께서 용기와 기도를 나눠 주시기 바랍니다.

천주교에서는 올해 한국전쟁 발발 70년을 돌아보며 전국 16개 교구에서 한반도 평화 기원 미사를 봉헌해 주셨고, 2016년부터 매년 한반도평화나눔포럼을 개최하여 평화를 염원해 주셨습니다. '빵도 하나 우리도 하나, 한몸'이라며 한반도 평화에 헌신해 오신 故 장익 주교님의 숭고한 사랑을 되새겨 봅니다. 남북 간 대화와 교류의 물꼬가 터지고, 한반도 평화를 앞당기는 데에도 천주교가 늘 함께해 주셨으면 합니다.

내년은 김대건 신부님과 최양업 신부님 탄생 200주년이 되는 뜻깊은 해입니다. 우리나라 최초의 신부, 최초의 신학생이었던 두 분을 기리며 한국천주교의 발전을 기원합니다. 어려운 고비마다 천주교는 국민의 마음을 하나로 이어주셨고, 또 사회적 약자의 편에 서며 정의를 실현해 주셨습니다. 오늘 코로나 위기 극복뿐 아니라 국가 발전을 위한 지혜로운 말씀을 청하고 싶습니다.

감사합니다.

코로나19 서울시 방역 강화 긴급점검
모두발언

| 2020년 8월 21일 |

　모두 이제 바쁘실 줄 알지만 정말 걱정이 돼서 왔습니다. 걱정이 매우 큽니다. 오늘 확진자 수가 300명 넘었는데, 이 300명이 900명이 되고 또 1,000명이 넘고 하는 일은 순식간에 일어날 수 있습니다. 코로나19가 우리나라에 들어온 이후에 최대의 위기라고 말할 수 있을 것 같습니다. 그 위기의 중심에 서울이 있습니다. 서울을 비롯한 수도권에 대한민국 전체 인구의 절반이 살고 있고, 또 인구밀도도 매우 높습니다. 또 서울로부터 지방으로, 또 지방에서 서울로 매일매일 유동하는 그런 인구도 매우 많습니다. 서울의 방역이 무너지면 전국의 방역이 한꺼번에 무너진다고 말할 수 있습니다.

　이런 엄중한 이런 시기에 서울시장의 부재가 주는 공백이 크다라는 말이 있습니다. 그러나 그것은 그렇지 않습니다. 지금 시장 권한대행이 시장의 역할을 충분히 이렇게 해 주고 있습니다. 한걸음 더 나아가서 시장으로서의 권한을 100% 그렇게 발휘를 해 주시기 바랍니다. 서울의 방역을 사수해야만 대한민국 전체의 안전을 지킨다라는 결의로 임해 주시기 바랍니다.

아시는 바와 같이 우리 K - 방역 성공의 핵심은 밀접 접촉자를 신속하게 확인하고, 신속하게 진단검사하고, 또 그 결과에 따라서 신속하게 격리하거나 치료하고 하는 그것이라고 할 수 있습니다.

그런데 지금은 그런 신속한 역학조사와 방역 조치를 방해하는 일들이 아주 조직적으로 일부에서 행해지고 있습니다. 현장에서 물리적으로 제지하거나 방해하는 그런 일들도 벌어지고 있습니다. 또한 아주 대대적인 가짜뉴스를 통해서 그런 정부의 역학 이런 조사를 비롯한 방역 조치들을 방해하고 있기도 합니다. 서울시가 가지고 있는 행정력을 총동원해 주시기 바랍니다.

무엇보다 중요한 것은 아주 신속하고 선제적이고 단호하게 대응하는 것이라고 믿습니다. 출입 통제가 필요한 곳은 출입을 통제하고, 집합이 금지되었던 곳은 반드시 집합이 금지되게 하고, 또 행정조사가 필요한 것은 신속하게 행정조사를 통해서 필요한 자료들을 확보하고, 그래서 그 과정에서 서울시만의 힘으로 부족하다고 판단한다면 경찰에 지원을 구하고, 또 중앙정부에 지원을 이렇게 구하기 바랍니다.

경찰과 중앙정부도 서울시가 요청하는 지원 사항이 있으면 충분히 뒷받침을 해 주시기 바랍니다. 그렇게 해서 만약에 역학조사나 방역 조치를 방해하는 일들이 있다면 그런 일들에 대해서는 감염병관리법뿐만 아니라 공무집행 방해라든지 다른 형사 범죄도 적용해서 이렇게 단호하게 법적 대응을 하고, 필요할 경우에는 현행범 체포라든지 구속영장을 청구한다든지 이렇게 엄중한 법집행을 보여주기 바랍니다. '공권력이 살아있다'라는 것을 국민들에게 꼭 보여 주시기 바랍니다.

저는 평소에는 이 공권력은 행사가 최소화되어야 한다고 생각하는 편입니다. 이 공권력이 행사되면 상대적으로 국민 개인의 인권이 침해될 소지가 있기 때문입니다. 그러나 이런 감염병에 대한 방역이라든지 재해 재난에 대한 대처, 이런 경우는 개인의 어떤 인권 문제로만 그치는 것이 아니라 국민 공동체의 생명과 안전에 직결되는 문제이기 때문에 공권력이 충분히 국민을 보호하는 그 역할을 다해야 합니다.

중앙정부와 지자체, 그리고 경찰, 검찰, 이런 모든 그 행정력이 합쳐져서 모든 노력을 다해도 이렇게 감염병 확산을 막지 못할 경우 그런 경우에도 국민들에게 정말 송구스럽기 짝이 없는 일인데, 하물며 그런 방역을 방해하는, 역학조사를 방해하는 이런 일들에 대해서 공권력이 충분한 대응을 하지 못해서 신속한 역학조사를 하지 못하고, 필요한 조치를 취하지 못하고, 그 바람에 방역에 구멍이 생겨난다면 그것은 정말 국민들께 면목이 없는 일이다라고 하지 않을 수 없습니다.

지금까지 열심히 그 대응들을 해왔지만 조금 더 선제적이고 신속하고 단호한 대응, 그래서 당부 드립니다. 서울시가 주체가 되어 주시고, 경찰, 검찰, 또 중앙정부 최대한 뒷받침해서 필요한 역학조사 등의 방역 조치가 빠르게 이루어지도록 함께 협력을 해 주시기를 부탁드리겠습니다.

감사합니다.

한국 교회 지도자 초청 간담회 모두발언

| 2020년 8월 27일 |

오늘 앉아서 이렇게 말씀들을 나눴으면 합니다. 한국 기독교를 이끄는 교회의 지도자분들을 청와대에 모시게 되어서 무척 반갑습니다. 오늘 태풍 때문에 기상이 매우 나쁜데도 먼 지역에서도 이렇게 와 주셨습니다. 우리나라와 국민들을, 정말 어려운 지금 상황인데 이것을 함께 걱정하는 그런 한 마음으로 함께해 주신 것이라고 생각합니다. 감사드립니다.

기독교는 우리나라가 온갖 어려움을 겪으면서 발전해오는 과정에서 아주 지대한 역할을 해 주셨습니다. 구한말 우리가 시대에 뒤떨어져 있었을 때 근대교육과 근대의료를 도입하면서 개화를 이끌어 주셨고, 또 일제 식민지시대에는 실력 양성 운동과 또 독립운동에서 아주 큰 역할을 해 주셨습니다. 해방 후에도 근대화와 민주화운동에 아주 주도적인 역할을 해 주셨고, 특히 또 나라가 가난해서 복지를 제대로 잘하지 못할 때 민간 분야 복지에서도 아주 주도적인 그런 역할을 해 주셨습니다.

요즘에도 수해 복구에 또 많은 교인들이 봉사활동을 통해서, 또 성금 모금을 통해서 이렇게 아픈 국민들에게 큰 힘이 되어 주고 계십니다. 코로나 극복에 있어서도 대다수 교회가 정부의 방역 지침에 협력하면서 비대면 온라인 예배를 이렇게 해 주고 계십니다. 쉽지 않은 일인데도 이렇게 적극적으로 그렇게 협력을 이끌어 주신 우리 교회 지도자님들께 깊이 감사 말씀을 드립니다.

그러나 여전히 일부 교회에서는 대면 예배를 고수를 하고 있습니다. 특히 특정 교회에서는 정부의 방역 방침을 거부하고, 오히려 방해를 하면서 지금까지 그 확진자가 1,000여 명에 육박하고, 그 교회 교인들이 참가한 집회로 인한 그런 확진자도 거의 300명에 달하고 있습니다. 그 때문에 세계 방역의 모범으로 불리고 있던 우리 한국의 방역이 한순간에 위기를 맞고 있고, 나라 전체가 큰 어려움을 겪고 있습니다. 이제 한숨 돌리나 했던 국민들의 삶도 무너지고 있습니다.

의도한 바가 아니라 하더라도 일이 그쯤 되었으면 적어도 국민들에게 미안해하고, 사과라도 해야 할 텐데, 오히려 지금까지도 적반하장으로 음모설을 주장하면서 큰소리를 치고 있고, 여전히 정부의 방역 조치에 협력을 거부하고 있습니다. 문제는 집회 참가 사실이나 또는 동선을 이렇게 계속 숨기고 있기 때문에 지금까지도 피해가 계속 늘어나고 있다는 그런 사실입니다. 도저히 상식으로는 이해할 수 없는 그런 일이 교회의 이름으로 일각에서 벌어지고 있습니다. 그로 인해서 온 국민이 피해를 입고 있지만 제가 생각할 때 가장 직접적으로 큰 피해를 입고 있는 것은 바로 기독교라고 생각합니다. 극히 일부의 몰상식이 한국 교회 전체의 신망을 해치고 있습니다.

8월부터 시작된 코로나 재확산의 절반이 교회에서 일어났습니다. 저는 대면 예배를 고수하는 일부 교회와 그 교인들의 심정을 충분히 이해를 합니다. 하나님을 믿는 그런 신앙을 가진 그런 분들은 어려울 때일수록 하나님께 기대게 되고, 또 하나님께 더 간절하게 기도를 하게 됩니다. 그리고 또 하나님께서 그 기도를 들어주시리라고 믿고, 자신과 가족들을 지켜주고 우리 사회를 구해 주실 것이라고 그렇게 믿습니다.

그러나 이 바이러스는 종교나 신앙을 가리지 않습니다. 밀접하게 접촉하면 감염되고, 마스크를 쓰지 않으면 감염되고 한다는 그 이치에 아무도 예외가 되지 못합니다. 예배나 기도가 그 마음의 평화를 줄 수는 있겠지만 바이러스로부터 지켜주지는 못합니다. 이 방역은 그 신앙의 영역이 아니고, 이렇게 과학과 의학의 영역이라는 것을 모든 종교가 받아들여야만 할 것 같습니다.

예배를 정상적으로 드리지 못하는 그런 고통이 매우 크겠지만 그런 고통을 감수하면서도 오히려 함께 힘을 모아서 빨리 방역을 안정시키는 것이 하루빨리 정상적인 어떤 예배, 정상적인 신앙생활로 돌아가는 길이라 그렇게 생각하고 함께 이렇게 힘을 모아주시면 좋겠습니다. 특히 우리 교회 지도자님들께서 그렇게 잘 이끌어 주시기를 당부 드리겠습니다.

이게 설상가상으로 의료계의 또 집단행동이 국민들에게 더 큰 불안과 고통을 주고 있습니다. 지금 세계는 이 코로나 방역을 '전쟁'이라고 표현을 하고 있습니다. 2차 세계대전 이후에 말하자면 가장 큰 위기이고, 또 가장 큰 피해를 주고 있다는 것입니다.

전시 상황이 되면 휴가를 가거나 외출을 나갔던 군인들도 군대로 돌아와서 총을 잡습니다. 지금 이 코로나 위기 상황에서 의료인들이 의료 현장을 떠난다는 것은 전시 상황에서 거꾸로 군인들이 전장을 이탈하는 것이나 마찬가지라고 생각합니다. 또 비유를 하자면 사상 최대의 화재가 발생했는데 소방관들이 그 화재 앞에서 파업을 하는 것이나 진배없다고 생각합니다.

의대생들이 지금 의사 국가시험을 거부한다고 하는데, 그렇게 된다면 그 의대생 개인에게도 아주 막대한 그런 손해가 일어나고, 국가적으로도 큰 부담이면서 큰 손실이 되지 않을 수 없습니다. 저는 우리 의료계가 이 코로나 때문에 국민들이 겪고 있는 고통을 결코 외면하지 않을 것이라고 믿고, 또 그렇게 기대를 하고 있습니다.

그러나 정부로서는 한편으로는 의료계와 진정성 있는 대화를 나누면서 또 다른 한편으로는 법과 원칙대로 이렇게 또 임하지 않을 수 없는, 그렇게 정부가 가지고 있는 선택지가 이렇게 크게 있지 않습니다. 우리 교회 지도자님들은 교회에서만 지도자가 아니라 우리 사회 전체의 큰 어른들이십니다. 우리 사회 전체의 여론을 일으키고 또 국민들의 마음을 환기시키고 할 수 있는 그런 위치에 있는 분들이시기 때문에, 우리가 코로나로 겪고 있는 이 공동체 모두의 위기를 모두가 한마음이 돼서 하루빨리 극복해낼 수 있도록 하는 데 좀 힘을 모아주시기를 당부 드리겠습니다.

코로나 극복뿐만 아니라 우리 사회 미래를 위해서도 아마 하실 말씀들이 많지 않을까 생각합니다. 오늘 좋은 말씀들 그렇게 기대를 하겠습니다. 그리고 늘 우리 국가와 국민들을 위해서 또 많은 기도를 해 주시기를 당부 드립니다.

고맙습니다.

9월은 독서의 달입니다

| 2020년 9월 1일 |

9월은 독서의 달입니다. 해마다 대통령이 여름 휴가 때 읽은 책을 소개하곤 했습니다. 대통령에게도 책을 읽을 기회가 되었지만, 갈수록 어려워지는 출판시장에 조금이나마 도움이 된다는 보람도 있었습니다.

올해는 그런 기회를 갖지 못했습니다. 그래서 독서의 달을 맞아 제가 올 여름에 읽은 책 가운데 추천하고 싶은 책들을 소개할까 합니다. 사회적 거리두기가 강화된 지금, 방역 협조를 위해 외출을 자제하고 계신 분들이 많은데, 모처럼 독서를 즐겨 보는 것도 더위를 이기는 좋은 방법이 아닐까 생각합니다.

〈코로나 사피엔스〉와 〈오늘부터의 세계〉는 비슷한 성격의 책입니다. 코로나19 이후 인류의 미래가 어떤 모습이 될지, 다양한 분야의 대한 민국의 석학들과 세계의 석학들에게 묻고 답한 내용을 정리한 책들입니다. 코로나19 이후 우리가 어떤 삶을 살게 될지, 개인이나 정부가 어떤 부분에 더 관심을 가져야할지 가늠해볼 수 있습니다. 우리가 당면하고 있는 문제들이기도 하고, 시간을 많이 들이지 않고 쉽게 읽을 수 있는 책들입니다.

역사읽기를 좋아하는 분들께는 우선 〈리더라면 정조처럼〉을 권할 수 있을 것 같습니다. 오늘을 사는 우리가 본받을만한 정조대왕의 리더십을 배울 수 있고, 당대의 역사를 보는 재미도 있습니다. 저는 정조대왕이 금난전권을 혁파하여 경제를 개혁한 이야기가 가장 좋았습니다.

〈홍범도 평전〉은 봉오동 대첩과 청산리 대첩의 승리를 이끈 홍범도 장군의 평전입니다. 마침 올해가 봉오동 대첩과 청산리 대첩의 100주년이 되는 해이고, 카자흐스탄에 묻혀있는 장군의 유해봉환을 정부가 추진하고 있기도 합니다. 그의 생애와 함께 우리가 잘 몰랐던 독립군들의 초창기 항일무장독립투쟁의 역사를 볼 수 있습니다.

제1차 한국판 뉴딜 전략회의 모두발언

| 2020년 9월 3일 |

이 자리에 함께하신 분들, 그리고 온라인으로 또 함께해 주신 분들, 모두 반갑습니다.

엄중한 코로나 상황에서 정부와 금융권 전체가 경제위기 극복에 힘을 모으고 있습니다. 한발 더 나아가, '한국판 뉴딜'이라는 이름으로 대한민국의 미래를 열기 위해 여기에 모였습니다. 오늘 이 자리에는 직접 또는 영상을 통해, 금융권을 대표하는 40여 분이 함께하고 있습니다. 우리 금융권 전체의 절반이 넘는 자산을 보유한 열다섯 개 금융회사가 참석하였고, 특히, 우리나라 금융을 이끌고 있는 금융지주회사 대표 열 분이 모두 오셨습니다. 금융협회도 영상으로 참여하고 있습니다.

당에서도 '한국판 뉴딜'을 힘있게 뒷받침하기 위해 이낙연 신임 대표님과 김태년 원내대표님이 바쁘신 와중에 이 자리에 오셨습니다. 정책위의장 등 당 K뉴딜위원회를 책임지시는 분들도 영상으로 함께하고 있습니다. 감사합니다.

금융은 국가적으로 어려운 시기마다 큰 역할을 해 왔습니다. 지금도 코로나19로 매우 어려운 상황에서 구원투수를 자임하며 정부와 함께 결정한 175조 원 이상의 민생금융안정 프로그램을 차질 없이 집행해 주고 있습니다. 금융권의 뒷받침 덕분에 소상공인 경영안정 자금과 전 국민 재난지원금을 비롯한 비상경제 조치로 우리 경제를 지탱할 수 있었습니다. 지난주에는 소상공인·중소기업 대출 만기 연장과 이자 상환 유예를 내년 3월 말까지 6개월 연장하기로 결정해 주셨습니다.

우리 금융권은 기업을 살리고 국민의 일자리를 지키는데 실로 지대한 역할을 하고 있다고 말할 수 있습니다. 다시 한 번 금융권의 기여에 깊이 감사드립니다. 정부는 대한민국의 새로운 미래를 위한 국가전략으로 '한국판 뉴딜'을 강력히 추진하고 있습니다. '한국판 뉴딜'의 성공은 민간의 투자가 활성화되고 국민이 역동적으로 참여할 때 가능합니다. 이를 위해서는 금융의 적극적 뒷받침이 필요합니다. '한국판 뉴딜'의 첫 번째 전략회의를 특별히 금융권과 함께하게 된 이유입니다.

'한국판 뉴딜'은, 뉴딜 펀드와 뉴딜 금융으로 대한민국 경제의 미래를 열어나갈 것입니다. 국민과 함께 재정, 정책금융, 민간금융 3대 축으로 '한국판 뉴딜'의 성공을 이끌고자 합니다. '국민참여형 뉴딜 펀드', '정책금융과 민간금융'을 통해 단일 프로젝트로는 역대 최대 규모의 투자가 이루어질 것입니다. 국민참여형 뉴딜 펀드'는 정책형 뉴딜 펀드로 20조 원을 조성하여 '한국판 뉴딜'분야에 집중 투자할 계획입니다. 인프라펀드'를 육성하여 뉴딜 사회기반시설에 투자하고, 손실위험 분담과 세제혜택으로 국민들에게 보다 안정적인 수익을 가능하게 할 것입니다. 한정부는, 민간이 자율적으로 뉴딜 펀드를 조성할 수 있는 투자 여건도 적극적으로 마련하겠습니다. 딜지수를 개발하여 지수에 투자할 수 있는 상품도 조만간 출시할 계획입니다. 국민들께서 국민참여형 뉴딜 펀드에 참여하신다면 보람과 성과를 함께 공유할 수 있게 될 것입니다. 개인의 수익 창출은 물론, 국민들께서 직접 대한민국의 미래와 사회적 가치에 투자하는 기회가 될 것입니다.

무엇보다 정책금융과 민간금융이 '한국판 뉴딜'의 성공을 이끄는 중심에 섰습니다. 후 5년간 정책금융에서 100조 원, 민간금융에서 70조 원을 한국판 뉴딜 프로젝트와 기업에 투입할 것입니다.

정부의 마중물 역할과 정책금융의 적극적 기여, 여기에 민간의 협조까지 더하게 됨으로써 '한국판 뉴딜'을 힘있게 추진할 물적 기반이 마련된 것입니다. 시중의 풍부한 유동성을 부동산과 같은 비생산적인 부문에서 생산적인 부문으로 이동시킨다는 측면에서도 큰 의미가 있습니다. 정부와 금융이 대한민국의 미래를 위해 힘을 모은 만큼 우리 경제와 국민에게 큰 희망이 되기를 기대합니다.

정부는 '한국판 뉴딜'을 촉진하는 데 필요한 제도개선과 규제혁신을 속도감 있게 추진하겠습니다.

규제혁신이야말로 '한국판 뉴딜'의 또 하나의 성공조건입니다. 정부와 여당은 경제계와 함께 지난 달 한국판 뉴딜 법·제도개혁 T/F를 구성하였습니다. '한국판 뉴딜'의 성공을 위한 입법사항을 차질 없이 추진하고, 불필요한 규제를 조속히 발굴하여 개혁해 나가겠습니다. 특히, 뉴딜 분야 프로젝트나 기업 활동을 제약하는 규제는 과감히 혁파해 나가겠습니다.

미래는 준비하는 자의 몫입니다. 현재의 위기를 신속히 탈출하기 위해 온 힘을 모으면서도, 대한민국의 미래를 개척하는 일 또한 한시도 멈출 수 없습니다. '한국판 뉴딜'은 대한민국의 미래가 달린 일입니다. 오늘 정부와 금융은 함께 큰 걸음을 내딛었습니다. 국민들께서도 함께해 주시리라고 믿습니다.

감사합니다.

국무회의 모두발언

| 2020년 9월 8일 |

제45회 국무회의를 시작하겠습니다.

오늘 질병관리본부를 질병관리청으로 승격하고, 보건복지부에 보건 분야 차관을 신설하여 복수차관제를 도입하는 직제개편안을 의결합니다. 질병관리본부의 질병관리청 승격은 우리의 감염병 대응체계에서 획기적 진전입니다. 온 국민의 지지와 성원을 받고 있는 질병관리본부는 참여정부 당시 국립보건원이 확대 개편되면서 만들어졌고, 메르스 사태 이후 차관급으로 격상되면서 역량을 더욱 키워왔습니다.

질본은 이번 코로나 대응 과정에서 세계의 모범이 된 K - 방역을 이끄는 중심 역할을 훌륭하게 수행했습니다. 그 신뢰를 바탕으로 드디어 오늘, 독립된 행정기관인 질병관리청으로 승격됨으로써 독립성과 전문성이 대폭 강화된 감염병 총괄기구로 거듭나게 되었습니다.

질병관리청은 앞으로 실질적인 권한을 갖고 감염병 감시부터 조사분석, 위기대응과 예방까지 유기적이며 촘촘한 대응망을 구축할 수 있게 되었습니다. 또한 질병관리청 소속 국립보건연구원 아래 국립감염병연구소를 신설함으로써 감염병 바이러스와 임상연구, 백신개발 지원 등을 통해 감염병에 대한 전 주기 연구개발체계를 구축하게 되었습니다. 한편으로는 지역의 감염병 대응체계도 강화할 수 있게 되었습니다. 다섯 개 권역별 질병대응센터를 설치하여 지자체들과 유기적으로 협력함으로써 지자체들의 감염병 대응능력을 크게 높여주고, 지역사회 방역을 보다 탄탄하게 만들어 줄 것입니다.

보건복지부에 보건 분야 전담 차관을 신설하는 의미도 자못 큽니다. 이번 코로나 위기에서 보듯이 보건위기가 상시화되는 상황에서 우리의 공공보건의료 역량을 크게 강화하는 계기가 되리라 기대합니다. 건강보험 보장률을 높여나가는 것과 함께 공공의료 인력 수급과 보건의료 인력의 처우개선 기능도 보강되고, 최근 큰 사회적 비용을 초래하고 있는 정신건강에 대한 정책도 강화될 것입니다. 미래신성장 동력으로써 빅데이터와 인공지능을 활용한 보건의료 산업을 키우는 정책도 확대해 나갈 것입니다.

이번 조직개편으로 이미 세계적으로 우수하다고 평가받고 있는 우리의 감염병 대응체계와 보건의료 역량이 한 차원 더 높게 발전할 것입니다. 승격되는 질병관리청을 중심으로 감염병 대응력을 한층 더 강화해 주기 바랍니다. 당장은 코로나 재확산의 중대고비를 잘 넘기고 빠른 시일 안에 코로나를 안정적으로, 확실히 통제해 나가길 바랍니다. 코로나 이후 앞으로 더한 감염병이 닥쳐와도 선제적으로 대응하면서 극복해 낼 역량을 갖춰주길 기대합니다.

보건차관의 역할도 매우 중요합니다. 특히 코로나가 안정되는 대로 우리의 보건의료체계를 한 단계 발전시켜 나가는 데 주력해야 할 것입니다. 의정협의체를 통해 의료계와 적극적으로 소통하고, 국회와도 적극적으로 협력하며, 국민의 여론도 폭넓게 수렴하여, 감염병 전문병원 설립 등 공공의료 확충과 지역 간 의료격차 해소를 비롯하여 의료계가 제기하는 문제들까지 국민의 생명과 건강을 보호하기 위한 합리적인 해결방안 마련에 최선을 다해주기 바랍니다.

이상입니다.

제8차 비상경제회의 모두발언

| 2020년 9월 10일 |

　　코로나 재확산으로 인해 심각한 경제적 어려움에 처한 국민들의 삶을 지켜내기 위해 8차 비상경제회의를 열게 되었습니다. 오늘 회의에서는 국회에 제출할 4차 추경안을 결정하고 추석 민생안정 대책을 포함한 민생·경제 종합대책도 함께 논의합니다.

　　정부는 그동안 일곱 차례 비상경제회의에서 코로나 경제 위기 극복을 위한 전례 없는 파격적인 대책들을 연이어 내놓은 바 있습니다. GDP의 14%에 이르는 277조 원의 막대한 자금을 투입하여 일자리를 지키고 기업을 살리며 내수와 경제 활력을 뒷받침했습니다. 그 효과에 의해 한국은 OECD 국가 중 가장 빠른 경제회복과 가장 높은 성장률을 기록할 것으로 전망되고 있습니다. 국제기구와 신용평가기관들은 우리 정부의 성공적인 방역과 함께 적극적인 확장재정을 통한 과감하고 신속한 경기 대책의 성과로 평가하고 있습니다.

오늘 새벽 정부는 14억 5천만 불 규모의 달러화와 유로화 표시 외평채를 성공적으로 발행했습니다. 유로화 외평채는 비유럽 국가 최초의 마이너스 금리 국채이며, 달러화 외평채도 역대 가장 낮은 금리, 최저 금리입니다. 이번 초저금리, 심지어 마이너스 금리의 외평채 발행 성공 또한 한국 경제에 대한 해외 투자가들의 굳건한 신뢰를 보여주는 것입니다.

하지만 예기치 못한 코로나 재확산으로 경기 반등의 시간이 늦춰지고 내수와 소비 등 각종 경제 활동이 급격히 위축되고 있습니다. 매출 급감과 임대료 부담에 시달리는 소상공인과 자영업자들이 어려움을 호소하고 있으며, 기업들의 고용유지 부담은 커지고 고용 취약계층의 일자리 위기는 더욱 가중되고 있습니다. 국민의 삶을 지켜야 할 정부로서 실로 막중한 책임감을 느끼며 추가적인 대책을 마련하지 않을 수 없습니다.

정부는 긴급대책으로 7조 8천억 원 규모의 4차 추경을 편성하기로 했습니다. 피해가 가장 큰 업종과 계층에 집중하여 최대한 두텁게 지원하는 피해 맞춤형 재난지원 성격의 추경입니다. 우선 코로나 재확산의 직격탄을 맞고 있는 소상공인과 자영업자들을 집중 지원하겠습니다. 이번 맞춤형 재난지원의 핵심으로 전체 추경 규모의 절반에 이르는 3조 8

천억 원이 투입되어 377만 명이 혜택을 보게 될 것입니다. 이중 3조 2천억 원은 291만 소상공인과 자영업자들에게 최대 200만 원을 현금으로 지원하게 될 것입니다. 정부로서는 최선을 다한 금액이지만 피해에 비하면 매우 부족한 액수일 것입니다. 부족하더라도 어려움을 견뎌내는 데힘이 되기를 바랍니다.

다음으로 국민 삶의 기반이 되는 일자리를 지키기 위해 재정을 추가적으로 투입하겠습니다. 10조 원의 고용안정 특별대책을 지원한 바있지만 여전히 지속되는 고용 위기 상황에서 1조 4천억 원을 추가 투입하여 119만 개의 일자리를 지키는 데 쓰겠습니다. 고용유지 지원금 연장 지원과 함께 특히 특수고용노동자, 프리랜서 등 고용 취약계층을 위한 긴급 고용안정 지원금을 추가 지원하게 될 것입니다. 또한 어려울수록 더욱 어려움을 겪는 저소득 취약계층을 보다 촘촘하게 지원하겠습니다. 생계유지를 위해 꼭 필요한 분들에게 폭넓게 지원되도록 요건을 대폭 완화하여 긴급 생계지원을 하겠습니다. 이에 따라 그동안 사각지대에 있었던 88만 명이 새롭게 지원받게 될 것입니다.

마지막으로 오랜 비대면 교육과 비대면 사회활동의 부담을 조금이나마 덜어드리겠습니다. 우선은 부모님들의 아이 돌봄 부담을 정부가 함께 나누겠습니다. 가족돌봄휴가 기간을 10일 더 연장하고, 20만 원씩 지원하는 특별돌봄 지원 대상을 만 7세 미만에서 초등학생까지로 대폭 늘려 532만 명에게 혜택이 돌아가도록 했습니다. 또한 정부의 방역 조치에 협력하여 다수 국민의 비대면 활동이 급증한 만큼 모든 국민에게 통신비를 일률적으로 지원하기로 했습니다. 적은 액수이지만 13세 이상 국민 모두에게 통신비를 지원하겠습니다. 코로나로 인해 자유로운 대면 접촉과 경제활동이 어려운 국민 모두를 위한 정부의 작은 위로이자 정성입니다.

코로나로 힘겨운 국민들과 큰 피해를 입어 살 길이 막막한 많은 분들에게 이번 추경의 지원금이 충분하지 않다는 것을 알고 있습니다. 코로나가 언제 끝날지 모르고 국채를 발행하여 지원할 수밖에 없는 상황에서 한정된 재원으로 효과를 극대화하기 위한 불가피한 선택입니다. 국민들께서도 더 어렵고 더 취약한 이웃들을 먼저 돕기 위한 이번 추경을 연대의 마음으로 이해해 주시기 바랍니다. 생존의 위협에 처한 분들을 위해서는 빠른 지원이 절실합니다. 국회의 신속한 처리를 당부드리며, 정부 각 부처는 추석 전에 가능한 최대한 지원이 이뤄질 수 있도록 집행준비에 곧바로 착수하여 국회 통과 즉시 실행될 수 있도록 최선을 다해 주기 바랍니다.

오늘 4차 추경과 함께 추석 민생안정 대책도 발표합니다. 코로나로 인해 넉넉한 한가위가 되지 못할 국민들이 조금이라도 따뜻한 명절을 보낼 수 있도록 정부가 할 수 있는 최선의 노력을 기울여주기 바랍니다. 결식아동, 독거노인, 장애인 등 더욱 어려운 이웃들이 소외받지 않도록 각별히 살펴주고 집중호우로 피해를 입은 이재민들에 대해서도 특별한 관심을 가져주기 바랍니다. 태풍과 폭우로 큰 어려움을 겪고 있는 농어민들을 위해 이번 추석에 한해 청탁금지법상의 농축수산물 선물 허용 상한액을 20만 원으로 상향 조정하는 결정도 했습니다. 이 결정이 농어민들에게 실질적 도움이 되도록 국민들께서 우리 농축수산물 더 많이 애용해 주시기 바랍니다. 우리 농축수산물을 통해 몸은 못 가더라도 마음만은 함께하는 추석이 되시기를 기원합니다.

이상입니다.

신임 질병관리청장 임명장 수여식

| 2020년 9월 11일 |

질병관리본부를 줄인 '질본'이라는 말은 우리 국민이 가장 신뢰하는 애칭이 되었습니다. 질본의 질병관리청 승격을 진심으로 축하합니다. 그리고 세계에서 모범으로 인정받은 우리 K-방역의 영웅, 정은경 본부장님이, 승격되는 질병관리청의 초대 청장으로 임명되신 것에 대해서도 축하 말씀을 드립니다. 공식 승격을 하루 앞두고 질본 여러분들이 일하는 사무실 현장에서, 또 여러분들과 함께 초대 청장 임명장 수여식을 갖게 되어 매우 기쁩니다. 청와대 바깥에서 고위 정무직의 임명장 수여식을 갖는 것은 처음인 것 같습니다. 의전상으로는 청와대에서 격식을 갖추어서 임명장 수여식을 하는 것이 더 영예로울지 모르지만 지금 한시도 자리를 비울 수 없는 질본의 상황을 감안하고, 또 무엇보다도 청 승격의 주인공이라고 할 수 있는 여러분들과 함께 초대 청장 임명장 수여식

을 하는 것이 더 뜻깊은 일이라고 생각을 했습니다. 우리 정은경 본부장님의 희망도 그러했습니다.

질본의 '청' 승격은 문재인 정부의 정책이지만 정부의 의지만으로 이뤄진 것은 아닙니다. 질본이 감염병 관리에 있어서 더 큰 역량을 가지고 더 총괄적인 역할을 함으로써 우리 국민의 생명과 안전을 지켜주기를 바라는 국민들의 큰 기대가 있었기에 가능했던 일입니다. 그 사실에 우리 질본 직원들은 무한한 자부심을 가져 주시기 바랍니다. 그리고 그 자부심에 또 걸맞은 책임감도 가지면서 국민들 기대에 부응해 주시기 바랍니다.

직원 여러분들께는 항상 감사하고 미안한 마음입니다. 그러나 오늘 여러분에 대한 감사와 격려의 말씀을 길게 드리지 않겠습니다. 질본이 '청'으로 승격된 사실 그 자체, 그리고 또 초대 청장의 임명식을 청 승격의 주인공이라고 할 수 있는 질본 여러분들과 함께 가지는 것, 이 사실 자체가 대통령과 국민들이 여러분들께 보내는 최고의 감사며 격려 뜻이 담겨 있는 것이라고 여겨 주시기 바랍니다.

우리가 코로나와 언제까지 함께해야 될지 모르겠습니다. 여러분들께서 '청'으로 승격한 것을 계기로 더 큰 역할을 해 주시기 바랍니다. 그리고 하루 빨리 우리 국민들이 정상적인 일상으로 되돌아갈 수 있도록 최선을 다해주시기 바랍니다.

여러분, 고맙습니다.

우리 해경이 자랑스럽습니다

| 2020년 9월 14일 |

해양경찰이 바다에서 국민의 생명과 안전을 지키는 사명을 다해주고 있습니다. 대단히 감사하며 노고를 치하합니다.

해경은 지난 금요일 경남 통영 매물도 주변 해상에서 발생한 선박 화재에서 승선원 60명 전원을 구조한 데 이어 어제는 영종도 인근 해상에서 어망에 걸려 표류하던 요트 승선원 12명을 모두 구조했습니다. 신속한 출동과 구조활동이 인명피해를 막는 결정적 기여를 했습니다. 침몰 위기에 놓였던 통영 선박화재 사고에서는 승선원을 인근 예인 선박에 신속히 대피토록 선제 조치하고 36분만에 구조를 마쳤습니다. 영종도 요트 사고에서는 신고 접수 후 8분 만에 현장에 도착함으로써 전원을 무사히 구조할 수 있었습니다.

해경은 해양사고에 대한 대응태세를 꾸준히 강화해 왔습니다. 접수부터 출동, 구조에 이르기까지 신속대응 체계를 구축했고, 반복적인 숙달 훈련을 통해 구조시간을 단축하는 노력을 기울여 왔습니다. 이같은 노력이 이번 사고에서 신속한 출동과 빈틈없는 인명구조로 이어졌다고 생각합니다.

지난 9월 10일은 해양경찰의 날이었습니다. 국민이 힘든 시기임을 감안하여 기념식 행사를 사회공헌 봉사활동으로 변경했다고 들었습니다. 국민의 어려움을 외면하지 않고 항상 헌신하고 봉사하며 국민의 생명을 지키는 해양경찰이 되겠다는 의지가 돋보입니다.

우리 해경이 자랑스럽습니다.

언제 어디서 발생할지 모르는 사고에 항상 긴장하며 오늘도 묵묵히 우리 바다를 지키고 계신 해경 여러분께 다시 한번 깊은 감사와 격려의 마음을 전합니다.

스마트그린 산업단지 현장방문

| 2020년 9월 17일 |

　존경하는 국민 여러분, 경남도민과 창원시민 여러분, 우리는 코로나를 이겨내야 하고 동시에 경제를 살려야 합니다. 단지 회복하는 것이 아니라 새로운 경제로 더 큰 번영을 이뤄야 합니다.

　지금 창원 국가산업단지는 '스마트그린 산단'으로 변모하면서 한국판 뉴딜의 상징이 되고 있습니다. 저는 오늘 창원에서 포스트코로나 시대, 대한민국 경제의 희망을 봅니다. 코로나의 어려움 속에서도 전진하고 있는 대한민국 경제를 국민들께 소개하고 싶습니다.

　세계는 지금 '디지털'과 '그린'에 집중하며 코로나 이후 시대를 발빠르게 준비하고 있습니다. 우리나라에서는 창원이 한발 앞서가고 있습니다. 데이터, 네트워크, 인공지능 기술로 생산성을 높이면서 동시에 깨끗한 에너지로 환경오염을 줄일 수 있다면 그야말로 산업단지의 대혁신입니다. 그 대혁신이 바로 창원 산단에서 벌어지고 있습니다. '스마트그린 산단'으로 '디지털 경제'와 '저탄소 경제'를 동시에 실현하고 있습니다. '스마트그린 산단'은 추격형 경제에서 선도형 경제로 거듭날 '제조업 혁신전략'이자 우리 경제의 나침판이 될 것입니다. 또한 지역경제를 살릴 '국가균형발전 전략'이 될 것입니다. 과감한 도전에 나서주신 경남도민과 창원시민, 경남의 기업들과 김경수 지사를 비롯한 관계자 여러분께 뜨거운 응원의 박수를 보냅니다.

경남도민, 창원시민 여러분, 정부는 그동안 '중소기업 제조혁신 전략', '제조업 르네상스 전략'을 수립하고, '스마트 공장' 확대와 '스마트 산단' 조성에 힘써왔습니다. 창원, 반월·시화, 남동, 구미 등 일곱 곳을 '스마트 산단'으로 지정했고, 기업들과 힘을 모아 전국에 1만6천 개가 넘는 '스마트 공장'을 건설했습니다.

창원 국가산단은 반월 시화공단과 함께 전국 최초의 '스마트 선도 산업단지'로 선정되었으며 산단 내 260곳의 '스마트 공장'과 함께 제조업과 IT산업의 융합, 새로운 서비스 산업을 일으키고 있습니다. '생산의 공간'을 넘어 '혁신의 공간'으로 21세기형 산업단지로 빠르게 변모하고 있습니다.

오늘 태림산업의 '스마트 공장'에서 제품을 생산하는 양팔 로봇, 데이터 분석으로 품질을 관리하는 모습을 보았습니다. '스마트 공장'이 일자리를 없앤다는 편견을 깨고, 해외 바이어의 신뢰를 높여 수출이 늘었고, 고용이 더 늘어났다는 반가운 소식도 들었습니다. 태림산업처럼 '스마트 공장'을 도입한 경남 지역 기업들은 평균 22% 이상 매출과 수출이 늘었고, 일자리 역시 2.6% 증가했습니다. 전자기술연구원과 자동차연구원이 경남에 설립되었고, '스마트 공장' 기술을 보유한 대기업과 IT 기업들이 투자를 결정하며 동남권으로 모이고 있습니다. 덕분에 일자리를 찾아 수도권으로 향했던 청년들도 지역에서 꿈을 이루게 되었습니다. 산학연과 함께하는 인력 양성 사업을 통해 지역 청년들이 지역 발전의 주역으로 거듭나고 있습니다. 부산, 울산, 경남의 제조업 혁신에도 큰 힘이 될 것입니다.

국민 여러분, '스마트그린 산단'은 포스트 코로나와 기후변화 시대의 새로운 경쟁력입니다. 디지털 기술로 에너지 소비와 환경오염을 줄이면서 신재생에너지 같은 신산업 성장과 함께 일자리를 늘릴 것입니다. 산업단지는 우리나라 전체 에너지의 40%를 소비하고 있습니다. 환경을 지키기 위한 그린 산업단지 전환은 선택이 아닌 필수입니다. 정부는 '스마트 산단'을 넘어 '스마트그린 산단'으로 대한민국 경제의 경쟁력을 더욱 높일 것입니다. 2025년까지 '스마트 산단' 일곱 곳 모두 '스마트그린 산단'으로 전환하겠습니다. 생산은 12조3천억 원 더 늘고, 신규 일자리 3만3천 개를 만들어낼 것입니다. 이를 위해 세 가지 전략을 세우고 총 3

조2천억 원을 투자하겠습니다.

　첫 번째 전략은 산업단지를 더 빠르게 디지털화하고 주력업종을 고도화하는 것입니다. 2025년까지 산단 내 스마트 공장 보급률을 지금의 5%에서 20%로 늘리겠습니다. 산업단지의 '데이터 댐'인 혁신데이터센터를 설립하여 인공지능 기술로 제품의 품질 향상과 공정 개선을 돕겠습니다. 자율주행 셔틀과 무인 특장차 등 스마트 물류 플랫폼을 도입하고, 통합관제시스템으로 안전사고를 획기적으로 줄일 것입니다. 산업단지별 업종 제한을 과감히 풀고, 규제샌드박스를 적용하여 지능형 로봇, 미래차, 바이오헬스, 5G 같은 첨단 신산업을 산업단지의 주력업종으로 새롭게 성장시킬 것입니다.

　두 번째 전략은 저탄소, 고효율 에너지를 실현하는 것입니다. 클린팩토리 총 700개를 구축해, 제조공정 단계에서 환경오염물질을 원천적으로 제거하고, 버려지는 폐기물은 다른 기업의 원료로 재활용하는 생태산업개발사업을 육성할 것입니다. 수소발전소, 천연가스 등 청정에너지 사용을 확대하고, 100% 신재생에너지로 제품을 생산하는 RE100 시범사업을 추진할 계획입니다. 시내버스를 수소버스와 전기버스로 교체하고, 개별 공장에 에너지관리시스템을 보급하여 데이터에 기반한 수요관리로 에너지를 절약하겠습니다. 2025년까지 에너지 효율이 15% 이상 향상되고, 산단 내 신재생에너지 발전 비중이 0.6%에서 10%로 늘어날 것입니다.

세 번째 전략은 지역 상생형 일자리를 늘리는 것입니다. '스마트그린 산단' 성공의 관건은 '사람'입니다. 지역 대학과 협력하여 인공지능, 빅데이터 인재를 육성하고 복합문화센터, 아름다운 거리 조성, 행복주택을 건설하여 누구나 일하고 싶고 살고 싶은 환경을 만들 것입니다. 지역 상생형 일자리를 통해 더 많은 지역 인재 일자리가 만들어지길 기대합니다.

존경하는 국민 여러분, 경남도민과 창원시민 여러분, 우리는 서구의 산업화를 따라잡기 위해 1960년대가 되어서야 산업단지를 건설했지만 불과 반세기 만에 세계 6위의 제조업 강국이 되었고, 세계 10위권 경제를 이룩했습니다.

대한민국은 이제 어제의 대한민국이 아닙니다. 우리는 IT강국으로 수소차 같은 그린 경제에도 앞서나가며 한류와 영상산업뿐 아니라 코로나 방역에서도 세계를 선도하고 있습니다. 한국판 뉴딜의 상징 '스마트그린 산단'은 포스트 코로나 시대 'K - 경제'의 주역이 될 것입니다. 경남에서 시작된 '스마트그린 산단'의 열기가 전국 곳곳으로 퍼져나가 지역과 대한민국 경제의 새로운 희망이 될 것입니다. 이제 지역이 혁신의 주역입니다. 경남 창원과 함께, 전국의 '스마트 산단'과 함께 정부도 힘껏 뛰겠습니다.

감사합니다.

한국 불교 지도자 초청 간담회 모두발언

| 2020년 9월 18일 |

코로나 상황 때문에 뵙는 것이 많이 늦어졌습니다. 한국불교종단협의회 회장이신 조계종 총무원장 원행스님, 그리고 수석부회장이신 천태종 총무원장 문덕스님, 그리고 한국불교를 대표하는 종단의 큰스님들을 모셨습니다. 귀한 걸음 해 주셔서 감사드립니다.

불교가 실천해온 자비와 상생의 정신은 오랜 시간 우리 국민의 심성으로 녹아있습니다. 코로나에 맞서면서 우리는 서로 연결되어 있다는 사실을 더 절실하게 깨닫게 되었고, 이웃을 아끼고 보듬는 마음을 K - 방역의 근간으로 삼았습니다. '중생이 아프면 나도 아프다'라는 불교의 가르침과 다르지 않습니다.

불교계는 코로나 초기부터 앞장서 방역을 실천해 주셨습니다. 법회를 비롯한 모든 행사를 중단했고, 사찰의 산문을 닫는 어려운 결단을 내려주셨습니다. 부처님 오신 날 봉축 법요식까지 뒤로 미루고 코로나 극복을 위한 기도를 진행해 주셨습니다. 5월에는 천년 넘게 이어온 연등회마저 전격적으로 취소했습니다. 1980년 5월 계엄령 때문에 열리지 못한 이후 40년만에 처음입니다. 화합과 평화의 연등행렬은 볼 수 없었지만 어려움을 나누면 반드시 코로나를 이겨낼 수 있다는 희망의 등불을 밝혀 주셨습니다.

올 12월 유네스코 세계문화유산 등재 여부를 앞두고 내린 용단이었기에 고마움과 함께 안타까움도 컸습니다. 코로나로 지치고 힘든 국민들께 따뜻한 위안과 격려를 선사해 주신 스님과 불자들께 깊이 감사드립니다. 세계인들이 우리 불교정신과 문화의 참된 가치를 더욱 깊이 알 수 있도록 정부가 최선을 다해 유네스코 등재를 뒷받침하겠습니다.

코로나가 장기화되면서 법회 중단 기간도 길어지고 있습니다. 불교계의 어려움도 매우 클 것입니다. 이달 24일 처음으로 열리는 정부-종교계 코로나19 대응 협의체에서 방역과 종교 활동 병행 방안을 비롯한 다양한 해법들이 나올 수 있을 것입니다. 서로 지혜를 모아 어려움을 함께 극복해 나가기를 바랍니다.

정부는 지난 14일 수도권 방역 조치를 일부 조정했습니다. 방역과 함께 국민의 삶을 지키기 위한 조치였습니다. 정부는 코로나가 완전히 종식될 때까지 비상한 경각심을 유지하면서 방역도 경제도 반드시 지켜내겠습니다. 우리나라뿐 아니라 전세계 모든 나라에서 코로나와의 싸움은 끝을 알기 어려운 장기전이 되고 있습니다. 불교계가 지금까지 해온 것처럼 국민들께 변함없이 큰 용기와 힘이 되어 주실 것이라 믿습니다.

내일은 9.19 평양공동선언 2주년이 되는 날입니다. 2018년 저는 평양에서 김정은 위원장과 함께 평화의 한반도를 향해 나아가겠다고 8천만 우리 민족과 전세계에 선언했습니다. 불교계는 남북 정상회담을 앞두고 한반도의 평화와 안정을 기원하는 법회를 열어주셨고, 지난해에 이어 올해에도 평화 통일을 염원하는 기도를 해 주셨습니다. 만남과 대화에 대한 희망을 포기하지 않는다면 우리는 반드시 평화와 통일의 길로 나아갈 것입니다.

불교는 1700년간 이 땅에 고난을 이겨내는 힘이 되었습니다. 호국과 독립, 민주와 평화의 길을 가는 국민들 곁에 언제나 불교가 있었습니다. 남북 교류의 길을 열고 한반도 평화를 앞당기는 데 불교계가 항상 함께해 주시기 바랍니다. 오늘 코로나와 경제, 국난 극복을 위한 지혜로운 말씀을 청하고 싶습니다. 코로나와 무관한 이야기도 좋으니 편하게 말씀들 해 주시기 바랍니다.

감사합니다.

9·19 평양공동선언 2주년을 맞았습니다

| 2020년 9월 19일 |

시간을 되돌려봅니다.

2년 전, 평양 능라도 경기장에서 15만 평양 시민을 만났습니다. 분단 후 대한민국 대통령으로서 처음으로 북녘 동포들 앞에서 연설했고, 뜨거운 박수도 받았습니다. 김정은 위원장과 함께 한반도 비핵화와 평화의 한반도를 선언했습니다.

군사 분야에서 구체적이고 실천적인 합의를 이뤘고, 판문점 비무장화와 화살고지에서의 유해발굴로 이어지며 이후 남북 간 무력충돌은 단한 건도 발생하지 않았습니다. 매우 소중한 진전입니다. 평화를 바라는 국민들의 소망과 국제사회의 지지가 없었다면 불가능했던 일들입니다.

그 감격은 생생하건만, 시계가 멈췄습니다. 합의가 빠르게 이행되지 못한 것은, 대내외적인 제약을 넘어서지 못했기 때문입니다. 비록 멈춰섰지만, 평화에 대한 우리의 의지는 확고합니다.

9·19 남북합의는 반드시 이행되어야 합니다. 역사에서 그저 지나가는 일은 없습니다. 역사에서 한번 뿌려진 씨앗은 언제든, 어떤 형태로든 반드시 열매를 맺는 법입니다. 평창의 경기장에서, 판문점에서, 평양에서 심은 씨앗을 아름드리 나무로 키워가야 합니다. 9·19 평양공동선언 2주년을 맞아, 남북의 시계가 다시 돌아가길 바라는 소회가 가득합니다.

제1회 청년의 날 기념사

| 2020년 9월 19일 |

존경하는 국민 여러분, 청년 여러분,

오늘 '제1회 청년의 날'을 맞았습니다. 청년기본법에 따라 매년 9월 셋째 주 토요일, 날짜를 청년들이 직접 정했습니다. 가을 하늘처럼, 높고 푸른 꿈을 가진 청년의 마음을 담아 오늘 행사 장소도 푸른 녹지원으로 정했습니다.

'청년(青年)'은 글자 그대로 '푸른 나이'입니다. '때 묻지 않은 순수함'과 '정의로움'이며, '무한한 상상력'과 '도전정신'이기도 합니다. 때로는 '무모함'마저도 푸른 청춘만이 누릴 수 있는 특권입니다. 모두가 어려운 상황 속에 있지만, 오늘만큼은 청년이 주인공입니다. 국민들께서도 곁에 있는 청년들의 꿈과 도전을 함께 응원하고 격려하는 하루가 되었으면 합니다.

'청년기본법'이 제정되는 데 6년이 걸렸습니다. 청년이 홀로 이겨내야 했던 어려움을 국가가 함께 나누겠다는 약속입니다. 청년기본법 제정에는 무엇보다 청년 스스로의 노력이 컸습니다. 서명판을 들고 등산로까지 찾아다니며 국민 1만 명의 동참을 이끌었습니다. 지자체와 정부도 호응했습니다. 청년기본조례를 제정하고, 다양한 청년정책을 시도하며, 값진 열매를 맺었습니다. 이제 청년이 직접 정책결정의 주체로 참여할 법적 기반이 마련되었고, 정부와 지자체가 청년 정책을 체계적으로 추진할 수 있게 되었습니다.

'청년기본법'은 청년들의 요구로 설계되어 청년과 국가가 함께 만든 '종합운동장'입니다. 청년 모두에게 열려있는 운동장입니다. 삶의 근육을 키우고, 희망을 길러가는 운동장입니다. 실패해도 다시 돌아와 다음을 준비할 수 있는 운동장이며, 친구들을 만나 서로의 부족한 면을 채워주는 운동장입니다. 정부는 '기회의 공정'을 위해 최선을 다하겠습니다. 청년들은 상상하고, 도전하고, 꿈을 향해 힘차게 달려주기 바랍니다. 정부는 청년들이 원하는 훈련과 실험을 할 수 있도록, 종목별로 지원체계를 갖추고 최고의 시설로 뒷받침하겠습니다.

청년 여러분,

오늘 저는 여러분과 우리 사회의 공정에 대해 허심탄회한 이야기를 하고 싶습니다. 기성세대는 오랫동안 특권과 반칙이 만연한 사회에 살았습니다. 기득권은 부와 명예를 대물림하고, 정경유착은 반칙과 특권을 당연하게 여겼습니다. 독재권력은 이념과 지역으로 국민의 마음을 가르며 구조적인 불공정을 만들었습니다. 기성세대가 불공정에 익숙해져 있을 때, 문제를 제기하고 우리 사회의 공정을 찾아 나선 것은 언제나 청년들이었습니다. 우리 정부 또한 청년들과 함께하고자 했고, 공정과 정의, 평등한 사회를 위해 한 걸음씩 전진하고 있습니다.

그러나 여전히 불공정하다는 청년들의 분노를 듣습니다. 끝없이 되풀이되는 것 같은 불공정의 사례들을 봅니다. 공정을 위해 노력하는 과정에서 비로소 모습을 드러내는 불공정도 있었습니다. '제도 속의 불공정', '관성화된 특혜' 같은 것들이었습니다. 때로는 하나의 공정이 다른 불공정을 초래하기도 했습니다. 정규직과 비정규직 사이의 차별을 해소하는 일이, 한편에서는 기회의 문을 닫는 것처럼 여겨졌습니다. 공정을 바라보는 눈이 다를 수 있다는 사실이 공정에 대해 더 성찰할 수 있는 계기가 되었습니다.

공정이 우리 사회의 문화로 정착할 때까지 더 많은 시간이 걸릴 것입니다. 시행착오나 갈등이 생길 수도 있습니다. 그러나 우리는 반드시 공정의 길로 가야한다는 신념이 필요합니다. 불공정이 나타날 때마다 하나씩 또박또박 함께 힘을 모아 해결해가야 합니다. 그 노력들이 모이고

모인다면, 다른 모든 변화와 발전들이 그렇듯이 어느 순간 우리가 공정
이란 목표에 성큼 다가가고 있다는 것을 확인할 수 있을 것입니다. 우리
청년들이 그러한 신념을 가지고 긴 호흡으로 공정사회를 향해 함께 나
아가길 바랍니다. 공정은 촛불혁명의 정신이며, 다 이루지 못할 수는 있
을지언정 우리 정부의 흔들리지 않는 목표입니다.

공정경제는 청년들의 경제활동에 공정한 기회를 보장하는 것입니
다. 공정경제가 제도화되어야 혁신의 노력이 제대로 보상받고 실패해도
다시 일어설 수 있습니다. 정부는 대기업집단의 순환출자 고리를 대부분
해소하였고 하도급, 가맹점, 유통 분야 불공정거래 관행을 개선했습니
다. 상법 등 공정경제 3법까지 갖춰지면 현장에서 그 성과를 체감할 수
있을 것입니다.

공정경제 못지않게 청년의 눈높이에서 '공정'이 새롭게 구축되려면
채용, 교육, 병역, 사회, 문화 전반에서 공정이 체감되어야 합니다. 채용
비리 근절을 위한 공공기관 채용실태의 전수조사는 매년 계속될 것입니
다. 서열화된 고교체계를 개편하고 대입 공정성을 강화하는 교육 개혁도
착실히 추진해 나갈 것입니다. 직장 내 청년에 대한 부당한 대우와 갑질
을 막기 위한 '직장 내 괴롭힘 금지법'도 제정해 시행하고 있습니다.

정부는 '공정'에 대한 청년들의 높은 요구를 절감하고 있으며, 반드
시 이에 부응할 것입니다. 병역 비리, 탈세 조사, 스포츠계 폭력근절 노
력을 더욱 강화하겠습니다. 부동산 시장 안정, 청년 등 실수요자 보호,

투기 억제 등에 대한 정부의 의지는 단호합니다. 주택 공급 확대를 차질 없이 추진하며 신혼부부와 청년의 주거 보호에도 만전을 기하겠습니다. 공정사회의 기반인 권력기관 개혁 또한 끝까지 이뤄낼 것입니다.

어떤 사회이든지, 반복된 노동을 거쳐 숙련공이 되어야 성취를 이루는 직업이 있고, 치열한 공부와 시험을 통해 자신의 능력을 입증해야 하는 직업이 있습니다. 모든 직업은 서로 연계되어 있으며, 서로에게 부족한 부분을 채워가면서 사회는 균형을 이룹니다. 이 균형은 당연히 서로의 일을 존중할 때 지속할 수 있습니다. 어떤 일이든 공정하고 정당한 대우를 받는 것이 그 기본일 것입니다. 정부는 국민의 삶 전반에 존재하는 불공정을 과감하게 개선하여 '공정'이 우리 사회에 뿌리내리도록 하겠습니다. 청년들이 앞장서 힘을 모아 주길 바랍니다.

청년 여러분,

시대에 따라 청년의 어깨에 지워진 짐도 달라져 왔습니다. 어르신들이 청년이었을 때 식민지와 전쟁, 가난의 짐을 떠맡아야 했습니다. 산업화와 민주화에 소중한 청춘을 바친 세대도 있습니다.

지금의 청년들에게는 일자리, 주거, 교육, 사회참여, 삶의 질 문제를 비롯해 예전보다 훨씬 복잡하고 다양한 문제들이 지워져 있습니다. 특히 코로나는 청년의 어깨를 더 무겁게 만들고 있습니다. 일자리 찾기가 더욱 어려워졌고, 학비 걱정도 커졌습니다. 폐업을 고민해야 하는 청년 자영업자도 있고, 보금자리 마련에 걱정인 신혼부부들도 늘고 있습니다.

정부는 4차 추경안에 '청년 특별취업지원 프로그램'을 신설했습니다. 기존의 취업지원에 추가하여 청년 20만 명에게 '특별 구직지원금'을 지원할 것입니다. 사회적 거리두기로 피해를 입은 청년 자영업자를 지원하기 위해 '소상공인 새희망자금'도 신설했습니다. 신혼희망타운 10만 호, 공적임대주택 25만 호를 비롯해 88만 가구의 신혼부부와 75만 가구의 청년에게 공공주택 공급과 금융지원도 강화해 나갈 것입니다. 또한, 청년과의 소통을 토대로, 청년추가고용장려금 확대, 학자금 부담 경감 등을 포함한 '제2차 청년의 삶 개선방안'도 이미 발표했습니다. 안전하다고 느낄 수 있을 때 담대한 도전을 할 수 있습니다. 청년들이 일자리, 주거, 교육 같은 기본적인 안전망 위에서 실패해도 다시 일어설 수 있는 환경을 만드는 데 정부의 역량을 집중할 것입니다.

이제 서로가 서로를 지켜준다는 믿음으로 다시 도전합시다. 우리 청년들은 세계 최고의 ICT 환경 속에서 태어날 때부터 디지털과 함께 생활했기에 비대면 중심의 포스트 코로나 시대를 가장 빠르고 유연하게 받아들일 수 있는 세대입니다. 새로운 시대를 선도할 가장 강력한 무기를 지녔습니다. 청년들의 자유로운 의사소통 문화도 기성세대가 갖지 못한 능력입니다. 반짝이는 아이디어와 감수성이 경쟁력이며, 공감 능력도 최고의 경쟁력입니다.

코로나는 우리에게 내일을 알 수 없는 상황을 만들었지만, 한편으로 우리에게 절호의 기회일 수 있습니다. 이제 우리는 비로소 앞선 나라들과 함께 '포스트 코로나 시대'라는 '새롭고 동등한 출발선' 상에 나란히 설 수 있게 되었습니다. 누구도 가보지 못한 낯선 길이지만, 그 길을 가장 창의적이고 용기 있게 갈 수 있는 세대가 바로 대한민국 청년입니다. 지금 비록 여러모로 힘든 상황이지만, 우리 청년 세대가 가진 잠재력이 얼마나 큰지, 스스로 돌아보며 자신감을 가져도 된다고 생각합니다. "기성세대를 뛰어넘어, 세계에서 앞서가는 나라를 만들 수 있다"는 자신감을 가져주기 바랍니다. 대한민국 청년들은 이미 다양한 분야에서 세계를 선도하는 '무서운 아이들'이 되었습니다. 오늘 함께했던 BTS와 피아니스트 임동혁을 비롯해 꿈을 향해 도전하는 모든 청년 여러분이 그 주인공입니다.

존경하는 국민 여러분, 청년 여러분,

어제 '청년정책조정위원회'가 첫 출범했습니다. 민간 위원의 60%를 청년이 맡게 되어, 청년들이 직접 자신의 문제를 다루고 해법을 모색할 것입니다. 우리 청년들이 가진 혁신의 DNA는 '공정사회'라는 믿음이 있어야 더 큰 힘을 발휘합니다. '기회와 공정'의 토대 위에 '꿈'을 펼치고 '도전'할 수 있도록 청년의 눈높이에서, 청년의 마음을 담아 정부 정책을 추진하겠습니다. 오늘 '제1회 청년의 날'이 그 시작입니다. 청년이 새로운 시대, 새로운 주역입니다.

감사합니다.

제2차 국정원, 검찰,
경찰 개혁 전략회의 모두발언

2020년 9월 21일

코로나 극복 과정에서 경찰·검찰·국정원이 최선을 다해 주었습니다. 경찰과 검찰은 지자체와 협업체계를 구축하고 적극행정을 통해 코로나에 선제적으로 대응했습니다. 방역을 방해하는 행위, 불법행위에 대해서는 무관용 원칙에 기반해 엄정하게 대처했습니다.

국정원은 코로나 발생 초기부터 각국의 발병과 대응 동향을 모니터링하고, 우리 교민을 적극적으로 보호했습니다. 위기를 틈탄 보이스피싱, 스미싱 같은 금융사기로부터도 국민을 지키기 위해 노력했습니다. 국민들 모두 과거와는 다른 권력기관의 모습을 체감하셨을 것입니다. 스스로 개혁을 이끌며 국민의 일상을 지켜준 여러분의 노고를 높이 치하합니다.

우리는 그동안 각 기관의 권한을 조정하고 배분하거나 법과 제도를 일부 수정하는 정도가 아니라 국민을 위해 다시 태어난다는 각오로 권력기관 개혁을 추진해왔습니다. 이제 남은 과제들의 완결을 위해 더욱 매진해야 할 것입니다. 검찰과 경찰이 합심하여 인권보장 규정을 마련한 것은 매우 잘된 일입니다. 앞으로 국가수사 총역량을 감소시키지 않고 유지해 나가면서 인권친화적 수사풍토를 정착시켜야 합니다. 수사권 개혁은 당정청의 노력으로 속도가 나고 있습니다. 마지막까지 긴장을 늦추지 않고 마무리를 잘해 주시기 바랍니다.

국가수사본부는 경찰수사의 독립성과 수사역량 제고를 위해 매우 면밀하게 설계되어야 할 조직입니다. 국민들이 경찰수사에 신뢰를 가질 수 있도록 완결성을 높여 출범해야 할 것입니다. 경찰은 자치경찰제의 시행에 발맞춰 분권의 가치에 입각한 치안 시스템도 안착시켜야 합니다. 국가경찰과 자치경찰의 사무를 명확히 나누어 지휘감독 체계를 정립하는 것은 새로운 시도입니다. 관계기관, 시도 자치단체와 긴밀하게 협의해 나가기를 당부합니다. 국가경찰과 자치경찰 사무 간의 유기적인 수행도 국민을 위해 반드시 필요한 일입니다.

국정원은 대북·해외 전문 정보기관으로서 오직 국민과 국가의 안위에만 역량을 집중할 수 있도록 조직과 인력을 새롭게 재편해야 할 것입니다. 우리 정부 들어 달라진 국정원의 위상을 보면 정보기관의 본분에 충실할 때 국민으로부터 신뢰 받고 소속원들의 자부심도 높아진다는 사실을 확인할 수 있습니다.

우리 정부의 권력기관 개혁은 돌이킬 수 없을 만큼 진척을 이루고 있습니다. 이제 입법 사항은 국회와 긴밀히 협조하고, 입법이 이루어진 것은 조속히 시행되도록 노력해야 합니다. 경찰법과 국정원법, 두 개의 큰 입법 과제가 남았습니다. 권력기관 간 균형과 견제를 이루면서 유기적으로 협력할 수 있게 되면 국민의 명령에 더욱 철저히 복무하게 될 것입니다. 오늘 회의에서 입법을 위한 전략이 세워지길 기대합니다.

공수처는 입법과 행정적인 설립 준비가 이미 다 끝난 상태인데도 출범이 늦어지고 있습니다. 조속히 출범하여 제 기능을 할 수 있도록 당정청이 합심하고, 공수처장 추천 등 야당과의 협력에도 힘을 내주기를 바랍니다.

권력기관 개혁은 어려운 일이지만 복잡하게 생각할 필요가 없습니다. 조직을 책임지는 수장부터 일선 현장에서 땀 흘리는 담당자까지 자기 본분에만 충실할 수 있도록 하는 것이 권력기관 개혁입니다. 지금 이 시간에도 각자의 자리에서 국민을 섬기고 국가에 봉사하는 데 헌신하고 있는 권력기관 공직자들께 격려를 보냅니다.

수사체계의 조정과 자치경찰제 도입은 70년 이상 된 제도를 바꾸는 일이므로 매우 어려운 과제이고, 또 관련기관들이 방안에 대해서 부족하다고 여길 수도 있습니다. 그러나 '천 리 길도 한 걸음부터'라는 격언을 상기해 주기 바랍니다. 우리가 떼는 첫걸음이 신뢰를 키운다면 우리는 더욱 발걸음을 재촉할 수 있을 것입니다. 권력기관 개혁을 완수하는 그날까지 서로를 존중하고, 격려하며, 힘 있게 추진해 나갑시다.

감사합니다.

유엔 75주년 기념
고위급회의 믹타 대표 연설

| 2020년 9월 21일 |

의장님, 사무총장님, 각국 대표단 여러분,

지난 75년간 유엔의 중요한 여정을 되돌아보고, 새로운 미래를 준비하기 위한 '유엔 75주년 기념 고위급회의'에 함께하게 되어 뜻깊습니다. 특히 멕시코, 인도네시아, 한국, 터키, 호주로 구성된 '믹타(MIKTA)'를 대표하여 유엔에서 첫 정상급 연설의 기회를 주신 데 감사드립니다.

우리 믹타 5개국은 유엔이 일궈온 '다자주의 국제질서'를 토대로 발전해온 '범지역적 국가'들로 유엔을 변함없이 지지해 왔습니다. 75년 전 유엔은 전쟁의 참화를 되풀이하지 않겠다는 공동 결의로 탄생했고, '세계인권선언', '핵확산금지조약' 같은 국제규범을 만들며 세계 분쟁 현장 곳곳에서 평화와 안전을 증진해 왔습니다. '지속가능한 발전', '기후변화 대응' 같은 전 지구적 문제에도 인류의 지혜를 모았고, 유엔이라는 공동체 속에서 우리는 평화와 발전을 이뤘습니다.

그러나, 새로운 도전에 맞서 우리가 할 일이 많이 남아있으며, 최근 우리에게 닥친 '코로나19'라는 위기는 유엔과 믹타 5개국의 정신인 '다자주의'를 위협하고 있습니다. 우리 믹타 5개국은, 코로나 극복의 답이 '단결, 연대와 협력'이라는 데 뜻을 같이했습니다. '범지역적이고 혁신적인 파트너십'으로, 선진국과 개도국 간 그리고 지역 간 가교역할을 하며 다자협력 증진에 힘쓰기로 합의했습니다.

인도네시아는 코로나 대응을 위한 연대를 촉구하며 유엔총회 차원의 첫 결의안을 주도적으로 제안했고, 멕시코는 의약품과 백신, 의료장비에 대한 글로벌 접근성 제고를 위한 유엔총회 결의안 발의를 주도했습니다. 호주는 EU 등 주요 파트너들과 협력하여 국제사회의 코로나 대응 경험과 교훈에 대한 중립적, 독립적, 포괄적 조사를 가능케 한 WHO 결의를 이끌어냈고, 터키의 볼칸 보즈크르 의장님은 중차대한 시기에 유엔총회를 이끌며, 글로벌 연대의 리더십을 발휘해주고 계십니다. 대한민국도 유엔, WHO, 유네스코 차원의 보건 협력 강화를 위해 다양한 우호 그룹 출범을 주도하며 기여했습니다.

이러한 노력이 모여, 오늘 '유엔 75주년 기념 선언문'이 채택되었습니다. 국제사회가 '연대'해 지구촌 난제를 해결해 가겠다는 193개 회원국의 염원과 약속이 담겨 있습니다. 우리 믹타 5개국은 이번 선언문 채택을 환영하며, 유엔을 중심으로 코로나 위기극복을 비롯해, 기후변화 대응, 국제평화와 안전 유지, 불평등 해소와 같은 인류 앞에 놓인 도전에 쉼 없이 맞서 나갈 것입니다.

특히, '범지역적이고 혁신적인 파트너십'으로서 격차를 줄이는 위기극복, '더 나은 회복(build back better)'과 '누구도 소외되지 않는 포용적 공동체' 실현을 위해 선도적 역할을 해나갈 것을 약속합니다.

의장님과 사무총장님, 각국 대표단 여러분,

'코로나19'의 확산은 한국에게도 매우 힘든 도전이었습니다. 그러나, 위기의 순간, 한국 국민들은 '모두를 위한 자유'의 길을 선택했습니다. 정부는 모든 상황을 투명하게 공개했고, 국민들은 '이웃'의 안전이 곧 '나'의 안전이라는 생각으로 자발적으로 마스크를 착용하며, '사회적 거리두기'에 적극 동참했습니다. 또한 지역과 국경을 봉쇄하지 않고 방역물품을 나누며, '이웃'의 범위를 '국경' 너머로까지 넓힘으로써 방역과 경제를 함께 지킬 수 있었습니다.

'한국의 이야기'는 결국 유엔이 이뤄온 자유와 민주주의, 다자주의와 인도주의라는 '인류 보편의 가치'를 위기 앞에서 어떻게 '실천'했느냐의 이야기입니다. '연대와 협력'은 바이러스가 갖지 못한 인류만의 힘입니다. 코로나에 승리할 수 있는 가장 강력한 무기이기도 합니다. 그 실천을 위해 세 가지를 제안하고자 합니다.

첫째, 백신·치료제의 '공평한 접근권'을 보장해야 합니다. 국제모금을 통해 국제기구가 충분한 양의 백신을 선구매하여, 개도국도 그 혜택을 받을 수 있게 해야 합니다. 한국은 '국제백신연구소'의 본부가 있는 나라로서, 개도국을 위한 저렴한 백신 개발·보급 활동을 적극 지원할 것입니다.

둘째, '다자주의' 국제질서를 회복해야 합니다. 방역과 함께 세계 경제회복의 원동력이 될 것입니다. 한국은 봉쇄 대신 기업인 등 필수인력의 이동을 허용하자고 G20 정상회의에서 제안했고 또 채택된 바 있습니다. 한국은 유엔의 '다자주의' 협력에 앞장서 동참할 것입니다.

셋째, '그린 회복'을 이뤄야 합니다. 지난 7일은 한국 주도로 채택된 유엔 '세계 푸른 하늘의 날'이었습니다. 인류의 일상이 멈추자 나타난 푸른 하늘을 보며 '자연과 인간의 공존'을 다시한번 생각하게 되었습니다. 기후위기 해결과 동시에 일자리를 창출하고 포용성을 높이는 '글로벌 그린뉴딜 연대'에 많은 국가들이 함께하길 바랍니다. 내년 한국에서 열리는 'P4G 정상회의'에서 큰 진전이 있길 기대합니다.

감사합니다.

제75차 유엔 총회 기조연설

| 2020년 9월 23일 |

의장님, 사무총장님과 각국 대표 여러분,

인류는 지금까지 수많은 위기를 극복하며 오늘의 문명을 이뤘습니다. 지금 코로나 위기 속에 있지만, 인류는 오늘과 다른 내일로, 다시 놀라운 발전을 이룰 것입니다. '코로나19'로 희생되신 분과 유가족, 병마와 싸우고 계신 전세계 모든 분께 진심으로 위로의 마음을 전합니다. 인류의 건강을 지키기 위해 헌신하고 있는 각국의 의료진과 방역 요원, 국제기구 관계자들께도 감사의 말씀을 드립니다.

이번 75차 유엔 총회는 전대미문의 위기를 극복하는 총회가 될 것입니다. 볼칸 보즈크르 의장님의 취임을 축하하며, 의장님의 탁월한 지도력을 크게 기대합니다. 감염병뿐 아니라 평화, 경제, 환경, 인권 등 수많은 지구촌 현안을 해결하기 위해 헌신하고 계신 안토니우 구테레쉬 사무총장께도 경의를 표합니다.

의장님,

우리가 직면한 '코로나19' 위기는 인류의 일상을 송두리째 바꾸고 세계 경제와 국제질서마저 변화시키고 있습니다. 75년 전 유엔을 창설한 선각자들처럼 대변혁의 시대에 우리가 가야 할 길이 어디인지, 다시 지혜를 모아야 할 때입니다. 한국은 '개방성', '투명성', '민주성'이라는 민주주의의 핵심 가치를 방역의 3대 원칙으로 삼았고, 국민 모두가 방역의 주체가 되었습니다. '다자주의' 또한 한국의 공동체 정신과 결합해 '모두를 위한 자유'라는 새로운 실천을 가능하게 했습니다. 한국 국민들은 '나'의 안전을 위해 '이웃'의 안전을 지켰습니다. 한국 정부는 국경을 봉쇄하지 않고 방역물품을 나누며, '이웃'의 범위를 '국경' 너머로 넓힘으로써 방역과 경제를 함께 지켜가고 있습니다. 결국 한국이 오늘, 코로나를 극복하고 있는 힘은 인류가 만들어온 가치, 유엔이 지켜온 가치들이었습니다.

코로나를 이겨낼 답은 멀리 있지 않습니다. '인류 보편 가치'에 대한 믿음이라는, 유엔헌장의 기본정신으로 돌아가는 것입니다. '다자주의'를 통해 더욱 포용적인 협력을 시작하는 것입니다. 선각자들은 '보다 나은 세계'를 꿈꾸며 유엔을 창설했고, 인류 보편 가치를 증진시키는 빛나는 업적을 남겼습니다. 이제 코로나 이후의 유엔은 보건 협력, 지속가능한 발전을 위한 경제협력, 기후변화 대응과 같은 전 지구적 난제 해결을 위해 '인류 보편의 가치'를 더 넓게 확산시켜야 합니다. 올 한 해 각국이 벌여온 코로나와의 전쟁은 어떤 국가도 혼자만의 힘으로, 또 '이웃'에 대한 배려 없이 위기를 이겨낼 수 없음을 여실히 보여주었습니다. 나는 오늘 포스트 코로나 시대, 유엔의 새로운 역할로서, 함께 잘살기 위한 다자주의, '포용성이 강화된 국제협력'을 강조해서 말씀드리고자 합니다.

의장님,

'포용성이 강화된 국제협력'은 '누구도 소외시키지 않고' 함께 자유를 누리며 번영하는 것입니다. 자국 내에서는 불평등을 해소해 이웃과 함께 나의 안전과 지속가능한 발전을 보장하는 것이며, 국제적으로는 공동번영을 위해 이웃 국가의 처지와 형편을 고려하여 협력하는 것입니다. 무엇보다 중요한 것은 '인류의 생명과 안전'입니다. 유엔의 '포용적 다자주의'는 모든 나라에 코로나 백신을 보급할 수 있을지 여부로 첫 시험대에 오르게 될 것이 분명합니다.

백신과 치료제의 개발을 위한 국제협력뿐 아니라, 개발 후 각국의 '공평한 접근권'이 보장되어야 할 것입니다. 국제모금 등을 통해 국제기구가 충분한 양의 백신을 선구매하여, 빈곤국과 개도국도 그 혜택을 받을 수 있게 해야 합니다. 한국은 세계보건기구와 세계백신면역연합의 '세계 백신공급 메커니즘'에 적극 참여하고 있습니다. 한국은 '국제백신 연구소'의 본부가 있는 나라로서, 개도국을 위한 저렴한 백신 개발·보급 활동에 적극적으로 협력할 것입니다.

코로나 2차, 3차 대유행의 우려가 여전한 만큼, 한국은 K - 방역의 경험을 국제사회와 적극적으로 공유하고 지속적으로 함께하겠습니다. 지진 후의 쓰나미처럼 '경제충격'이 우리를 덮치고 있습니다. 방역을 위한 국경 봉쇄와 인적·물적 교류의 위축으로 세계 경제의 회복이 더욱 어려운 상황입니다. 실로 대단히 어려운 과제이지만, 우리는 '방역'과 '경제' 두 마리 토끼를 함께 잡아야 합니다. 코로나 위기 속에서도 연대와 협력의 다자주의와 규범에 입각한 자유무역질서를 강화해 나가야 합니다.

한국은 글로벌 공급망 유지와 기업인 등 필수인력 이동을 촉진하고자 노력해왔습니다. 한국은 발전 경험을 개도국과 공유하고, 유엔이 추구하는 '지속가능한 발전목표'를 이루기 위한 국제사회의 노력에도 적극 동참할 것입니다. 지속가능한 경제 구조를 이끄는 포용성을 강화하기 위해 '위기는 곧 불평등 심화'라는 공식을 깨고 '누구도 소외되지 않는 경제회복'을 이뤄내야 합니다.

한국은 '한국판 뉴딜'이라는 도전에 나섰습니다. 디지털 뉴딜과 그린 뉴딜을 함께하는 한국 경제의 전면적인 대전환이며, 불평등 사회에서 포용 사회로 가기 위한 약속입니다. 한국은 코로나로 인한 영향을 최소화하고 경제 회복을 앞당기기 위해 모든 나라와 협력할 것이며, 유엔이 지향하는 '포용적 다자주의'를 위한 국제협력에도 적극 동참할 것입니다.

지난 9월 7일은 한국 정부가 주도하여 유엔이 채택한 '푸른 하늘을 위한 국제 맑은 공기의 날'이었습니다. 인류의 일상이 멈추자 세계 곳곳에서 나타난 푸른 하늘, '코로나의 역설'은 각국의 노력과 국제협력에 따라 인류가 푸른 지구를 회복할 수 있다는 희망을 보여줍니다. 나는 유엔을 중심으로 '더 낫고 더 푸른 재건'을 위한 국제협력이 발전되어 나가길 기대합니다. 한국은 '파리협정'의 충실한 이행을 비롯한 신기후 체제 확립 노력에 적극 동참하고 있습니다. 올해 말까지 '2030년 국가 온실가스 감축 목표'인 '국가 결정기여'를 갱신해 유엔에 제출할 예정이며, '장기 저탄소 발전전략'도 마련하여 '2050년 저탄소사회 구현'에 국제사회와 함께하겠습니다.

기후변화 대응에 성공하기 위해서는 '포용성이 강화된 국제협력'이 반드시 필요합니다. 선진국이 수백 년, 수십 년에 걸쳐 걸어온 길을 산업화가 진행 중인 개도국이 단기간에 따라잡을 수는 없습니다. 개도국과의 격차를 인정하고 선진국이 더 많은 노력을 기울이며 최선책을 찾아야 할 것입니다. 한국은 '선진국과 개도국을 잇는 가교 역할'로 기후 대응에 적극적으로 동참하면서 개도국에 한국의 경험을 충실히 전할 것입니다. 내년 서울에서 개최되는 'P4G 정상회의'는 기후변화 대응을 위한 국제적 연대의 중요성을 확인하는 자리가 될 것입니다.

의장님,

세계평화를 실현하고자 하는 유엔 정신이 가장 절박하게 요구되는 곳이 바로 한반도입니다. 한국은 변함없이 남북의 화해를 추구해왔고, 한반도의 비핵화와 항구적 평화를 위해 꾸준히 노력하고 있습니다. 한국은 국제사회의 지지와 성원에 힘입어 평창 동계올림픽을 북한과 함께하는 평화올림픽으로 성공시킬 수 있었으며, 세 차례의 남북 정상회담으로 이어졌습니다. 북미 두 지도자의 담대한 결정으로 이뤄진 북미 정상회담은 대화를 통해 평화프로세스를 진전시킬 수 있다는 것을 확인하는 자리가 되었습니다.

나는 지난해 유엔총회 연설을 통해 한반도 문제를 풀기 위한 '전쟁 불용', '상호 안전보장', '공동번영'의 세 가지 원칙을 제시했고, 비무장지대를 '국제평화지대'로 만들어 가겠다는 구상도 여러분께 밝혔습니다. 하지만 지금도 한반도 평화는 아직 미완성 상태에 있고 희망 가득했던 변화도 중단되어 있습니다.

그러나 한국은 대화를 이어나갈 것입니다. 우리 모두에게 필요한 것은 한걸음 더 나아가는 것입니다. 국제사회의 지지와 협력이 계속된다면 한반도 비핵화와 항구적 평화가 반드시 이뤄질 수 있다고 변함없이 믿고 있습니다. 무엇보다 남과 북은 '생명공동체'입니다. 산과 강, 바다를 공유하며 밀접하게 연결되어 있습니다. 감염병과 자연재해에 함께 노출되어 있고, 이를 극복하기 위해서 함께 협력할 수밖에 없습니다. 방역과 보건 협력은 한반도 평화를 이루는 과정에서도 대화와 협력의 단초가 될 것입니다.

지금 세계는 자국의 국토를 지키는 전통적인 안보에서 포괄적 안보로 안보의 개념을 확장하고 있습니다. 우리는 지금 재해와 재난, 테러와 사이버범죄 등 비전통적 안보 위협과 국제적인 범죄에 공동 대응해오고 있지만, 전쟁 이상으로 인류를 위협하는 코로나의 위기 앞에서 이웃 나라의 안전이 자국의 안전과 직결되어 있다는 것을 더 깊이 인식하게 되었습니다. 이제 한 국가의 능력만으로 포괄적 안보 전부를 책임지기 어렵습니다. 한 국가의 평화, 한 사람의 생명을 지키기 위해 국경을 넘는 협력이 필요하며, 다자적인 안전보장 체계를 갖춰야 할 것입니다.

그동안 나는 남북 모두에게 도움이 되고 함께 잘사는 '평화경제'를 말해왔습니다. 또한 재해재난, 보건의료 분야에서의 남북 간 협력을 강조해왔습니다. 나는 오늘 코로나 이후의 한반도 문제 역시 포용성을 강화한 국제협력의 관점에서 생각해주길 기대하며, 북한을 포함해 중국과 일본, 몽골, 한국이 함께 참여하는 '동북아시아 방역·보건 협력체'를 제안합니다. 여러 나라가 함께 생명을 지키고 안전을 보장하는 협력체는 북한이 국제사회와의 다자적 협력으로 안보를 보장받는 토대가 될 것입니다.

특히 올해는 한국전쟁이 발발한 지 70년이 되는 해입니다. 한반도에 남아있는 비극적 상황을 끝낼 때가 되었습니다. 이제 한반도에서 전쟁은 완전히, 그리고 영구적으로 종식되어야 합니다. 한반도의 평화는 동북아시아의 평화를 보장하고, 나아가 세계질서의 변화에 긍정적으로 작용할 것입니다. 시작은 평화에 대한 서로의 의지를 확인할 수 있는 한반도 '종전선언'이라고 믿습니다. '종전선언'을 통해 화해와 번영의 시대로 전진할 수 있도록 유엔과 국제사회도 힘을 모아주길 바랍니다. '종전선언'이야말로 한반도에서 비핵화와 함께, '항구적 평화체제'의 길을 여는 문이 될 것입니다. 한국은 K - 방역뿐 아니라, 평화를 제도화하고, 그 소중한 경험을 국제사회와 나누고 싶습니다. 다자적 안보와 세계평화를 향한 유엔의 노력에 앞장서 기여하는 길이 될 것입니다.

의장님, 사무총장님과 각국 대표단 여러분,

우리는 코로나로 인해 세계가 얼마나 긴밀히 연계되어 있는지 확인했고, 결국 인류는 '연대와 협력의 시대'로 갈 것입니다. 우리는 미래를 준비하면서 동시에 우리가 사는 오늘 또한 변화시켜야 합니다. 한 사람 한 사람의 작은 행동은 쌓이고 모여 우리의 오늘을 자유롭게 할 것입니다. 나는 유엔이 오늘 이 순간부터 새로운 시대, '포용적 국제협력'의 중심이 되어주길 바랍니다.

감사합니다.

디지털 뉴딜 문화콘텐츠산업
전략보고회 모두발언

| 2020년 9월 24일 |

존경하는 국민 여러분,

문화예술인 여러분,

우리는 코로나를 이겨내며 새로운 비대면 문명을 시작하고 있습니다. 만남을 대신한 온라인 소통이 많아지고, 문화콘텐츠 또한 온라인을 통해 실시간으로 접하고 있습니다. 온라인의 영역이 크게 확대되었고, 콘텐츠가 디지털화되면서 서로의 경계를 넘어 끊임없이 결합하고 확장하고 있습니다.

온라인은 이미 우리의 일상에 깊이 들어와 있었지만, 그 속도가 더욱 빨라지고 있습니다. 베를린 필하모니 공연 실황이 인터넷으로 생중계

되어 전세계에서 관람할 수 있었습니다. SM엔터테인먼트의 온라인 유료 콘서트의 성공에 이어, BTS의 유료 온라인 공연에 76만 명이 모인 것은 비대면 공연으로도 흥행이 가능하다는 것을 보여주었습니다.

콘텐츠는 문화예술의 영역을 넘어 제조업과 서비스업 전반으로 확장되고 있습니다. 빅데이터와 인공지능 기술로 개인이 원하는 제품과 서비스를 제공하는 맞춤형 시대가 열리고 자율주행차와 스마트 가전, 스마트 홈은 소통과 공감의 기능을 더하며 경쟁력을 높여갈 것입니다. 우리가 가진 디지털 역량과 한류로 대표되는 문화 역량을 결합해 디지털 콘텐츠 산업의 경쟁력을 키울 절호의 시점입니다. 사람을 먼저 생각하는 우리의 포용성과 함께 따뜻한 디지털의 시대를 선도할 때입니다. 지금 영화관, 콘서트, 드라마 제작 등 오프라인 영역에서의 어려움은 계속되고 있습니다. 한발 앞서 새로운 영역에 도전해야 됩니다. 우리의 디지털 콘텐츠 산업의 경쟁력을 키우는 것은 한국의 새로운 미래를 여는 열쇠입니다. 저는 오늘 국민들과 함께 포스트 코로나 시대, 대한민국 콘텐츠 르네상스 시대를 선언하고자 합니다.

국민 여러분,

우리의 콘텐츠 경쟁력은 이미 세계적입니다. 우리는 다른 나라의 문화를 받아들여 우리의 것으로 발전시켰고, 인류의 아픔에 보편의 감성으로 위로하며 공감을 얻었습니다. 〈포브스〉는 BTS 열풍을 새로운 표준이라 했습니다. 열정적이며 창의적인 문화예술인과 문화예술을 즐기는 국민들이 있었기에 한국의 소프트파워 역량은 세계적으로 성장했습니다. BTS가 빌보드차트에서 2주 연속 1위를 차지하고, 영화 '기생충'이 칸 영화제와 아카데미에서 수상한 것은 결코, 우연이 아닙니다. K-팝과 K-영화, K-드라마뿐 아니라, 웹툰과 게임, 방송, 애니메이션도 세계 시장에서 높은 인기를 실감하고 있습니다. 한류는 아시아를 넘어 미국, 유럽으로 확대되었고, 세계 한류 팬도 1억 명을 넘겼습니다.

지난해 우리 콘텐츠 수출은 사상 처음 100억 불을 돌파했습니다. 코로나로 어려운 속에서도 올해 상반기 K-팝 음반판매량은 42%나 늘었습니다. 문화예술 저작권은 사상 최초로 흑자를 기록했고, 상반기 저작권 무역수지는 10억 불이 넘는 최고의 흑자를 기록했습니다. 한류의 인기로 우리 식품, 뷰티제품 수출도 늘어났습니다. 세계 최고, 세계 최초의 길을 열고 있는 문화예술인, 창작인 여러분이 정말 자랑스럽습니다. 여러분이 바로 대한민국 디지털콘텐츠 산업의 희망입니다. 정부도 여러분에게 희망이 되어 세계를 선도하는 디지털콘텐츠 국가로 도약하겠습니다.

국민 여러분,

정부는 한국판 뉴딜로 디지털콘텐츠 산업의 생태계를 더 크게 육성할 것입니다. 기술기반 경제에 따뜻한 문화의 힘을 융합하겠습니다.

첫째, 콘텐츠의 디지털 전환을 선도하겠습니다. 정부는 그동안 중소 벤처기업의 콘텐츠 개발역량을 지원하고, '콘텐츠산업 3대 혁신전략'을 마련하여, 디지털콘텐츠 혁신역량을 키워왔습니다. 카카오의 웹툰 플랫폼 픽코마(piccoma)가 세계 최대 만화시장인 일본에서 1위의 웹툰 플랫폼이 되어, 우리의 웹툰과 플랫폼이 동반 진출하는 성공사례를 만들었습니다. 이제 좀 더 과감하게 디지털콘텐츠를 만들고 체험할 수 있는 기반을 조성할 것입니다. 온라인 전용 공연장 등 인프라 확충으로 중소기획사들이 K-팝 온라인 콘서트를 개최하고 세계 팬들과 활발히 소통하도록 돕겠습니다.

광화문의 과거-현재-미래를 실감형 콘텐츠로 구현한 광화문 프로젝트를 추진하여, 거대한 실감형 콘텐츠 체험공간을 마련하겠습니다. 우리 문화유산을 입체 영상콘텐츠로 만들어, 관광산업 활성화를 이끌겠습니다. K-팝 공연과 식품, 뷰티제품을 온라인에서 체험할 '온:한류축제'를 개최하여 온라인 수출 활성화의 새로운 모델도 만들어낼 것입니다.

둘째, 디지털콘텐츠 기술을 선도하겠습니다. 정부는 그동안 모험투자펀드를 신설하고 실감형 콘텐츠 기술개발을 본격적으로 추진했습니다. 3D 입체 음향기술을 개발한 디지소닉은 구글과 손잡고 해외시장에 진출하고 있습니다. 2025년까지 실감형 콘텐츠 육성에 총 3천3백억 원이상 투자하여, 가상현실, 증강현실, 홀로그램과 관련한 핵심기술을 확보하겠습니다. 교육용, 치료용 게임 개발을 지원하여 게임 산업의 저변을 확대하겠습니다.

또한 '한국판 뉴딜펀드'로 디지털 콘텐츠 분야 투자를 활성화하고, 문화예술 실감서비스 기술개발을 지원할 것입니다. 차세대 음악, 영화, 애니메이션, 웹툰 개발에 속도를 내겠습니다. 이를 통해 디지털콘텐츠 기술을 개발하는 혁신 벤처기업과 중소기업이 함께 성장하는 토대를 마련할 것입니다.

셋째, 디지털콘텐츠로 따뜻한 포용 국가를 선도하겠습니다. 포스트 코로나 시대의 중심은 사람입니다. 문화를 가까이하는 것은 인류가 추구해온 가치를 되새기는 일이기도 합니다. 디지털콘텐츠는 문화로 연결되는 포용사회를 만드는데 크게 기여할 것입니다. 디지털 격차 해소와 디지털 공공콘텐츠의 확대, 디지털콘텐츠 관련 일자리의 확충을 위해 더 많은 노력을 기울이겠습니다. '전자책', '듣는책'의 체험기회를 넓히고, 예술의 전당, 국립극장 공연을 비롯하여 박물관, 미술관 작품과 도서관의 책을 디지털화하여, 노인과 장애인, 어린이의 문화복지 수준을 높이겠습니다. 올해 12월부터 예술인도 고용보험의 적용을 받고, 표준계약서 적용을 확대할 계획입니다. 안정적인 고용환경에서 창의성이 더욱 발휘되길 기대합니다. 또한 증감현실과 가상현실 기술을 아우르는 핵심 기술 인력 1,400명을 양성하여 디지털콘텐츠 산업의 역량을 끌어올릴 것입니다.

존경하는 국민 여러분,

문화예술인 여러분,

우리 디지털콘텐츠 시장은 미국, 중국, 일본, 영국에 이어 세계 다섯 번째로 큰 시장을 형성하고 있으며, 연 8.4%로 중국에 이어 두 번째로 빠른 성장률을 보이고 있습니다. 또한 우리는 최강의 IT 기술로 세계 최초로 5G 기술을 상용화했고, 우리 음악과 영화가 세계인의 사랑을 받는 시대를 맞이하고 있습니다. 포스트 코로나 시대는 우리가 가진 기술과 콘텐츠의 힘으로 세계를 선도할 디지털콘텐츠 국가가 될 것입니다. 지난 반세기 우리 경제를 제조업이 일으켰다면 앞으로 100년은 문화콘텐츠가 국가 발전의 동력이 될 것입니다. 문화예술인, 기업, 국민 모두 힘을 모아 콘텐츠 르네상스 시대를 열기를 기대합니다.

감사합니다.

제72주년 국군의 날 기념사

| 2020년 9월 25일 |

존경하는 국민 여러분,

국군 장병 여러분,

역사상 처음으로 육군 특수전사령부에서 제72회 국군의 날 기념식을 갖게 되었습니다. 오늘 특수전 장병들과 함께 국군의 날을 축하하고 국민들께 우리 국군의 미래비전을 선보이게 되어 매우 기쁩니다. 지금도 국가안보와 세계 평화의 현장에서 헌신하고 있는 국군 장병과 해외 파병 장병을 격려하며, 참전 유공자와 예비역, 유엔 참전용사와 주한미군 장병들께 깊이 감사드립니다. 우리는 오늘의 대한민국이 애국선열들의 희생 위에 세워졌다는 것을 한시도 잊을 수 없습니다. 호국영령들과 유가족께 각별한 경의를 표하며 특히, 임무 수행 중에 장렬히 산화한 특전

영웅 사백일흔여덟 명의 영면을 기원합니다.

국민 여러분,

특전사는 대한민국을 대표하는 특수전 부대입니다. 6·25전쟁 당시 계급도 군번도 없이 죽음을 무릅쓴 8240유격부대, 일명 켈로부대 용사들의 전통을 이어받은 명예로운 부대입니다. 실전보다 더 실전 같은 혹독한 훈련으로 특전용사들은 일당백의 자신감을 갖고 있으며, '안 되면 되게 하라'는 정신은 작전 수행을 성공으로 이끄는 힘이 될 뿐 아니라 국민들에게도 자긍심을 심어주고 있습니다.

우리 국군의 뿌리가 광복군이듯, 특수전 역시 광복군 역사에서 시작되었습니다. 1945년 4월, 광복군 독수리 요원들은 조국 광복의 일념으로 미국 첩보부대 OSS와 함께 '독수리 작전'을 시작했습니다. 혹독한 훈련을 수행했고, 폭파술과 사격술, 산악유격 능력을 갖춘 서른여덟 명의 특전용사로 거듭났습니다. 일제의 항복으로 실제 작전은 이뤄지지 못했지만, 독수리처럼 날아 광복의 교두보를 계획한 광복군의 정신은 오늘 각 군 특수전 부대원들의 심장에 계승되고 있습니다. 해군 특수전전단은 청해부대의 핵심 전력으로 '아덴만의 여명 작전'을 통해 실전에 강한 대한민국 특수부대의 역량을 전세계에 알렸습니다.

해군 해난구조대는 전군 최고 수준의 수중작전능력으로 극한의 재해·재난 환경에서 국민의 생명과 재산을 보호하고 있습니다. 공군 항공

구조사는 어떠한 악조건 속에서도 동료 파일럿을 구조할 준비가 되어 있으며, 공정통제사는 원활한 공중작전의 교두보를 마련하기 위해 언제든 위험한 적지에 가장 먼저 침투할 것입니다. 상륙부대의 눈과 귀 역할을 하는 해병 특수수색대까지, 특수전 부대원들은 강하고 뛰어난 대체불가의 정예 군인들입니다. 평시에는 국민의 생명과 재산을 지키고, 어떤 임무든 목숨을 걸고서라도 완수해내고야 마는 특수전 장병들이 참으로 자랑스럽습니다. 국민들께서도 항상 든든하게 생각하실 것입니다. 군 최고통수권자이자 선배 전우로서 깊은 신뢰와 애정을 보냅니다.

국군 장병 여러분,

확고한 안보태세를 지키는 데에는 전후방이 따로 없습니다. 올해는 특히, 코로나와 자연재해라는 새로운 안보위협에 맞서 특별한 태세를 갖추느라 노고가 많았습니다. '국방신속지원단'을 통해 인력·시설·장비 등 군이 동원할 수 있는 모든 자산을 방역에 투입했습니다. 취약 지역에는 3만2천 병력이 소독기와 제독차를 끌고 '찾아가는 방역 지원 작전'을 펼쳤습니다. 마스크와 의료용품은 공군 수송기에 실려 전국 의료시설과 해외 교민들에게 전해졌고, 고국 땅으로 돌아오려는 교민들도 공군이 안전하게 모셨습니다.

유난히 길고 거센 장마와 태풍이 덮친 현장에도 침수피해 지역에 달려가 복구에 앞장선 것도 우리 육해공군이었습니다. 무엇보다 장병들

사이에 코로나가 확산되지 않도록 최선의 노력을 다해준 것을 치하합니다. 우리 군은 방역 당국 기준보다 강력한 조치로 훌륭하게 방역에 대응해주었고, 장병들은 전우와 조국을 먼저 생각해주었습니다. 민족의 대명절 추석을 앞둔 지금까지 묵묵히 인내하며 헌신하고 있는 전국의 장병들, 면회와 휴가 제한으로 그리움을 견디고 계신 가족 여러분께 위로와 격려의 인사를 전합니다.

국민 여러분,

우리는 코로나 위기 앞에서도 누구도 넘볼 수 없는 포괄적 안보 역량을 믿고 방역과 경제에 집중하고 있습니다. 저는 오늘 이 자리에 우리 기술로 개발 중인 첨단기술자산, 전술 드론과 무인 전투차량의 호위를 받으며, 역대 대통령 최초로 국산 전술지휘 차량을 이용해 도착했습니다. 행사장 하늘을 채운 해군과 공군 특수전 부대의 세계 최강 대형공격헬기 아파치, 블랙호크와 한국형 중형기동헬기 수리온의 위용에서 '평화를 만드는 미래 국군'의 모습을 충분히 확인하셨을 것입니다.

미래 국군은 전통적인 안보위협은 물론, 코로나와 같은 감염병, 테러와 재해재난 같은 비군사적 위협에도 대응해야 합니다. 4차 산업혁명 시대에 등장할 새로운 개념과 형태의 전쟁에도 대비해 디지털 강군, 스마트 국방의 구현을 앞당겨야 합니다. 정부는 지난 8월, '국방개혁 2.0'을 성공적으로 완수하기 위한 국방중기계획을 발표했습니다. 2021년부터

2025년까지 5년간 301조 원의 재원을 투입하여 '평화를 지키고, 평화를 만드는 혁신강군'을 구축하겠다는 비전과 포부를 담았습니다. 미래 국군의 강력한 힘은 우리 과학기술의 역량으로 만들어질 것입니다.

올해 한·미 미사일 지침을 개정해, 탄두 중량의 제한 해제에 이어 우주발사체에 고체 연료를 사용할 수 있는 길이 열렸습니다. 한국군 최초 군사전용 통신위성 아나시스 2호에 이어, 고체 우주발사체로 잠재적 위협을 실시간으로 감시할 수 있는 정찰위성을 쏘아 올릴 능력을 갖춰나갈 계획입니다. 현재 우리 육군이 보유하고 있는 사거리 800km급 탄도미사일, 1,000km급 순항미사일보다 더 정확하고 강력하며, 더 먼 곳까지 날아가는 미사일이 우리 땅을 지키게 될 것입니다.

해외에서 발생하는 초국가적 위협과 비군사적 위협에 신속하게 대응하는 다목적 군사기지 역할을 수행할 3만 톤급 경항모 사업이 내년부터 본격적으로 시작됩니다. 기존 대형 수송함의 두 배 가까운 수송 능력을 가진 경항모와 무장탑재 능력과 잠항능력을 대폭 향상한 잠수함 전력은 우리 바다는 물론, 우리 국민이 다니는 해상교통로를 보호할 것입니다.

국산 전투기 보라매 시제기가 최종 조립단계에 들어섰고, '전투기의 눈' 최첨단 에이사 레이더 시제품도 출고되어 체계통합을 준비하고 있습니다. 목표대로 2026년 보라매 개발이 완료되면 대한민국은 순수 자국

기술력으로 고등 전투기를 보유한 세계 열세 번째 나라, 강한 공군력을 갖춘 나라로 도약하게 될 것입니다. 우리의 로봇, 드론, 자율주행차, AI와 같은 4차 산업혁명 기술을 활용한 무인 전투체계도 본격적으로 개발합니다. 소형정찰로봇, 무인수색차량, 무인잠수정, 수중자율기뢰탐색체, 정찰드론, 통신중계드론, 중대형 공격드론을 전력화하여 수색·정찰 같은 위험한 업무에서 장병들을 대신하게 하겠습니다.

정부는 '국방개혁 2.0'과 국방중기계획을 반영한 2021년도 국방 예산을 국회에 제출했습니다. 올해 대비 총 5.5% 증액한 52조9천억 수준입니다. 특히, 미래 국군 건설의 기반이 될 국방연구개발 예산을 8.5% 늘린 4조2천5백억 원으로 책정했고 핵심기술 개발 예산과 각종 부품 국산화 개발 지원예산을 올해보다 50% 이상 대폭 늘려서 배정했습니다. 국산 첨단무기체계 확보와 감염병과 같은 비전통적 위협에 대한 대응, 국내 방위산업의 육성도 예산안에 담았습니다.

국방의 의무를 묵묵히 다하는 청년들에게 국가는 책임을 다해야 할 것입니다. 내년 병장 봉급 기준 60만8천5백 원으로 예산을 편성했고, 병사들의 단체보험 제도를 도입할 예정입니다. 의무복무 중 발생한 질병에 대해 국가의 책임을 강화했고, 복무 중 발병한 중증·난치성 질환 의료지원도 확대했습니다. 전역 후에만 가능했던 국가유공자, 보훈대상자 신청을 복무 중에도 가능하도록 법과 제도를 개선했습니다. 복무 중 입은 부상을 치료하는데 공백이 생기지 않을 것입니다. 새로운 세대 장병들의 눈높이에 맞게 복무 여건과 시설, 인권 문제를 포함하여 병영문화를 획기적으로 개선하기 위한 노력도 꾸준히 계속해 나가겠습니다. 깨지지 않을 신뢰로 여러분의 헌신에 보답하겠습니다.

존경하는 국민 여러분, 국군 장병 여러분,

올해는 봉오동·청산리 전투 승리 100년이 되는 해입니다. 우리 독립군은 독립전쟁의 첫 대승을 시작으로 목숨을 건 무장투쟁을 하루도 빠짐없이 계속해왔고, 호국 필승의 역사는 오늘의 국군 장병들에게 면면히 이어지고 있습니다. 나라를 지키는 것에는 낮과 밤이 없으며, 누구에게 맡길 수도 없습니다. 오늘 우리는 제72회 국군의 날을 맞아 조국의 안전과 평화를 만드는 강한 미래 국군으로 거듭날 것을 국민 앞에서 굳게 다짐합니다.

우리 자신의 힘으로 누구도 넘볼 수 없는 강한 안보태세를 갖춰야, 평화를 만들고, 지키고, 키울 수 있습니다. 정부와 군은 경계태세와 대비태세를 더욱 강화하는 한편, 국민의 생명과 안전을 위협하는 그 어떤 행위에 대해서도 단호히 대응할 것임을 국민들께 약속드립니다. 국민들께서도 더 큰 신뢰와 사랑으로 늠름한 우리 장병들과 함께해 주시기를 바랍니다.

감사합니다.

제52회 대한민국 국가조찬기도회 축사

| 2020년 9월 28일 |

존경하는 교회 지도자 여러분,

전국 각지에서 그리고 전 세계에서 함께 해주시는 성도 여러분, 여러분과 함께 기도를 드릴 수 있게 되어 매우 기쁩니다.

대한민국 국가조찬기도회가 사상 처음으로 온라인 영상예배로 마련되었습니다. 국가의 방역에 협조해주신 것에 감사드리며, 오늘 온라인 국가조찬기도회를 통해 하나님의 크신 은혜를 실천하게 된 것을 뜻깊게 생각합니다. 서로의 온기를 느끼며 기도하는 기쁨은 다음으로 미루게 되었지만, 온라인으로 진행되는 덕분에 세계 여러 나라의 해외지회와 전 세계 디아스포라가 함께 예배를 드릴 수 있게 되었습니다. 특별한 시간을 맞아, 고난 속에 임한 예수님의 섭리를 다시 깨닫습니다. 오늘 자리를 마련하느라 애써주신 두상달 회장님, 설교를 맡아주신 이승희 목사님을 비롯해 설교와 기도, 찬양과 축도를 맡아주신 모든 분께 감사드립니다.

성도 여러분,

코로나를 극복하는 과정에서 '신앙인의 자부심'에 대해 많은 생각을 하게 됩니다. 이 땅의 신앙인들은 복음이 채 자리 잡기 전부터 기꺼이 민족의 운명을 책임지고자 했습니다. 3·1독립선언의 민족대표 서른세 명 중 기독교인이 열여섯 명에 이를 정도였습니다. 근대 교육과 의료를 도입했고, 민주화 운동에 앞장서며 국민을 섬겼습니다. 남북교류를 위한 오늘날의 노력에 이르기까지 기독교는 우리 나라의 개화와 독립과 발전을 이끌었습니다.

코로나를 극복하는 과정에서는 "두세 사람이 내 이름으로 모인 곳에는 나도 그들 중에 있느니라"라는 말씀에 따라 비대면 예배를 실천하고, 나와 우리를 함께 지키기 위해 노력했습니다. 지금까지 해왔듯이 기독교가 국민의 마음을 하나로 모아주신다면 코로나도 반드시 극복할 수 있을 것입니다.

교회 지도자 여러분, 성도 여러분,

민족의 대명절 한가위를 앞두고 있습니다. 그리운 가족과 친지, 친구들을 만나러 고향에 달려가고 싶은 마음이 얼마나 크시겠습니까? 만류할 수밖에 없는 정부가 참으로 송구스럽고 안타깝습니다. 간절한 마음을 달래고 계실 국민들, 어려운 시기 더 큰 위로와 용기가 필요한 이웃들을 위해 따뜻한 기도를 나눠주시기 바랍니다. 정부는 코로나가 완전히 종식될 때까지 비상한 경각심을 유지하면서 방역도, 경제도 반드시 지켜내는 것으로 보답하겠습니다.

감사합니다.

내일은 오늘보다 나으리라는 마음으로
행복한 추석 보내시길 바랍니다

| 2020년 9월 30일 |

국민 여러분,

어려운 시절에 추석을 맞았습니다. 오늘은 저희 부부가 함께 국민 한 분 한 분의 안부를 여쭙니다.

우리는 만나야 흥이 나는 민족입니다. 좋은 일은 만나서 두 배가 되고 슬픈 일은 만나서 절반으로 나누는 민족입니다. 많은 분들이 만남을 뒤로 미루게 되었지만 평범하고 소중한 날들이 우리 곁에 꼭 돌아올 것입니다. 한껏 그리움을 간직한 만큼 서로를 아끼고 걱정하는 마음도 더 커질 것입니다. 예년만 못하더라도 내일은 오늘보다 나으리라는 마음으로 행복한 추석 보내시길 바랍니다.

국민 여러분,

각자의 자리에서 불편을 참아주셔서 감사합니다. 덕분에 우리 모두 조금씩 일상을 되찾아가고 있습니다. 건강을 되찾지 못하고 우리 곁을 떠난 분들이 너무 안타깝습니다. 지켜드리지 못한 분들과 유가족, 병마와 싸우고 계신 분들에게 위로의 마음을 전합니다. 이웃을 먼저 생각하는 국민 한 분 한 분, 국민 건강을 위해 헌신하고 계신 의료진과 방역 요원, 변함없이 명절을 지켜주고 계신 경찰, 소방대원들께 깊이 감사드립니다.

국민 여러분, 이제 우리는 이웃의 안전이 나의 안전이라는 것을 확인하며 새로운 시대를 준비하고 있습니다. 정부는 방역에 성공하고 경제를 지켜, 어려움을 견뎌주신 국민들께 반드시 보답하겠습니다. 사회안전망을 더욱 강화하고 한 사람의 꿈을 귀중히 여기며 상생 번영을 향해 가겠습니다.

고향집 마당에도 아파트 앞 주차장에도 또 우리 마음에도 보름달이 뜰 것입니다. 지금, 어디에 계시든지 우리의 마음이 함께하고 있는 한 다음 명절에는 기쁨이 두 배가 될 겁니다. 한가위만큼은 몸과 마음 모두 평안하시고 하루하루 건강과 희망을 키워주시길 바랍니다.

10월

세계 한인의 날,
재외동포 여러분께 안부를 여쭙니다

| 2020년 10월 5일 |

오늘은 '세계 한인의 날'입니다. 해마다 세계 각지에서 모인 재외동포 여러분을 만나 반가움을 나누었는데, 올해는 직접 뵙지 못하고 온라인으로 안부를 여쭙습니다. 추석은 잘 보내셨을지, 보지 못한 고향과 가족에 대한 그리움은 또 얼마나 깊어졌을지 헤아려봅니다.

세계 193개국 750만 동포들의 삶은 조국과 한시도 떨어져 있지 않았습니다. 머나먼 이국에서 피땀 흘려 번 돈을 독립운동자금으로 보내주셨고, 조국의 경제발전과 민주화, 평화의 길을 함께 걸어주셨습니다. 기쁨과 슬픔을 함께 나누어오신 동포 여러분께 깊이 감사드립니다.

동포들은 코로나에 맞서 다시 한번 마음을 모아주셨습니다. 지난 3

월 중국과 일본, 동남아 지역에서부터 유럽, 아프리카에 이르기까지 동포들은 코로나로 어려움을 겪는 모국에 방역물품과 성금을 보내주셨습니다. 한인회를 중심으로 현지 동포 소상공인과 취약계층을 돕기 위해 마스크와 생필품을 나누고, 성금을 모았습니다. 지역사회의 병원과 경찰, 참전용사 요양원에 방역물품을 지원한 동포들도 계십니다. 세계 곳곳에서 연대와 협력의 모범을 보여주신 동포 여러분이 정말 자랑스럽습니다.

정부도 동포사회의 노력에 힘을 보탰습니다. 개도국을 중심으로 재외동포 보건의료 지원사업을 강화하고, 코로나에 취약한 동포 어르신과 고령의 참전용사들, 한인입양인 가정에 방역물품을 전해드렸습니다. 특별전세기와 공군 수송기, 공중급유기까지 투입해 귀국을 원하는 120개국 49,000여 명의 재외국민을 무사히 고국으로 모셔왔습니다.

코로나는 지구촌 어느 한 곳도 보건의료의 사각지대가 있어서는 안된다는 교훈을 일깨웠습니다. 정부는 아세안 10개국과 코로나 진단역량 강화 협력을 비롯해 국제사회와 'K-방역'의 성과와 경험을 공유하고, 감염병 공동 대응을 위한 인도적 지원과 개발 협력에 힘을 기울여나갈 것입니다. 오늘의 대한민국은 조국을 위해 애써온 동포들에게서 많은 도움과 교훈을 얻으며 발전해왔습니다. 이제는 조국이 역할을 해야 할 때입니다. 힘들고 지칠 때 "언제나 내 조국 대한민국이 있다"는 용기와 자부심을 드릴 수 있도록 노력하겠습니다. 다시 만날 날을 기약하며, 동포 여러분 모두의 건강과 행복을 기원합니다.

세계가 한글을 사랑하고 있습니다

| 2020년 10월 6일 |

오늘 국무회의에서 문체부장관이 한글과 한국어에 대한 세계적 인기에 대해 보고했습니다. 어느덧 세종학당이 76개국 213개소로 증가했다고 합니다. 특히 인도의 한글 사랑이 남다릅니다. 인도는 지난 7월 말, 제2외국어에 한국어를 포함시켰고, 오는 574돌 한글날에는 한국문화원과 네루 대학교가 공동 주최하는 다양한 기념행사가 인도에서 열린다고 합니다. 2018년 모디 총리와의 정상회담에서 나눴던 얘기가 현실화되어 기쁩니다. 모디 총리님께 진심으로 감사드립니다. 인도는 세계에서 인구가 두 번째로 많고, 우리 정부가 추진하는 신남방정책의 핵심 파트너라는 점에서 큰 의미가 있습니다.

해가 갈수록 한국어의 인기가 높아지고 있습니다. 1999년 처음으로 미국에 한국어반이 개설된 지 20년이 지난 지금, 세계 41개국의 학교에서 한국어 수업이 이루어지고 있습니다. 학교 밖의 한국어 학원들도 많습니다. 한국어 토픽시험 지원자 수도 140배나 늘었습니다. 우리나라의 국격이 그만큼 높아졌습니다. 해외에서 고생하시는 '한류 전도사' 한국어 교수님과 교사님들께 진심으로 감사드립니다.

전 세계에 한국을 배우고 싶어 하는 나라들이 점점 늘고 있는 이 기회를 잘 살려야겠습니다. 인도, 베트남, 라오스, 필리핀 등 신남방정책 파트너 국가들과 러시아, 중앙아시아, 몽골 등의 신북방정책 파트너 국가에 대한 한국어교육 지원사업을 더 체계적으로 추진해 나가겠습니다. 올해 정부는 작년 대비 90% 늘어난 126억 원의 예산을 한국어교육지원사업에 투입하고, 현지 6개 대학에서 한국어 교사를 양성하고 있습니다. 한국어를 더 많이 확산시키고, 한국 문화를 더 넓게 알려 신남방·신북방정책의 튼튼한 기틀을 마련하겠습니다.

소상공인 자영업자 여러분, 힘내십시오

| 2020년 10월 7일 |

　코로나19 확산으로 어려움을 겪고 있는 소상공인들과 자영업자들께 최대 200만 원의 새희망자금이 지급되고 있습니다. 어려움 속에서 조금이라도 숨통이 트이고, 생업을 지켜나가는 데 도움이 되길 기대합니다. 정부는 추경안을 마련하면서 무엇보다도 신속한 집행에 심혈을 기울여왔습니다. 관계 부처의 적극 행정과 협업을 통해 국민들이 빠르고 편리하게 지원을 받을 수 있도록 미리 준비했습니다.

　특히 국세청과 국민건강보험공단의 공공데이터를 활용하여 대상자를 미리 선별한 것이 주효했습니다. 국세청은 매출액을 확인할 수 있는 과세정보를 중기부에 제공했고, 건보공단은 종사자 수를 확인할 수 있는 자료를 제공하여 지급 대상자 241만 명을 신속하게 추려낼 수 있었습니다. 개인정보를 철저히 보호하는 가운데, 공공데이터를 적극적으로 활용하면 국민들께 더 빠르고 편리한 공공서비스를 제공할 수 있음을 생생하게 보여주는 사례입니다. 적극적으로 협조해주신 국세청과 건보공단에 특별히 감사를 표합니다.

그 결과 추석 전까지 약 186만 명, 신속지급대상자의 76%에게 지급을 완료했고, 어제까지는 약 200만 명의 소상공인, 자영업자께 새희망자금 지급이 완료되었습니다. 지난 3월 소상공인 긴급대출을 위해 복잡한 서류를 준비하고 긴 줄을 서 있던 모습이 매우 안타까웠었는데, 놀라운 변화입니다. 어느 나라도 따를 수 없을 정도로 전례 없이 빠르고 효율적인 행정력입니다.

정부가 통지해드린 신속지급대상자들 중에 아직까지 신청을 하지 않아 지급을 받지 못하는 분들이 많이 남아있습니다. 또한 신속지급대상에 포함되지 못했던 특별피해업종의 소상공인들께도 새희망자금 신청을 받고 있습니다. 이미 폐업하신 분들께도 '재도전 장려금'을 신청받아 지원하고 있습니다. 정부는 필요한 모든 분들에게 재난지원금이 지급될 수 있도록 최선을 다하겠습니다.

끝으로 국민들께 '새희망'을 드린다는 마음으로 추석 연휴를 반납하다시피 하고, 지금도 노고가 많은 중소벤처기업부를 비롯한 관계부처 공무원들을 격려합니다.

소상공인 자영업자 여러분, 힘내십시오.

코리아 소사이어티 연례 만찬 기조연설

| 2020년 10월 8일 |

코리아 소사이어티 캐슬린 스티븐스 이사장님, 토마스 번 회장님,
함께하신 귀빈 여러분, 반갑습니다.

코리아 소사이어티는 한미 양국을 잇는 든든한 가교입니다. 1957
년 창설과 함께 양국 간 교류와 우호 협력은 물론, 국제사회가 한국을 이
해하는 데도 큰 역할을 해주셨습니다. 오늘 연례 만찬은 한미 관계 발전
에 힘써 주신 분들을 초청하는 행사입니다. 이 중요한 행사를 통해 감사
의 인사를 전하게 되어 매우 기쁩니다. 코로나 때문에 여러분을 직접 뵙
지 못하고 부득이 영상으로 감사와 축하의 마음을 전하게 되었지만, 양
국이 함께하고자 하는 마음만큼은 그 어느 때보다 커졌다고 생각합니다.

귀빈 여러분,

어려운 때일수록 '진정한 친구'를 생각하게 됩니다. 오늘 이 자리에 함께하신 살바토르 스칼라토 뉴욕주 참전용사회 회장님은 미 해병대 1사단의 용사로, 사선을 넘나들며 싸우신 분입니다. 찰스 랭겔 前 연방 하원의원님 역시 한국전쟁에 직접 참전하셨고, 한국전 참전용사 추모의 벽 건립을 주도하신 것을 비롯해, 46년 의정활동 내내 한미동맹의 발전을 위해 누구보다 앞장서 오셨습니다. 한국인들은 두 분을 포함한 수많은 참전용사들을 '진정한 친구'로 여기고 있습니다. 지구 반대편 이름도 생소한 나라에서, 자유와 평화를 위해 함께 싸워준 친구들을 한시도 잊은 적이 없습니다.

오늘날 굳건한 한미동맹도 참전용사의 희생과 헌신으로 시작되었습니다. 스칼라토 회장님, 찰스 랭겔 前 의원님, 그리고 두 분이 대표하는 모든 참전용사 여러분, '밴 플리트 상' 수상을 한국 국민과 함께 축하드립니다. 한미동맹의 정신으로 경제협력을 이끌어온 박용만 회장님을 비롯한 대한상공회의소 관계자 여러분, 양국 간 문화 교류의 핵심 역할을 해준 BTS 여러분의 수상도 축하합니다.

귀빈 여러분,

지난 67년간 한미동맹은 더 단단해지고 성숙해졌습니다. 혈맹으로 출발한 한미동맹은 한반도 평화의 핵심축이 되는 평화·안보동맹으로 거듭났고, 대한민국의 자유와 인권, 역동적 민주주의를 성취하는데도 든든한 보호막이 되었습니다. 이제 한미동맹은 명실상부한 경제동맹으로 양국 간 교역과 투자를 확대하고 더 많은 일자리를 창출하며 더욱 견고한 관계를 맺고 있습니다. 코리아 소사이어티의 설립자 故 밴 플리트 장군은 한국의 발전을 자랑스러워하며, 한국을 "나의 또 다른 고향"이라고 했습니다. 한국의 성취는 미국과 함께 이룬 것이며, 양국은 위대한 동맹으로 더 많은 성취를 이룰 것입니다.

한국은 미국과 국제사회와의 공조 위에 디지털과 그린 중심으로 포스트 코로나 시대를 준비하고 있습니다. 코로나로 인한 세계경제 위기도, 양국이 함께 대응하고 극복해 갈 것입니다. 무엇보다 한미동맹을 떠받치는 힘은 양국 국민 사이의 끈끈한 유대와 문화적 가치의 공유입니다. 250만 재미동포들은 미국 사회의 당당한 일원이자, 한미 우호 증진에 있어 가장 중요한 자산입니다. 5만 명에 이르는 한국 유학생과 3천여 명의 미국 유학생은 더 풍성한 양국 관계의 미래를 예고합니다. 한국의 신세대는 한국적 감수성에 인류 보편의 메시지를 담아 세계와 소통하고 있습니다. 한국 문화가 아카데미와 빌보드에 진출할 수 있었던 것도 오랫동안 양국이 문화의 가치를 공유해온 결과입니다.

우리의 동맹은 코로나 위기에서도 빛났습니다. 한국이 초기 코로나 발생국으로 어려움을 겪을 때 미국은 '투명성', '개방성', '민주성'에 기반한 한국의 방역 대응을 신뢰하며, 한국발 여행객의 입국 허용을 유지

해주었습니다. 한국은 지난 4월 국내 코로나 확산이 심각한 상황 속에서 진단키트를 미국에 최우선적으로 제공했고, 참전용사들을 위한 50만 장의 마스크를 포함해 250만 장의 마스크를 우정의 마음으로 전달했습니다.

지금의 위기는 어느 한 국가의 힘만으로 이겨낼 수 없습니다. 한미동맹의 힘을 다시 한번 발휘할 때입니다. 최근 트럼프 대통령은 한국의 G7 정상회의 참여를 요청해주셨습니다. 양국 간의 깊은 상호신뢰를 바탕으로 국제적 위상에 걸맞은 한국의 책임과 역할을 요구한 것으로 생각합니다. 한국은 이러한 요구에 부응할 것입니다. 코로나 대응을 위한 국제공조에 적극적으로 협력할 것입니다.

이제 한미동맹은 지역 차원을 넘어 글로벌 이슈에 함께 협력하며 새롭게 진화하고 있습니다. 전통적인 안보협력과 경제·사회·문화 협력을 넘어, 감염병, 테러, 기후변화와 같은 초국경적 위기에 함께 대응하며 '포괄적 동맹'으로 그 지평을 넓혀가고 있습니다. 양국이 코로나 위기 극복의 선두에 서고 더 굳건한 동맹으로 새롭게 도약해 가길 기대합니다.

귀빈 여러분,

올해는 한국전쟁이 발발한 지 70년이 되는 해입니다. 나는 유엔총회 기조연설을 통해, 한반도에서 전쟁이 완전히, 영구적으로 종식되어야 함을 국제사회에 호소했습니다. 종전선언이야말로 한반도 평화의 시작이며, 한반도의 항구적 평화만이 참전용사들의 희생과 헌신에 진정으로 보답하는 길입니다. 지난 2018년과 2019년 남북 정상회담과 북미 정상회담으로 한반도 평화 프로세스의 실질적인 진전이 있었지만, 지금은 대화를 멈춘 채 호흡을 가다듬고 있습니다. 어렵게 이룬 진전과 성과를 되돌릴 수는 없으며, 목적지를 바꿀 수도 없습니다.

한반도 '종전선언'을 위해 양국이 협력하고 국제사회의 적극적인 동참을 이끌게 되길 희망합니다. 전쟁을 억제하는 것뿐 아니라 적극적으로 평화를 만들고 제도화할 때 우리의 동맹은 더욱 위대해질 것입니다. 한반도가 분단의 역사를 극복하고 화해와 번영의 시대로 전진할 수 있도록 함께 힘을 모아주시길 바랍니다.

존 에프 케네디 대통령은 "평화는 의견을 조금씩 나누고 바꿔가며 장벽을 서서히 무너뜨리고, 조용히 새로운 구조를 세워가는, 일일, 주간, 월간 단위의 과정"이라고 했습니다. 한미 양국은 긴밀히 소통하고 조율하여 주변국과 국제사회의 지지와 협조를 이끌어낼 것입니다. 또 당사자인 북한과도 마음을 열고 소통하고 이해하며, 신뢰 구축을 위한 노력을 지속해 갈 것입니다.

다시 한번 귀한 자리를 마련해주신 코리아 소사이어티에 감사드립니다. 한국은 '진정한 친구'를 결코 잊지 않을 것입니다. 한반도 평화와 번영을 향한 담대한 여정을 여러분과 함께하겠습니다.

"We go together!"

감사합니다.

사회서비스원 돌봄종사자
영상 간담회 모두발언

| 2020년 10월 8일 |

여러분, 반갑습니다. 코로나로 모두가 지치고 힘든 가운데 어려운 이웃들과 함께해 주신 여러분께 감사드립니다. 아무리 비대면 활동이 늘어나도 장애인, 어르신, 아동을 돌보는 일만큼은 직접 만나서 할 수밖에 없습니다. 할 일은 더 많아지고 긴장은 높아지면서 그만큼 피로가 가중되었을 것입니다. 조금이나마 여러분을 격려하며 응원하고자 합니다. 국민들은 여러분을 통해 '어려울 때 국가가 내 삶을 지켜줄 것'이라는 든든한 믿음과 함께 안도감을 느낍니다. 전국의 돌봄종사자들께 국민과 함께 다시 한번 깊은 감사의 말씀을 드립니다.

우리 사회의 고령화와 양극화를 극복하기 위해 복지와 사회안전망이 더욱 중요해지고 있으며, 코로나 위기를 맞아 우리는 그 소중함을 다시급 깨닫고 있습니다. 우리는 어려움을 겪을 때마다 이웃의 중요성을 생각하며 나눔을 제도화해왔습니다. 국민건강보험과 기초생활보장제도 가 그렇게 만들어졌고, 국민의 건강과 생계를 지킬 수 있었습니다. 세계 의 모범이 된 'K - 방역'도 두 제도에 힘입어 성과를 낼 수 있었습니다.

우리 정부는 초기부터 돌봄 등의 사회서비스 분야에서 공공의 책임 과 역할을 더욱 넓히고자 했습니다. '사회서비스원' 사업은 그동안 민간 에 맡겨온 사회복지서비스를 정부가 책임지겠다는 각별한 의지로 시작 한 것입니다. 현재 서울, 대구, 경남 등 여덟 개 광역 지자체에 '사회서비 스원'이 설립되었습니다. 직접 복지서비스를 제공하면서 기존 복지시설 의 서비스 개선을 지원하고 있습니다. 또한 '사회서비스원'이 운영하는 '종합재가센터'를 전국 열네 곳에 설치했습니다. 민간시설에서 하기 어 려운 장기요양방문서비스, 장애인활동지원서비스와 긴급돌봄이 '종합재 가센터'를 통해 이뤄지고 있습니다. '사회서비스원' 설립으로 돌봄종사 자의 정규직의 비율이 대폭 높아지면서 더욱 사명감을 갖고 일할 수 있 게 되었습니다. 일하는 분들의 만족도가 높아지면 돌봄을 받는 분들의 만족도도 함께 높아질 것입니다. 정부는 돌봄종사자들과 함께 복지와 사 회안전망을 더욱 넓혀가겠습니다.

지난 3월 대구가 코로나 위기의 중심지였을 때, '사회서비스원' 종 사자들이 돌봄 공백이 생긴 장애인과 아이들을 보살피고, 코로나 확진 판정을 받은 어르신 곁을 방호복을 입은 채 24시간 내내 지켜 주셨습니다. 민간 복지시설과 대구의료원 등 병원 열 곳을 지원하며 방역과 복지에 큰 힘을 보탰습니다. 그동안 '사회서비스원'을 만들고 운영해왔던 것이 매우 다행이었다고 생각합니다. 코로나 위기 속에서 '사회서비스원'의 필요성과 역할을 확인한 만큼 복지와 사회안전망에 대한 인식이 더욱 높아지길 기대합니다. 2022년까지 전국 열일곱 개 광역 시·도 모두에 '사회서비스원'이 세워집니다. 전 국민이 복지의 따뜻한 온기를 느낄수 있도록 정부와 지자체, '사회서비스원' 종사자 여러분이 함께 힘을 모아나가길 바랍니다.

돌봄과 같은 대면 서비스는 코로나와 같은 비상상황에서도 공동체를 유지하는 데 없어서는 안 될 필수노동입니다. 공동체에 꼭 필요한 대면 활동을 하면서 스스로는 위험에 노출될 수밖에 없는 필수노동자는 국가의 특별한 보호를 받아야 합니다. 정부는 지난 6일, '필수노동자 안전 및 보호 강화 대책'을 발표했습니다. 과로사, 위험에의 노출과 같은 극한 상황으로부터 보건의료종사자, 돌봄종사자, 택배기사, 배달종사자, 환경미화원을 보호하고, 합당한 대우를 받을 수 있도록 맞춤형 지원 대책을 마련했습니다. 필수노동자에 대한 공정한 보상과 안전망 확대를 위해 제도를 더욱 발전시켜 나가겠습니다.

그런 가운데 성동구청이 전국 최초로 필수노동자 보호·지원 조례를 만들고, 종합재가센터를 가장 먼저 설립하여 모범을 만들고 있습니다. 다른 지자체도 동참해 주실 것을 당부드립니다. 또한 '사회서비스원' 법안이 조속히 통과되어 법적 근거를 갖추도록 국회에서도 뜻을 모아 주시길 바랍니다. 치매국가책임제와 지역사회 통합돌봄, 주민자치형 공공서비스 또한 차질 없이 추진하겠습니다. 고용·사회안전망 강화는 한국판 뉴딜의 토대입니다. 이를 위해 총 28조4천억 원을 투자할 것입니다.

사회복지 종사자들이야말로 우리 사회에 온기를 불어넣는 분들입니다. 여러분의 헌신이 있기에 우리는 이웃에 기대고, 일상 속에서 국가에 대한 믿음을 가질 수 있습니다. 언제나 고마운 마음으로 여러분을 응원합니다. 코로나 위기를 슬기롭게 극복하고 상생 도약의 발판을 함께 만들어 나갑시다.

감사합니다.

한글에 깃든 더불어 사는 세상의 꿈

| 2020년 10월 9일 |

세종대왕은 나라의 근본인 백성을 사랑했고, 백성 스스로 깨치는 힘을 믿었습니다. 남녀노소 누구나 자신의 말과 뜻을 글로 실어 펴는 데 어려움이 없는 세상을 치열하게 궁리했고, 마침내 한글을 만드셨습니다. 그래서 한글은 창제자와 창제시기와 창제동기와 창제원리가 확인되는 유일한 문자입니다. 오늘 우리에게 모국어를 남겨준 선조들의 마음을 되새기며, 국민들과 함께 574돌 한글날을 자랑스럽게 여깁니다.

우리를 우리답게 하고, 서로를 연결하며 더 큰 힘을 발휘하게 하는 바탕에도 한글이 있었습니다.

일제 강점기에는 한글을 지키는 그 자체가 독립운동이었습니다. 우리는 한글을 익혀 기적 같은 경제성장과 민주화의 길을 열었고, 문화를 일궈 세계 속으로 나아갔습니다. K-팝과 드라마, 영화, 웹툰을 접하며 우리 문화에 매력을 느낀 많은 세계인이 한글을 통해 한국을 더 깊이 알아가고, 만남과 소통의 길에서 우리와 세계는 함께 성장하고 있습니다. 길거리에서 만난 아시아 나라의 어린이들이 간단한 우리말 인사를 앞다투어 하는 모습을 보면서, 또 K-팝 공연 때 세계의 젊은이들이 우리말로 떼창을 하는 모습을 보면서 가슴이 뭉클해집니다.

언어는 생각의 집을 짓고, 만남의 뜰을 가꾸게 합니다. 우리 스스로 우리 말과 글을 더욱 사랑할 수 있도록 정부부터 행정에서 쉬운 우리말을 쓰기 위해 노력하겠습니다. 법률 속의 일본식 용어, 어려운 한자 용어를 쉬운 우리 용어로 바꾸는 작업도 꾸준히 해가고 있습니다. 한글날은 한때 '공휴일이 많아서 경제가 어렵다'는 이유로 공휴일이 아닌 기념일로 격하된 적도 있었으나 국민의 힘으로 다시 5대 국경일의 하나로 승격되었습니다. 우리가 한글날을 소중히 여겨야 하는 또 하나의 이유입니다.

한글에는 세종대왕의 애민정신과 함께 만물의 공존과 조화, 상생의 세계관이 깃들어 있습니다. 오늘 한글날이 더불어 사는 세상을 향한 '한글의 꿈'을 세계인과 함께 나누는 날이 되길 바랍니다.

제2차 한국판 뉴딜 전략회의 모두발언

| 2020년 10월 13일 |

지역 현장에서 코로나 방역과 경제위기 극복을 위해 누구보다 앞장 서고 계신 시·도지사님들을 한 자리에서 뵙게 되어 무척 반갑습니다. 지자체의 적극적이고 헌신적인 노력이 K-방역의 성공과 어려운 민생경제를 이겨나가는 밑거름이 되고 있습니다. 시·도지사님들과 지자체 공무원들의 노고에 깊은 감사의 말씀을 드립니다.

위기극복과 함께, 대한민국의 미래를 열고 국가균형발전의 꿈을 이루기 위한 발걸음은 한순간도 멈출 수 없습니다. 정부는 담대한 지역균형발전 구상을 갖고 대한민국 미래를 위한 국가발전전략으로 한국판 뉴딜을 강력히 추진하고자 합니다. 국가발전의 축을 지역 중심으로 전환하겠다는 뜻입니다. 그 구상을 더욱 분명히 하기 위해 튼튼한 안전망과 디지털 뉴딜, 그린 뉴딜에 더하여, 한국판 뉴딜의 기본정신으로 '지역균형 뉴딜'을 추가하고자 합니다. 대한민국을 지역에서부터 역동적으로 변화시키겠다는 정부의 강력한 의지입니다.

'지역균형 뉴딜'의 성공적 추진을 위해서는 중앙정부와 지자체, 민간의 참여와 협력이 필수적이며, 국회의 뒷받침도 필요합니다. 이에 따라 오늘 2차 한국판 뉴딜 전략회의를 '지역균형 뉴딜'을 주제로 하여 시·도지사 연석회의로 개최하게 되었습니다. 관계부처 장관들과 자치분권위원장, 균형발전위원장이 함께했습니다. 국회에서도 책임 있게 지원하기 위해 여당 원내대표와 정책위의장, K-뉴딜본부장이 참석해 주셨습니다. 바쁘신 가운데 시간을 내주셔서 감사합니다.

우리 정부는 혁신도시, 대규모 국가균형발전 프로젝트, 규제자유특구 선정, 지역밀착형 생활SOC 확충, 재정분권, 상생형 지역 일자리 사업 등 국가균형발전 정책을 힘있게 추진해왔습니다. '지역균형 뉴딜'은 지금까지 추진한 국가균형발전 정책에 더욱 힘을 불어넣고, 질을 높여줄 것입니다. 또한 지역을 변화시키고 새로운 활력을 만들어내는 지역혁신 전략이기도 합니다.

첫째, '지역균형 뉴딜'은 한국판 뉴딜을 지역에서부터 생생하게 구현하여 주민의 삶을 바꿀 것입니다. 한국판 뉴딜 종합계획에 담은 총 투자 규모 160조 중 절반에 달하는 75조 이상이 지역 단위 사업입니다. 그린 스마트스쿨, 스마트그린 산단, 그린 리모델링 등 한국판 뉴딜의 대표사업들은 삶의 공간과 일터를 혁신하고 생활을 변화시킬 것입니다. 지역경제의 활력을 높이고 일자리 창출에도 크게 기여하리라 기대합니다.

둘째, '지역균형 뉴딜'은 지역 주도로 창의적 발전 모델을 창출하게 될 것입니다. 지역 주도성을 살린다면, 지역 스스로가 주역이 되어 마음 껏 창의력과 상상력을 발휘하는 장이 될 것입니다. 지자체가 앞장서고 기업과 지역 주민이 함께한다면, 많은 모범사례와 성과가 창출되리라 믿 습니다. 인근 지자체끼리 협력하여 초광역권으로 '지역균형 뉴딜'을 추 진하는 것도 경쟁력을 키우는 좋은 방안입니다.

셋째, '지역균형 뉴딜'은 기존의 국가균형발전과 연계하여 균형발전 의 완성도를 높일 것입니다. 혁신도시는 '지역균형 뉴딜'의 거점이 될 것 이며, 이미 추진 중인 대규모 국가균형발전 프로젝트는 디지털 뉴딜, 그 린 뉴딜과 만나며 고도화될 것입니다. 지역밀착형 생활SOC는 한국판 뉴 딜과 결합되어 지역 주민의 삶의 질을 더욱 높일 수 있을 것입니다. '지 역균형 뉴딜'이 우리 정부의 균형발전정책을 새로운 차원으로 발전시켜 나가길 기대합니다. 정부는 '지역균형 뉴딜'을 한국판 뉴딜의 성패를 걸 고 강력하게 추진하겠습니다. '지역균형 뉴딜' 사업에 적극적으로 인센 티브를 제공하는 등 재정적 지원을 아끼지 않을 것입니다. '지역균형 뉴 딜'의 원활한 추진을 위한 제도 개선에도 적극 나서겠습니다. 초광역권 '지역균형 뉴딜'을 포함하여 지역의 창의적 사업에 대해서는 더욱 특별 한 관심과 지원을 아끼지 않겠습니다. 중앙과 지방 간 소통 협력을 강화 하는 협업체계도 강력히 구축하겠습니다.

오늘, '지역균형 뉴딜'의 첫발을 떼게 됩니다. 이제 '지역균형 뉴딜' 은 한국판 뉴딜의 기본정신이면서 국가균형발전의 중심에 서게 되었습 니다. 중앙정부와 지자체, 민간이 합심하여 힘있게, 그리고 속도감 있게 추진되길 바랍니다. 다음 시·도지사 연석회의는 '지역균형 뉴딜'의 추진

상황과 성과를 점검하고 공유하는 자리가 되길 기대합니다.

감사합니다.

오늘은 부마민주항쟁 41주년입니다

| 2020년 10월 16일 |

그날, 부산과 마산의 거리에서 함께했던 시민들을 기억하며, 기념식을 준비하고 부마민주항쟁을 잊지 않도록 애써주고 계신 분들께 감사드립니다. 특별히 국가기념일로 지정되고 두 번째 기념식이, 항쟁이 시작되었던 부산대학교에서 열리게 되어 감회가 깊습니다. 기념식은 부산과 창원에서 번갈아 열리는데, 지난해 경남대학교에서 열린 첫 번째 기념식에는 제가 직접 참석했습니다. 오늘은 총리님께서 참석하실 것입니다.

부마민주항쟁은 결코 무너지지 않을 것 같았던 유신독재를 끝내는 기폭제였습니다. 4·19혁명 정신을 계승하여 광주민주화운동, 6월항쟁, 촛불혁명까지 민주주의의 불씨를 살린 대한민국 민주주의가 국민 모두의 것이라고 알린 대규모 항쟁이었습니다.

우리는 여전히 '나'와 '이웃'을 위한 자발적 방역과 '모두를 위한 자유'를 실천하며 새로운 민주주의를 써가고 있습니다. 부마민주항쟁이 살아 있는 역사로 오래도록 우리에게 많은 교훈을 전해주고, 코로나와 싸우고 있는 부산과 창원 시민들에게 용기가 되길 바랍니다. 부마민주항쟁의 진상규명, 배상과 보상, 기념사업을 위해 더욱 노력하겠습니다.

제75주년 경찰의 날 기념사

| 2020년 10월 21일 |

존경하는 국민 여러분,

충남 도민과 아산 시민 여러분, 전국 15만 경찰 가족 여러분,

아산시는 이곳 경찰인재개발원을 비롯해, 경찰수사연수원과 경찰대학이 모여 있는 명실상부한 경찰 종합도시입니다. 코로나 발생 초기 충남과 아산 시민은 기꺼이 우한 교민들을 품어 주셨고, 경찰은 이곳 경찰인재개발원을 생활시설로 제공했습니다. 아산에서 시작된 나눔과 배려의 정신은 K-방역의 성공을 이끈 토대가 되었고, 경찰 도시 아산은 국민들에게 잊을 수 없는 도시가 되었습니다.

나눔과 배려의 도시 아산과 경찰의 봉사와 헌신을 상징하는 경찰인

재개발원에서 제75주년 '경찰의 날' 기념식을 갖게 되어 매우 뜻깊습니다. 우리 국민에게 코로나를 이겨낼 수 있다는 자신감을 선사해 주신 아산 시민과 15만 경찰 가족께 이 자리를 빌려 다시 한번 경의와 감사를 표합니다.

국민 여러분,

오늘 행사의 시작을 국토 최동단 독도 경비대, 최남단 마라도, 서남단 가거도 경찰들이 열었습니다. 국민이 있는 곳이라면 우리 강토 어디에서든 경찰이 함께하고 있어 참으로 든든합니다. 업무 특성상 극한직업이라는 말까지 듣지만, 우리 경찰은 사명감과 책임감으로 어려움을 극복하며 '가장 안전한 나라'를 만들어 가고 있습니다.

올해는 특히, 코로나 극복이라는 국가적 과제 앞에서 흔들림 없이 사명을 다하며, 국민에게 큰 힘이 되었습니다. '사회적 거리두기'가 강화된 기간에는 코로나 관련 112신고가 평소 두 배가 넘는 하루 130건에 달했고, 연인원 24만 명의 경찰관이 본연의 업무와 함께 다양한 방역 지원 활동으로 국민의 생명과 건강을 지켰습니다.

코로나 재확산의 우려가 컸던 공휴일 대규모 집회에도 국민의 기본권 침해를 최소화하면서 위법한 집단행위에 엄정하게 대응했습니다. 현장 상황에 맞게 유연하게 대처하며 코로나 재확산을 방지해낸 경찰의 노고를 높이 치하합니다. 우리 경찰의 역량을 세계가 인정하고 있다는 것도 매우 자랑스럽습니다. 경찰의 방역 활동은 유엔과 인터폴에 노하우를 전수할 정도로 주목받고 있으며, 국제경찰 협력을 통해 'K-방역'의 세계화에 크게 기여하고 있습니다. '한국형 대화경찰관 제도'를 비롯한 '공개와 소통'에 기반한 집회시위 대응은 행정 혁신의 모범사례이자, 대표적 '치안 한류 콘텐츠'로 자리매김하고 있습니다.

유난히 길었던 지난 여름 집중호우와 연이은 태풍에 맞서, 침수와 산사태 우려 지역 예방 순찰, 취약도로 교통관리, 수해복구와 인명구조 활동으로 든든하게 국민을 지킨 것도 경찰이었습니다. 신혼여행 중에 주저 없이 바다로 뛰어들어 인명을 구조한 경찰관, 안타까운 사고로 세상을 떠나면서 장기기증으로 더 많은 이웃을 살린 경찰관처럼 우리 경찰은 '대한민국 경찰'이라는 사명감으로 업무 밖에서도 헌신하고 있습니다. 15만 경찰과 묵묵히 곁을 지켜 주신 가족들을 각별한 마음을 담아 격려합니다.

한강의 실종자를 찾다가 순직한 故 유재국 경위, 의암호에서 임무수행 중 순직한 故 이종우 경감을 비롯한 많은 순직 영웅들이 우리 곁을 떠났습니다. 그러나 우리는 그 고귀한 희생과 헌신을 결코 잊지 않을 것입니다. 그리움을 가슴에 묻고 계실 유가족 여러분께도 깊은 위로의 마음을 전합니다.

국민 여러분,

　도움을 바라는 사람이 있는 곳이라면 언제 어디든 가장 먼저 달려가는 경찰에게 국민의 존중과 사랑이야말로 가장 큰 보람입니다. '존중과 사랑받는 경찰'로 거듭나기 위해 우리 경찰은 올 한 해, 스스로를 개혁하기 위해 부단히 노력했습니다. 디지털 성범죄에 대응하는 특별수사본부를 구성하여 2,000여 명의 관련자들을 검거하고 185명을 구속하는 성과를 거뒀습니다. 유관기관과 아동학대 점검팀을 구성해, 돌봄 사각지대에 놓인 위기 아동을 발굴하고, 8,500명의 재학대 위기 아동을 집중 점검했습니다. '사람 중심' 교통문화 정착에 노력하여, 교통사고 사망자를 해마다 꾸준히 줄여가고 있는 것도 큰 성과입니다.

　'회복적 경찰 활동'도 확대하고 있습니다. 피해자의 진정한 회복과 가해자의 사회 적응까지 활동 영역을 넓혀 '함께 잘사는 나라'를 위해 헌신하고 있습니다. 도움이 필요한 범죄 피해자들은 언제라도 전국의 피해자 전담 부서를 찾아 주길 바랍니다. 강도 높은 자기혁신이 경찰에 대한 국민 신뢰를 높여주고 있습니다. 경찰은 그동안 330개 개혁 과제를 추진했고, 인권보장 규정을 마련해 인권 친화적 수사를 제도화했습니다. 수사권 조정을 통해 경찰 수사의 독립성과 책임성을 높일 발판도 마련했습니다.

　이제 국가수사의 중추 역할을 담당하게 될 '국가수사본부'의 출범을 예정하고 있습니다.

수사경찰을 행정경찰과 분리하여 수사 역량과 정치적 중립성을 더 강화하면서 '책임 수사'와 '민주적 통제'를 조화시킬 수 있을 것입니다. 개혁 입법으로 경찰의 오랜 숙원이 이뤄지고 있는 만큼, '당당한 책임경찰'로서 공정성과 전문성에 기반한 책임수사 체계를 확립해 주기 바랍니다. 곧 출범할 국가수사본부의 완결성을 높인다면 국민들은 경찰의 수사 역량을 더욱 신뢰하게 될 것입니다.

경찰 여러분,

국민의 눈높이에 맞춰 변화하는 '대한민국 경찰'의 도전을 응원합니다. 국민은 범죄뿐 아니라 생활 곳곳의 각종 재난과 위험으로부터 안전을 보장받아야 합니다. 선제적이고 능동적인 '예방적 경찰 활동'을 강조합니다. 코로나로 인해 빠르게 다가온 비대면 문명에 대응하려면 모든 치안 분야에 걸쳐 '디지털 경찰 혁신'을 앞당겨야 할 것입니다. 경찰은 이미 비대면·온라인 서비스 확대를 통해 디지털 경찰의 새로운 지평을 열어가고 있습니다. 인공지능과 빅데이터 같은 첨단기술을 경찰 활동에 접목한다면, 예방, 112신고와 현장 출동, 수사에 이르는 전 과정에서 현장 치안력이 획기적으로 강화될 것입니다.

국회에서 협력해 주신다면, 자치경찰제도 머지않아 실시될 것입니다. 자치분권 확대의 요구에 부응하고, 지역주민의 생활치안을 강화하는 길이지만, 75년을 이어온 경찰조직 운영체계를 근본적으로 변화시키는 일입니다. 국민과 현장 경찰관들에게 생소하게 느껴지고, 실제 운영에서 혼란이 있을 수도 있을 것입니다. 혼란을 최소화하고 변화와 도약으로 이어지도록 적극적인 수용과 철저한 준비를 당부합니다.

대공수사권이 경찰로 이관되면 국가안보 분야에서도 경찰의 어깨가 무거워집니다. 안보 수사 역량을 키우고 대테러 치안 역량을 강화해 국민의 안전과 안보를 지키는 데도 한 치의 빈틈이 없도록 최선을 다해 주기를 바랍니다. 정부는 결코 경찰의 노고를 잊지 않고, 합당한 처우를 받을 수 있도록 최선을 다할 것입니다. 높은 위험과 넓은 책임에 걸맞은 사명감과 자부심으로 '민주·인권·민생 경찰'의 길을 흔들림 없이 걸을 수 있도록 정부가 동행하겠습니다. 무엇보다 현장 경찰의 든든한 후원자가 되겠습니다. 경찰이 스스로의 생명과 안전을 지킬 수 있도록 최선을 다해 돕겠습니다. 업무수행 중 상해를 입게 될 경우에도 치료를 위한 휴직과 치료비 지원 등을 통해 힘이 되겠습니다. 책임 있는 법 집행을 뒷받침할 수 있도록 법과 제도를 정비하고, 경찰 2만 명 증원을 차질없이 추진하는 한편, 15만 경찰의 오랜 염원인 근속승진제도 개선에도 힘을 보태겠습니다.

존경하는 국민 여러분,
충남 도민과 아산 시민 여러분, 경찰 가족 여러분,

5·18 광주민주화운동 당시 故 이준규 목포경찰서장은 유혈 진압하라는 군부독재의 명령을 거부했습니다. "시민들에게 발포하지 말라"는 지시로 시민들의 생명과 안전을 지켰습니다. 하지만 故 이준규 총경은 보안사령부에 끌려가 90일 동안 구금과 모진 고문을 받고, '무능한 직무유기 경찰관'이라는 오명을 덮어쓴 채 파면당해야 했습니다.

40년이 흘렀습니다. 진실과 정의는 세월도 파묻지 못하는 법입니다. 마침내 오늘, 故 이준규 총경은 2020년 경찰영웅으로 우리 곁에 돌아왔습니다. 故 이준규 총경의 경찰영웅 현양은, 다시는 어두운 역사를 반복하지 않고 민주경찰, 따뜻한 인권경찰, 믿음직한 민생경찰의 길을 흔들림 없이 걷겠다는 경찰의 약속이기도 합니다. '안전이 일상이 되고, 공정이 상식이 되는 사회'를 만들기 위해 경찰의 역할이 어느 때보다 중요합니다. 한 사람 한 사람 '대한민국 경찰'이라는 자부심으로 명예로운 경찰의 길을 걸어간다면, 국민은 더 큰 '존경과 사랑'으로 화답해 줄 것입니다. 그 길에 저도 동행하겠습니다. 다시 한번 경찰의 날을 축하하며, 경찰 가족 모두의 건승과 행복을 기원합니다.

감사합니다.

한국판 뉴딜 연계 스마트시티
추진전략 보고대회 모두발언

| 2020년 10월 22일 |

존경하는 국민 여러분,

인천시민과 송도 주민 여러분,

한국은 도시화의 정도가 매우 높은 나라입니다. 우리 인구의 열 명 중 아홉 명이 도시에 살고, 국민의 삶의 질이 도시와 연관되어 있습니다. 우리는 더 잘 살기 위해 도시를 끊임없이 발전시켜왔고, 이제는 미래도시의 수요에 맞춰 '스마트시티'를 건설하고 있습니다. 디지털 기술로 도시를 하나로 연결하면 방역, 안전, 교통, 돌봄, 의료와 같은 생활환경과 공공서비스의 질이 높아집니다. 집중호우와 태풍 같은 자연재해도 도시 인프라를 고도화함으로써 더 안전하게 대응할 수 있습니다. 에너지를 절약하고, 기후변화에 대응하는 친환경도시를 만들기 위해서도 '스마트시티'는 피할 수 없는 도시의 미래가 되었습니다. 세계는 '스마트시티'의 발전 속도와 확산 속도를 놓고 또 한번 치열하게 경쟁하게 될 것입니다.

오늘 저는 '스마트시티'의 현재와 미래를 국민들께 보여드리고자 인천 송도의 '스마트시티 통합운영센터'를 찾았습니다. 송도는 우리나라 최초로 '스마트시티'가 시작된 곳이며 끊임없는 실험과 진화가 거듭된 혁신 도시입니다. '스마트시티 통합운영센터'는 도시 곳곳에 설치된 지능형 CCTV와 센서를 통해 교통, 범죄, 화재, 환경오염 상황을 24시간 관리하며 해당 기관과 연락해 즉시 문제를 해결하고 있습니다. 첨단방식을 도입하면서 인천시 연수구는 범죄 발생 건수를 14.2% 줄였고, 승객의 수요에 따라 자동으로 최적의 노선이 정해지는 수요응답형 버스 등 다양한 실험을 민간기업과 함께 진행하고 있습니다. 정부는 디지털과 그린을 결합한 '한국판 뉴딜'의 핵심 사업으로 '스마트시티' 건설에 속도를 낼 것입니다. '스마트시티'의 선구 도시 송도에서 '스마트시티'를 먼저 경험하며 세계에서 한발 앞서 '스마트시티 시대'를 선도할 것입니다. 끊임없는 도전과 혁신으로 '스마트시티'의 성공적 모범을 만들어 오신 인천 시민, 박남춘 시장님을 비롯한 인천시와 기업 관계자들께 깊은 감사와 존경의 말씀을 드립니다.

국민 여러분,

우리 정부는 2년 전부터 '스마트시티' 정책을 중점 국정과제로 선정하고, 국가시범도시 건설을 비롯한 도시문제 해결에 디지털기술을 폭넓게 적용해왔습니다. 현재 전국 스물여덟 개 지자체에서 교통, 환경, 안전과 같은 도시문제를 해결하는 스마트화 사업이 시행되고 있습니다. 공공·민간 주차장 정보를 통합하는 '공유주차 서비스'로 주차장 이용이 편리해졌고, 전통시장에 전기화재 센서를 설치해 화재를 예방했습니다. 부르면 오는 '수요응답형 버스', '대형 승합택시'와 같은 공유차량 서비스는 어르신, 장애인 등 사회적 약자와 교통 불편 지역 주민들의 이동을 돕고 있습니다.

'스마트시티'는 CCTV와 센서에서 수집된 도시 데이터를 활용하여 지능형 도시운영 체계를 구축하는 것이 핵심입니다. 지금까지 '데이터 통합플랫폼'을 전국 마흔아홉 개 지자체에 설치하여 경찰서, 소방청 등 관계기관과 신속히 데이터를 공유해왔고, 여성의 안심귀가, 치매 어르신과 실종 어린이 수색과 같은 방범, 복지, 안전 서비스가 강화되었습니다. 'K-방역'에도 '스마트시티' 기술이 큰 역할을 했습니다. 도시 빅데이터 분석기술과 CCTV는 역학조사 시스템에 활용되어 확진자 동선 파악에 소요되는 시간을 획기적으로 단축할 수 있었습니다. 도시를 처음 건설할 때부터 '스마트시티'로 온전히 구현하는 국가시범도시 사업도 속도를 내고 있습니다. 부산 에코델타시티에서는 돌봄, 배송 등 일상생활에 로봇이 폭넓게 활용되고, 디지털 물관리 시스템으로 정수기가 필요 없는 깨끗한 물을 공급받고 물을 절약하게 될 것입니다. 세종시 시범도시는 자율주행 셔틀 등 첨단 교통서비스로 자가용 없이 편리하게 이동하는 도시를 만들기 위해 과감한 규제 혁신으로 첨단기술을 실증하고 있습니다. 국가시범도시에서 성공적으로 실증된 스마트 기술은 앞으로 예정된 신도시 건설에도 적용하게 될 것입니다.

국민 여러분,

이제 우리는 한국판 뉴딜로 세계 최고의 '스마트시티' 국가로 나아가고자 합니다. 사람 중심의 안전하고 행복한 도시를 만들 것입니다. 우리의 '스마트시티' 기술의 잠재력은 매우 뛰어납니다. OECD '디지털 정부 지수' 종합 1위, 초고속인터넷 보급률 세계 1위, 스마트폰 보급률 세계 1위 등 우리의 디지털 경쟁력은 세계 최고 수준입니다. 서울은 '스마트시티' 세계 3위 도시에 꼽혔고, 대구, 부산, 세종은 '아태지역 스마트시티 어워드'를 수상했습니다. 또한 세계로 진출하여 열두 개 해외도시에서 '스마트시티 마스터플랜' 수립에 참여하고 있습니다. 세계 '스마트시티' 시장은 2025년 8천2백억 불로 연평균 14% 이상 성장할 전망이며, 우리의 새로운 경제 성장 동력으로도 손색이 없습니다. 정부는 2025년까지 '스마트시티' 사업에 10조 원을 투자하고, 15만 개 이상의 일자리를 만들겠습니다. 이를 위해 세 가지 전략을 추진하겠습니다.

첫째, '스마트시티'를 전국적으로, 더 빠르게 실현하겠습니다. 정부는 올해 말까지 데이터 통합플랫폼 보급을 전국 108개 지자체로 확대하고, 전 국민의 60%가 '스마트시티'를 체감하도록 하겠습니다. 스마트 횡

단보도, 첨단 무인드론 배송과 같이 이미 효과가 검증된 도시문제 해결 기술을 다른 지자체로 확산할 것입니다. 또한 '스마트시티' 국가시범도시 건설에 속도를 내어 부산은 내년부터, 세종은 2023년부터 입주를 시작할 것입니다.

둘째, 도로, 철도 등 공공 인프라를 디지털화하겠습니다. 전국의 도로, 철도, 교량 등에 사물인터넷 센서를 부착해 실시간 상황을 분석하며 안전하게 관리하고, 유지보수 비용도 획기적으로 줄일 것입니다. 또한 하천과 댐, 상하수도, 도로에 원격 제어시스템을 구축하여 장마와 폭우, 산사태, 화재 등 자연재해로부터 국민의 생명과 안전을 지키겠습니다. 물류, 배송의 디지털화를 위해 2022년까지 로봇과 드론 배송을 활용한 '스마트 물류시범도시'를 조성하고, 2025년까지 100개의 '스마트 물류센터'를 만들 계획입니다. 자율주행 기술경쟁력은 기업의 자율주행차뿐 아니라 도로, 지도와 같은 인프라에 달려있습니다. 2025년까지 전국의 주요 도로에 기지국과 센서를 설치하고, 전국 4차로 이상 도로의 3D 정밀도로지도를 만들어 차량－도로 간 협력주행 체계를 구축할 것입니다. 이를 통해 2027년까지 레벨 4단계의 완전 자율주행을 세계 최초로 상용화하겠습니다.

셋째, 지자체 및 기업과 협력하여 국가 '스마트시티' 역량을 확대하겠습니다. 도시 데이터를 공유하여 스타트업과 벤처기업이 새로운 서비스를 만드는 '스마트시티 산업 생태계'를 육성해 나가겠습니다. 가시범

도시와 기존 도시가 단절되지 않도록 지역균형 뉴딜을 통해 주변 지역으로 스마트 기능을 확장해 나갈 것입니다. 한 국가시범도시에서부터 시민들이 직접 '스마트시티' 계획과 운영에 참여하여 도시문제를 함께 해결하며 삶의 질을 높이고, 개인정보 보호에도 지혜를 모을 것입니다.

　존경하는 국민 여러분, 인천 시민과 송도 주민 여러분,

　우리는 그동안 도시를 양적으로 팽창시켜 왔습니다. 환경오염, 교통체증과 같은 불편이 커졌고, 도시와 농촌의 격차, 지역 불균형의 문제에 직면했습니다. '스마트시티'로 도시의 질을 높이겠습니다. 한국판 뉴딜로 세계에서 앞서가는 최고의 '스마트시티'를 완성하겠습니다. 우리는 세계 최고의 '스마트시티'를 건설할 만큼 충분한 역량과 자신감을 갖췄습니다. 세계를 선도하는 경제, 국가균형발전과 '함께 잘 사는 나라'를 위한 해답이 '스마트시티'에 있습니다. 도시의 위치와 크기에 관계없이 안전하고 높은 삶의 질을 누리는데 '스마트시티'가 든든한 역할을 할 것입니다. '스마트시티'가 바로 우리 앞에 있습니다. 정부는 국민과 함께, 기업과 지자체와 함께 상상의 미래를 현실로 만들어내겠습니다.

　감사합니다.

수집의 열정과 안목, 그리고 아름다운 기증

| 2020년 10월 23일 |

　　너무 늦기 전에 감사를 표하고자 선행을 알립니다. 지난 6월, 대전 글꽃중학교 3학년 조민기 학생이 보낸 문화재 두 점이 청와대로 배달되었습니다. 18세기 영국에서 제작된 세계지도와 조선 선조 시기 한·일 간의 교류가 담긴 일본의 옛 서적 '풍공유보도략' 하권이었습니다. 18세기의 세계지도는 유일본은 아니지만, 한국의 동해를 조선해의 영문 표기인 'Sea of Korea'로 표시하고 있어, '일본해' 표기가 옳다는 일측 주장이 역사 왜곡임을 확인할 수 있는 귀중한 자료입니다.

　　청와대는 두 점의 문화재가 임진왜란 연구에 활용될 수 있을 것이라 판단하여 국립진주박물관을 기증처로 결정했습니다. 그런데 기증절차 진행 과정에서 조민기 학생은 추가로 '풍공유보도략' 상권, 조선 후기와 청나라 서적 일곱 권을 함께 기증해주었습니다. 어린 학생으로서 참으로 훌륭한 일인데, 이번이 처음이 아닙니다. 이미 지난해 2월, 일제에 의한 안중근 의사의 재판과정을 보여주는 '안중근 사건 공판 속기록' 넉 점을 기증해주었고 제가 청와대에 초청해 감사의 마음을 나눈 일도 있었습니다.

역사에 대한 자긍심, 옛것에 대한 열정 없이 살림을 쪼개가며 수집에 몰두하기는 어렵습니다. 발굴의 기쁨 또한 안목이 있어야 가능합니다. '꾸준한 기증'의 약속을 지킨 조민기 학생도 대견하고, 수집의 열정과 안목뿐 아니라 기증의 보람까지 아들에게 나눠주신 아버님도 매우 훌륭한 분이 아닐 수 없습니다. 조민기 학생은 문화재와 함께 편지를 보내왔는데, 어린 학생인데도 참으로 가상하고 기특한 마음이 담겨있어 첨부합니다. 조민기 학생과 아버님께 감사드립니다.

2021년도 예산안 시정연설

| 2020년 10월 28일 |

존경하는 국민 여러분,

국회의장과 국회의원 여러분,

코로나로 인해 국내외적으로 매우 엄중한 시기에, 비상한 각오와 무거운 마음으로 내년도 예산안을 국민과 국회에 말씀드리게 되었습니다. 1년 전 만 해도 누구도 예상하지 못했던 일입니다. 올해 2020년은 세계적인 격변의 해로 기록될 것입니다. 코로나19의 대유행으로 인류는 생명을 크게 위협받고, 일상이 송두리째 바뀌며, 세계경제와 국제질서에서도 거대한 변화를 겪고 있습니다. 신종 바이러스에 의해 인류는 100년 만의 보건위기를 맞았습니다. 전 세계 코로나 확진자는 이미 4,300만 명을 넘어섰고, 사망자도 110만 명을 넘었습니다. 오늘도 수십만 명의 확진자와 수천 명의 사망자가 발생하는 상황이 지속되고 있습니다. 그 끝이 언제가 될지 모릅니다.

평범한 일상의 상실도 경험하고 있습니다. 국가 간의 이동과 사람들의 교류가 단절되고, 비대면 사회로 급속히 전환되고 있습니다. 경제활동의 근간이 무너지며, 세계경제는 불황의 늪에 빠졌습니다. 대공황 이후 인류가 직면한 최악의 경제위기입니다. 실물경제와 금융, 내수와 수출 모두에서 동시 타격을 받는, 사상 초유의 복합위기가 세계 경제를 벼랑 끝에 서게 하고 있습니다. 기업은 더욱 어려워졌고, 고용불안이 심화되고 있습니다. 취약계층의 삶은 더욱 어려워졌습니다. 세계 어느 곳도 예외가 없습니다. 근대 이후, 감염병 때문에 전 세계가 경제위기에 직면한 것은 일찍이 경험해 보지 못한 일입니다.

그러나 대한민국은 그런 가운데서도, '위기에 강한 나라'임을 전 세계에 증명해 보이고 있습니다. 코로나 극복 과정에서 우리는 그 어느 때보다 한마음이 되었고, 위기 속에서 희망을 만들어냈습니다. 방역과 경제 모두에서 세계에서 가장 선방하는 나라가 되고 있습니다. 위기일수록 더욱 단결하고 힘을 모으는 위대한 국민 덕분입니다. 세계적인 위기 속에서 대한민국을 재발견할 수 있었던 것이 무엇보다 우리 국민에게 큰 용기와 자긍심을 주었습니다. K-방역은 전 세계의 모범이 되며, 대한민국의 자부심이 되었습니다. '개방성', '투명성', '민주성'이라는 민주주의 핵심가치를 방역의 3대 원칙으로 삼았고, 국민 모두가 방역의 주체가 되었습니다. 신속한 진단검사와 철저한 역학조사, 빠른 격리와 치료 등 세계 어느 나라도 따를 수 없는, K-방역의 우수함을 여실히 보여주었습니다.

결코 우연이 아니고, 운이 좋았던 것도 아닙니다. 코로나 발생 초기 우리나라는 한때 세계에서 두 번째로 확진자가 많은 나라였습니다. 그 이후에도 재확산의 위기들이 있었지만, 그때마다 위기를 성공적으로 극복해 왔습니다. 8월의 재확산 위기와 추석 연휴의 고비도 잘 넘기며, 코로나를 질서 있게 통제해냈습니다. 유럽 등 전 세계에서 코로나가 재확산되고 비상조치가 취해지는 상황에서, 한국은 반대로 방역 완화 조치를 시행할 정도로 매우 예외적으로 선방하는 나라가 되고 있습니다. 방역 당국과 의료진의 헌신이 있었기에 가능했습니다. 일상의 불편과 경제적 피해를 감수하면서도 방역에 힘을 모아준 국민들이 있었기에 가능했습니다. 한없는 존경의 마음을 담아 깊이 감사드립니다.

경제에서도 기적 같은 선방으로 세계의 주목을 받고 있습니다. 국경과 지역봉쇄 없는 K-방역의 성과가 경제로 이어지고, 정부의 적극적 재정정책과 한국판 뉴딜 정책 등 효과적 경제대응이 더해지며, 한국은 가장 빠르게 경제를 회복하고 있는 나라로 평가받고 있습니다. OECD 국가 중에서 경제성장률이 가장 높은 나라로 전망되고 있고, 국제 신용평가기관들도 한국의 신용등급을 한결같이 안정적으로 전망하며, 우리 경제에 대한 높은 신뢰를 보내고 있습니다. S&P, 무디스, 피치 등 3대 평가기관이 올해 들어 국가신용등급이나 전망을 하향 조정한 나라가 109개국이나 됩니다. 이와 비교하면 매우 다행스러운 성과가 아닐 수 없습니다. 경제위기 극복에 협력해주신 국회에 이 자리를 빌려 감사를 드립니다. 올 한 해 네 차례, 67조 원에 이르는 추경을 신속하게 결정해준 것이 경제와 국민의 삶을 지키는 데 큰 힘이 되었습니다. 국가적 위기 속에서 협치가 위기극복의 원동력입니다. 앞으로도 한마음으로 어려운 경제와 민생을 살펴주시기 바랍니다.

국민 여러분, 의원 여러분,

이제는 방역에서 확실한 안정과 함께, 경제에서 확실한 반등을 이루어야 할 시간입니다. 오늘 이 자리가 방역과 경제의 동반 성공, 두 마리 토끼를 기필코 잡아낼 것을 함께 다짐하는 자리가 되었으면 합니다. 정부는 선진적이며 체계적인 방역체계를 빈틈없이 유지하겠습니다. 지금까지 해 온 것처럼, 코로나 속의 새로운 일상에서 방역수칙을 생활화하는 성숙한 시민의식이 계속된다면, 방역 선도국가 대한민국의 위상은 변함이 없을 것입니다.

경제도 확실한 반등으로 나아가겠습니다. 희망이 만들어지고 있습니다. 1, 2분기 역성장의 늪을 헤쳐 나와, 드디어 3분기 성장률이 플러스로 반등하였습니다. 8월의 뼈아픈 코로나 재확산으로 인해 더 크게 반등하지 못한 것이 매우 아쉽지만, 그 타격을 견뎌내면서 일궈낸 성과여서 그 의미가 더욱 큽니다. 3분기에 만들어낸 희망을 더욱 살려, 4분기에도 경제 반등의 추세를 이어가겠습니다. 수출이 회복되고 있고, 방역조치 완화로 소비와 내수를 살릴 여건도 마련되고 있습니다. 외국인 직접투자도 3분기에 역대 최대 실적을 기록하며, 한국은 안전한 투자처로 세계의 인정을 받고 있습니다. 기업 실적도 점차 개선되고 있습니다. 특히 신산업 분야와 중소혁신 벤처 분야가 경제회복을 이끌고 있는 것은 위기를 기회로 반전시키는 우리 경제의 저력을 보여주는 것입니다.

이제 내년부터 우리 경제를 정상적인 성장궤도로 올려놓기 위해 본격적인 경제활력 조치를 가동할 때입니다. 정부는 '한국판 뉴딜'을 더욱 강력히 추진하는 등 위기극복과 함께, 미래를 선도하기 위한 노력에 박차를 가하겠습니다. 국민의 삶을 지키고, 국가의 미래를 책임지는 든든한 정부가 되겠습니다. 많은 어려움을 견디며, 방역과 경제의 주체로 애쓰고 계신 국민들께 반드시 보답하겠습니다. 방역과 경제 모두에서 성공하고, 위기를 기회로 만들어 세계를 선도해 나가겠습니다. 국회도 함께 힘을 모아주시길 당부드립니다.

국민 여러분, 의원 여러분,

국민의 삶을 지키고 국가의 미래를 열기 위해, 재정의 역할이 더욱 막중해졌습니다. 정부는 내년도 예산을 국난극복과 선도국가로 가기 위한 의지를 담아 555조8천억 원으로 편성했습니다. 본 예산 기준으로는

8.5% 늘린 확장 예산이지만, 추경까지 포함한 기준으로는 0.2% 늘어난 것으로, 중장기적인 재정 건전성도 함께 고려했습니다. 정부는 적극적으로 재정을 투입하면서 뼈를 깎는 지출구조조정을 병행하여, 재정 건전성을 지켜나가는 노력을 결코 소홀히 하지 않겠습니다. 정부가 제출하는 2021년 예산안은 '위기의 시대를 넘어 선도국가로 도약'하기 위한 예산입니다. 위기를 조기에 극복하여 민생을 살리고, 빠르고 강한 경제회복을 이루는 데 최우선을 두었습니다. 또한, 추격형 경제에서 선도형 경제로 대전환 하기 위해 '한국판 뉴딜'을 본격 추진하는 데 역점을 두었습니다. 미래성장동력 확보와 고용·사회안전망 확충에 투자를 늘려, 혁신과 포용의 기조를 흔들림 없이 뒷받침하겠습니다. 국민의 안전한 삶과 튼튼한 국방, 한반도 평화를 위한 의지 또한 적극적으로 반영했습니다.

정부는 국민의 삶을 지키는 든든한 정부로서, 재정의 적극적 역할을 더욱 강화하여 위기를 빠르게 극복하고, 선도국가로 나아가는 2021년을 만들겠습니다.

첫째, 빠르고 강한 경제회복에 최우선을 두겠습니다. 코로나로 인한 경제 충격에서 빠르게 벗어나 경제회복의 속도를 높이고, 확실한 경기 반등을 이루겠다는 의지입니다. 일자리가 출발점입니다. 지난해 일자리는 뚜렷한 회복세를 보였지만, 올해 코로나 위기 속에서 다시 큰 타격을 받았습니다. 정부는 일자리를 지키기 위해 긴급 재정지원과 금융지원을 대폭 확대하고, 공공 일자리를 직접 창출하며 사력을 다했습니다. 그 결과 고용지표가 조금씩 나아졌지만, 8월 코로나 재확산 위기를 맞으며 다시 일자리 감소폭이 확대되었습니다. 내년에도 일자리는 가장 큰 민생 현안이면서, 경제회복의 출발점입니다.

이에 따라 내년 예산은 일자리 유지와 창출에 우선을 두었습니다. 정부는 일자리를 지키는 노력을 더욱 강화하면서, 새로운 일자리 창출에 매진하겠습니다. '고용유지 지원금' 등으로 46만 명의 일자리를 지키고, 청년, 중장년, 소상공인에 대한 맞춤형 지원으로 민간 일자리 57만 개를 창출하겠습니다. 노인, 장애인 등 고용 취약계층에 대해서는 정부가 직접 일자리 103만 개를 제공하여, 코로나로 인한 고용 충격을 해소해 나가겠습니다. 양질의 일자리 창출을 위해 기업의 역할이 매우 중요합니다. 정부의 투자는 민간 일자리 창출의 마중물입니다. 기업들도 일자리 유지와 창출에 힘을 모아주시기 바랍니다. 정부도 최선을 다해 지원하겠습니다.

경제회복의 속도를 높이기 위해서는, 소비가 늘고 투자와 수출이 활력을 되찾아야 합니다. 정부는 코로나 방역에 대한 자신감을 토대로, 소비 활력을 높이기 위한 정책을 본격적으로 추진하겠습니다. 지역사랑 상품권과 온누리 상품권 발행을 18조 원 규모로 확대하고, 골목상권에 대한 지원을 강화하며, 소비를 촉진하겠습니다. 코로나로 위축된 국내 관광을 활성화하고, 지역경제에 활력을 불어넣기 위해 지원을 아끼지 않겠습니다.

투자 활력을 높이는 데도 적극 나서겠습니다. 정부는 풍부한 유동자금이 생산적 투자로 전환될 수 있도록, 정책자금을 대폭 확대하여 72조9천억 원을 공급하겠습니다. 한국판 뉴딜 펀드와 금융이 민간 분야의 투자를 이끌어내는 역할을 하게 될 것입니다. 우리 기업의 유턴과 해외 첨단산업의 유치 지원도 작년보다 두 배로 확대하겠습니다. 대규모 국가균형발전 프로젝트에 대한 투자에 속도를 내고, 생활SOC 투자도 11조1천억 원으로 확대하여 투입하겠습니다.

수출회복에도 총력을 기울이겠습니다. 코로나 위기상황 속에서도 수출이 우리 경제 반등의 힘이 되고 있습니다. 자동차, 반도체 등 주력 품목뿐 아니라, 중소기업이 앞장선 K - 방역 제품과 비대면 유망품목, 문화콘텐츠 등에서 수출이 크게 증가하고 있습니다. 이 속도를 더욱 높이겠습니다. 해외 플랜트 수주와 중소기업 수출자금 지원 등을 위한 무역 정책자금 5조8천억 원을 추가 공급하고, 수출시장 다변화를 촉진하기 위한 지원도 늘려나가겠습니다. 대기업과 중소기업, 노와 사, 정부와 민간 등 모든 경제주체들이 하나가 되어 경제 반등에 힘을 모아나가길 기대합니다.

둘째, 대한민국의 미래를 위한 '한국판 뉴딜'을 힘있게 추진하겠습니다. 어려울 때일수록 미래를 봐야 합니다. '한국판 뉴딜'은 선도국가로 나아가기 위한 국가대전환 사업으로, 총 160조 원 규모로 투입되는 국가발전 전략입니다. 내년에는 국비 21조3천억 원을 포함한 전체 32조5

천억 원을 투자하여, 36만 개의 일자리를 창출할 것입니다. 우선, '디지털 뉴딜'에 7조9천억 원을 투자합니다.

최근 OECD의 '디지털 정부' 평가에서 한국이 종합 1위에 올랐습니다. IMD가 발표한 한국의 디지털 경쟁력도 2017년 세계 19위에서 지속적으로 올라 올해는 8위까지 상승했습니다. 괄목할만한 발전입니다. '디지털' 분야에 큰 강점이 있는 우리에게, 코로나 이후 시대는 오히려 '선도국가'로 도약할 절호의 기회가 될 것입니다.

내년에는 데이터 수집, 가공, 활용을 위한 '데이터댐' 구축, 교육, 의료 등의 비대면 산업 육성에 집중 투자할 것입니다. 지능형 교통체계를 전국 국도 50%에 확대 구축하고, 하천과 댐의 수위 자동 측정과 수문 원격제어 시스템을 확충하는 등, 중요 기반시설 디지털화에도 1조9천억 원을 투입하겠습니다. 재난 재해 예방과 관리에도 크게 기여하게 될 것입니다.

'그린 뉴딜'에는 8조 원을 투자합니다. 정부는 그동안 에너지전환 정책을 강력히 추진해왔지만, 아직도 부족한 점이 많습니다. 국제사회와 함께 기후변화에 적극 대응하여, 2050년 탄소 중립을 목표로 나아가겠습니다. 석탄발전을 재생에너지로 대체하여, 새로운 시장과 산업을 창출하고 일자리를 만들겠습니다. 노후 건축물과 공공임대주택을 친환경 시설로 교체하고 도시 공간·생활 기반시설의 녹색전환에 2조4천억 원을 투자합니다. 전기·수소차 보급도 11만6천 대로 확대하며, 충전소 건설과 급속 충전기 증설 등에 4조3천억 원을 투자하겠습니다. 스마트 산단을 저탄소·그린 산단으로 조성하고, 지역 재생에너지 사업에 금융지원을 확대하겠습니다.

　'한국판 뉴딜'은 사람 중심의 발전전략입니다. '한국판 뉴딜'의 토대인 안전망 강화와 인재 양성에 5조4천억 원을 투자합니다. 특수형태 노동자 등에 대한 고용보험 지원을 확대하고, 생계급여 부양의무자 기준 폐지 등 고용·사회안전망 확충에 4조7천억 원을 투자합니다. 사회·경제구조의 변화에 맞춰 인재 양성과 직업훈련 체계를 강화하고, 디지털 격차 해소를 위해 사람투자를 꾸준히 늘려가겠습니다. 한편으로는 '지역균형 뉴딜'을 적극 추진하겠습니다. 디지털·그린·안전망에 더하여 '한국판 뉴딜'의 기본 정신으로 '지역균형 뉴딜'을 추가하여, 대한민국을 지역에서부터 역동적으로 변화시키겠습니다. 우리 정부는 그간 국가균형발전 프로젝트, 지역밀착형 생활SOC, 혁신도시, 규제자유특구 등 국가균형발전을 힘있게 추진해 왔습니다.

　그러나 수도권과 지방의 격차가 좁혀지지 않고 있습니다. '지역균형 뉴딜'은 지금까지 추진한 국가균형발전 정책에 더욱 힘을 불어넣고, 질을 높여줄 것입니다. '한국판 뉴딜'의 중심을 지역에 두어 모든 국민의 삶 속에서 체감할 수 있게 하겠습니다. 스마트시티, 그린 스마트 스쿨, 그린 리모델링, 스마트 그린 산단 등 '한국판 뉴딜'의 대표 사업들이 코로나 이후 시대, 삶의 공간과 일터를 크게 혁신할 것입니다. 지역이 주도하여 창의적으로 사업을 발굴하고 추진한다면 정부로서 할 수 있는 지원을 아끼지 않겠습니다. 국가균형발전은 여와 야가 따로 없습니다. 국회에서 '지역균형 뉴딜'에 지혜를 모아주신다면 정부는 적극적으로 뒷받침할 것을 약속드립니다.

셋째, 미래성장동력에 과감히 투자하겠습니다. 지난 3년 반 동안 혁신성장을 가속화하며 미래 먹거리 발굴에 박차를 가했습니다. 우리는 반도체 세계 1등 국가의 기반 위에서 인공지능 반도체, 시스템 반도체 등 차세대 분야로 나아가며 종합반도체 강국으로 도약하는 꿈을 실현해 나가고 있습니다. 미래차 역시 새로운 수출동력으로 부상하고 있습니다. 코로나의 악조건 속에서도, 올해 9월까지 미래차 수출은 전년 동기에 비하여 전기차는 78% 이상, 수소차는 46% 이상 증가했습니다. 전기차 배터리는 우리 기업들이 세계시장을 주도하고 있습니다.

또한 코로나 상황에서 K-바이오의 위상이 한껏 높아지고 있고, 바이오 헬스 분야가 우리의 새로운 강점이 되고 있습니다. 정부는 이 속도를 더욱 높이겠습니다. 시스템 반도체, 미래차, 바이오 헬스 등 3대 신산업에 4조 원을 투자해 미래 산업경쟁력을 높이겠습니다. 4차 산업혁명의 핵심 기반인 데이터, 네트워크, 인공지능 분야에도 3조1천억 원을 투자하겠습니다. 또한, 제조업 등 기존 주력산업의 경쟁력을 한 단계 높여나가는 데 5조5천억 원을 투입하겠습니다. 핵심소재·부품·장비 산업에 대한 지원을 더욱 확대하여, 일본을 넘어 세계로 뻗어나가겠습니다. 대일 100대 품목에서 글로벌 338개 품목으로 확대 지원하여, 소재·부품·장비 강국을 목표로 뛰겠습니다. 지역의 주력 제조업 경쟁력을 높이는 데도 힘을 쏟겠습니다. 산단의 스마트화와 노후 산단의 대개조 사업을 적극 추진하고, 중소기업을 스마트화하는 사업에 박차를 가하겠습니다.

한편으로는 혁신 생태계 기반 조성에 역점을 두겠습니다. 올해보다 지원을 대폭 확대하여 29조6천억 원을 투자합니다. 핵심 원천기술 개발을 위한 첨단 분야 연구·개발 투자를 강화하고, 디지털 전문인재를 적극 양성하겠습니다. 신산업과 벤처창업 등에 혁신모험자금을 집중 공급하고, 혁신제품의 초기 판로 확보를 위한 공공구매를 확대하겠습니다. 창업과 벤처 활성화를 위해 규제샌드박스, 규제자유특구의 성과를 더욱 확산시켜 나가겠습니다.

넷째, 고용안전망과 사회안전망을 더욱 튼튼히 확충하겠습니다. 정부는 출범 초부터 기초연금 인상과 아동수당, 치매국가책임제, 건강보험 보장성 강화와 근로장려금 확대를 통해 취약계층의 사회안전망을 대폭 강화해 왔습니다. 코로나 위기 상황에서는 고용안정과 취약계층의 지원을 위해 최선을 다했습니다. 긴급재난지원금, 고용안정지원금, 소상공인 새희망자금 등을 지원하고 기초생활수급대상을 확대하는 등 전례 없는 정책수단을 총동원하였습니다. 그에 따라, 지난 2분기에는 소득 분위 전 계층의 소득이 늘어나는 가운데, 하위계층의 소득 증가율이 더 높아져 분배지수가 개선되는 바람직한 현상이 나타났습니다. 소중한 성과입니다.

그러나 아직 갈 길이 멉니다. 정부 지원금에 의한 일시적 현상으로 그치지 않도록 국민 한 사람 한 사람의 삶을 더욱 따뜻하게 살피겠습니다. 당장 내년부터 46조9천억 원을 투입하여, 생계·의료·주거·교육의 4대 사회안전망을 더욱 튼튼하게 구축할 것입니다. 생계급여 부양의무자 기준을 폐지해 15만7천 가구가 추가로 혜택을 받을 수 있게 하고, 어르신들의 노후소득을 위해 기초연금 30만 원을 기초연금 대상 모든 어르신으로 확대하겠습니다. 건강보험·요양보험 보장성 확대를 위한 국고지원 규모를 11조 원으로 늘리고, 서민들의 주거 부담 경감을 위해 공적 임대주택 19만 호도 추가로 공급할 것입니다. 또한, 고교 무상교육을 전 학년으로 확대해 고교 무상교육을 완성하겠습니다.

취약계층 보호와 사람투자에도 더욱 힘을 쏟겠습니다. 어려움을 겪는 중소기업, 소상공인, 자영업자를 위해 대출·보증 등 금융지원을 더욱 강화하는 한편, 청년 일자리를 비롯해 주거 등 생활 안정 지원을 강화하겠습니다. 고령 농민들에 대한 연금지급 확대와 수산 공익직불제 도입, 보훈 보상금 인상, 장애인 연금 확대 등을 통해 농어민과 보훈 가족, 장애인을 더 두텁게 지원하겠습니다. 특별히 전 국민 고용안전망 기반 구축을 역점 사업으로 삼아 20조 원을 반영했습니다. 내년 1월 처음 시행되는 '국민취업지원제도'를 통해 총 40만 명에게 취업 지원서비스와 월 50만 원의 구직촉진수당을 제공하게 됩니다. 저소득 예술인과 특수형태 노동자 46만5천 명에게는 신규로 고용보험료 80%를 지원할 것입니다.

국민의 주거안정에도 특별한 노력을 기울이겠습니다. 부동산 시장

안정, 실수요자 보호, 투기 억제에 대한 정부의 의지는 단호합니다. 주택 공급 확대를 차질없이 추진하며, 신혼부부와 청년의 주거 복지에도 만전을 기하겠습니다. 임대차 3법을 조기에 안착시키고, 질 좋은 중형 공공임대아파트를 공급하여 전세 시장을 기필코 안정시키겠습니다.

마지막으로, 국민의 안전한 삶과 튼튼한 국방, 평화를 향한 한결같은 의지를 담았습니다. 우리 정부는 출범 이후, 교통사고, 산재사망, 자살을 예방하는 '국민생명 지키기 3대 프로젝트'를 추진해 왔습니다. 미세먼지로부터 국민의 건강을 지키기 위해 특별법을 제정하는 등 전방위적 대응을 해왔습니다. 그 결과, 지난해와 올해 교통사고와 산재 사망자 수가 크게 감소했고, 미세먼지 농도가 계속 개선되는 성과가 있었습니다. 내년에도 더욱 노력을 강화해 나가겠습니다. 코로나 방역과 감염병 대응체계 강화는 내년에도 매우 중요한 과제입니다. K-방역 예산을 1조 8천억 원으로 대폭 늘렸습니다. '예방-진단-치료 전 주기 방역시스템'을 강화하고, 감염병 전문병원 세 곳 신설을 비롯해 호흡기 전담 치료시설 500곳을 추가 설치하겠습니다. 백신과 치료제 개발이 중요한 만큼, 코로나 치료제와 백신 개발에서, 임상 단계별 맞춤형 지원을 확대하겠습니다. 치료제와 백신이 다른 나라에서 먼저 개발되어 수입할 수 있게 되더라도, 개발 경험 축적과 백신 주권, 공급가격 인하를 위해 끝까지 자체 개발을 성공시키겠습니다. 코로나 확진자와 의료진의 정신건강 관리를 위해 전문상담인 100명을 신규 배치하는 예산도 담았습니다. 이미 세계의 표준이 된 'K-방역'의 성공을 더욱 든든하게 뒷받침하겠습니다.

강한 안보가 평화의 기반이 된다는 것은 변함없는 정부의 철학입니다. 정부는 한반도 평화에 대한 강한 의지를 갖고, 국가안보의 최후 보루인 국방 투자를 더욱 늘려 국방예산을 52조9천억 원으로 확대했습니다. 전방위 안보위협에 대비한 첨단 전력을 보강하고, 핵심기술 개발과 부품의 국산화를 위해 집중투자할 것입니다. 전투역량 강화를 위해, 가상현실과 증강현실에 기반한 과학화 훈련, 개인 첨단장비 보급 등 스마트군 육성을 위한 투자도 크게 늘릴 계획입니다. 한편으로는 병사 급여 인상 등 장병 처우 개선에도 3조8천억 원을 반영했습니다.

지난 3년 반의 시간은 한반도에서 전쟁의 위협을 제거하고, '평화와 번영의 한반도'로 바꾸어 나가는 도전의 시간이었습니다. 많은 진전이 있었지만, 다시 대화가 중단되고, 최근 서해에서의 우리 국민 사망으로 국민들의 걱정이 크실 것입니다. 투명하게 사실을 밝히고 정부의 책임을 다할 것이지만, 한편으로 평화체제의 절실함을 다시금 확인하는 계기가 되었습니다. 연결된 국토, 바다, 하늘에서 평화는 남북 모두를 위한 '공존의 길'입니다. 사람과 가축 감염병, 재해 재난 극복을 위해 남과 북이 생명·안전공동체로 공존의 길을 찾길 소망합니다. 한반도 평화는 우리 모두에게 주어진 시대적 소명입니다. 우리 앞에 놓인 장벽들을 하나하나 뛰어넘으며, 시간이 걸리더라도 우리는 반드시 평화로 가야 합니다. 강한 국방을 바탕으로, 한반도의 비핵화와 항구적 평화를 위해 끊임없이 대화를 모색하겠습니다. 남과 북, 국제사회가 대화와 신뢰를 통해 장애를 뛰어넘고, 한반도부터 동북아로 평화를 넓혀가길 기대합니다.

존경하는 국민 여러분,
국회의장과 의원 여러분,

우리 국회는 협력의 전통으로 위기 때마다 힘을 발휘했습니다. 지금과 같은 전대미문의 위기 속에서 '협치'는 더욱 절실합니다. 국민은 여야가 치열하게 경쟁하면서도 국난극복을 위해서는 초당적 협력을 해주기를 바라고 있습니다. '민생'과 '개혁'이라는 국민의 요구에 부응할 때 '협치'의 성과는 더욱 빛날 것입니다. 상법, 공정거래법, 금융그룹감독법 등 공정경제 3법의 처리에 협력해주시고, 경찰법과 국정원법 등 권력기관 개혁법안도 입법으로 결실을 맺어주시길 바랍니다. 성역 없는 수사와 권력기관 개혁이란 국민의 여망이 담긴 공수처의 출범 지연도 이제 끝내주시기 바랍니다. 코로나 극복을 위한 감염병예방법을 비롯해 유통산업발전법, 소상공인보호법, 고용보험법 등 산적한 민생법안들도 조속히 매듭짓고, 내년도 예산안을 법정 기한 내에 처리하여, 진정한 '민생 국회'의 모습을 보여주시길 기대합니다.

특별히, 사회적 약자에 대한 국회의 역할을 당부드립니다. 감염병이 만든 사회·경제적 위기는 모든 사람에게 공평하지 않습니다. 재난은 약자에게 먼저 다가가고, 더욱 가혹하지만, 우리 사회는 어려운 약자들에 대한 안전망을 충분하게 갖추지 못한 것이 현실입니다. 제도적으로 보호받지 못하는 분들을 위해 지속가능한 대책을 마련하는 데 국회도 힘을 모아주시길 부탁드립니다. '함께 잘 사는 나라'를 향한 우리의 노력이 민의의 전당 국회에서부터 실현될 것이라 믿습니다. '위기에 강한 나라, 대한민국'은 서로 연대하고 협력하는 나라입니다. 함께 손을 잡고 국난을 극복하고, 세계를 선도하는 대한민국으로 나아갑시다.

감사합니다.

미래차 산업 토크콘서트 모두 발언

| 2020년 10월 30일 |

존경하는 국민 여러분,

울산 시민 여러분,

울산은 우리나라 자동차 산업의 심장부입니다. 500여 개 업체에서 5만여 명의 노동자가 함께 일하며 하루에 6,000대, 연간 150만 대의 자동차를 생산하는 세계 최대의 자동차 제조 공장입니다. 최초의 국산 고유 모델 '포니'가 여기서 태어났고, 지금 제가 타고 있는 달리는 공기청정기 수소차 '넥쏘'가 만들어진 곳도 이곳입니다.

울산의 목표는 언제나 세계 최고를 향해 갑니다. 우리는 지난해 세계 7위에서 올해 세계 4위의 자동차 생산 강국을 달성했고, 미래차의 선두를 달리고 있습니다. 오늘은 특히 세계 최초로 수소차 판매 대수 만 대를 돌파하고, 전기상용차 판매 역시 만 대를 넘어선 날입니다. 이 자리에는 만 번째 수소차 구매자와 만 번째 전기상용차 구매자가 함께 참석했습니다. 새로운 역사를 쓴 현대차와 구매자들께 축하드립니다.

글로벌 자동차 기업들이 전기차 개발에 집중할 때 현대차는 전기차와 함께 수소차 개발에도 과감히 투자하여 세계 최초로 수소차를 생산했고, 현재 압도적 판매 1위를 기록하고 있습니다. 현대차 울산공장은 혁신에서 1등 기업이지만 코로나 위기를 극복하는 노력에서도 1등 기업이고, 노사 협력과 미래비전에서도 1등 기업입니다. 코로나 초기부터 현대차 노사는 사내예방 활동은 물론 협력사와 함께 지역사회를 위한 지원 활동에 나섰습니다. 확진자가 발생했을 때는 과감하게 공장 가동을 중단하고 정밀 방역으로 확산을 막았습니다.

매주 방역의 날을 지정해 소독을 실시했으며 식사시간을 늘려 사회적 거리두기를 실천했습니다. 지난 9월에는 노사가 함께 미래 자동차산업 변화에 대응하고, 고용안정과 부품 협력사와의 상생을 위해 '노사 공동발전 및 노사관계 변화를 위한 사회적 선언'을 채택했습니다. 오늘 이곳 혁신과 상생의 현장에서 우리 미래차 시대의 전략을 말씀드리게 되어 매우 기쁩니다. 국민들께서도 미래차의 희망에서 우리 경제의 희망을 보실 수 있을 것입니다.

울산은 우리나라를 대표하는 미래차와 수소 도시가 되었습니다. 수소 충전소와 수소차 보급에 앞장서고, 수소 규제자유특구로 기업의 혁신을 돕고 있습니다. 울산과학기술원의 과학자들이 하늘을 나는 자동차 같은 신제품 개발에 함께하고 있어 더욱 기대가 큽니다. 대한민국 미래차의 내일을 일구고 계신 현대차 노사와 협력업체, 대학과 연구소를 응원하며 울산 시민과 송철호 시장님을 비롯한 울산시 관계자들께 감사드립니다.

국민 여러분,

미래차는 자동차 산업의 판도를 완전히 바꿔놓고 있습니다. 전기차 업체인 테슬라가 글로벌 자동차 기업들을 제치고 기업 가치 1위로 올라섰습니다. 미래차의 성능과 품질을 결정하는 2차전지, 인공지능, 반도체 산업도 가파르게 성장하고 있습니다. 미래차는 전자, 화학, 광학, 기계, 에너지 등 전후방 산업이 광범위합니다. 내연차보다 부품이 줄어 자동차 생산의 진입장벽이 낮아졌고, 자율주행 부품과 같은 새로운 분야에 중소 벤처기업의 성장 기회가 열렸습니다. 수소차는 수소 드론, 수소 철도, 수소 선박, 수소 건설기계같이 연관 산업의 발전을 이끌 가능성이 무궁무진합니다.

저는 2018년 초 우리 자율주행 수소차를 타고 운전자 도움 없이 고속도로를 시범 운행해 본 경험이 있습니다. 그해 10월 프랑스 방문 때는 파리 시내 한복판의 수소 충전소와 거리를 달리는 우리 수소택시들을 보았습니다. 오늘은 수소차 넥쏘를 타고 행사장에 왔습니다. 우리 미래차를 응원하는 한결같은 마음을 가지고 있습니다. 정부는 '수소경제 로드맵'과 '미래차 비전과 전략'을 수립하여 2030년 미래차 경쟁력 1등 국가를 향해 성큼성큼 나아가고 있습니다. 수소차는 2017년에 비해 일흔네 배 늘어 만 대가 보급되었고, 전기차는 여덟 배 이상 늘어난 12만4천 대가 보급되었습니다. 수출은 수소차가 네 배, 전기차가 일곱 배 증가했습니다. 코로나 위기 상황에서 이룬 성과여서 더욱 훌륭합니다.

친환경차 성능을 좌우하는 2차전지도 우리나라가 세계시장 점유율 1위를 차지하고 있습니다. 자율주행차 시대를 위해 법과 제도도 착실히 준비하고 있습니다. 세계 최초로 고속도로 자율주행 안전기준을 마련했고, 레벨4 수준의 자율주행 임시운행 허가절차를 간소화했습니다. 자율주행차 보험제도도 정비했습니다. 규제 특례를 적용하여 세종, 대구, 판교에서 무인 셔틀 같은 자율주행 교통서비스도 실증하고 있습니다.

국민 여러분,

세계 자동차 시장은 미래차를 중심으로 빠르게 재편될 것입니다. 전기차 경쟁이 불붙었고, 테슬라는 자율주행과 친환경차를 융합한 모델을 시장에 내놓고 있습니다. 우리도 담대하고 신속하게 대응해야 자동차 강국을 지키고 4차 산업혁명 선도국가로 올라설 수 있습니다. 미국·유럽의 브랜드, 중국의 가격경쟁력을 뛰어넘을 획기적인 성능개발과 함께 고도의 자율주행 상용화 기술개발이 필요합니다. 정부는 한국판 뉴딜 10대 사업에 '친환경 미래 모빌리티'를 선정했습니다. 2025년까지 전기차·수소차 등 그린 모빌리티에 20조 원 이상 투자할 계획입니다. 도로 시스템과 산업생태계를 전면적으로 보완하고, 크게 세 가지 대책을 추진하겠습니다.

첫째, 미래차 보급에 속도를 내겠습니다. 2022년을 '미래차 대중화의 원년'으로 삼고 2025년까지 전기차 113만 대, 수소차 20만 대를 보급하겠습니다. 또한, 2027년 세계 최초로 레벨4 수준의 자율주행차를 상용화하겠습니다. 핸드폰처럼 수시로 편리하게 충전할 수 있도록 전기차 충전소는 2025년까지 아파트, 주택 등 국민들의 생활거점에 총 50만 기, 고속도로 휴게소 등 이동 경로에 만5천 기를 공급하겠습니다. 수소차 충전소는 수도권을 중심으로 내년 상반기까지 100곳을 완공하고, 2025년까지 총 450곳을 설치할 계획입니다. 공공 유휴부지 활용과 충전소 경제성 확보 방안 등 추가 대책을 마련했습니다. 충전 인프라 없이는 늘어나는 미래차를 감당할 수 없습니다. 제때 완공될 수 있도록 관계 부처의 역량을 총동원하겠습니다.

내년부터 공공기관의 신차 구매와 공공기관장 차량은 모두 전기차와 수소차로 전환합니다. 택시와 버스회사 등 대규모 차량 구매자에 대한 친환경차 구매목표제를 추진하겠습니다. 보조금과 세제 혜택, 연료비 부담을 낮춰 가격경쟁력을 확보하고, 환경 개선 효과가 큰 트럭과 버스

같은 상용차에 더 많은 보조금을 지급하겠습니다.

둘째, 미래차와 연관 산업을 수출 주력산업으로 육성하고, 관련 일자리를 확대하겠습니다. 자동차는 제조업 수출의 12%, 일자리 47만 개를 책임지는 성장과 고용의 중추입니다. 2025년까지 전기차 46만 대, 수소차 7만 대를 수출하고, 부품·소재와 연관 산업 수출을 확대해 일자리를 늘리겠습니다. 이를 위해 2025년까지 전기차 주행거리 50%, 전비 10%를 향상하겠습니다. 수소차는 내구성과 연비를 개선해 북미, 유럽, 중국 시장 진출을 촉진하겠습니다. 세계 1위의 2차전지·연료전지를 제2의 반도체로 육성하고 2차전지 소재·부품·장비를 연 매출 13조 원의 신산업으로 키울 것입니다. 차량용 반도체, 센서 등 자율주행 핵심부품 개발과 함께 수소 드론, 수소 철도, 수소 선박, 수소 건설기계 등도 새로운 수출상품으로 육성하겠습니다.

셋째, 미래차가 중심이 되는 산업생태계로 전환을 가속화 하겠습니다. 자율배송, 자율주행차, 헬스케어 같이 우리 사회문제 해결에 자율주행 기술을 폭넓게 활용할 것입니다. 완전 자율주행차 안전기준 마련 등 자율주행 인프라를 차질없이 갖추고, 자율주행 관련 양질의 데이터 댐을 구축하여 중소·중견기업의 기술개발과 사업화를 적극 지원하겠습니다. '사업재편지원단'을 만들어 2030년까지 1,000개의 자동차 부품기업이 미래차 사업으로 전환할 수 있도록 돕겠습니다. 사업재편 전용 R&D 등 다양한 지원을 추진하겠습니다. 총 3,500억 원 이상 규모의 펀드를 벤처·스타트업에 투자하여 미래차 산업의 성장을 지원하겠습니다. 미래차시대를 대비하여 정비시스템을 완비하고, 우수 현장인력 2,000명을 양성하는 한편 생산에서 폐기까지 전 주기 친환경화도 추진하겠습니다.

존경하는 국민 여러분,
울산 시민 여러분,

앞으로 5년입니다. 세계적인 치열한 경쟁 속에서 5년이 미래차 시장을 선도하는 골든타임이 될 것입니다. 우리는 이미 많은 부분에서 선두를 달리고 있습니다. 우리가 만든 수소차와 전기차의 안전성과 우수성은 세계적으로 인정받고 있습니다. 반세기 만에 자동차 생산 강국으로 도약한 우리는 세계를 선도하는 열정과 저력에 기술력까지 갖췄습니다. 확실한 미래차 강국으로 도약할 날이 머지않았습니다. 국민 여러분의 손을 잡고 반드시 새로운 미래차 시대를 열겠습니다.

감사합니다.

11월

제15회 제주포럼 기조연설

| 2020년 11월 6일 |

제15회 제주포럼 개막을 축하합니다.

온라인으로 함께해주신 세계 각국의 전직 정상 여러분, 유엔 사무총장님, 그리고 다양한 분야의 전문가들께 감사드리며, 제주도 현장에 직접 참가해주신 주한대사들과 내외귀빈을 환영합니다.

코로나로 인해 국제회의의 개최에 어려움을 겪는 상황에서 우리는 오늘 제주포럼을 성공적으로 시작했습니다. 어려운 상황에서 제15회 제주포럼을 성공적으로 준비해주신 제주도민과 원희룡 제주지사님을 비롯한 관계자 여러분의 노고에 깊이 감사드립니다.

제주는 '치유의 섬'이며 '평화의 섬'입니다. 제주의 돌담 하나, 바람한 점마다 자연과 어울려 살고자 했던 제주도민의 마음이 깃들어 서로의 고통을 보듬어왔습니다. 동백꽃 한 잎마다 깃든 용서와 화해의 마음으로 70년 전, 국가폭력의 아픔을 딛고 평화의 길을 열었습니다. 제주도민의 포용과 상생의 마음이 제주포럼 출범의 바탕이며 정신입니다. 지난 20년 제주포럼이 동아시아의 대표적 공공 포럼으로 평화와 공동번영을 위한 국제적 논의를 이끌어올 수 있었던 힘도 제주도민이 이룬 치유와 평화의 정신이었습니다.

코로나에 맞서 인류가 희망과 용기를 나누고 힘을 모아 나아가야 할 지금, 다자협력을 위한 진전된 방안을 논의할 수 있게 되어 매우 기쁩니다. 이번 포럼이 보건위기와 경제위기, 기후변화를 극복하고, 지속가능한 세상을 향해 나아가는 디딤돌이 되길 기대합니다. 또한 온·오프라인의 포럼 참가자 모두 제주가 이룬 용서와 화해의 역사, 제주의 아름다움을 함께 느껴주길 바랍니다.

내외 귀빈 여러분,

코로나가 인류에게 일깨운 사실 중 하나는 이웃이 건강해야 나도 건강할 수 있다는 것입니다. 코로나 확산 초기, 세계는 사상 초유의 위기에 어떻게 대응해야 할지 잘 알지 못했고, 한국도 마찬가지였습니다. 올해 초, 한국은 세계에서 두 번째로 확진자가 많은 나라였습니다. 그때 한국 국민들이 선택한 것은 '연대와 협력'의 길이었습니다. 한국은 국민 모두가 방역의 주체가 되어 이웃의 안전을 지켰습니다. 방역물품을 나누며 감염병에 취약한 이웃을 먼저 보호하였습니다. 개방성, 투명성, 민주성을 바탕으로 방역과 일상의 공존을 위해 노력해온 결과, 한국은 가장 성공적으로 바이러스를 차단한 국가, 가장 빠르게 경제를 회복하고 있는 국가로 평가받게 되었습니다.

한국은 '이웃'의 범위를 '국경' 너머까지 넓혔습니다. 국경과 지역 봉쇄 없이 경제충격을 최소화하며, 'K-방역'의 경험과 임상 데이터들을 세계와 적극적으로 공유했습니다. 방역물품들도 여건이 허락하는 대로 나눠왔습니다. 인류는 역경을 만날 때 결코 좌절하지 않고 오히려 자유와 민주주의, 인도주의와 국제협력 같은 위대한 성취를 이뤄냈습니다. 'K-방역'의 성과는 이러한 인류의 지혜를 상식적으로 적용하며 이뤄낸 것입니다. 이제 한국은 코로나의 완전한 극복을 위해 인류의 보편가치를 실천하며 세계와 더욱 강하게 연대하고 협력해 나가고자 합니다. 한국은 2010년 OECD 개발원조위원회에 가입한 후 ODA 예산을 빠르게 늘려왔습니다. 개발도상국들의 코로나 위기극복을 돕기 위해 내년 보건·의료 ODA 예산도 크게 늘렸습니다.

한국은 '코로나19 대응 ODA 추진전략'을 마련해 'K-방역'을 각국 맞춤형으로 지원하고 있으며, 여성과 난민, 빈곤층을 비롯해 감염병에 더 취약한 이들에게 더욱 관심을 기울일 것입니다. 코로나가 완전히 끝날 시기는 예측하기 어렵지만, 모든 인류가 백신으로 면역을 가질 수 있어야 비로소 코로나로부터 자유로워질 것입니다. 개발도상국에 코로나 백신을 지원하기 위해 '선구매 공약 메커니즘'이 출범했습니다. 한국은 여기에 1,000만 달러를 공여하고, 국제백신연구소를 비롯한 국제 백신 협력에 적극 동참해 나갈 것입니다. 백신이 인류를 위한 공공재로 공평하게 사용될 수 있도록 여러분께서 함께 지혜를 모아주시길 바랍니다.

내외 귀빈 여러분,

기후변화는 더이상 미래의 일이 아니라 우리 눈앞의 현실이 되었습니다. 우리는 기후변화에 대응하기 위한 새로운 모멘텀을 만들어야 하며, 포용성이 강화된 국제협력을 이뤄야 합니다. 2018년 '기후변화에 관한 정부 간 협의체'가 채택한 '지구온난화 1.5℃ 특별보고서'는 지구 평균온도 상승이 1.5도에 그칠 경우 2도 오를 때보다 1,000만 명의 삶을 구할 수 있다고 예측했습니다. 보다 절박한 연대와 협력으로 지구촌이 공동 대응해야만 이룰 수 있는 목표입니다.

한국은 파리협정 이행을 통해 기후변화에 대응하는 국제사회의 노력에 동참해왔고, '디지털 뉴딜'과 '그린 뉴딜'을 양 축으로 지속가능한 발전을 지향하고 있습니다. 한국은 데이터, 네트워크, 인공지능 기술로 생산성을 높이고, 깨끗한 에너지를 사용해 '스마트 공장'과 '스마트 그린 산단'을 확대할 것입니다. 기후변화 대응과 녹색경제를 위한 그린 뉴딜에 2030년까지 총 73조 원 이상을 투자해 2050년 탄소 중립을 목표로 흔들림 없이 나아갈 것입니다. 제주도는 한국에서 가장 먼저, 2030년까지 탄소중립을 이루겠다는 야심찬 목표로 탄소중립 경제를 선도하고 있습니다.

한국은 개발도상국과도 협력할 것입니다. 각국의 '스마트 산업단지', '스마트 시티' 사업에 적극 참여해 한국의 경험을 공유하며 지속가능한 발전을 위해 함께하겠습니다. 내년 서울에서 'P4G 정상회의'를 개최합니다. 한국은 국제사회가 기후환경 문제에 연대하여 실질적으로 협력해 나갈 수 있는 방안을 준비하고자 합니다. 'P4G 정상회의'가 '더 낫고 더 푸른 재건'을 위한 국제 결속을 다지고 행동을 강화하는 중요한 계기가 되기를 바랍니다. 국제사회의 적극적인 참여를 부탁드립니다.

내외 귀빈 여러분,

올해 한국전쟁 발발 70주년을 맞았습니다. 정전협정이 체결되었지만, 평화협정이 체결되지 않아, 한국은 아직도 전쟁이 완전히 끝나지 않았고, 전쟁으로 인한 고통과 슬픔도 끝나지 않았습니다. 평화는 여전히 한국의 오랜 숙원입니다. 한국은 한반도에서 전쟁을 완전히 끝내고 비핵화와 항구적 평화를 이루기 위한 노력을 결코 멈추지 않을 것입니다. 동북아 전체의 평화와 번영을 위해서도 한반도의 평화가 반드시 필요하다는 것을 다시 한번 강조합니다. 평화올림픽으로 성공한 2018년 평창 동계올림픽은 남·북의 결단과 다자협력이 한반도에 평화를 가져올 수 있고, 세계 평화에 기여할 수 있다는 사실을 극적으로 보여주었습니다.

다자적 평화체제야말로 한반도와 동북아 평화에 반드시 필요한 정신입니다. 지난 9월 유엔총회에서 나는 남북한을 포함해 역내 국가들이 함께 참여하는 '동북아시아 방역·보건협력체'를 제안했습니다. 남과 북은 감염병과 가축 전염병, 자연재해를 함께 겪으며 생명과 안전의 공동체임을 거듭 확인하고 있습니다. 연대와 포용의 정신이 담긴 '동북아시아 방역·보건협력체'가 서로의 생명과 안전을 지키고, 한반도와 동북아, 나아가 세계 평화를 향한 길을 열 것이라 확신합니다. 많은 지지와 참여를 바랍니다. 한국은 이제 세계 10위권의 경제 강국이 되었고, 스스로의 안보를 책임지며 세계평화에 기여할 수 있을 만큼 성장했습니다. 한국은 동북아 평화와 번영을 위해 중견국가로서 역할을 다할 것입니다.

존경하는 내외 귀빈 여러분,

인류는 이웃의 아픔을 나의 아픔으로 여기며 코로나에 맞서고 있습니다. '포스트 코로나 시대'는 코로나를 초래한 일상으로의 복귀가 아닐 것입니다. 우리는 연대와 협력으로 코로나를 극복하고 더 포용적이며 지속가능한 세상으로 나아갈 것입니다. 오늘 제주포럼이 인류가 축적해온 지혜와 경험, 기술을 공유하며 코로나와 기후변화라는 인류 공동의 위기를 극복하는 중요한 기회가 되리라 믿습니다. 모두 건강을 지켜내며 포럼을 마친다면 그보다 큰 성공은 없을 것입니다. 참석하신 모든 분들의 건강을 기원하며, 제주포럼이 인류에게 새로운 희망을 선사해주길 기대합니다.

감사합니다.

제58주년 소방의 날 기념사

| 2020년 11월 6일 |

존경하는 국민 여러분,

전국 15만 소방 가족과 의용소방대원 여러분,

오늘은 소방관 국가직 전환 이후 처음 맞는 소방의 날입니다. 명예
와 신뢰, 헌신의 소방정신을 상징하는 중앙소방학교에서 기념식을 하게
되어 더욱 뜻깊습니다.

제58주년 '소방의 날'을 진심으로 축하합니다.

2017년 중앙소방본부가 소방청으로 승격하여 육상재난 대응 총괄
책임기관이 되었습니다. 이제 국가직 전환을 통해 소방은 관할 지역 구
분 없이 모든 재난현장에서 총력 대응할 수 있게 되었습니다. 소방관들

에 대한 각별한 지지와 사랑으로 국민들께서 부여한 임무입니다. 지금이 순간에도 최선을 다해 임무를 수행하고 있는 15만 소방 가족들과 지역 주민의 안전을 위해 봉사하고 계시는 10만 의용소방대원들에게 깊이 감사드리며, 국민의 지지와 사랑을 '세계에서 가장 안전한 나라'로 돌려주시길 기대합니다.

올해 여름 피아골 계곡에서 인명구조 임무 중 순직한 김국환 소방장, 급류에 휩쓸려 순직한 송성한 소방교를 비롯한 소방관들은 국가를 대신해 국민의 생명과 안전을 지킨 소방영웅입니다. 이영욱, 이호현, 심문규, 오동진, 이정렬, 강연희, 김신형, 김은영, 문새미, 정희국, 김종필, 이종후, 서정용, 배혁, 박단비, 권태원, 석원호, 권영달 소방관을 비롯한 순직 영웅들의 고귀한 희생과 헌신도 다시 되새겨봅니다. 사랑하는 가족을 잃은 유가족과 동료의 죽음을 가슴에 품고 계신 소방관들께 깊은 위로의 마음을 전합니다.

국민 여러분,

재난 앞에서는 누구나 절박합니다. 그 절박한 순간 위험을 뚫고 다급한 목소리를 찾아가는 소방관만큼 안도감을 주는 존재는 없을 것입니다. 지난 10월 울산 화재 당시 33층에서 일가족 세 명을 업고 내려온 소방관들에게, 구조된 가족들은 '헬멧을 쓴 신(神)'이 나타난 것 같았다고 말했습니다. 소방관들은 올해에만 73만 곳의 구조출동 현장에서 7만 명의 국민을 지켰습니다. 300만 명의 국민이 구급대원들의 응급처치를 받았고, 130만 명이 구급차의 도움으로 병원에 이송되었습니다. 코로나를 극복하는 과정에서도 소방관들은 큰 역할을 했습니다. '국민안전'을 최우선에 두고 업무영역을 확장해 전국 곳곳에서 활약했습니다.

24시간 어디서나 대응체계를 마련해 국민 곁을 지켰고, 코로나 확산 초기, 확진자가 많았던 대구에는 전국의 소방관들이 자원해 달려왔습니다. 해외 교민들의 귀국길과 특별입국절차가 시행된 인천공항에서도, 임시 생활시설과 생활치료센터에서도, 사명을 다해주었습니다. 만6천 명의 확진자, 8만 명의 의심환자를 이송하면서, 완벽한 방역으로 소방관 스스로의 감염을 막아낸 것도 정말 대단합니다.

특별한 마음으로 높이 치하합니다.

의용소방대원들의 활약 또한 이에 못지않았습니다. 구급차량 점검과 급식으로 소방활동을 힘껏 도왔고, 공적 마스크 5부제를 시행하던 초기, 마스크 제조와 약국 보조업무 등에 일손을 보태 국민들께서 혼란을 겪지 않도록 최선을 다해주셨습니다. 소방공무원과 의용소방대원들은 국민의 생명과 안전을 지켰을 뿐만 아니라, 반드시 코로나를 이겨낼 수 있다는 희망과 용기를 전해주었습니다. 방역 요원 못지않게 K-방역의 최일선에서 활약해준 모든 소방공무원과 의용소방대원 여러분께 깊이 감사드립니다.

국민 여러분,

우리 소방관과 구급대원들은 "우리가 할 수 없다면, 그 누구도 할 수 없다"는 각오로 각자의 자리에서 임무를 수행하고 있습니다. 위험은 늘 한 치의 방심을 틈타기 마련입니다. 정부는 체계적인 안전대책을 마련하는 데 최선을 다하고 있습니다. 정부는 2018년부터 범정부 화재안전특별TF를 구성해 화재 안전 시스템을 개선해 나가고 있습니다. 가장 큰 변화는 관할구역 구분 없이 가장 가까운 곳에서 출동하고, 대규모 재난에는 전국의 소방관들이 집결할 수 있도록 법과 매뉴얼을 마련한 것입니다.

전문기관과도 유기적으로 협력해 '국민안전'을 더욱 강화했습니다. 국방부, 경찰청과 재난대응 공조체계를 구축하고, 서울대병원과 지자체 등, 민·관을 가리지 않고 협력체계를 갖추고 있습니다. 현장에 출동하는 대원들은 단 한 가지만 생각합니다. "지켜낼 수 있는 생명은, 반드시 지켜내야 한다"

정부도 소방관들의 헌신에 힘을 더하고 있습니다. 현장인력 확충과 특별구급대 운영으로 더 많은 생명을 지키는 토대를 만들 것입니다. 부족한 현장인력 만2천 명을 충원했고, 2022년까지 추가로 늘려 소방공무원 2만 명 충원 약속을 반드시 지킬 것입니다. 응급환자들에게 제대로 응급의료서비스를 제공할 수 있는 '구급차 3인 탑승'과 업무범위 확대는 구급대원들의 숙원이었습니다. 정부는 2016년 31.7%이던 119구급차 3인 탑승률을 현재 82.8%수준으로 높였습니다. 지난해 7월부터 특별구급대를 시범 편성해 운영하고 있으며, 올해 연말 최종 점검 후 관련 법규를 정비하여 응급환자에 대한 확대 처치가 가능하도록 할 것입니다.

소방관의 안전은 곧 국민의 안전입니다. 소방관들이 스스로의 안전을 지킬 수 있도록 장비 개선과 개인안전장비 확충을 위해 소방안전교부세 시행령을 개정했습니다. 내년 소방청 예산은 역대 최대인 2,200억 원으로 편성했습니다. 소방헬기 통합관리를 비롯해 재난 통합 대응체계를 구축하고, 화재진압이 어려운 곳에 특수장비를 배치해 우리 국민과 소방관의 안전을 동시에 지키는 것이 목표입니다. 소방관들의 안전과 건강을 지키기 위한 소방병원 설립도 차질없이 진행 중입니다. 앞으로도 소방관들의 안전과 건강을 지키는 데 국가가 최선을 다하겠다고 약속드립니다.

존경하는 국민 여러분, 소방관 여러분,

60년 전, 중고 군용트럭에 펌프를 달아 물을 뿌리고 심지어 소방헬멧을 여럿이 함께 나눠 써야 했던 시절부터, 국민들은 화마 속으로 달려가는 소방관들을 항상 신뢰했습니다. 지금도 소방관들은 어떤 직군보다 높은 신뢰를 받고 있습니다. 그 신뢰에 보답하는 것은 안전입니다. 특히, 재난에 취약한 분들에 대한 세심한 안전대책과 건설현장, 물류창고 화재에 대한 근본적인 대책 마련에 최선을 다해줄 것을 당부합니다. 사고를 원천적으로 막고 재난피해를 최소화하는 체계적이고 효율적인 예방 활동도 중요합니다. 소방이 보유한 수천만 건의 빅데이터를 활용해 '119안전경보제' 발령을 확대한 것은 참으로 시의적절합니다. 인공지능과 사물인터넷, 로봇과 드론 기술을 소방에 접목하고, 지난해 새로 설립된 국립소방연구원의 역량을 강화하여 미래재난에 대비한 최첨단 과학소방의 기반을 마련해 나가길 바랍니다.

지난 봄, 대구에 "저도 소방관님처럼 훌륭한 사람이 될게요"라는, 한 어린이의 마음이 담긴 현수막이 걸렸습니다. 실제로, 소방의 도움을 경험한 것이 계기가 되어 소방관이 되거나 부모 형제가 걸어간 길을 따라 걷는 소방 가족이 많습니다. 가족과 이웃을 지키려는 마음이 우리 아이들을 더욱 정의롭게 키우며 우리 사회의 안전한 미래를 열고 있습니다. 공무원 교육기관을 대부분 인재개발원이라고 하지만 특별히 중앙소방학교가 '학교'라는 명칭을 쓰는 것은 인간존중의 정신을 배우고 나누는 소방정신의 산실이기 때문입니다.

마지막으로, 소방관 여러분에게 대통령으로서 명령합니다. 최선을 다해 생명을 구하십시오. 그러나 여러분 자신도 반드시 살아서 돌아오십시오. 다시 한번 '소방의 날'을 축하하며, 국민도, 소방관도, 모두에게 안전한 나라를 기원합니다.

감사합니다.

제25회 농업인의 날 기념사

| 2020년 11월 11일 |

존경하는 국민 여러분,

농업인 여러분,

올 한 해 정말 수고 많으셨습니다. 코로나로 인한 학교 급식 중단과 행사 축소, 유례없는 장마와 태풍으로 채소, 화훼, 과수 등 작물을 가리지 않고 농가 피해가 이루 말할 수 없을 것입니다. 쓰러진 벼를 일으키는 농부의 마음이, 우리가 코로나를 극복하고 일상을 되찾아 가는 힘이 되었습니다. 우리 농업을 지켜 주시고, 올 한 해 국민들의 먹거리를 책임져 주신 농업인들께 깊이 감사드립니다.

우리가 모인 이곳은 조선시대 경복궁의 후원으로 임금이 직접 농사를 지었던 친경전과 8도 농사의 풍흉을 살피던 팔도배미가 있었던 곳입니다. 농업을 천하의 근본으로 여겼던 정신을 되새기며, '제25회 농업인의 날' 기념식을 갖게 되어 매우 뜻깊습니다. 농사의 고단함을 몸소 느끼고자 했고, 농민을 아끼는 마음으로 농정을 펼치고자 했던 조선시대 임금의 마음은 지금 이 시대에도 우리가 함께 가져야 할 정신일 것입니다.

올해 우리 농업은 수출을 늘렸고 일자리도 든든히 지켰습니다. 코로나로 세계 경제가 어려운 가운데서도, 10월까지 김치와 고추장 수출이 작년보다 40% 가까이 증가했고 농산물 전체 수출 실적이 60억 불을 넘어섰습니다. 일자리는 2017년부터 3년간 11만6천 명이 늘어났습니다. 농촌에서 창업을 꿈꾸는 젊은이들과 귀농인들이 농촌에 혁신과 활력을 불어넣고 있습니다.

우리 쌀은 생명을 살리는 데에도 기여하고 있습니다. 매년 5만 톤의 쌀이 유엔식량기구를 통해 예멘, 에티오피아, 케냐, 우간다에 전해져 300만 명의 식탁에 오르고 있습니다. 오늘 세계식량계획 사무총장은 한 세대 만에, 식량을 원조받던 나라에서 세계 아홉 번째 규모의 원조 공여국으로 성장한 한국 농업의 발전에 놀라움을 표현했습니다. 전국의 220만 농업인들이 이룬 값진 성과입니다. 오늘 농업 발전에 기여한 공로로 수상한 분들을 축하하며, 우리 경제의 버팀목인 농업인들을 우리 국민들이 자랑스럽게 여기고 있다는 것을 꼭 말씀드리고 싶습니다. 특별히 오늘 이 자리에는 청년 농업인들과 새로운 농업 인재들이 함께하고 있습니다. 땅과 함께 굵어진, 어머니, 아버지의 손을 꼭 잡아 주길 바랍니다. 농업에 대한 자부심으로 여러분의 꿈이 활짝 필 수 있도록 정부도 항상 함께하겠습니다.

국민 여러분,
농업인 여러분,

농업은 생명 산업이자 국가기간산업이며, 농촌은 우리 민족공동체의 터전입니다. 코로나 위기 속에서 우리는 자연 생태계의 중요성을 더욱 절실히 느꼈고, 삶의 터전으로서 농촌이 갖고 있는 거대한 잠재력에 주목하게 되었습니다. 우리는 코로나 이후 시대를 맞아 새로운 시대의 농정을 과감하게 펼쳐갈 것입니다. 국가식량계획과 농촌공간계획을 수립하여 농촌이 한국판 뉴딜의 핵심 공간이 되도록 하겠습니다. 농업과 농촌은 지속가능한 미래의 주역이 될 것이며, 식량안보 체제의 든든한 버팀목이 될 것입니다.

우리 정부 출범 전, 20년 전 수준까지 떨어졌던 쌀값이 회복되어 안정적으로 유지되고 있습니다. 농업계의 오랜 숙원이었던 공익직불제를 도입하여, 논농사와 밭농사 모두 직불금의 혜택을 받게 되었습니다. 특히 직불금 도입 과정에서 중소규모 농가를 더 배려했습니다. 앞으로 농업이 환경과 생태적 가치에 기여하도록 공익직불제를 발전시킬 것입니다. 농산물 가격 폭락에 눈물지었던 농민의 시름도 덜어드리고 있습니다. 농산물 생산량 정보를 제공하여 자율적으로 수급을 관리하도록 돕고 있습니다. 올해 시범적으로 양파, 마늘 생산자들이 함께 수급을 조절하고, 온라인을 통해 도매 거래한 결과 수급과 가격 모두 안정되는 효과가 있었습니다. 앞으로 주요 채소와 과수 등으로 확대하여 농민과 소비자 모두에게 혜택이 되도록 하겠습니다.

젊은이와 어르신 모두가 살기 좋은 농촌, 살맛나는 농촌을 만들고 있습니다. 도서관과 체육시설을 갖춘 생활 SOC 복합센터는 올해 700여 개에서 2025년까지 1,200여 개로 늘릴 것입니다. 농촌의 생활·주거환경을 개선하는 농촌재생사업도 확대 추진하겠습니다. 귀농귀촌 희망자의 준비부터 정착까지 전 과정을 지원하는 통합플랫폼을 제공하고, 내년부터 '농촌 미리 살아보기' 프로그램을 마련할 것입니다.

이제 농촌도 혁신의 공간으로 거듭나고 있습니다. 연간 1,600명의 청년 농업인 양성사업으로 농촌의 미래 주역들이 성장하고 있고, 2022년까지 스마트팜 보급을 7,000헥타르로 확대합니다. 지금 제 옆에 있는 자율작업 트랙터와 자율작업 이앙기는 우리 기술로 만들어 수출하고 있는 제품입니다. 어르신들도 자율작업 농기계를 이용해 큰 힘 들이지 않고 농사를 하실 수 있도록 하겠습니다.

선제적 대응으로, 가축 전염병 방역에도 상당한 성과를 거두고 있습니다. 구제역과 조류 인플루엔자를 지금까지 장기간 막아냈고, 아프리카돼지열병의 확산도 성공적으로 차단하고 있습니다. 축산 농가를 위해 헌신해 주신 지자체 가축방역관과 방역 요원들에게 특별히 감사드립니다.

식량안보는 아무리 강조해도 지나치지 않습니다. 2030년까지 밀 자급률을 10%로, 콩은 45%까지 높일 것입니다. 품종과 재배기술 향상에 힘쓰는 한편, 국산 장류와 두부, 밀 가공품 소비를 확대하겠습니다. 해외 곡물 조달 능력도 확충하겠습니다. 지역에서 생산-소비가 이뤄지는 안전한 식량자급자족 체계를 만들겠습니다. 로컬푸드 직거래 장터를 늘리고, 푸드플랜 참여 지자체 수를 현재 예순일곱 개에서 2022년까지 100개로 늘리겠습니다. 또한 저소득층, 임산부, 돌봄 학생, 어르신들이 신선한 농식품을 충분히 섭취할 수 있도록 먹거리 지원에도 힘쓰겠습니다.

존경하는 국민 여러분,
농민 여러분,

농촌은 우리의 영원한 고향입니다. 농업은 우리의 생명이며, 농민은 우리의 어머니이고 아버지입니다. 농촌과 농업, 농민을 지키면 그 어떤 어려움도 극복할 수 있습니다. 들판의 씨앗이 자라 곡식이 되고 나무로 크듯이 우리 모두 정성을 다해 농업을 살피면 그만큼 대한민국은 열매를 맺고 성장할 수 있을 것입니다.

오늘 도시·농촌 상생 협약식을 맺었습니다. 함께 농업을 살리는 국민 농정의 시작입니다. 우리의 미래가 농업에 달려있다는 각오로 농촌이 잘 사는 나라, 농민이 자부심을 갖는 나라를 국민과 함께, 지역과 함께 반드시 만들겠습니다. 농민이 행복한 세상이 국민이 행복한 세상이며, 밥심이, 코로나 이후 시대, 선도국으로 가는 저력입니다.

감사합니다.

제21차 한-아세안 정상회의 모두 발언

| 2020년 11월 12일 |

존경하는 의장님,

국왕님, 정상 여러분,

지금 우리는 코로나에 맞서 국민의 건강과 경제를 지키기 위해 각고의 노력을 다하고 있습니다. 더욱 긴밀한 연대와 협력이 필요한 시기에 '한-아세안 정상회의'를 열게 되어 매우 다행이라 생각합니다. 어려운 상황 속에서 정상회의를 준비해 주신 베트남 국민과 푹 총리님께 감사드리며, 큰 아픔 속에서도 대화조정국의 역할을 다해 주신 브루나이 볼키아 국왕님께 깊은 위로를 전합니다.

아세안은 코로나 초기, 한국 국민들이 어려움을 겪을 때 정상 통화로 위로를 건네고, 방역물품을 나누며 진정한 우정을 전했습니다. '신속 통로 제도'와 '특별 예외 입국' 등을 통해 교류와 협력을 지속한 것도 한 국이 코로나를 극복해 나가는 데 큰 힘이 되었습니다. 예기치 못한 도 전을 겪을 때마다, '연합과 대응'으로 위기를 극복하고, 더 나은 미래를 만들어 가는 아세안 정상들의 혜안과 지도력에 경의를 표합니다. 코로 나 위기 역시 연대와 협력의 아세안 정신으로 함께 극복할 수 있을 것입 니다.

한국도 아세안과 함께 서로 도움을 나누고자 합니다. 한국은 지금 까지 형편이 되는 대로 진단키트와 마스크를 비롯한 방역물품을 나눴고, '드라이브 스루'와 '워크 스루' 같은 'K-방역'의 경험을 공유했습니다. '코로나 아세안 대응기금'과 '필수 의료물품 비축 제도에도 적극 참여할 예정입니다. 올해는 아세안과 한국의 '전략적 동반자 관계' 수립 10주년 을 맞는 뜻깊은 해입니다. 한국은 '신남방정책'의 비전과 성과가 아세안 과 한국 모두에게 도움이 되고 있다고 평가하며, '신남방정책 플러스 전 략'을 마련했습니다. 코로나로 인한 피해 규모는 나라마다 다르고, 치료 제와 백신이 개발되어 모든 나라에 보급될 때까지는 어느 나라도 안심 할 수 없는 상황입니다. 그러나 아세안과 한국이 협력하면 코로나 위기 와 그로 인한 사회·경제적 변화에 선제적으로 대응할 수 있을 것입니다. '신남방정책 플러스 전략'은 '포괄적 보건 의료 협력'을 비롯한 7대 핵심 협력 분야를 중심으로 새롭고 실천 가능한 방안이 담겨 있습니다. '포스 트 코로나 시대'를 주도적으로 열어가며, '사람 중심의 평화·번영의 공동체'를 더 빠르게 현실로 만들어 갈 수 있을 것입니다.

한국은 오늘 공식 출범한 '아세안 포괄적 회복방안 프레임 워크'를 전적으로 지지합니다. 아세안이 제시한 5대 핵심 분야와 '신남방정책 플러스 전략'의 결합을 통해 아세안과 한국이 함께 위대한 번영을 누리기를 희망합니다. 오늘 회의에서 코로나 극복과 경제회복을 위한 공동 대책이 논의되고, 전략적 동반자 관계가 한층 강화되길 기대합니다.

감사합니다.

제2차 한-메콩 정상회의 모두발언

| 2020년 11월 13일 |

여러분, 반갑습니다. 지난해 우리는 부산에서 '2차 한-메콩 정상회의'를 약속했고, 오늘 그 약속을 지키게 되어 매우 기쁩니다. '2차 한-메콩 정상회의'를 성공적으로 준비해 주신 푹 총리님께 감사드립니다. '한-메콩 정상회의' 제안자이자 한-메콩 협력을 이끌어 오신 훈센 총리님의 건강을 기원하며 통룬 총리님, 우 쪼틴 국제협력부 장관님, 쁘라웃 총리님과 온 쁜모니로왓 부총리님께 따뜻한 환영의 인사를 드립니다.

메콩 정상 여러분, 지난해 우리는 '메콩강-한강 선언'을 통해 사람이 먼저인 공동체를 향한 새로운 이정표를 세웠고, 올해 코로나에 함께 대응하며 우리의 우정과 신뢰를 다시 확인하고 있습니다. 우리는 마스크와 방호복과 진단키트를 나누고, 방역 경험을 공유하며 보건 협력을 강화했습니다. 특히 고무적인 것은 코로나에 따른 경기 침체에도 불구하고 한-메콩 교역이 이미 작년 수준에 이른 것입니다. 역내 인프라와 연계성을 강화하기 위한 노력을 비롯해 다양한 협력 사업들도 꾸준하게 펼쳐졌습니다. 한국은 메콩 국가들과 함께 방역물품 협력과 보건의료 역량 강화에 더욱 힘을 기울여 나갈 것입니다.

한국은 '코박스 선구매 공약 메커니즘'을 통해 개도국을 위한 코로나 백신 지원에 1,000만 불을 기여할 예정이며, 백신에 대한 보편적이고 공평한 접근권이 확보될 수 있도록 메콩 국가들과 협력할 것입니다. 필수 인력의 왕래를 제도적으로 보장하고, 역내 인프라와 연계성 강화를 위한 노력도 계속해 나가겠습니다. 한국은 '위대한 어머니 강' 메콩의 생태환경을 보존하고, 수자원 관리와 자연재해 예방 사업을 양자 차원은 물론 유엔 등 국제기구와 공동 추진하겠습니다. 이 과정에서 '한-메콩 협력기금'과 공적개발원조도 계속 늘려갈 것입니다.

존경하는 메콩 정상 여러분, 내년은 '한-메콩 협력 10주년'이며, '한-메콩 교류의 해'입니다. 2011년 한-메콩 협력이 시작된 후 지난해까지 한-메콩 교역은 2.5배, 상호 방문은 3.3배 늘었습니다. 우리는 서로 깊이 신뢰하는 동반자로 발전하고 있습니다. 나는 오늘, 1차 정상회의에서 세운 이정표를 따라 '전략적 동반자 관계'로 한 걸음 더 나아갈 것을 제안합니다. 신뢰와 연대, 포용과 상생의 힘으로 코로나를 극복하고, '포스트 코로나 시대'를 메콩과 한국이 함께 열기를 기대합니다.

한국은 메콩과 진정한 친구가 될 것입니다.

감사합니다.

제23차 아세안+3 정상회의 모두발언

│ 2020년 11월 14일 │

존경하는 의장님,

각국 정상 여러분, 특히, 일본의 스가 총리님 반갑습니다.

우리는 1997년 동아시아 외환위기를 통해 소중한 경험을 얻었습니다. 한 나라의 위기는 곧 이웃 나라의 위기였고, 공동 대응과 협력의 중요성을 깨달았습니다. 이는 아세안+3 정상회의가 출범하는 계기가 되었습니다.

이제 우리는 지난 23년간 쌓아온 협력의 경험을 토대로 코로나에 맞서 연대하고 협력하는 국제 공조의 모범이 되고 있습니다. '코로나 아세안 대응기금', '필수의료물품 비축제도'는 아세안+3가 함께 만들어낸 의미 있는 결과입니다. 필수 인력의 이동도 물꼬를 열었습니다. 지난 4월 특별 정상회의에서 나눈 아이디어들이 가시적인 성과로 이어지고 있어 매우 뜻깊습니다. 앞으로도 방역을 저해하지 않는 범위에서 기업인의 왕래가 더욱 확대되기를 기대합니다. 코로나 상황이 길어지면서 우리가 함께 풀어야 할 문제도 늘고 있습니다. 우리는 보건 협력을 한 단계 더 발전시켜 백신과 치료제 개발과 공평한 보급을 위해 함께 노력하고, 언제든 발생할 수 있는 새로운 감염병에 대비해 신속하고 투명한 공조체계를 구축해야 할 것입니다.

경제 분야에서도 코로나 이후 시대를 선제적으로 준비해야 합니다. 세계 경제는 내년에 코로나 이전 수준을 회복할 것으로 전망되지만, 국가 간 회복속도의 차이가 클 것입니다. 보호무역의 바람과 금융시장의 불확실성도 여전합니다. 디지털 경제 전환이 가속화되면서 불평등이 확대될 것이라는 우려도 있습니다. 한 나라의 힘만으로는 해결하기 힘든 문제들입니다. 우리는 경제의 회복력을 강화하고 포용적이고 지속가능한 성장방안을 찾기 위해 지혜를 모으고 협력해야 합니다. 아세안+3가 코로나 이후 시대, 세계 경제의 희망이 되길 기대합니다. 오늘 회의를 통해 아세안+3의 협력을 더욱 강화하고 상생의 지혜를 논의할 수 있길 바랍니다.

감사합니다.

제3차 한국판 뉴딜 전략회의 모두발언

| 2020년 11월 16일 |

여러분, 반갑습니다. 이렇게 당에서 대거 함께해 주시니 정말 아주 든든하고 좋습니다.

코로나 위기의 한복판이었던 지난 4월, 저는 한국판 뉴딜을 국가발전전략으로 추진하겠다는 구상을 처음으로 밝혔습니다. 국가 위기를 빠르게 극복하고, 오히려 기회로 만들어 선도국가로 나아가겠다는 강력한 의지였습니다. 디지털 경제와 비대면 산업 육성 등 혁신성장을 가속화하고, 일자리 위기를 새로운 일자리 창출로 극복하겠다는 비상한 각오였습니다.

첫 구상을 밝힌 이후, 한국판 뉴딜은 진화를 거듭하였습니다. 디지털 사회로의 대전환을 위한 디지털 뉴딜에 이어, 저탄소 경제로 전환하는 그린 뉴딜을 본격화했습니다. 2050년 탄소중립 목표를 선언하면서 그린 뉴딜은 목표가 구체화되어 더욱 폭이 넓어지고, 속도를 더하게 되었습니다. 사람 중심의 포용사회를 위한 고용·사회안전망은 한국판 뉴딜의 토대가 되었고, 지역균형 뉴딜이 기본 정신으로 새롭게 자리잡으며, 한국판 뉴딜은 완성도 높은 국가발전전략이 되었습니다. 동시에 구체적 사업으로 가시화되고, 예산으로 뒷받침되며 실행력을 빠르게 갖추어 나가고 있습니다. 한국판 뉴딜의 간판 사업으로서 10대 대표 사업이 선정되었고, 160조 원 규모의 투자계획도 발표되었습니다.

뉴딜 펀드와 금융으로 국민 참여와 민간 확산의 길도 열어나갔습니다. 짧은 시간에 국민적 기대를 모으며 한국판 뉴딜은 이제, 구상의 단계를 넘어 본격적인 실행단계로 접어들었습니다. 한국판 뉴딜의 진화와 발전의 중심에 우리 당이 있습니다. 이낙연 대표님과 지도부가 앞장서서 당을 한국판 뉴딜 추진체제로 전면적으로 전환하고 현장을 찾아 지역 확산에 총력을 기울이고 있습니다. K-뉴딜위원회와 K-뉴딜본부를 중심으로 국회의원 모두가 책임을 분담하면서 국민들이 체감할 수 있는 국가발전전략으로 발전시켜 나가고 있습니다. 국회에서도 상임위 별로 법과 예산으로 뒷받침하기 위한 노력을 기울이고 있습니다. 한국판 뉴딜의 성공에 온 힘을 모으고 있는 당 지도부와 의원들께 깊이 감사드립니다.

우리는 지금 세계적으로나 국가적으로 실로 중대한 역사적 전환점에 서 있습니다. 4차 산업혁명과 기후변화에 대한 대응은 시대적 대세가 되었고, 코로나 대유행으로 세상이 격변하며 변화의 속도가 더욱 빨라졌습니다. 디지털 혁명과 그린 혁명은 문명사적 대전환으로, 이념과 정파는 물론 국경을 초월한 시대적 과제가 되었습니다. 피해갈 수 없고, 다른 선택이 있을 수 없습니다. 디지털과 저탄소 사회·경제로 빠르게 전환하는 것만이 생존의 길이고, 발전하는 길이며, 미래로 나아갈 수 있는 전략입니다.

세계적 흐름과 같이 가면서, 대한민국의 대전환을 이끄는 전략이 한국판 뉴딜입니다. 한국판 뉴딜은 변화를 능동적으로 받아들이고 주도하여 위기의 시대를 기회의 시대로 바꿀 것입니다. 내 삶을 바꾸고, 지역을 바꾸며, 나라를 바꿔, 선도국가로 도약하는 길을 열어나갈 것입니다. 세계 최고 수준의 디지털 역량을 살려 디지털 경제로의 전환을 세계에서 가장 모범적으로 선도하겠습니다. 2050년 탄소중립을 목표로 저탄소 경제 전환에 속도를 높여 기후위기에 대응하는 세계와 연대하고 협력하면서 산업혁신과 그린 경제로 우리 경제의 활로를 개척하고 새로운 일자리 창출의 기회로 만들어 나가겠습니다. 사람 중심의 가치와 혁신적 기술을 접목하여 국민의 삶을 더욱 편리하고 풍요롭게 하겠습니다. 안전망 구축과 불평등 해소를 위한 포용적인 전환으로 어느 누구도, 어느 지역도 소외되지 않도록 하겠습니다. 한국판 뉴딜을, 수도권 집중 현상을 해결하는 새로운 국가균형발전 전략으로 삼아, 지역이 신성장동력의 거점이 되고 경제 활력의 중심에 서게 하겠습니다. 당과 국회의 역할이 매우 막중합니다.

한국판 뉴딜은 앞으로도 계속 진화하고 발전해야 합니다. 지역과 삶의 현장에서 창의적 아이디어를 발굴하고, 국민이 한국판 뉴딜의 주인공으로 참여할 수 있는 공간을 폭넓게 창출해 주기 바랍니다. 정부는 당의 노력을 적극적으로 뒷받침하겠습니다. 한국판 뉴딜이 흔들림 없이 추진되기 위해서는 제도적 기반 마련이 특히 중요합니다. 디지털 혁신을 선도하고, 그린 뉴딜을 가속화하기 위한 법적 토대를 신속히 마련해 주기 바랍니다. 안전망 강화와 뉴딜 금융, 지역균형을 지원하는 입법과제도 성과를 내주기 바랍니다. 민간 확산과 사업 추진에 걸림돌이 될 수 있는 규제 혁신에도 힘을 모아주기 바랍니다.

한국판 뉴딜은 대한민국의 미래를 여는 열쇠입니다. 위기에 강한 나라 대한민국이라는 자부심과 함께 한국판 뉴딜을 통해 선도국가로 도약하기 위한 담대한 도전에 나서겠습니다. 당과 정부가 혼연일체가 되어 대한민국의 위대한 도약을 이끌어 나갑시다. 국민의 삶과 국가의 운명에 무한책임을 지고 한국판 뉴딜의 성공을 위해 모두 힘을 모아 나갑시다.

감사합니다.

대한민국 바이오산업 현장방문 모두발언

| 2020년 11월 18일 |

존경하는 국민 여러분,

인천 시민 여러분, 한 달 만에 다시 송도를 찾았습니다. 지난번에는 스마트시티 선도국가 전략을 발표했고, 오늘은 바이오산업 발전 전략을 발표합니다. 송도는 대한민국에서 가장 앞서가는 미래도시입니다. 인천 시의 비전과 시민들의 노력이 오늘의 송도를 만들었습니다. 우리는 송도에서 세계를 만납니다. 하루에 두 번 바다로 바뀌던 이곳이 전 세계가 교류하는 국제도시가 되었습니다. 스마트시티가 우리나라 최초로 시작된 곳도 송도입니다. 코로나를 극복하며 송도는 바이오산업 강국으로 가는 대한민국의 중심이 되었습니다. 송도에 거는 우리 국민들의 기대도 더욱 커졌습니다.

송도 바이오 클러스터에는 바이오 관련 국내외 60개 기업, 7천 명의 노동자가 일하고 있습니다. 연세대를 비롯한 우수한 대학들과 연구소의 젊은 인재들이 모여 새로운 아이디어들을 만들어내고 있습니다. 잠시후 이곳에서 글로벌 선도기업과 중소기업, 대학과 지원기관이 인력 양성과 기술 협력을 위한 업무 협약을 체결합니다. 인천시도 특화형 바이오 클러스터 조성 계획을 발표합니다. 오늘 송도에서 대한민국 바이오산업의 발전 방향을 말씀드리게 된 것을 매우 기쁘게 생각합니다. 세계 바이오산업을 이끌겠다는 송도의 꿈이 대한민국의 꿈으로 완성되길 희망합니다.

국민 여러분,

우리가 바이오산업에 힘을 쏟아야 할 이유는 분명합니다. 우리가 잘할 수 있는 미래 산업이기 때문입니다. '건강하게 오래 사는' 인류의 소망이 바이오산업에 있습니다. 인류의 수명이 길어질수록 바이오산업은 언제나 새로운 미래 산업입니다. 유전체 정보 분석을 통한 개인 맞춤형 치료, 인공지능을 이용한 신약 개발이 이미 현실화되었습니다. 바이오산업은 경제적으로도 무한한 성장잠재력을 품고 있습니다.

전 세계 바이오헬스 시장은 2030년까지 연 4% 이상 성장이 예상됩니다. 특히, 바이오와 첨단기술의 융합이 가속화되면서 디지털 헬스케어, 의료 빅데이터, 의료 인공지능 분야 등의 새로운 시장은 연 20%를 넘는 초고속 성장이 기대됩니다. 불과 몇 년 전까지 바이오산업은 우리가 넘보기 힘든 분야였고, 한-미 FTA가 체결될 때도 가장 큰 타격을 받을 분야로 예상되었던 것이 제약산업이었습니다.

그러나 이제 대한민국은 바이오산업의 새로운 역사를 쓰고 있습니다. 우리는 2013년 항체 바이오 시밀러를 개발해 세계시장을 개척했고, 이제 세계 2위의 바이오의약품 생산 능력을 갖추게 되었습니다. 아직도 핵심기술력이 부족하고, 세계시장 점유율이 2%대에 머물러 있지만 '충분히 할 수 있다'는 자신감이 갈수록 커지고 있습니다.

또한, 코로나에 맞서 인류의 생명과 건강을 지키며 위기를 기회로 바꾸고 있습니다. 많은 국가들로부터 진단키트를 공급해 달라는 요청이 쇄도했습니다. 전체 수출이 감소하는 가운데에서도 의약품과 의료기기 등 바이오 수출은 14개월 연속 증가했고, 올해 10월까지의 실적만으로도 연간 수출액이 사상 처음으로 100억 불을 돌파했습니다. 백신과 치료제 개발도 진척을 보여 빠르면 올해 말부터 항체 치료제와 혈장 치료제를 시장에 선보일 수 있을 것입니다.

우리 기업들은 여기에 머물지 않고 더욱 적극적으로 투자하고 있습니다. 2023년까지 40개 바이오기업이 10조 원 이상을 새로 투자하여 직접 고용으로만 9천 개의 일자리를 창출할 것입니다. 오늘 삼성바이오로직스는 1조7천억 원을 투자하는 바이오의약품 생산공장의 기공식을 갖고, 셀트리온은 5천억 원을 투자하는 다품종 생산공장과 연구센터의 기공식을 갖습니다. 삼성바이오로직스는 세계 의약품 위탁생산 1위로 도약할 것이며, 셀트리온 역시 세계적인 바이오 혁신 의약품 개발기업으로 거듭날 것입니다. 우리나라 바이오의약품 생산능력은 연간 60만 리터에서 91만 리터로 1.5배 확대되고, 대한민국은 글로벌 생산기지로서 위상을 더욱 공고히 다지게 될 것입니다. 또한 송도는, 도시 기준으로는 세계 1위의 생산 능력을 갖추게 될 것입니다. 두 회사의 통 큰 투자에 인천 시민과 함께 감사드립니다.

국민 여러분,

이제 대한민국은 바이오의약품의 생산기지를 넘어 바이오산업 강국으로 도약할 것입니다. 바이오산업의 경쟁력은 '사람과 아이디어'에 의해 결정됩니다. 정부는 지난해 5월, '바이오헬스 산업 혁신전략'을 마련해 우리 기업과 젊은이들의 노력을 적극 뒷받침하고 있습니다. 창의적 인재와 아이디어의 육성을 위해 자유롭게 연구하고 소통할 수 있도록 지원하겠습니다.

첫째, 2025년까지 민간과 함께 4만7천여 명의 바이오산업 인재를 양성하겠습니다. 의약품, 의료기기, 헬스케어와 같은 분야별 전문인력뿐 아니라 데이터와 인공지능 활용인력도 적극 육성하겠습니다. 이곳 연세대 국제캠퍼스에 설립될 '바이오 공정 인력양성센터'는 바이오산업을 이끌 미래 인재의 산실이 될 것입니다.

둘째, 젊은이들이 창의적인 아이디어를 찾고 자유롭게 연구할 수 있도록 돕겠습니다. 정부는 바이오 R&D 예산을 올해 1조3천억 원에서 내년 1조7천억 원으로 확대할 계획입니다. 특히, 연 1조 원 이상 매출을 올리는 블록버스터 신약 개발을 적극 돕겠습니다. 메가 펀드 등을 활용하여 자금 지원을 늘리고, 보건·의료 빅데이터 구축 사업을 속도있게 추진하겠습니다. 전자·화학·에너지는 물론 사회시스템 분야까지 융합하여 연구의 깊이와 폭을 더하도록 돕겠습니다.

셋째, 새로운 아이디어가 연구실에만 머무르지 않고 구체적인 사업으로 꽃 피울 수 있도록 하겠습니다. 대학과 연구소에서 이루어진 기초 연구가 벤처·중소기업과 만나 사업이 되고, 대기업을 만나 임상실험과 세계시장 진출로 이어지는 바이오 생태계를 조성하겠습니다. 송도, 원주, 오송, 대구의 지역별 클러스터를 혁신과 상생의 교두보로 육성하고, 클러스터 간 협력 체계를 구축하겠습니다. 업종별로도 맞춤형 지원을 통해 사업화를 촉진하겠습니다. 의약품은 소재·부품·장비의 국산화율을 높이고, 의료기기는 내수시장 확보를 통해 세계시장 진출의 발판을 마련하겠습니다. 데이터 활용도를 높이고 규제를 정비하여 디지털 헬스케어 시장 창출도 돕겠습니다.

존경하는 국민 여러분,
인천 시민 여러분,

신흥 국가는 바이오산업 강국이 되기가 어렵다는 통념을 깨고 우리는 해내고 있습니다. 우리는 코로나를 극복하며 K-바이오의 잠재력을 전 세계에 알리고 있습니다. 미국과 유럽 국가들의 철옹성과 같았던 글로벌 바이오 시장을 뚫고 있고, 지난해 우리 바이오산업에 찾아왔던 성장통도 빠르게 극복했습니다. 세계를 두려워하지 않는 기업이 있었고, 실패를 두려워하지 않는 젊은 패기가 있었습니다. 기업인과 노동자, 연구자와 학생 여러분, 여러분의 용기와 도전정신이 바로 대한민국의 자산입니다. 흔들림 없이 사람과 아이디어에 투자하고, 자유롭게 생각하며 소신껏 미래를 향해 갑시다. 국민과 정부의 응원이 여러분과 함께하고 있습니다. 바이오산업 강국을 향한 대한민국의 꿈은 반드시 실현될 것입니다. 인간의 도전과 의지가 일구어낸 땅 송도에서 대한민국의 꿈이 또 한 번 날아오르기를 기대합니다.

감사합니다.

2020 APEC 정상회담 발언문

| 2020년 11월 20일 |

정상 여러분, 반갑습니다.

코로나 공동 대응방안과 APEC의 새로운 미래를 논의하게 되어 기쁩니다. 어려운 상황에서 역내 경제협력과 연대, 포용성 증진을 위해 회의를 준비해 주신 말레이시아 국민들과 무히딘 총리님께 감사드립니다.

'아·태 지역 무역자유화와 경제공동체 실현'이라는 원대한 꿈을 꾼 지 30년 만에 APEC은 세계 GDP의 60%, 교역량의 50%를 차지하는 세계 최대 규모의 지역 협력체로 발전했습니다. 코로나는 많은 것을 달라지게 했지만, 우리가 추구해온 꿈마저 바꿀 수는 없습니다. 위기극복을 위해 APEC이 다시 '연대의 힘'을 발휘할 때입니다. 나는 역내 경제협력과 포용성 증진을 위해 세 가지를 제안하고 싶습니다.

첫째, 기업인 등 필수인력의 이동을 촉진하는 방안을 적극적으로 협의해야 합니다. 한국은 코로나 속에서도 국경을 봉쇄하는 대신, 교류를 계속하며 경제 충격을 최소화하고 있습니다. 개방적 통상국이 많은 아·태지역의 미래 성장은, 자유무역으로 모두가 이익을 얻는 '확대 균형'에 달려 있습니다. 다자무역체제를 강화하는 것이 역내 경제 회복을 앞당길 것입니다. 이러한 차원에서, 한국은 WTO 개혁 논의를 위한 내년 12차 WTO 각료회의가 성공적으로 개최되도록 기여할 것입니다.

둘째, 위기가 불평등을 키우지 않도록 포용적 회복을 위한 포용적 협력방안을 마련하는 데 더 많은 노력을 기울여야 합니다. 코로나 속에서 한국은 고용··사회 안전망을 토대로 디지털, 그린, 지역균형 뉴딜을 추진하는 '한국판 뉴딜'을 새로운 국가발전전략으로 채택했습니다. 국가 간 포용성 증진을 위해, 총 1억 달러의 인도적 지원과 함께 방역물품과 K-방역의 경험을 세계와 공유하고 있습니다. 백신의 공평한 접근권을 보장하기 위한 세계보건기구의 노력을 지지하고, '코박스'에도 동참하고 있습니다. 국제백신연구소와의 협력도 확대할 것입니다. 'APEC 포용성 정책 사례집'이 역내 포용성 증진에 활용되기를 기대하며, 우리가 '함께 잘 사는 길'을 찾게 되기를 바랍니다.

셋째, '디지털 경제'와 '그린 경제'의 균형 잡힌 결합을 모색해야 할 것입니다. 한국은 디지털 기술을 활용하는 혁신을 통해 '글로벌 가치사슬'을 강화하고자 노력하고 있습니다. 'APEC 디지털 혁신기금'을 활용하여 아·태지역 내 5G 생태계 혁신사업과 개인정보 보호 및 데이터 활용사업을 적극 추진할 것입니다. 11월 중에, 중소기업 디지털 역량 강화를 위한 두 개의 포럼을 개최하고 내년에는 '글로벌 가치사슬 내 디지털 경제 역할에 대한 워크숍'을 개최할 예정입니다. 회원국들의 적극적인 참여를 기대합니다.

정상 여러분,

'APEC 미래비전'은 회원국 간 연대와 협력의 의지를 보여주는 의미 있는 성과물입니다. 자유로운 무역투자, 혁신과 디지털 경제, 포용적 성장 등 세계 경제 전환기의 핵심 의제들을 균형 있게 반영한 것을 높이 평가하며, 의장국의 리더십에 경의를 표합니다. 향후 20년 아·태 지역의 공동번영을 위한 지향점이 될 것이라 믿습니다.

감사합니다.

2050 탄소중립 범부처 전략회의 모두발언

| 2020년 11월 27일 |

여러분, 반갑습니다.

기후위기 대응은 인류 생존과 미래의 사활이 걸린 과제입니다. 2050년 탄소중립은 거스를 수 없는 세계적 대세가 되었고, 인류는 앞으로 30년, 화석연료 기반의 문명에서, 그린 에너지 기반의 문명으로 바꾸는 문명사적 대전환에 나서게 될 것입니다.

세계는 이미 탄소중립 사회·경제로의 전환에 속도를 내고 있고, 새로운 국제경제 질서가 도래하고 있습니다. EU와 미국 등 주요국들은 탄소 국경세 도입을 기정사실화하고 있으며, 글로벌 기업과 금융사들은 친환경 기업 위주로 거래와 투자를 제한하려는 움직임이 확산되는 등 국제적인 경제 규제와 무역 환경이 급변하고 있습니다. 우리는 이 거대한 변화에 끌려갈 것이 아니라 능동적으로 대응해야 합니다. 더 나아가, 지금의 도전을 오히려 기회로 삼아 대한민국을 더 크게 도약시키겠다는 비상한 각오가 필요합니다.

우리 정부는 2050 탄소중립 목표를 담아 '장기 저탄소발전전략'을 연내에 UN에 제출할 계획입니다. 2030년 국가 온실가스 감축목표도 2025년 이전에 최대한 빨리 상향하여 제출할 것입니다. 사회적 합의를 전제로 우리 정부 임기 안에 감축 목표가 상향 조정될 수 있도록 최대한 노력하겠습니다. 에너지 전환, 산업 혁신, 미래차 전환, 혁신생태계 구축, 순환경제 실현, 공정전환 추진 등 주요 과제별 로드맵과 추진 전략도 빠르게 마련하겠습니다. 심층적인 연구·검토와 충분한 소통을 거친 체계적이며 충실한 이행계획으로 국민 공감대를 넓혀 나가겠습니다.

우선 범정부 추진 체계부터 강력히 구축하겠습니다. 민·관이 함께 참여하는 대통령 직속 가칭 '2050 탄소중립위원회'를 설치하여 탄소중립 사회로의 이행을 속도감 있게 추진해 나가겠습니다. 에너지 전환 정책이 더 큰 힘을 받을 수 있도록 산업통상부에 에너지 전담 차관을 신설하는 방안도 추진하겠습니다.

2050년 탄소중립은 결코 쉽지 않은 일입니다. 한국은 2030년 온실가스 감축 목표를 몇 년 전에 발표했지만, 실제 온실가스 배출량은 지난해에야 처음 줄어들어 다른 나라들에 비해 탄소중립까지 가는 기간이 촉박합니다. 제조업과 탄소 배출이 많은 업종의 비중이 매우 높고, 여전히 높은 화력발전 비중과 부족한 재생에너지 보급량은 탄소중립 조기 실현에 큰 장애요인이 되고 있습니다.

하지만, 우리는 할 수 있습니다. 우리 대한민국의 역사가 그것을 증명합니다. 전쟁의 폐허 속에 한강의 기적을 이루었고, IMF 위기 속에 IT 강국으로 우뚝 섰습니다. 지금 이 순간도, 방역으로 세계를 선도하고 있고 경제 대응에서도 기적 같은 선방을 보이고 있습니다. 탄소중립으로 나아가는 도전 또한 능히 성공할 수 있고, 또 다른 도약의 기회로 만들어 낼 역량이 있습니다. 친환경차, 배터리, 에너지 저장장치, 수소 등 우수한 저탄소 기술이 세계를 선도하고 있고, 반도체, 정보통신 등 디지털 경쟁력과 혁신 역량은 최고 수준입니다. 우리의 강점인 디지털과 그린이 접목되어 시너지 효과를 낸다면 탄소중립 사회로의 전환은 예상을 뛰어넘는 빠른 속도로 이뤄질 수 있다고 확신합니다. 우리는 이미 한국판 뉴딜을 통해 그린 뉴딜과 디지털 뉴딜을 접목하는 도전을 시작했습니다.

탄소중립 사회로의 대전환은 경제성장과 삶의 질 향상을 동시에 추구하는 기회의 장이 될 것입니다. 모든 경제 영역에서 저탄소화를 추진해 나가겠습니다. 에너지시스템의 구조적 전환이 그 출발점입니다. 화석연료에서 신재생에너지로 에너지 주공급원을 전환하고, 전력망 확충과 지역 중심의 분산형 전원 체계를 확산할 것이며, 재생에너지, 수소, 에너지 IT 등 3대 에너지 신산업 육성에 주력할 것입니다. 또한, 저탄소 구조로 산업을 일대 혁신하여 제조 강국의 위상을 더욱 강화해 나갈 것입니다. 우리의 제조업을 저탄소 친환경 중심으로 전환하고, 민간기업의 과감한 기술혁신을 총력 지원하겠습니다.

특별히 미래차를 탄소중립 선도산업으로 육성해 나가겠습니다. 전기차·수소차 생산과 보급을 확대하고, 충전소를 대폭 확충해 산업생태계를 미래차 중심으로 대대적으로 전환해 나가겠습니다. 기존 내연기관차 산업의 업종 전환, 부품업체 지원, 일자리 문제에 대해서는 각별한 관심을 가지고 정책적 노력을 집중하겠습니다.

저탄소 신산업 생태계 조성에도 심혈을 기울일 것입니다. 수소경제 등 새로운 유망 산업을 육성하고, 그린 경제를 선도하는 혁신 벤처·스타트업을 적극 육성하겠습니다. 또한, 원료와 제품의 재사용·재활용 확대로 에너지 소비를 최소화하는 순환경제를 활성화하겠습니다. 우리의 삶의 공간인 도시와 국토의 탄소중립 전환도 중요합니다. 마을과 도시의 에너지 자립률을 높이고, 제로에너지 건물을 보편화하는 등 쾌적한 주거환경을 국민이 누릴 수 있도록 하겠습니다.

한편으로, 탄소중립 사회로의 전환은 불평등과 소외가 없는 공정한 전환이어야 합니다. 산업별 전환 로드맵을 마련하여 안정적인 산업 재편과 고용 전환을 유도해 나가겠습니다. 지역별 맞춤형 전략과 지역이 주도하는 그린 산업 육성을 통해 지역주민의 일자리와 수익을 창출하는 구조를 만들겠습니다.

　　탄소중립 목표를 달성하기 위해서는 제도적 기반이 튼튼하게 마련되어야 합니다. 기후변화에 대응하는 특별기금 신설과 함께 탄소인지 예산 제도 등 기후변화에 친화적인 재정 제도 도입을 검토하겠습니다. 중장기적으로 세제와 부담금 제도의 개편을 검토해 나가겠습니다. 정책 금융이 탄소중립을 선도하고 민간의 녹색 투자를 활성화하기 위한 노력도 강화하겠습니다.

　　과학기술이 문명의 전환을 이끄는 핵심 동력입니다. 각국은 저탄소 혁신기술 확보에 사활을 걸고 있으며 기술혁신 무한 경쟁의 시대로 돌입하고 있습니다. 국가적 차원에서 신기술 개발 투자를 획기적으로 확대하고 연구개발 지원 체계를 대폭 강화해 나가겠습니다. 기후 변화에 대한 국제적 리더십을 강화하여 우리의 국격과 외교적 위상을 강화해 나가는 것도 중요한 과제입니다. 내년 P4G 정상회의 개최를 통해 녹색 의제에 대한 글로벌 리더십을 높여 나가겠습니다. 한-EU 탄소중립 협력 사업을 적극 추진하고, 미국 바이든 신정부와 기후변화 정책 공조를 튼튼히 하면서 한중일 탄소중립 협력 증진 등 국제 공조를 강화해 나가겠습니다.

　　그린 뉴딜 ODA 확대와 한-아세안 탄소대화 수립 등 개도국과의 포용적 기후변화 협력에도 적극 나서겠습니다. 탄소중립은 적어도 30년을 내다보고 일관된 방향으로 힘있게 추진해야 할 과제입니다. 다음 정부로 미루지 않고, 우리 정부 임기 안에 탄소중립으로 나아가는 확실한 기틀을 마련하도록 최선을 다하겠습니다.

감사합니다.

2021학년도 수능 방역 관련 현장 점검

| 2020년 11월 29일 |

수능 준비에 최선을 다해 주신 우리 교육부, 또 교육청, 그리고 또 함께 협력해 주신 보건복지부, 질병청, 행안부, 소방·경찰, 모든 관계 기관에 정말 감사드립니다. 그리고 또 많은 신경을 써주신, 그래서 준비에 만전을 기해 주신 우리 학교, 그리고 선생님들께도 깊이 감사를 드립니다.

이번 수능은 수험생이 49만 명이 넘습니다. 그 가운데에는 확진자와 격리대상자도 포함되어 있습니다. 그리고 시험을 관리하고 감독하고 또 방역에 도와주시는 그런 분들도 12만 명이 넘습니다. 모두 61만 명이 넘는 분들이 그날 함께 수능을 치르면서 아주 긴장된 하루를 보내게 됩니다.

지난 4월 총선 때 우리는 2,300만 명이 투표에 참여하는, 그런 총선 투표를 치르면서 단 한 명도 확진자가 발생하지 않는 그런 기적같은 방역의 성과를 거뒀습니다. 그 당시에 다른 나라들은 코로나 확산의 염려 때문에 선거들을 연기하는 그런 상황이었습니다. 그래서 한국의 총선 결과는 정말 많은 나라들로부터 방역 모범국이 선거 방역에서도 또 하나의 모범사례를 만들었다는 아주 그런 높은 칭송을 받았습니다. 그리고 그 이후에 선거를 치르게 된 많은 나라들이 우리에게 선거 방역의 노하우를 이렇게 전수해 달라는 그런 요청들을 해왔습니다. 우리가 방역 모범국으로서의 그 위상을 높이는 그런 계기가 되었다고 생각합니다.

이번 수능은 그때보다 규모는 작지만 정말 많은 분들이 하루종일 밀폐된 장소에서 그렇게 시험을 치르게 되기 때문에 방역에 있어서는 위기, 긴장의 정도가 그때보다는 훨씬 큽니다. 그렇기 때문에 많은 나라들이 올해 대학 입학 자격시험이라든지 대입능력시험 같은 대학 입시와 관련된 시험들을 연기를 하거나 또 아예 취소를 했었습니다. 그래서 지금 외신들도 지금 이 시기에 한국이 아주 대규모 집단 시험을 확진자와 격리대상자까지 포함해서 시험을 이렇게 치르는 것에 대해서 아주 비상한 관심을 가지고 지켜보고 있는 상황입니다.

저도 여러 가지 뭐 걱정들을 많이 하면서 지켜보고 있었는데, 오늘 와서 준비된 상황들을 들어 보니 다소 조금 안심이 됩니다. 그러나 처음 우리가 수능을 이렇게 준비하면서 계획을 세웠을 때보다 지금 코로나 확산 상황이 좋지 않기 때문에 아마도 수험생 가운데 확진자나 격리대상자도 더 많이 늘어났을 것 같고, 그만큼 우리 교육 당국에서 마지막 순간까지 더 긴장하면서 준비에 철저를 기해 주셔야 될 것 같습니다.

뿐만 아니라 이 격리대상자들이, 그리고 그날 또 유증상자들도 별도 시험장이나 별도 고사장에서 시험을 치르기 때문에 시험을 치르는 도중에 증세가 이렇게 좀 나빠져서 응급한 치료가 필요하다거나 또는 그런 후송이 필요하다거나 그런 경우도 있을 수 있을 것 같습니다. 그런 돌발적인 상황에 대해서도 대비들을 잘해 주시기 바라겠습니다.

나아가서는 아까 우리 학부모님께서 말씀해 주셨다시피 수능으로 끝나는 것이 아니라 수능을 치르고 나면 고3 학생들의 여가활동이 아주 부쩍 늘어날 것으로 예상이 되고, 또 대학별로 본고사가 치러지게 되면 또 많은 이동들이, 그리고 또 많은 접촉들이 부득이하게 발생하게 되기 때문에 우리 교육 당국에서는 수능 이후에도 끝까지 방역에 최선 다해 주시길 바랍니다.

정말 올해 수능 수험생들은 1년 내내 정말 아주 어렵게 수능을 준비를 해야 했습니다. 이번 수능시험도 여러모로 아주 긴장된 그런 분위기 속에서, 아주 또 어려운 조건에서 시험을 치르게 됩니다. 격리대상자와 확진자들은 더더욱 어려운 조건 속에서 시험을 치르지 않을 수가 없는 상황입니다. 그렇더라도 시험자체만큼은, 문제풀이만큼은 너무 긴장하지 말고 편안한 마음으로 평소에 준비된 그런 실력을 다한다면 충분히 좋은 성과를 내리라고 생각합니다. 전국에 우리 49만 명이 넘는 수험생 모두에게, 그리고 또 그 수험생들을 또 1년 내내 뒷바라지 해오신 우리 학부모님들에게 특별히 응원과 격려의 말씀을 드리고 싶습니다.

그리고 아까 우리 서울교육감님께서 말씀해 주셨다시피 이번 수능시험에도 시험 감독하는 선생님들이 아마 큰 고생들을 하시겠습니다. 지난번 중등교사 임용 시험 때도 감독하시는 선생님들이 정말 고생들 많이 하셨습니다. 이번에도 거의 뭐 의료진 수준으로 그런 방호장비들을 갖추고 장시간 동안 이렇게 수고를 하실 텐데, 다시 한번 그분들께 대해서도 감사 말씀을 드립니다. 그리고 모든 국민들께서도 이렇게 수고해 주시는 분들 격려해 주시면서 모두가 학부모와 같은 그런 마음으로 수능이 잘 치러질 수 있도록 격려도 해 주시고, 또 이런 방역의 안전수칙을 지켜나가는 데 있어서도 함께 노력해 주시기를 당부드리겠습니다.

감사합니다.

제19차 국제반부패회의 영상축사

│ 2020년 12월 1일 │

존경하는 위겟 라벨르 국제반부패회의 의장님,

델리아 페레이라 루비오 국제투명성기구 회장님,

세계 반부패 분야 지도자와 전문가 여러분,

'19차 국제반부패회의' 개막을 축하하며, 귀한 시간을 내어 참가하신 여러분들을 진심으로 환영합니다. 코로나 때문에 두 차례나 만남을 미루게 되었지만, 반부패를 향한 우리 모두의 의지가 모여 온라인으로 더 가깝게 만나게 되었습니다. 회의를 준비해오신 국제투명성기구에 깊은 경의를 표하며, 관계자 여러분께도 감사드립니다.

내외 귀빈 여러분,

한국은 지난 2003년 11차 회의를 개최한 이후 오랫동안, 오늘을 기다려왔습니다. 우리 정부는 출범 직후 '5개년 반부패 종합계획'을 세우고, 공정사회를 위한 반부패 개혁을 착실히 실천하고 있습니다. 그 결과, 국제투명성기구에서 발표하는 부패인식지수가 3년 연속 빠르게 상승했습니다. 순위로도 2018년에 이어 2019년에도 여섯 계단씩 상승해, 역대 최고점수로 세계 30위권에 진입했습니다. 한국의 목표는 2022년까지 부패인식지수 평가에서 세계 20위권에 진입하는 것입니다.

코로나의 도전 앞에서도 청렴 사회를 향한 발걸음은 멈추지 않았습니다. 국민들은 정부가 투명하고, 공정할 것이라 믿고 이웃을 존중하고 배려하며 일상을 지켜냈습니다. 자발적으로 방역의 주체가 되었고, 불편을 감수하며 '마스크 5부제'의 공정성을 지켰습니다. 이를 통해 마스크를 비롯한 방역물품의 안정적인 수급이 가능해졌습니다. '개방성', '투명성', '민주성'이라는 3대 원칙에 기반한 'K-방역'이 성과를 거두면서, 우리는 '진실과 신뢰'가 강력한 '연대와 협력'의 원동력이라는 사실을 다시한번 확인하고 있습니다.

한국 국민들은 그동안의 성과에도 불구하고, 긴장의 끈을 놓지 않고 있습니다. 부패는 언제나 우리의 방심을 파고들기 마련이고, 그 결과는 불공정, 불평등과 빈곤을 야기하며 일상의 민주주의와 공동체의 삶을 병들게 하기 때문입니다. 한국은 'K-방역'을 통해 확인한 '개방성', '투명성', '민주성'의 힘을 포용적 경제를 비롯한 전 분야로 확산시켜 나갈 것입니다. 국제투명성기구의 활동을 포함한 모든 반부패 국제협력을 지지하며, 인류의 지속가능한 발전을 위해 함께 노력하겠습니다.

'19차 국제반부패회의'가 더 공정하고 정의로운 사회를 향한 국제적 연대와 협력의 장이 되길 기대합니다. 한국 정부도 세계 반부패 전문가들의 지혜를 경청하며, 한국의 경험이 인류의 더 나은 미래에 기여할 수 있도록 협력해 나갈 것을 약속드립니다. 청명한 한국의 가을 하늘이 깨끗하고 공정한 사회를 꿈꾸는 여러분께 많은 영감을 드릴 수 있을 텐데, 직접 보여드리지 못해 아쉽습니다. VR 영상 등을 통해 한국을 경험하고 즐기시길 바라며, 다음에는 건강한 모습으로 서로 손을 맞잡을 수 있기를 기원합니다.

감사합니다.

2021년 예산안이 통과되었습니다.

여야 합의로 내년 예산안이 통과되었습니다. 2014년 이후 6년 만에 헌법 규정에 따라 예산이 국회를 통과해, 새해가 시작되면 차질없이 집행할 수 있게 되었습니다. 지금처럼 어려운 시기, 국가 재정은 그 무엇보다 국민의 일상과 생명을 지키는 역할을 다해야 할 것입니다. 협치의 결과, 코로나로 어려움을 겪는 분들을 긴급하게 지원하기 위한 예산 3조 원, 코로나 백신 구입을 위한 예산 9천억 원을 포함할 수 있었습니다. 국민들께 희망을 준 여야 의원들께 깊이 감사드립니다.

내년 예산은 코로나 위기 극복과 선도국가로 도약하기 위한 정부의 의지를 담았고, 민생경제 회복과 고용·사회안전망 강화에 중점을 두었습니다. 무엇보다 '한국판 뉴딜'을 본격적으로 시행할 수 있게 되어 다행스럽게 생각합니다.

주거문제 해결을 위한 예산도 증액 편성되었습니다. 유아보육비 지원과 한부모·장애부모 돌봄지원도 확대됩니다. 필수노동자 건강보호 예산도 증액되며, 보훈수당과 공로수당을 인상하여 국가유공자에 대한 정부의 책임도 강화할 것입니다. 국민의 마음이 예산에 잘 반영되었다고 생각합니다.

세계적인 위기 속에서 '대한민국의 재발견'은 우리 국민의 자긍심이었습니다. 새해에도 국민의 삶을 지키고 국가의 미래를 책임지는 든든한 정부가 되겠습니다.

감사합니다.

수석보좌관회의 모두발언

| 2020년 12월 7일 |

우리 환영의 박수 한번 부탁, 회의 시작하겠습니다.

지난달 19일과 24일, 사회적 거리두기 단계를 연달아 격상한 데 이어 또다시 2주 만에 수도권의 거리두기를 2.5단계로 격상합니다. 그동안의 거리두기 단계 격상과 방역 강화 조치의 성과로는 코로나 확산세를 꺾지 못하고 있다는 판단에 따른 것입니다. 방역 조치의 강화에도 불구하고 코로나 확산세를 꺾지 못하고, 다시 단계를 격상함으로써 국민들께 더 큰 부담과 불편을 드리게 되어 매우 송구하고 무거운 마음입니다.

우리는 여러 차례 코로나 확산의 위기를 극복해왔지만, 지금이 어느 때보다 심각한 위기 상황입니다. 보이지 않는 감염과 전파가 일상의 공간에서 빠르게 퍼져 나가고 있고, 감염 경로를 파악하기 어려운 확진자도 늘고 있습니다. 현재의 증가 추세가 지속될 경우, 병상과 의료인력 등 의료체계의 부담이 가중될 것을 염려하지 않을 수 없습니다.

　조속히 코로나 확산의 고리를 차단하지 못하고 걷잡을 수 없는 전국적 대유행 상황으로 치닫게 된다면, 국민 안전과 민생에 심대한 타격이 될 수밖에 없습니다. 정부는 백신과 치료제가 사용될 때까지 코로나 확산세를 차단할 수 있는 마지막 고비라고 인식하고 비상한 각오로 방역에 총력을 기울이겠습니다. 국민들께도 강화된 방역수칙을 지켜 주실 것을 다시 한번 당부드리지 않을 수 없습니다.

　일상적인 생활공간 속에서 알지 못하는 사이에 전파되고 있기 때문에 국민 한 사람 한 사람의 자발적인 실천이 특히 절실한 때입니다. 마스크 쓰기, 밀접 접촉 자제와 같은 방역의 기본만 잘 지켜도 감염의 확산을 막을 수 있습니다. 특별히 성탄절과 연말연시를 맞이하는 국민들께 당부드립니다. 지난 추석에 우리는 몸은 못 가도 마음으로 함께하는 명절로 방역에 힘을 모았습니다. 그 이상의 마음가짐이 필요합니다. 만나야 할 사람, 찾아가야 할 곳이 많겠지만 만남과 이동을 최대한 자제하여 방역에 힘을 보태 주시길 간곡히 부탁드립니다.

　코로나로 시작하여 코로나로 끝나는, 참으로 고단한 한 해입니다. 이미 전 세계 코로나 확진자 수가 6,600만 명을 넘어섰고, 사망자도 150만 명을 넘었습니다. 우리나라는 세계적 대유행 속에서도 방역에서 모범이 되어 왔습니다. 수능까지 무사히 치러낸 K - 방역의 우수성에 대해 국제사회는 한결같이 높게 평가하고 있습니다. 정부는 지금까지의 성과를 잘 이어나가 방역에서 유종의 미를 거둘 수 있도록 총력을 기울이겠습니다. 방역과 민생에 너나없이 마음을 모아야 할 때에 혼란스러운 정국이 국민들께 걱정을 끼치고 있어 대통령으로서 매우 죄송한 마음입니다. 한편으로 지금의 혼란이 오래가지 않고, 민주주의와 개혁을 위한 마지막 진통이 되기를 간절히 바라고 있습니다. 민주적 절차와 과정을 통해 문제가 해결되어 나간다면 우리의 민주주의는 보다 굳건해질 것입니다.

우리나라는 경제뿐 아니라 민주주의와 인권, 방역과 보건의료, 문화 역량, 외교적 위상 등 소프트 파워에서도 빠르게 강국으로 발전하고 있습니다. 올해 코로나 방역 과정에서 우리가 얻은 것이 있다면 바로 그것입니다. 까마득히 앞서있는 것처럼 보였고, 우리의 먼 미래처럼 보였던 나라들에 비해 우리가 크게 뒤지지 않으며, 오히려 우리가 앞서가고, 모범이 되는 분야들도 있다는 사실을 우리는 알게 되었고, 자긍심을 가지게 되었습니다. 위대한 촛불혁명을 거치면서 더욱 성장한 한국의 민주주의도 오랫동안 해결하지 못했던 마지막 숙제를 풀어내는 단계로 나아가고 있습니다. 권력기관 개혁은, 남은 가장 큰 숙제 중 하나입니다.

저는 취임사에서 권력기관을 정치로부터 완전히 독립시키고, 그 어떤 기관도 무소불위의 권력을 행사할 수 없도록 견제장치를 만들겠다고 국민들께 약속했습니다. 과거처럼 국민 위에 군림하는 권력기관이 없도록 하겠다는 의지였습니다. 모든 권력은 국민으로부터 나온다는 헌법 정신에 입각하여, 우리 정부는 많은 우여곡절을 겪으면서도 권력기관 개혁에 흔들림 없이 매진하였습니다. 우리 정부는 어떤 어려움을 무릅쓰더라도 그 과제를 다음 정부로 미루지 않고자 하였습니다. 이제, 그 노력의 결실을 맺는 마지막 단계에 이르렀습니다.

이번 정기국회에서 권력기관의 제도적 개혁을 드디어 완성할 수 있는 기회를 맞이했습니다. 한국 민주주의의 새로운 장이 열리는 역사적 시간입니다. 견제와 균형의 원리에 따라 국정원, 검찰, 경찰 등 권력기관들의 권한을 분산하고 국민의 기관으로 거듭날 수 있도록 개혁 입법이 반드시 통과되고, 공수처가 출범하게 되길 희망합니다.

제57회 무역의 날 기념사

| 2020년 12월 8일 |

존경하는 국민 여러분, 무역인 여러분,

모두가 힘든 한 해였습니다. 무역인들도 유례없는 상황에 많은 어려움을 겪었습니다. 전 세계가 동시 불황에 빠지면서 글로벌 교역량이 급격히 줄었습니다. 국가 간 이동이 봉쇄되어, 한 건의 계약을 성사시키는데 몇 곱절의 노력이 들었습니다. 글로벌 공급망이 멈추고 컨테이너선이 부족해서 황급히 새로운 공급처와 운송망을 찾는 일도 많았습니다.

그러나 대한민국 무역은 또 한 번 저력을 보여주었습니다. 다른 나라들보다 빠르게 수출을 플러스로 바꿔냈습니다. 세계 7위를 달리고 있는 우리 수출의 기적 같은 회복력은 K - 방역의 성과와 함께 우리 경제가 3분기부터 반등하는 원동력이 되었습니다.

수출의 내용이 더욱 희망적입니다. 반도체, 자동차, 컴퓨터 등 주력 품목들이 버팀목 역할을 잘해 주었습니다. 지난해 세계 7위였던 자동차 수출은 세계 4강에 도전하고 있으며, 조선업은 LNG선을 중심으로 하반기 이후 세계 수주량 1위를 달리고 있습니다. 우리 정부가 역점을 두어온 시스템반도체, 미래차, 바이오헬스 등 3대 신산업 모두 큰 폭의 수출 증가를 이룬 것이 특히 반갑습니다. 11월까지의 실적만으로도 바이오 수출이 사상 처음으로 100억 달러를 훌쩍 넘었습니다. 전기차 수출은 무려 75% 증가하여 10만대 수출 시대를 열었고, 수소차 수출도 35%나 늘었습니다. 시스템반도체 수출도 15%의 증가율을 보이며 종합반도체 강국의 길을 걷고 있습니다.

농수산 식품과 화장품 등의 수출 호조로 중소기업의 수출 비중이 늘어난 것도 매우 의미 있는 변화입니다. 처음으로 1억 달러 수출을 달성했던 1964년이나, 무역 1조 달러 시대를 열었던 2011년 못지않게 어려움 속에서 매우 값진 성과를 이뤄낸 한 해였습니다. 제57회 무역의 날을 맞아 무역인들의 노고에 진심으로 감사드리며, 오늘 수상하신 모든 분들께 축하의 인사를 전합니다.

자랑스러운 무역인 여러분,

코로나 이후 회복되는 세계시장을 선점하기 위해 모든 나라가 치열하게 경쟁할 것입니다. 보호무역의 바람도 거셀 것입니다. 기후변화 대응을 위한 국제 무역질서의 재편 논의가 본격화되고, 비대면 사회 전환이 가속화됨에 따라 디지털 무역의 시대도 빠르게 도래할 것입니다. 우리는 늘 그래왔듯이 한발 앞서 변화에 대비하고, 코로나 이후 시대의 새로운 도전에 실력으로 당당하게 맞서야 할 것입니다.

첫째, 대한민국 무역의 체력을 더욱 튼튼하게 키워야 합니다. 보호무역에 맞서는 가장 강력한 무기는 좋은 상품을 만드는 경쟁력입니다. 전통 제조업에 디지털 신기술을 결합시켜 혁신하고, 소재·부품·장비의 완전한 기술자립으로 우리 제조업의 경쟁력을 더욱 높여나가겠습니다. 3대 신산업을 중심으로 미래 수출을 이끌 새로운 동력을 계속 키워 나가겠습니다.

시장의 다변화도 반드시 이뤄야 할 과제입니다. 막대한 잠재력을 가진 신남방, 신북방 국가를 중심으로 FTA 네트워크를 더욱 넓혀가겠습니다. 지난달 최종 서명한 세계 최대 규모 다자 FTA RCEP을 시작으로 올해 안에 인도네시아, 이스라엘과의 FTA를 마무리 짓고 인도, 필리핀, 캄보디아, 우즈베키스탄과의 FTA도 더욱 속도를 내겠습니다. 중국, 러시아와 진행 중인 서비스 투자 FTA 협상을 통해 한류 콘텐츠 수출과 지식재산권 보호를 확대하고, 브라질, 아르헨티나 등의 메르코수르, 멕시코 등의 태평양 동맹과도 협상을 가속화해 거대 중남미를 더욱 가까운 시장으로 만들겠습니다. CPTPP 가입도 계속 검토해 나갈 것입니다. 또한, 자유무역과 다자주의를 회복하고, 무역장벽을 낮추기 위한 WTO, G20

등 국제사회 논의에도 주도적으로 참여하겠습니다.

둘째, 대한민국 무역의 체질을 환경 친화적으로 바꾸어야 합니다. 탄소중립은 거스를 수 없는 흐름입니다. 우리 역시 국제사회의 책임 있는 일원으로서 '2050년 탄소중립'이라는 담대한 목표를 향해 나아가고 있습니다. 무역이라고 예외가 될 수 없습니다. 이미 EU와 미국 같은 나라에서 탄소 국경세 도입이 공론화되고 있습니다. 우리 수출기업들도 하루빨리 에너지 전환을 이루고 친환경 인프라를 갖춰야 합니다. 다가올 그린 경제 시대를 선도하고 예상되는 무역 규제의 소지도 선제적으로 제거해야 합니다. 정부 역시 '그린 뉴딜'을 통해 저탄소 경제를 향한 우리 수출기업의 노력을 적극 지원할 것을 약속드립니다.

셋째, 디지털 무역에 대한 준비도 서둘러야 합니다. 글로벌 전자상거래시장은 코로나를 겪으며 폭발적으로 성장하고 있습니다. 온라인 수출은 거래비용이 적고, 진입장벽도 낮습니다. 세계시장에 진출하는 중소기업에게 새로운 기회의 창이 될 것입니다. 우리는 이 분야에서 앞서가는 능력을 가지고 있습니다. 정부는 한국을 대표하는 글로벌 수출 플랫폼을 육성하고, 무역금융부터 통관, 법률상담에 이르기까지 수출 지원시스템을 디지털 무역 시대에 맞게 전면 개편할 것입니다. 특히, 수출 중소기업과 스타트업을 매년 만 개씩 발굴하여 디지털 무역을 통해 세계시장에 진출할 수 있도록 적극 지원하겠습니다.

존경하는 국민 여러분, 무역인 여러분,

흔히 국제무역을 '총성 없는 전쟁'이라 부르지만, 무역의 시작은 '함께 잘 살고자 하는 마음'입니다. 대한민국 무역이 한강의 기적을 이끌고, 수많은 위기를 극복할 수 있었던 것도 무역의 기본에 충실했기에 가능했습니다. 과거 식민지를 경영하며 시장을 넓힌 나라들과 달리 우리는 후발국이었지만 자유무역의 틀에서 정정당당하게 경쟁하며 세계에서 가장 빠르게 무역을 키웠습니다. 국제무역 환경이 급변하고 있지만, 우리는 '사람을 이롭게 하는 무역'을 통해 무역 상대국과 호혜적으로 협력해 나갈 것입니다. 기본에 충실한 대한민국의 방식으로 대한민국 무역의 힘은 더욱 강해지고, 대기업과 중소기업이 '다 함께 더 멀리' 뻗어가는 성공 신화가 계속될 것입니다.

감사합니다.

세한도 기증자 손창근 옹 초청 환담

| 2020년 12월 9일 |

오늘 손창근 선생님과 또 아드님이신 손성규 교수님 내외분, 이렇게 청와대에 모시게 돼서 아주 반갑습니다. 또 우리 손창근 선생님 아주 정정하신 모습 뵈니깐 참 좋습니다. 연세가 아주 높으시고, 또 오늘 날씨도 찬데 오시는 길에 힘들지는 않으셨는지 모르겠습니다.

손창근 선생님께서 우리나라 국보 중에 국보라고 할 수 있는 추사 김정희의 '세한도'를 이번에 국민의 품으로 그렇게 기증을 해 주셨습니다. 처음이 아닙니다. 선친이신 손세기 선생님과 함께 대를 이어서 아주 소중한 우리나라 문화재들을 수집하고 보호하고, 또 대를 이어서 평생 수집한 그 소중한 문화재들을 국민들의 품으로 그렇게 기증을 해 주셨습니다.

우리 손창근 선생님 본인도 이미 2018년에 추사 김정희의 다른 작품, 세 작품과 또 난초 그림을 포함한 304점의 아주 귀한 문화재들을 국립중앙박물관에 기증을 한 바가 있었습니다. 그리고 그때 너무나 아끼는 마음으로 딱 하나 남겨 두셨던 '세한도', 그마저도 이번에 다시 또 기증을 해 주셨습니다.

정말 국가가 얼마나 감사를 드려야 될지 모르겠습니다. 정부는 그에 대해서 감사드리는 마음으로 문화유산 보호 유공자들에게 드리는 문화훈장 가운데에서 최고 훈격인 금관 문화훈장을 우리 손 선생님께 수여를 했습니다. 문화유산 보호 유공자들에게 이렇게 금관 문화훈장을 이렇게 수여한 것은 우리 손 선생님이 사상 최초입니다.

그러나 저는 그것만으로도 이렇게 감사를 드리기에 좀 부족하다고 생각했습니다. 그래서 손 선생님을 우리 청와대에 이렇게 초청해서 좀 따뜻한 차라도 대접을 하면서 국민들을 대표해서 직접 이렇게 감사를 드리기도 하고, 또 문화훈장 수여받으신 것에 대해서 축하 말씀을 드리고 싶어서 오늘 이렇게 모셨습니다. 정말 손 선생님의 그 숭고한 마음에 다시 한 번 깊이 감사드리고, 또 그 어려운 결단에 동의를 해 주신 우리 가족분들께도 감사 말씀을 드립니다.

이 '세한도'는 제가 신문에서 '무가지보(無價之寶), 가격을 매길 수 없는 보물이다'라고 표현한 것을 봤습니다. 정말 아주 공감이 되는 말입니다. 제 안목으로 보기에도 이 '세한도'는 우리나라 국보 중에서도 서화류 가운데에서는 최고의 국보가 아닌가 생각합니다. 우선은 '세한도' 그림 자체가 당시에 제주도 유배 중이던 추사 선생의 아주 고고한 그런 선비 정신, 그리고 기품 이런 것이 아주 잘 표현되어 있습니다. 그리고 또 제자인 이상적에게 주는 그 글에도 유배 중인 자신에게 청나라에서 발간된 아주 귀한 서적들을 구해서 갖다 준 그 고마움에 대해서 정말 추운 한겨울이 되어서야 소나무와 측백나무가 시들지 않는다는 것을 알게 된다는 그런 말로 그 고마움을 아주 절절하고 진정성 있게 표현을 했는데, 글씨도 추사체의 진수를 보여주는 아주 명필이거니와 문장도 대단히 감동적이어서 정말로 그림과 함께 일체를 이루면서 최고의 명품이 되었습니다. 거기에 당시 청나라 문사 16명의 감상평이 이렇게 달려 있어서 당시의 우리 조선과 청나라 간의 문화 교류, 또는 양국 지식인 간의 지성의 교류, 이런 것을 우리가 확인할 수 있는 아주 귀중한 사료도 되고 있습니다.

정말 귀한 결단해 주셔서 다시 한번 감사 말씀을 드리고요. 저는 이렇게 '세한'이라는 그 말이 마치 좀 공교롭게도 지금 코로나 때문에 어려움을 겪고 있는 우리 국민들의 상황을 그대로 표현해 주는 그런 말이기도 하다고 생각합니다. 세계가 다함께 코로나를 겪어보니 우리 국민들이 얼마나 방역에 대해서 모범적이고, 또 이웃을 배려하는 그런 아주 성숙된 공동체 의식을 가지고 있는지 하는 것이 잘 나타나고 있다고 생각합니다. 그런 면에서 이 '세한도'는 코로나 때문에 지친 국민들께도 아주 큰 힘과 또 희망이 될 것이라고, 또 위로가 될 것이라고 믿습니다.

마침 이제 그런 뜻으로 국립중앙박물관에서 특별전시회를 하고 있었는데, 이번에 사회적 거리두기 강화 때문에 전시회가 중단된 것이 좀 안타깝습니다. 상황이 좀 진정되는 대로 다시 조속히 재개해 주시고, 또 그동안 못한 기간만큼은 더 전시 기간을 늘려서 많은 국민들이 충분히 함께 볼 수 있도록 그렇게 좀 해 주시기 바랍니다.

뿐만 아니라 우리 손세기, 그 다음에 또 손창근 선생님의 기증을 기리는 아마 특별실, 기념실이 국립중앙박물관에 마련되어 있을 텐데 그것을 잘 꾸미고 잘 관리해서 이런 문화재 기증에 대한 아주 훌륭한 표상으로 두고두고 국민들에게 기념될 수 있도록 그렇게 노력들 해 주시기 바랍니다. 다시 한번 감사의 말씀 드립니다.

고맙습니다.

코로나19 수도권 방역상황
긴급 점검 모두발언

| 2020년 12월 9일 |

여러분, 반갑습니다.

상황이 워낙 급박해서 수도권 방역상황 긴급 점검 회의를 화상으로 열었습니다. 시간을 내주셔서 감사합니다.

드디어 백신과 치료제로 긴 터널의 끝이 보입니다. 정부는 4,400만 명분의 백신 물량을 확보했고, 내년 2~3월이면 초기물량이 들어와 접종을 시작할 수 있게 될 것입니다. 백신 4,400만 명분은 우리 국민의 집단면역에 충분한 양입니다. 하지만 백신이 매우 긴급하게 개발되었기 때문에 돌발적인 상황이 있을 수도 있다는 점을 감안하면, 아직 안심하기 이릅니다. 백신 물량을 추가 확보하여 여유분을 가질 수 있도록 계속 노력해 주기 바랍니다. 재정적인 부담이 추가되더라도 국민의 안전과 생명을 최우선으로 고려해 주기 바랍니다.

백신 접종은 안전성이 충분히 확인되어야 할 것입니다. 그러나 우리나라에 백신이 들어올 때까지 외국에서 많은 접종 사례들이 축적될 것입니다. 그 효과와 부작용 등을 충분히 모니터링하여, 우리나라에 백신이 들어오는 대로 신속히 접종이 시작될 수 있도록 접종계획을 앞당겨 준비해 주시기 바랍니다. 백신의 종류와 가격, 도입 시기 등이 차이가 있기 때문에, 우선순위에 따라 가급적 많은 국민들이 백신을 무료 또는 저렴한 가격으로 공평하게 접종할 수 있도록 접종계획을 잘 세워 주기 바랍니다.

치료제 개발은 더 희망적입니다. 국내 기업들의 치료제 개발에 빠른 진전이 있어 이르면 올 연말, 늦어도 내년 초에는 가시적 성과가 있을 것으로 기대하고 있습니다. 계획대로 차질없이 진행될 경우 우리는 백신 이전에 치료제부터 먼저 사용할 수 있을 것이라는 기대를 가지고 있습니다. 대한민국이 치료제 개발에서 선도국가가 될 수 있고, 빠른 상용화도 가능할 것이라는 희망이 커지고 있습니다. 정부는 치료제에 대한 기대와 희망이 하루속히 이뤄질 수 있도록 가능한 모든 지원을 아끼지 않을 것입니다.

분명히 터널의 끝이 보이고 있지만, 오늘 발표된 하루 확진자 수는 686명으로 2월 말 이후 최다이며 역대 두 번째를 기록했습니다. 이 숫자가 더 늘지 않도록, 또한 거리두기 단계를 더 높이지 않고 상황을 진정시켜 나갈 수 있도록 정부와 특히 수도권 지자체가 합심하여 총력을 기울여야 하겠습니다. '역학조사 – 진단검사 – 격리 또는 치료'로 이어지는 삼박자의 속도를 최대한 높이는 것이 무엇보다 중요합니다. 역학조사 역량 강화를 위해 이미 계획된 군·경·공무원 투입뿐 아니라 공중보건의의 투입 확대도 함께 검토해 주기 바랍니다. 또한, 진단검사의 속도를 높이기 위해 타액 검사 방법을 확대하고, 필요한 경우 정확도가 크게 높아진 신속항원검사의 활용도 적극 검토해 주기 바랍니다.

선별진료소의 운영 시간을 야간과 휴일까지 확대하고 드라이브 스루와 워크 스루 검사 방식도 대대적으로 늘려 직장인과 젊은이들이 언제 어디서든 검사를 받을 수 있도록 하는 한편, 의료진이 방호복을 입지 않고도 검사할 수 있도록 하여 수고를 덜어 주기 바랍니다. 국민들께서도 조금이라도 의심증상이 있으면 가까운 곳에서 조기에 진단을 받아 주실 것을 당부드립니다. 또한, 중환자 병상과 생활치료센터 등도 빠르게 확충하여 확진자가 즉시 필요한 격리 치료를 받을 수 있도록 하고, 부득이 집에서 대기하는 그 시간 동안에도 홈케어 시스템에 의해 치료와 관리가 충분히 이뤄질 수 있도록 조치를 서둘러 주기 바랍니다.

정부는 지자체와 함께 단기간에 모든 역량을 집중하여 코로나 확산세를 빠르게 진정시키는데 총력을 다하겠습니다. 국민들께서는 백신과 치료제의 희망을 보며, 정부와 지자체의 방역 역량을 믿고, 방역 수칙을 철저히 지키며 조금만 더 힘을 내주시기 바랍니다. 코로나라는 긴 터널의 끝이 얼마 남지 않았습니다. 지자체에서도 정부의 지원을 요청할 일이 있다면, 서슴지 말고 말씀해 주시기 바랍니다.

감사합니다.

예술인 고용보험 제도를 본격 시행합니다

| 2020년 12월 10일 |

오늘부터 '예술인 고용보험제도'가 시행됩니다.

사각지대에 있던 문화예술인들의 생활 안정을 돕고, 창작에 전념할 수 있도록 환경을 개선하겠다는 정부의 강한 의지입니다. 정부는 예술현장의 목소리를 더욱 세심히 경청하며 문화예술인들의 노력이 좋은 결과로 이어지게 최선을 다하겠습니다. 우리는 결과에 환호하지만, 과정에서의 고통은 잘 알지 못합니다. 문화예술인들은 주요 정책의 우선순위에 멀어져 있었음에도 묵묵히 자신의 길을 걸으며 역량을 축적했고, 그 역량을 바탕으로 대중음악, 영화 등 많은 분야에서 큰 성과를 만들어낼 수 있었습니다.

대한민국 문화예술인들께 각별한 존경의 마음을 전하며, 코로나의 어려움 속에서도 예술현장을 지키고 답답한 국민들을 위로해주신 예술인들의 노고에 깊이 감사드립니다. 볕이 잘 들고 날이 좋아야 실한 열매가 맺히듯 주위의 환경이 좋아지면 우리는 더 위대한 예술을 만날 수 있을 것입니다. 우리와 세상을 놀라게 하는 예술은 짧은 시간에 나오지 않고 오랜 몰입과 숙성의 기간을 지난 뒤에야 우리에게 다가올 수 있습니다. 예술인들의 삶과 작품에 항상 함께하며, 늘 응원하고 있다는 마음 전합니다.

기후목표 정상회의 연설문

| 2020년 12월 12일 |

존경하는 유엔 사무총장님,

각국 정상 여러분,

파리협정 체결 5주년이자 이행 첫해를 맞아, '기후목표 정상회의'에
함께 하게 되어 매우 기쁩니다. 코로나의 도전이 거센 가운데서도, '기후
목표 정상회의' 개최를 위해 노력해주신 구테레쉬 사무총장님과 영국,
프랑스, 칠레, 이탈리아 정상들에게 경의를 표합니다.

한국은 '2050년 탄소중립 사회'로 가기 위해 탄소중립과 경제성장,
삶의 질 향상을 동시에 달성하는 포용적 비전을 마련했습니다. 정부, 의
회와 지자체에서 다양한 논의를 진행해왔고, '탄소중립선언 비전선포식'

을 통해 온 국민이 함께 탄소중립을 실천하기로 다짐했습니다. 한국은 국민이 일상 속에서 자발적으로 실천할 수 있는 시나리오를 마련하고, 사회 각 부문별로 체계적인 로드맵을 만들어 실행할 계획입니다.

또한, 디지털 혁신과 결합한 '그린 뉴딜'을 통해 녹색산업을 발전시킬 것입니다. 기후위기를 '포용적이며 지속가능한 성장'의 기회로 삼아 새로운 일자리를 만들고, '그린 뉴딜'의 경험과 성과를 모든 나라와 공유하겠습니다. 국제사회의 공동대응 노력에도 함께 할 것입니다. '2050년 탄소중립' 목표 달성을 위한 '장기저탄소발전전략'을 올해 안에 마련하고, 2030년 '국가결정기여'를 절대량 목표 방식으로 전환하여, 유엔에 제출할 예정입니다. 아울러 2030년 감축 목표도 조속히 상향 제출할 수 있도록 노력할 것입니다.

내년 5월, 서울에서 '제2차 P4G 정상회의'가 열립니다. 기후위기 극복을 위해 국제사회가 더욱 긴밀히 협력할 수 있도록 개최국으로서 최선을 다하겠습니다. '제2차 P4G 정상회의'에 깊은 관심과 참여를 당부드립니다.

감사합니다.

경제협력개발기구(OECD) 설립 협약 서명
60주년 기념 축하 메시지

| 2020년 12월 14일 |

OECD 설립협약 서명 60주년을 축하하며, 뜻깊은 행사를 마련해 주신 마크롱 대통령님, 산체스 총리님, 구리아 사무총장님의 리더십에 감사드립니다.

인류 모두가 함께 잘사는 꿈을 이루기 위해 OECD는 특별하고 소중한 역할을 해왔습니다. 코로나 위기 속에서 인류 공동의 해법을 찾고 있는 지금, OECD 설립 취지를 되새기는 것이 매우 뜻깊습니다.

전쟁의 폐허 위에서 세계 경제를 일으켜 세운 것은 연대와 협력의 정신이었고, OECD 설립 정신 또한 "각국의 번영은 모두의 번영에 의존한다"는 공존의 정신이었습니다. 이제 OECD는 미주, 유럽, 아시아 태평양, 중동 지역의 37개국이 가입한, 대표적 경제협력기구가 되었으며, 환경, 거버넌스, 금융과 투자, 무역, 반부패 등 450개 이상의 국제표준을 만들고 실천의 중심이 되었습니다.

OECD의 활동으로 세계는 더 공정해지고 투명해졌으며, 기업들은 공정한 경쟁 속에서 성장할 수 있었습니다.

한국 역시, OECD가 추구해온 민주주의와 인권, 시장경제와 개방경제라는 보편의 가치를 실천하며 성공사례를 만들어왔습니다. 1996년 OECD에 가입한 이래 외국인 투자시장 개방, 자유무역협정 체결로 세계경제와 함께 발전해왔고, 코로나 대응 과정에서도 공존이라는 OECD의 정신을 기반으로 국경과 지역의 봉쇄 없이 방역과 경제활동을 이어갔습니다. 그 결과 수출이 늘고 경제 충격을 최소화했으며, OECD 회원국 중에서도 가장 빠르게 경제를 회복하는 국가가 되고 있습니다.

한국은 앞으로도 OECD가 추진하는 지속가능한 포용적 성장의 길에 함께 할 것입니다. 고용안전망과 사회안전망을 토대로 디지털 뉴딜, 그린 뉴딜, 지역균형 뉴딜을 추진하고, 2050년 탄소중립을 향해 세계와 함께 할 것입니다. 개발원조위원회의 일원으로서 국제사회의 빈곤 퇴치와 지속가능 발전에도 함께하겠습니다. 코로나로 인해 세계 경제가 침체된 지금, OECD의 다자주의 정신이 그 어느 때보다 절실합니다. 포용적이고 지속가능한 세계 경제회복을 위한 각국의 협력 의지를 담은 각료성명 채택을 환영하며, OECD가 세계 경제의 더 나은 회복을 위한 이정표가 되어주길 기대합니다.

OECD가 지향하는 목표가 높을수록 인류의 미래는 희망적이 될 것입니다. '더 나은 삶을 위한 더 나은 정책'을 만들어가는 과정에 한국도 기꺼이 함께 하겠습니다.

감사합니다.

2021년 경제정책방향 보고 모두발언

| 2020년 12월 17일 |

여러분 반갑습니다.

코로나라는 전대미문의 상황 속에서 한 해를 보냈습니다. 방역의 주체로 불편을 감수해 주신 국민들과 의료진, 방역당국자들의 노고가 참으로 컸습니다. 자영업, 소상공인들의 동참과 희생, 대기업과 중소기업, 노사 간의 상생 협력이 있었기에 우리 경제를 지키며 최소한의 일상을 유지할 수 있었습니다. 함께해 주신 경제인들과 국민경제자문회의 위원들께 한 해 동안 수고하셨다는 말씀과 함께 감사의 인사를 드립니다.

오늘 우리는 '2021년 경제정책방향'을 논의하기 위해 모였습니다. 코로나라는 불확실성 속에서 내년 한 해의 정책 대응이 향후 수년간 우리 경제의 앞날을 좌우하게 될 것입니다. 미래를 내다보며 대한민국 경제가 나아갈 방향을 함께 모색하는 자리가 되기를 바랍니다. 전 세계가 어려운 가운데서도 우리 경제는 정말 잘해 왔습니다. 정부가 예측하고 계획한 대로 3분기부터 성장률의 반등을 이루었습니다. 올해 OECD 국가 중 최고 성장률을 달성하고, 지난해 세계 12위였던 GDP 순위가 10위 내로 올라설 전망입니다. 어려운 시기, 온 국민이 함께 이룬 자랑스러운 성과입니다.

올해 우리 경제가 거둔 가장 큰 수확은 '대한민국'이라는 이름의 가치를 높인 것입니다. 우리가 이룬 민주주의와 인권의 성장이 개방성, 투명성, 민주성의 원칙에 기반한 'K-방역'의 바탕이 되었습니다. 방역과 보건의료, 문화, 외교 등 우리의 소프트 파워가 커지면서 '메이드 인 코리아'는 '믿을 수 있는 상품'을 넘어 '매력적인 상품'이 되었습니다. 오랫동안 경제인들을 힘들게 했던 '코리아 디스카운트'가 '코리아 프리미엄'으로 바뀌었습니다.

우리는 어느새, 우리의 먼 미래처럼 여겼던 나라들과 어깨를 나란히 하고 있습니다. 오히려 우리가 앞서고 모범이 되는 분야도 적지 않다는 것도 알게 되었습니다. 특히, 우리 국민의 높은 시민의식과 공동체의식은 어느 나라에도 뒤지지 않습니다. 그 자신감 위에서 우리는 2021년을 '한국 경제 대전환의 시간'으로 만들어야 하겠습니다. 시작은 코로나 위기의 확실한 극복입니다. 'K-방역'의 역량을 총동원해 코로나 재확산의 고리를 완전히 끊어내야 합니다.

경제에서도 마찬가지입니다. 성장률이 플러스로 전환되고 수출이 늘고 있지만 코로나 재확산으로 고용 회복세가 더딥니다. 소상공인·자영업자의 어려움도 계속되고 있습니다. 성장뿐 아니라 국민의 삶이 회복될 때, 우리는 비로소 코로나 위기를 완전히 극복했다고 말할 수 있을 것입니다. 빠르게 달라지는 세계 경제의 흐름에도 선제적으로 대응해야 합니다. 이상기후와 코로나가 기후 문제의 심각성을 일깨웠고, 각국은 친환경·저탄소 경제로의 전환을 서두르고 있습니다. 비대면·디지털 경제로의 이행도 빨라지고 있습니다. 친환경 기술과 디지털 역량이 기업과 국가의 경쟁력을 결정하는 시대가 도래하고 있습니다.

다행히 우리는 한발 앞서 준비해 왔습니다. '제조업 르네상스 전략' 등을 통해 산업구조를 환경친화적이고 스마트하게 바꿔왔습니다. 그린 뉴딜과 디지털 뉴딜, 지역균형 뉴딜을 축으로 하는 '한국판 뉴딜 종합계획'도 마련했습니다. 이제 구체적인 성과를 만들어낼 때입니다. 2021년 경제정책방향은 '빠르고 강한 경제 회복'과 '선도형 경제로의 대전환'입니다. 재정·금융 등 정책 수단을 총동원하고, 민관이 합심하여 민생경제의 확실한 반등을 이뤄내야 하겠습니다.

우선, 내년도 확장 예산을 필요한 곳에 신속하게 투입해야 합니다. 백신 보급을 속도감 있게 추진하고, 코로나 재확산에 따른 피해업종과 피해계층에 대한 지원도 신속을 생명으로 삼아야 합니다. 고용 회복은 경기 회복보다 늦기 마련입니다. 고용을 살리는데 공공과 민간이 함께 총력을 기울여 주기 바랍니다. 아울러, 늘어난 시중 유동 자금이 미래를 위한 투자로 흘러들게 해야 합니다. 방역이 안정되는 대로 소비 촉진을 위한 인센티브를 강화하고, 투자와 수출에 대한 지원도 늘려야 할 것입니다.

특히, 중산층과 서민의 주거안정이 무엇보다 중요합니다. 내년에 사전청약이 시작되는 3기 신도시 등 수도권 127만 호 공급을 신속하게 추진하고, 역세권 등 수요가 많은 도심에 주택공급을 늘릴 수 있는 다양하고 효과적인 방안을 강구하기 바랍니다. 매매 시장과 전세 시장의 안정은 속도가 생명임을 특별히 유념해 주기 바랍니다.

선도형 경제로의 대전환을 이루기 위해서는 우리 경제의 구조를 새롭게 바꿔야 합니다. 내년부터 본격적으로 추진될 '한국판 뉴딜'은 저탄소 경제로 나아가는 우리 기업들을 지원하고, 산업 전반에 디지털 경쟁력을 더할 것입니다. 선도형 경제는 사람의 창의력이 핵심 경쟁력이 되는 경제입니다. 지금 코스피와 코스닥 시장에서 성과를 보여주고 있는 제2벤처 붐을 더욱 확장해 나가야 합니다. 기업인, 노동자, 젊은이들이 창의력을 마음껏 발휘할 수 있는 환경을 만드는 것이 무엇보다 중요합니다. 실패의 두려움 없이 도전할 수 있도록 고용안전망과 사회안전망을 강화하고, 노력한 만큼 정당한 결과를 얻을 수 있도록 공정한 경쟁 환경을 만들어야 합니다.

국민취업지원제도와 전 국민 고용보험제도, 그리고 지난주 국회를 통과한 공정경제 3법은 상생과 포용을 위한 힘찬 발걸음이자 선도형 경제를 향한 도약의 토대가 될 것입니다. 경제인들께서도 공정경제 3법이 기업을 힘들게 하는 것이 아니라 기업을 건강하게 하여 글로벌 경쟁력을 키우는 길이라는 긍정적 인식을 가져 주시기 바랍니다.

경제정책방향은 오늘 완성되는 것이 아닙니다. 구체적인 정책을 만들고, 신속하게 집행하여 가시적인 성과를 창출해야 합니다. 정책이 의도한 효과를 내는지 현장과 끊임없이 소통하면서 상황에 맞게 보완하고 발전시켜 나가야 합니다. 오늘 경제인들과 자문위원들의 고견을 경청하고 정책에 잘 반영해 주기 바랍니다. 우리가 함께 마련하는 '2021년 경제정책방향'이 민생 회복과 우리 경제의 상생 도약을 위한 튼튼한 디딤판이 되기를 바랍니다.

감사합니다.

〈연등회〉 유네스코 등재의
기쁨을 함께 나눕니다

| 2020년 12월 18일 |

　'연등회'가 유네스코 인류무형유산이 됐습니다. 자랑스럽고 기쁜 소식입니다. 유네스코 무형유산위원회는 우리 '연등회'가 문화적 창의성과 다양성, 포용성을 잘 보여주며, 사회의 단합에 기여한다는 문화적 가치를 높게 평가했습니다. 또한 이번 연등회 등재신청서를 무형유산의 중요성을 알리는 모범사례로 꼽았습니다.

　'연등회'는 통일신라 때 시작하여 천 년을 이어온 우리의 전통문화이며 민속 축제입니다. 불교 행사로 기작되었으나 부처님오신날을 전후하여 관불의식, 연등행렬, 회향 등 일반인의 자발적 참여가 많아지면서 국민의 축제로 발전되었습니다.

무형문화에는 우리 민족의 역사와 삶과 정체성이 담겨 있습니다. 우리가 소중한 무형문화를 잘 보존하고, 참여하고, 계승발전시킬 때, 그 정신과 역사문화적 가치, 예술적 가치가 더욱 커지고, 우리 문화의 다양성이 그만큼 더 발전하게 될 것입니다. 앞으로도 정부는 우수한 전통문화를 국제사회에 널리 알리고, 문화 다양성과 창의성을 높이기 위해 항상 노력하겠습니다.

우리는 모두 스물한 개의 인류무형문화유산을 보유한 세계 3위 보유국입니다. 이 기회에 우리의 자랑스러운 문화유산을 국민과 함께 기억해 보고 싶습니다.

'종묘 제례악(2001)',

'판소리(2003)',

'강릉 단오제(2005)',

'강강술래, 남사당놀이, 영산재, 제주칠머리당영등굿, 처용무(2009)',

'가곡, 대목장, 매사냥(2010)',

'택견, 줄타기, 한산모시짜기(2011)',

'아리랑(2012)',

'김장문화(2013)',

'농악(2014)',

'줄다리기(2015)',

'제주해녀문화(2016)',

'씨름(남북공동,2018)',

'연등회(2020)'

제3차 국가과학기술자문회의
전원회의 모두발언

| 2020년 12월 21일 |

여러분, 반갑습니다.

오늘 제3차 국가과학기술자문회의 전원회의를 열게 되었습니다. 올해 민간위원 열여덟 분이 새로 위촉되었고, 그 가운데 여덟 분이 여성입니다. 우리 과학기술계를 대표하는 분들을 모시게 되어 기대가 매우 큽니다.

마지막까지 힘든 한 해를 보내고 있습니다. 방역에 총력을 기울이면서 경제 위기를 빠르게 극복하기 위해 국민 모두가 최선을 다해 주셨습니다. 과학기술의 역할이 매우 컸습니다. 코로나 확산을 막는 데 바이오와 디지털 기술이 큰 역할을 했고 K - 방역이 성과를 낼 수 있었습니다. 일본의 수출규제를 극복하기 위한 소재·부품·장비의 자립에서도 우리 과학기술의 저력이 발휘되었습니다. 과학기술이 국력의 토대가 되고 있고, 위기가 닥칠 때마다 우리 과학기술인들이 열정을 다하고 있다는 것을 느낄 수 있어서 정말 자랑스럽습니다. 지금 이 시간에도 치료제와 백신 개발에 최선을 다해 주고 계신 과학기술인들을 국민과 함께 응원합니다.

국가과학기술자문회의 출범 후 과학기술계에 많은 성과가 있었습니다. 국가 혁신역량을 높이기 위해 연구자 중심의 '국가 R&D 혁신방안'을 마련했고, 기초연구를 포함하여 국가 R&D 예산도 크게 늘었습니다. 도전적 과제를 제도적으로 보장하여, R&D의 양과 질이 모두 개선되었습니다. 국가과학기술자문회의에서 심의한 정부의 내년 R&D 예산은 27조 4천억 원으로 역대 최대규모입니다. 과학기술에 대한 정부의 강력한 의지와 미래를 위한 국민의 염원을 담은 것입니다.

치료제와 백신 개발에 투입되어 코로나 극복의 마중물 역할을 할 것이며, 디지털 뉴딜과 그린 뉴딜, 소재·부품·장비의 자립을 통해 혁신성장을 튼튼하게 뒷받침할 것입니다. 국가의 미래를 위해 지혜를 모아주신 염한웅 부의장님을 비롯한 위원님들께 깊이 감사드립니다.

내년은 우리 과학기술계에 매우 뜻깊은 해가 될 것입니다. 정부와 민간을 합쳐 R&D 100조 시대를 열게 됩니다. 규모 면에서 세계에서 다섯 번째이고, GDP 대비 투자 비중으로는 세계 1, 2위를 다투고 있습니다. 갈수록 커지고 있는 '과학입국'의 원대한 꿈이 R&D 투자에 담겨있습니다. 선도국가가 되고자 하는 야망이라고 해도 좋습니다. 이제 우리는 국가 R&D 재원 중 민간 비중이 78%에 달할 정도로 기업과 대학, 연구소의 혁신역량이 크게 높아졌습니다.

우리나라는 미국, EU 등 7개국과 함께 인류가 한 번도 만들어본 적 없는 국제핵융합실험로(ITER) 개발에서 핵심 역할을 하고 있습니다. 세계 최초의 환경관측용 정지궤도 위성인 천리안위성 2B호를 우주에 띄워 동아시아의 대기를 관측하고 있습니다. 세계에서 가장 빠른 초고속 전자카메라를 개발해 자연을 더 깊게 들여다보는 새로운 눈을 가지게 되었습니다. 올해 세계 경제가 어려운 가운데서도 우리 기업들은 연구개발 투자를 지난해보다 더 늘렸습니다. 기술창업도 더 많이 증가했습니다. 국제특허 출원 건수가 역대 최고를 기록하고, 증가율이 세계 2위일 정도로 혁신은 우리 경제의 체질이 되었습니다.

감염병과 온실가스, 기후변화 대응이라는 국민의 안전·보건과 지구적 과제의 해결에 이르기까지 과학기술의 역할이 더욱 커진다면, 우리는 세계를 선도하는 혁신 강국이 될 수 있을 것입니다. 과학기술이 경제와 안보의 힘이 되는 시대입니다. 우리는 과학기술에서 세계를 선도하고, 제품을 넘어 기술을 수출하는 강국이 되어야 합니다. 이를 위해 오늘 세 가지 사항을 중점적으로 논의했으면 합니다.

첫째, 민간의 연구개발 투자에 더욱 활력을 불어넣어야 합니다. 국가 과학기술 역량을 정부가 주도하는 시대는 지났습니다. 시장에서 혁신이 일어날 수 있도록 과감하게 규제를 걷어내고, 혁신의 주체들에게 힘을 실어주어야 합니다. 규제샌드박스, 규제자유특구 등 규제혁신의 속도를 높이고, 조세감면, 공공조달 확대 같은 지원이 더해져야 할 것입니다. 특히 중소기업과 벤처기업이 혁신의 중심에 설 수 있도록 과감한 정책을 강구해 주기 바랍니다.

둘째, 국민의 생활과 긴밀하게 호흡하며, 국민의 안전과 쾌적한 삶을 실현하는 기술을 발전시켜야 합니다. 기후변화, 감염병, 미세먼지, 폐플라스틱, 해양쓰레기 같은 국민의 삶과 밀접한 분야에 정부와 과학계가 더 큰 관심을 가져주시기 바랍니다.

셋째, 탄소중립 사회를 위한 과학기술개발의 정밀한 전략이 필요합니다. 2050년까지 남은 30년은 결코 긴 시간이 아닙니다. 저탄소 산업과 에너지구조로 전환하는 매우 어려운 과제입니다. 탄소중립의 로드맵을 과학기술이 뒷받침해야 합니다. 과학기술과 함께 가야만 그 로드맵이 성공할 수 있을 것입니다. 핵심 기술의 개발과 함께 탄소중립의 로드맵을 만들고 발전시켜가는 일에도 지혜를 모아주시기 바랍니다.

감사합니다.

5부요인 초청 간담회 모두발언

| 2020년 12월 22일 |

여러분, 반갑습니다.

우리 5부요인 헌법기관장님들을 청와대에 이렇게 모신 게 지금 다섯 번째인 것 같습니다. 우리 노정희 신임 중앙선거관리위원장님을 오늘 처음으로 모시게 되었습니다. 여성 최초로 중앙선거관리위원장 그리고 또 여성 최초의 헌법기관장이 되신 것을 축하드리고 환영합니다. 박병석 의장님도 다른 기회에서는 여러 번 뵀지만 또 청와대에 이렇게 모신 것은 처음인 것 같습니다. 반갑습니다.

요즘 여러모로 어려운 시기입니다. 한 해 내내 어려웠는데 또 한 해의 마지막도 어려운 시기를 계속 우리가 겪고 있습니다. 뭐니뭐니 해도 코로나 상황이 어렵고, 또 그 때문에 우리 경제가 어렵고, 또 그로 인해서 소상공인, 자영업자들, 청년들, 이런 서민들의 민생이 아주 어렵습니다. 다행스럽게도 우리가 방역에 있어서는 지금까지 아주 모범국가로 불릴 정도로 잘 대응을 해왔습니다. 앞으로도 우리 국민들의 높은 시민의식과 또 공동체의식으로 코로나를 잘 극복해 낼 수 있을 것이라고 그렇게 믿습니다.

요즘 백신 때문에 또 걱정들이 많은데 아마 백신에 있어서도 그동안 그 백신을 생산한 나라에서 많은 재정지원과 행정지원을 해서 이제 백신을 개발했기 때문에 그쪽 나라에서 먼저 접종이 되는 것은 그것은 어찌 보면 불가피한 일이고, 그 밖의 나라들에서는 우리도 특별히 늦지 않게 국민들께 백신 접종을 할 수 있을 것이라고 그렇게 믿고 있고, 또 준비를 잘 하고 있습니다.

경제 부분에서도 좀 다행스럽게 올해 코로나 때문에 마이너스 성장은 불가피합니다만 그러나 마이너스 성장의 폭이 가장 적어서 OECD 37개 회원국 가운데서는 올해 성장률 1위를 기록을 하고 있고, 내년도까지 합치면, 말하자면 코로나 위기 이전으로 돌아갈 수 있는 아주 드문 나라 중 하나인 것으로 그렇게 전망이 되고 있습니다. 더 빨리 또 더 강하게 경제 회복 일으켜 나가기 위해서 최선을 다하고자 합니다.

특히 그 가운데서 안타까운 것은 이렇게 거시경제 그리고 경기 면에서는 그렇게 점차 회복되어간다 하더라도 이번에 어려움을 겪었던 소상공인이나 자영업자들, 이분들의 어려움의 후유증은 아주 오래 갈 것이라고 예상이 되고 또 고용은 경기가 회복되고 난 이후에도 아주 서서히 뒤따라서 회복이되는 법이기 때문에 일자리의 어려움도 오랫동안 지속되리라고 생각이 됩니다. 그것이 가장 마음이 무거운 일인데 그런 취약계층들의 어려운 삶 그리고 또 고용, 이것을 회복시켜 나가는 데에도 총력을 다 기울이겠습니다. 이런 우리 사회의 어려움을 우리가 이겨나가는 데 헌법기관장님들께서도 함께 마음을 해 주시고 또 힘을 모아주시기를 바라겠습니다.

외교 면에서는 아시다시피 1월에 미국에서 바이든 새 행정부가 들어서게 되는데, 이런 과도기 때문에 북미대화 그다음에 남북대화 모두가 지금 정체 상태에 있습니다. 그러나 상황이 더 나빠지지 않도록 그렇게 잘 관리를 하고 있고, 바이든 행정부 출범할 때까지 특별히 돌발적인 상황이 발생하지 않는다면, 그러면 바이든 새 행정부의 출범을 계기로 북미대화나 남북대화가 다시 더 추진력을 가질 수 있는 그리고 더 발전할 수 있는 그런 계기가 되지 않을까 기대를 하고 있습니다. 그렇게 될 수 있도록 열심히 노력을 하겠습니다.

한편으로 요즘 권력기관 개혁 문제로 여러 가지 갈등들이 많습니다. 우리의 헌법 정신에 입각한 견제와 균형의 민주주의가 더 성숙하게 발전할 수 있는 좋은 계기가 되리라고 생각합니다. 그러나 당장은 그로 인한 갈등들이 있고, 그것을 또 우리의 완전한 제도로 정착시키면서 발전시켜나가야 되는 그런 과제들도 여전히 남아있습니다. 그 점에 대해서도 헌법기관장님들께서 각별히 관심을 가지고 힘을 모아주시기를 바라겠습니다.

내년 되면 우리 정부 출범 5년차가 되는 해입니다. 보통의 경우에는 이제 국정을 잘 마무리 해가야 되는 그런 시기인데 우리 정부는 조금 다른 점이 한국판 뉴딜 그다음에 또 2050 탄소중립, 이런 새로운 대한민국 경제를 대전환시키는 그런 새로운 과제의 착수를 했기 때문에 남은 기간 동안 그런 과제들을 제대로 정착시키고 추진해 나가야 되는 그렇게 해서 그것이 앞으로 미래에서도 계속해서 성공적으로 추진되도록 우리가 그 토대를 마련해야 되는 과제도 있습니다. 국정의 마지막까지 정부가 맡은 바 소임을 다할 수 있도록 많이 도와주시기를 바라겠습니다. 오늘 청와대에서 모시게 돼서 다시 한번 반갑습니다.

감사합니다.

마음으로 만나는 성탄절입니다

| 2020년 12월 25일 |

배려의 마음을 나눠주신 국민들 덕분에 올 한 해, 어려움 속에서도 우리는 희망을 간직할 수 있었습니다.

소중한 분들이 우리 곁을 떠났고, 아직 병상에 계신 분들이 많습니다. 진심으로 위로의 말씀을 드리며, 마지막 고비를 넘기까지 최선을 다하고 계신 모든 분께 깊이 감사드립니다. 모두를 위한 마음으로 견뎌내면, 우리는 다시 모여 함께하고 더욱 반짝이는 시간을 만들 수 있을 것입니다.

우리는 서로에게 희망의 빛입니다. 따뜻함을 나누는 성탄절이 되길 바랍니다.

제63회 국무회의 모두발언

| 2020년 12월 29일 |

제63회 국무회의를 시작하겠습니다.

올해 마지막 국무회의입니다. 세계적인 코로나 대유행으로 미증유의 위기를 겪은 한 해였습니다. 위기 극복에 헌신해 준 모든 공직자 여러분, 정말 수고 많으셨습니다. 그러나 아직 코로나와의 전쟁은 끝나지 않았고, 민생의 어려움은 지속되고 있습니다. 국가의 미래를 위해 추진해야 할 과제도 산적해 있습니다. 2021년 새해는 더욱 강한 책임감과 비상한 각오로 국가적 위기 극복과 대한민국의 도약을 위해 더 큰 힘을 내주시기 바랍니다.

정부는 방역과 경제의 동반 성공을 위해 전력을 다하고 있습니다.

방역 모범국가에 이어 백신과 치료제까지 세 박자를 모두 갖춘 코로나 극복 모범국가가 되는 것이 우리의 당면 목표입니다. 또한 빠른 경제 회복과 코로나가 키운 불평등을 해결하는 것이 우리 앞에 놓인 또 하나의 큰 과제입니다. 기 속에서 중소상공인과 자영업자들은 생계의 위협에 내몰렸고, 고용안전망과 사회안전망의 사각지대에 놓여있는 취약계층은 더 힘든 생활고에 직면했습니다. 노동, 돌봄, 교육 등에서 뚜렷한 격차가 드러나며 우리 사회의 불평등 문제와 정면으로 마주하게 되었습니다.

정부는 그동안 비상경제회의와 경제중대본을 신속히 가동하며 경제 위기 극복과 불평등 해소를 위한 가용수단을 총동원하였습니다. 네 차례 추경을 편성했고, 전 국민 재난지원금, 민생금융안정패키지, 소상공인 새희망자금 등 310조 원 규모의 과감한 정책 대응에 나섰습니다. 기업과 일자리를 지키며 국민의 경제적 기반과 삶이 무너지지 않도록 집중하였습니다. 중소상공인과 취약계층에 맞춤형 지원을 시행하였고, 고용보험 적용 대상을 확대하고, 내년부터 국민취업지원제도를 시행하는 등 고용안전망과 사회안전망을 강화하였습니다.

그 결과, 한국은 올해 OECD 국가 중 경제성장률 1위를 기록하고, 내년 상반기에는 코로나 이전 수준을 회복하여 가장 빠른 경제 반등을 이루게 될 것입니다. 우리 경제를 떠받치고 있는 수출이 뚜렷한 증가세를 이어가고 있고, 주가는 사상 최고치 기록을 연일 경신하고 있습니다. 특히 미래 신산업 벤처기업들이 크게 약진하는 등 우리 경제의 역동성이 더욱 높아지고 있습니다. 모두 정부의 정책적 지원과 함께 국민과 기업이 힘을 모아 키운 희망입니다.

그 희망을 더욱 키워 위기에 강한 한국 경제의 저력을 살려 나가겠습니다. 코로나 위기 앞에서 더욱 튼튼해진 수출강국, 제조강국의 위상을 빠르고 강한 경제 회복의 디딤돌로 삼겠습니다. 문화강국, 소프트파워 선도국가로서의 위상을 높여 나가겠습니다. 한국판 뉴딜, 2050 탄소중립을 속도감 있게 추진하여 미래 경쟁력 강화와 대한민국 대전환에 힘있게 나서겠습니다. 안전망 확충과 코로나 격차 해소에도 더욱 힘을 쏟아 포용적 복지국가로 흔들림 없이 나아가겠습니다.

정부는 위기에 놓인 국민의 삶을 지키기 위해 9조3,000억 원 규모의 3차 재난지원금을 신속히 지급하기로 결정했습니다. 코로나 상황과 정부의 방역 조치로 피해를 입고 있는 소상공인과 고용취약계층을 보호하기 위한 맞춤형 피해 지원 대책입니다. 특히 직접적 피해가 큰 소상공인과 자영업자들을 위해 100만 원을 공통으로 지원하고, 임차료 부담을 줄여드리기 위해 영업제한 정도에 따라 추가적으로 100만 원, 200만 원을 차등하여 직접 지원하겠습니다. 한시가 급한 만큼 내년 1월 초부터 신속하게 집행하겠습니다.

이와 함께 소상공인 임차료 부담을 추가로 덜어드리기 위해 저금리 융자를 지원하고, 착한 임대인 인센티브를 확대하며 전기료와 각종 보험료 부담을 덜어드리는 조치도 병행하게 됩니다. 소상공인 재기와 회복을 위해 긴급 유동성을 제공하고, 특수고용노동자와 프리랜서, 방문 및 돌봄서비스 종사자 등에는 별도의 소득안정지원금을 지급하겠습니다. 고용유지지원금, 긴급복지 확대와 돌봄 부담 완화 등 가능한 재정 정책 수단을 모두 활용하여 지원하겠습니다.

정부는 국민의 삶을 지키기 위해 최선을 다할 것입니다. 국민들께서도 어려운 가운데서도 희망을 잃지 말고 용기를 내주시기 바랍니다. 정부는 국민과 함께 코로나 극복과 경제 회복, 대한민국 도약의 길로 힘차게 나아가겠습니다.

1월

격변의 한 해를 보내고,
신축년 새해를 맞았습니다

| 2021년 1월 1일 |

격변의 한 해를 보내고, 신축년 새해를 맞았습니다.

미증유의 현실과 마주쳐 모든 인류가 고군분투하는 가운데, 이웃을 먼저 생각하며 상생을 실천해주신 국민들께 깊이 감사드립니다.

상생의 힘으로 새해 우리는 반드시 일상을 되찾을 것입니다. 방역은 물론 경제와 기후환경, 한반도 평화까지 변화의 바람을 선도해나갈 것입니다.

'느릿느릿 걸어도 황소걸음'이라 했습니다. 모두의 삶이 코로나로부터 자유로워질 때까지 한 사람의 손도 절대 놓지 않고 국민과 함께 걷겠습니다. 소중한 가족을 잃은 분들과 지금도 병마와 싸우고 계신 분들, 방역 일선에서 애써오신 분들과 희망을 간직해주신 국민들께 '국민 일상의 회복'으로 보답하겠습니다.

2021년 대한민국의 첫걸음을 국민들과 함께 힘차게 내딛습니다. 국민이 희망이고, 자랑입니다.

저탄소·친환경 고속열차 개통식

│ 2021년 1월 4일 │

존경하는 국민 여러분,

신축년 새해, 첫 현장 방문은 철도입니다. 코로나에 빼앗긴 일상으로 인해 이곳 원주역은 아직도 한산합니다. 올해 우리는 반드시 일상을 되찾고 새로운 대한민국과 만나게 될 것입니다. 내일부터 저탄소·친환경 고속열차가 첫 운행을 시작합니다. 선도국가로 가는 대한민국호의 힘찬 출발입니다. 국민들이 직접 지역과 지역, 사람과 사람을 잇고, 행복을 이어달라는 뜻으로 'KTX – 이음'이라는 이름을 지어주셨습니다. 국민의 바람대로 올해 우리는 지역과 사람을 잇는 상생의 힘으로 일상의 대전환을 시작할 것입니다.

'KTX-이음'은 동력 분산식 고속열차입니다. 동력 차량이 필요 없어 더 많은 승객을 태우고, 짧은 거리에서 가속과 감속이 가능합니다. 그래서 역이 많고 역 간 거리가 짧은 노선에서 더 장점이 많습니다. 우리는 2004년 세계에서 다섯 번째로 고속철도를 도입했고, 2007년부터 우리 기술로 고속철도를 건설하게 되었습니다. 이제 'KTX-이음'의 개통으로 대한민국은 명실상부한 고속철도 강국으로 올라섰습니다.

기차는 대표적인 녹색 교통수단이며, 'KTX-이음'은 그중에서도 으뜸입니다. 전기로 달리기 때문에 미세먼지를 배출하지 않고, 이산화탄소 배출도 디젤기관차의 70%, 승용차의 15%에 불과합니다. 우리가 세계 최초로 개발한 4세대 철도무선통신망도 전 차량에 도입되었습니다. 열차와 관제센터가 서로 신속히 정보를 교환함으로써 안전성이 크게 높아지고, 모든 승객이 와이파이와 이동통신을 자유롭게 사용하게 되었습니다. 열차 내·외부의 디자인과 공간 활용도 매우 멋집니다.

더욱 반가운 소식은, 중부내륙지역에 고속철도 시대가 열렸다는 것입니다. 청량리를 출발해 경주까지 이어지고 동해선으로 부산까지 연결되는 중앙선은, 경부선에 이은 우리나라 제2의 종단철도이지만 아직도 무궁화호가 가장 많이 운행 중입니다. 서울 청량리역에서 동해선 종착지인 부산 부전역까지 일곱 시간 걸리는 야간열차도 있습니다.

그러나 이제 'KTX-이음'으로 청량리에서 제천까지 한 시간, 안동까지는 두 시간이면 도착할 수 있게 됐습니다. 2022년 나머지 복선전철 사업까지 완공되면, 부산까지 세 시간이면 갈 수 있습니다. 오랫동안 고속철도 개통을 기다려온 강원도민, 충북과 경북 내륙도민들께 더 발전된 최고의 고속철도를 선사하게 되었습니다. 지역경제의 활력을 높이고, 환경오염을 줄이며, 수도권과 지역의 상생을 돕는 1석3조의 효과를 거둘 것입니다.

많은 분들의 노고가 있었습니다. 현대로템과 중소기업의 연구자, 기술자들이 힘을 합쳐 우리의 핵심 기술로 'KTX - 이음'을 만들었습니다. 복선전철 건설을 위해 18만 현장 노동자들이 9년 동안 구슬땀을 흘렸습니다. 그동안 애써 주신 최문순 강원지사님, 이시종 충북지사님, 국가철도공단과 철도공사 임직원들에게도 깊은 감사의 말씀을 드립니다. 국민이 만들고 국민을 위해 달리는 국민 열차, 'KTX - 이음'의 첫 운행을 진심으로 축하합니다.

국민 여러분,

우리에게 도로가 20세기 경제발전의 동맥이었다면 21세기 경제와 사회발전의 대동맥은 철도입니다. 그린 뉴딜과 디지털 뉴딜, 지역균형 뉴딜을 뒷받침하며 일상의 대전환을 이끄는 힘도 철도에 있습니다. 정부는 철도교통 혁신을 위해 세 가지 정책을 추진하겠습니다.

먼저, 파리기후협약 이행 첫해인 올해를 저탄소·친환경 열차 보급의 원년으로 삼겠습니다. 2029년까지 모든 디젤 여객기관차를 'KTX - 이음'으로 대체하겠습니다. 중앙선, 경전선, 중부내륙선, 서해선, 동해선 등 전국에 빠르고 환경친화적인 철도교통을 확산하겠습니다. 이를 통해 소나무 천만 그루를 심는 것에 맞먹는 온실가스 7만 톤을 감축하고, 탄소중립 사회로 나아가겠습니다.

둘째, 철도를 비롯한 교통인프라 강국이 되겠습니다. 올해 세계 철도시장은 240조 원에 달하며, 고속철도 시장은 연평균 2.9%로 빠르게 성장하고 있습니다. 특히 고속철도 사업은 국가 단위 프로젝트로 토목, 건축, 시스템, 통신과 같은 연관산업 효과가 매우 막대합니다. 우리 철도가 세계 시장으로 뻗어갈 수 있도록 세계 최고의 기술과 안정성을 바탕으로 해외 진출에 발 벗고 나서겠습니다. 또한 디지털 뉴딜로 안전하고 스마트한 교통혁신 국가로 거듭날 것입니다. 철도, 도로, 공항, 항만을 디지털화하고, 전국의 모든 선로에 사물인터넷 센서와 철도무선통신망을 도입할 것입니다.

셋째, 철도망을 확대하여 국가균형발전을 앞당기겠습니다. 철도교통은 지역의 발전을 촉진하고 주민의 삶을 풍요롭게 만들 것입니다. 2025년까지 70조 원 이상을 투자하여 고속철도, 간선 철도망과 대도시 광역급행철도 사업에 더욱 속도를 내겠습니다. 이를 통해 전국 주요 도시를 두 시간대로 연결하고, 수도권 통근시간을 30분대로 단축할 것입니다.

존경하는 국민 여러분,

우리 철도의 역사에는 한 맺힌 이야기들이 배어 있습니다.

일제강점기, 신흥무관학교를 설립하고 무장독립운동의 토대를 만든 독립운동가 석주 이상룡 선생의 생가, 안동 '임청각' 한가운데를 중앙선 철도가 가로질렀습니다. 우리나라에서 가장 오래된 살림집이기도 한 아흔아홉 칸 고택의 오십여 칸이 허물어졌고, '임청각' 앞마당으로 하루 수차례 기차가 지나다녔습니다. 이번 중앙선 선로 변경으로 '임청각'을 복원할 수 있게 되어 매우 뜻깊습니다. 오는 6월부터 '임청각' 주변 정비 사업에 착수하여 2025년까지 온전한 모습으로 복원할 것입니다. 우리 역사를 바로 세우고, 민족정기가 흐르도록 하겠습니다.

저탄소·친환경 열차 'KTX-이음'은 코로나의 어두운 터널을 지나 행복을 실어 나를 희망의 열차입니다. 올해 우리는 코로나를 이기고, 다시 북적이는 기차역에서 사랑하는 사람들과 만나게 될 것입니다. 정부는 국민이 지켜낸 희망을 새로운 일상으로 반드시 보답하겠습니다. 모두 새해 복 많이 받으십시오.

감사합니다.

제1회 국무회의 모두발언

| 2021년 1월 5일 |

제1회 국무회의를 시작하겠습니다.

2021년 첫 국무회의입니다. 무겁고 막중한 책임감으로 새해를 시작합니다. 올해 코로나를 반드시 조기에 극복하여 잃어버린 국민의 일상을 되찾겠습니다. 위기에 더욱 강하고, 위기를 기회로 만드는 저력으로 선도국가로 도약하는 2021년이 되겠습니다.

올해 대한민국의 최우선 과제는 코로나의 긴 터널에서 하루속히 벗어나는 것입니다. 다행히, 최근 감염재생산 지수가 점차 낮아지는 등 코로나 확산세가 정점을 지나 조금씩 억제되는 모습을 보이고 있습니다. 국민들께서 일상을 멈추는 어려움을 감내하며 방역 조치에 적극 참여하고 협조해 주신 덕분입니다. 그러나 방심은 금물입니다. 정부는 확실한 감소세가 이어지도록 방역의 고삐를 더욱 단단히 죄겠습니다.

이 고비를 잘 넘기면, 다음 달부터는 백신과 치료제를 통해 보다 공격적인 대응이 가능할 것입니다. 식약처의 허가 과정을 거쳐 이르면 다음 달부터 접종을 시작할 수 있습니다. 국산 치료제 개발도 조건부 사용 승인을 신청하는 등 가시권에 들어섰습니다. 치료제가 상용화된다면 대한민국은 방역, 백신, 치료제, 세 박자를 모두 갖춘 코로나 극복 모범국가가 될 수 있습니다. 빠른 '일상 회복'이 새해의 가장 큰 선물이 될 수 있도록 정부는 최선을 다하겠습니다.

코로나로 인한 불안한 민생을 안정시키는 것도 매우 시급한 과제입니다. 코로나가 주는 고통의 무게는 결코 평등하지 않습니다. 정부는 이 고통의 무게를 함께 나누는 것에 최고의 우선순위를 두겠습니다. 소상공인과 자영업자들의 경제적 타격이 가장 큽니다. 정부는 3차 재난지원금을 다음 주부터 지급하는 등 어려움을 덜어드리기 위해 최선을 다하고 있습니다.

또한 복지 확대와 사회안전망 강화로 국민의 삶을 지키는 버팀목 역할을 충실히 하겠습니다. 돌봄 격차, 교육 격차 등 코로나로 인해 뚜렷하게 드러난 격차 해소에도 최선을 다하겠습니다. 무엇보다 고용 유지를 위한 지원에 총력을 다하면서 임시직과 일용직, 특수고용직 등 취약계층의 고용안전망 확충에 심혈을 기울이겠습니다. 특히, 취업의 문이 더욱 좁아져 어려움을 겪는 청년들에 대한 지원을 더욱 확대하겠습니다. 주거 안정 또한 중차대한 민생 과제입니다. 투기 수요 차단과 주택공급 확대, 임차인 보호 강화라는 정부의 정책 기조를 유지하면서 추가적으로 필요한 대책 수립에 주저하지 않겠습니다. 무엇보다 혁신적이며 다양한 주택 공급 방안을 신속하게 마련하는데 역점을 두겠습니다.

올해 빠르고 강한 경제회복을 이루어야 합니다. 지난해 세계 경제의 극심한 침체 속에서도 한국 경제는 위기를 잘 극복하면서 희망을 만들어 왔습니다. OECD 국가 중에서 경제성장률 1위를 기록할 전망이고, 수출 반등세도 이어져 12월 수출액으로는 역대 최대치를 기록했습니다. 시스템반도체, 친환경차, 바이오헬스 등 3대 신산업 분야 수출이 모두 두 자릿수로 성장하며 역대 최대 실적을 기록했고, 중소·중견기업의 수출 비중이 확대되어 미래 전망을 더욱 밝게 합니다. 주가도 연일 최고치를 경신하며 주가 3,000시대를 바라보는 등 우리 경제와 기업에 대한 시장의 평가 또한 역대 최고입니다.

새해에는 우리 경제의 맥박이 더욱 힘차게 뛰도록 하겠습니다. 코로나 이전 수준을 가장 빠르게 회복하고, 경제 강국으로 도약하는 대한민국이 되도록 하겠습니다. 정부는 위기 속에서 더욱 강해진 우리 경제의 긍정적 변화를 최대한 살려 나가겠습니다. 특히 미래 신산업과 벤처기업 육성에 매진하여 우리 경제의 미래경쟁력과 역동성을 더욱 키워 나가겠습니다. 정부가 국민과 함께 갖고 싶은 새해의 가장 큰 포부는 선도국가로의 도약입니다. '한국판 뉴딜'을 본격 추진하고, 2050 탄소중립으로 가는 발걸음을 힘차게 내디뎌 대한민국 대전환의 기틀을 다지는 한편, 저탄소 사회 구조로 바꾸는 문명사적 도전에도 당당히 나서겠습니다.

이제 코리아 디스카운트 시대가 끝나고 코리아 프리미엄 시대로 나아가고 있습니다. 대한민국의 위상은 지난해와 올해 2년 연속 G7 정상회의에 초대될 만큼 높아졌습니다. 1인당 국민소득은 지난해 사상 처음으로 G7 국가를 넘어선 것으로 예측되고 있습니다. 방역과 경제의 동반 성공으로 세계의 모범을 만들고, 한국의 우수한 문화 역량이 세계의 자긍심이 되며, K - 브랜드가 세계적 브랜드가 되고 있는 것은 위기 속에서 국민이 주체가 되어 만들어내고 있는 위대한 업적입니다.

지난해 우리는 위기 속에서 대한민국의 진면목을 재발견했습니다. 그 자신감을 바탕으로 올해를 선도국가 도약의 해로 만듭시다. 성숙한 시민의식과 위기 앞에 더욱 단결하는 힘으로 일상의 회복과 선도국가 도약을 향해 힘차게 전진합시다.

2021년 신년사

| 2021년 1월 11일 |

존경하는 국민 여러분,

신축년 새해를 맞았습니다. 희망을 기원하면서도 마음이 무겁습니다. 새해가 새해 같지 않다는 말이 실감납니다. 코로나와의 기나긴 전쟁이 끝나지 않았습니다. 생명과 안전이 여전히 위협받고, 유례없는 민생경제의 어려움이 지속되고 있습니다. 일상의 상실로 겪는 아픔도 계속되고 있습니다. 고난의 시기를 건너고 계신 국민들께 깊은 위로의 말씀을 드립니다. 그러나 새해는 분명히 다른 해가 될 것입니다. 우리는 함께 코로나를 이겨낼 것입니다. 2021년은 우리 국민에게 '회복의 해', '포용의 해', '도약의 해'가 될 것입니다.

국민 여러분,

2020년, 신종감염병이 인류의 생명을 위협했고, 일상은 송두리째 바뀌었습니다. 우리 또한 예외가 아니었습니다. 세계 경제도 대공황 이후 최악의 침체를 겪었습니다. 우리 경제 역시 마이너스 성장을 면치 못했습니다. 모두가 어렵고 힘들었습니다. 국민들은 일 년 내내 불편을 감수해야 했습니다. 그러나 우리는 꺾이지 않았습니다. 위기 속에서 대한민국은 오히려 빛났습니다. 의료진들은 헌신적으로 환자를 돌봤고 국민들은 스스로 방역의 주체가 되었습니다. 우리 국민들은 이웃의 안전이 곧 나의 안전이라는 지극히 평범한 진실을, 놀라운 실천으로 전 세계에 보여주었습니다. 국민들이 자발적으로 구상한 창의적인 방역 조치들은 신속하게 현장에 적용되었습니다.

한국의 진단키트와 '드라이브 스루' 검사방법과 마스크 같은 방역 물품들은 세계 각국에 보급되어, 인류를 코로나로부터 지키는데 크게 기여했습니다. 'K-방역'은 국민 한 사람 한 사람의 헌신과 희생 위에 세워진 것입니다. 세계 최초로 전국 단위 선거와 입시를 치러냈고, 봉쇄 없이 확산을 최대한 억제하며, OECD 국가 중에서도 손꼽히는 방역 모범국가가 된 것은, 우리 국민들이 만들어 낸, 누구도 깎아내릴 수 없는 소중한 성과입니다.

우리 국민들의 상생 정신은 경제 위기를 극복하는 데에도 가장 큰 힘이 되었습니다. '착한 임대료 운동'을 시작으로 '착한 선결제 운동'과 '농산물 꾸러미 운동'이 이어졌고, 어려움을 겪고 있는 이웃들과 '함께 사는 길'을 찾았습니다. 노동자들은 경제 위기 극복에 앞장섰고, 기업들은 최대한 고용을 유지해 주었습니다. 우리 경제는 지난해 OECD 국가 중 최고의 성장률로, GDP 규모 세계 10위권 안으로 진입할 전망이며, 1인당 국민소득 또한 사상 처음으로 G7 국가를 넘어설 것으로 예측됩니다. 주가지수 역시 2,000선 돌파 14년 만에 주가 3,000시대를 열며 OECD 국가 중 가장 높은 주가 상승률을 기록했고, 위기 속에서도 한국 경제의 미래전망이 밝음을 보여주고 있습니다. 대한민국은 결코 멈추지 않았습니다. 국민 모두 어려움 속에서 최선을 다하며 위기에 강한 대한민국의 저력을 보여주었습니다.

이제는 드디어 어두운 터널의 끝이 보입니다. 불확실성들이 많이 걷혀, 이제는 예측하고 전망하며 계획을 세울 수 있게 되었습니다. 올해 우리는 온전히 일상을 회복하고 빠르고 강한 경제회복으로 새로운 시대의 선도국가로 도약할 것입니다. 하지만 국가 경제가 나아지더라도, 고용을 회복하고 소상공인·자영업자들이 입은 타격을 회복하는 데는 더 많은 시간이 걸릴 것입니다. 코로나로 더 깊어진 격차를 줄이는 포용적인 회복을 이루는 것이 무엇보다 중요합니다.

국민 여러분,

마스크에서 해방되는 평범한 일상으로 빠르게 돌아가는 것이 급선무입니다. 점차 나아지고 있는 방역의 마지막 고비를 잘 넘기는 것이 우선입니다. 정부는 국민과 함께 3차 유행을 조기에 끝낼 수 있도록 최선을 다하겠습니다. 다음 달이면, 백신 접종을 시작할 수 있습니다. 우선순위에 따라 순서대로 전 국민이 무료로 접종받을 수 있도록 하겠습니다. 우리 기업이 개발한 치료제의 심사도 진행 중입니다. 안전성의 검사와 허가, 사용과 효과에 이르기까지 전 과정을 투명하게 공개하겠습니다. 자체적인 백신 개발도 계속 독려할 것입니다. 백신 자주권을 확보하여, 우리 국민의 안전과 국제 보건 협력을 강화하는데 기여할 수 있도록 하겠습니다.

경제에서도 빠르고 강한 회복을 이룰 것입니다. 이미 우리 경제는 지난해 3분기부터 플러스 성장으로 전환했습니다. 지난해 12월 수출은 2년 만에 500억 달러를 넘었고 12월 기준으로는 역대 최고치를 기록했습니다. 이 기세를 이어 우리 경제는 올해 상반기에 코로나 이전 수준을 회복하게 될 것입니다. 민생경제에서는 코로나 3차 확산의 피해 업종과 계층을 지원하기 위해, 오늘부터 280만 명의 소상공인, 자영업자와 특수고용직, 프리랜서, 돌봄 종사자를 비롯한 87만 명의 고용 취약계층에게 3차 재난지원금을 지급합니다. 충분하지 않은 줄 알지만 민생경제의 회복을 위한 마중물이 되기를 기대합니다.

정부는 이에 그치지 않고, 민생경제 회복을 위해 앞으로도 정책역량을 총동원하겠습니다. 상반기 중에 우리 경제가 코로나 이전 수준으로 회복될 수 있도록 확장적 예산을 신속하게 집행하고 110조 원 규모의 공공과 민간 투자 프로젝트를 속도감 있게 추진하겠습니다.

민생경제의 핵심은 일자리입니다. 지난해보다 5조 원 늘어난 30조 5천억 원의 일자리 예산을 1분기에 집중투입 하겠습니다. 특히, 청년·

어르신·장애인을 비롯한 취약계층을 위해 직접 일자리 104만 개를 만들 예정입니다. '함께' 위기를 극복하기 위한 고용안전망과 사회안전망도 한층 강화됩니다. 청년층과 저소득 구직자들이 취업지원서비스와 함께 생계비를 지원받을 수 있는 국민취업지원제도가 이달부터 시행됩니다. 지난해 예술인들에 이어 오는 7월부터 특수고용직까지 고용보험 적용이 확대될 예정입니다. 그동안 부양의무자가 있다는 이유로 생계급여를 받지 못했던 어르신과 한부모 가정, 저소득 가구 모두 이달부터 생계급여를 받을 수 있게 되었으며, 내년부터는 모든 가구의 부양의무자 기준을 폐지합니다. 앞으로 전 국민 고용보험제도, 상병수당 등 고용안전망과 사회안전망 확충 노력을 계속해 나가겠습니다.

위기일수록 서로의 손을 잡고 함께 가야 합니다. 함께 위기에서 벗어나야 일상으로 돌아가는 일도 그만큼 수월해집니다. 지난해 적극적인 일자리 창출과 저소득층 지원 노력으로 다른 나라들에 비해 고용 충격을 완화할 수 있었습니다. 저소득층에 대한 정부 지원을 대폭 늘려 재정을 통한 분배 개선 효과도 크게 늘어났습니다.

하지만 아직 부족합니다. 민생 회복과 안전망 확충을 위해 더욱 노력하겠습니다. 불편을 참고 이웃을 먼저 생각해 주신 국민들의 노력이 헛되지 않도록 '격차를 좁히는 위기 극복'으로 보답하겠습니다. 주거 문제의 어려움으로 낙심이 큰 국민들께는 매우 송구한 마음입니다. 주거 안정을 위해 필요한 대책 마련을 주저하지 않겠습니다. 특별히 공급확대에 역점을 두고, 빠르게 효과를 볼 수 있는 다양한 주택공급 방안을 신속히 마련하겠습니다.

국민 여러분,

코로나로 인해 세계 경제가 빠르게 바뀌고 있습니다. 비대면 경제와 디지털 혁신이 가속화되고 4차 산업혁명이 앞당겨지고 있습니다. 코로나 이후 변화하는 세계시장을 선점하기 위한 각국의 경쟁도 더욱 치열해질 것입니다.

미래는 준비하는 자의 몫입니다. 우리 경제도 '선도형 경제로의 대전환'에 나섰습니다. 자동차, 조선과 같은 우리 주력산업들이 경쟁력을 되찾고 있습니다. 자동차 생산량은 지난해 세계 5강에 진입했고, 조선 수주량은 세계 1위 자리를 되찾았습니다. 정부가 역점을 두어온 시스템반도체, 미래차, 바이오헬스 등 3대 신산업 모두 두 자릿수 수출증가율을 보이며 새로운 주력산업으로 빠르게 자리매김하고 있습니다.

미래에 대한 투자도 꾸준히 늘고 있습니다. 연구개발 투자 100조 원 시대가 열렸습니다. 세계에서 다섯 번째 규모입니다. 코로나 상황 속에서도 제2의 벤처 붐이 더욱 확산되어 지난해 벤처펀드 결성액이 역대 최대인 5조 원에 달하고, 벤처기업 증가, 고용 증가, 수출 규모 모두 사상 최대를 기록했습니다.

우리 경제의 혁신 속도는 '상생'의 힘을 통해 더욱 빨라질 것입니다. 우리는 대·중소기업의 협력으로 일본 수출규제의 파고를 이겨냈고, 광주에서 시작된 '상생형 지역 일자리'는 전국으로 확산되어 전기차, 첨단소재 등 새로운 성장동력을 키우고 있습니다. 올해부터 본격적으로 추진되는 '한국판 뉴딜'의 핵심 또한 '사람'과 '상생'입니다. '한국판 뉴딜'이 본격 추진되면 대한민국은 전국 곳곳에서 변화가 일어날 것입니다. 새로운 인재를 육성할 것이며, 새로운 성장동력과 양질의 일자리가 창출될 것입니다. '디지털 뉴딜'과 '그린 뉴딜'은 국민의 삶의 질을 바꾸게 될 것입니다.

무엇보다 국민이 '한국판 뉴딜'을 체감하고 선도국가로 가는 길에 동행하는 것이 가장 중요합니다. '한국판 뉴딜'의 중점을 '지역균형 뉴딜'에 두겠습니다. 지역이 주체가 되어, 지자체와 주민, 지역 기업과 인재들이 머리를 맞대고, 현실적이고 창의적인 발전전략을 만들 수 있도록 하겠습니다.

지역경제 혁신을 위한 노력도 더욱 강화하겠습니다. 국가지방협력특별교부세 등을 활용한 재정지원과 함께 규제자유특구를 새롭게 지정하여 혁신의 속도를 높이겠습니다. 또한 국가균형발전을 위한 대규모·초광역 프로젝트를 신속하게 추진하고, 생활 SOC 투자를 늘려 지역 주민의 삶의 질을 더욱 높이겠습니다. '한국판 뉴딜'이 '지역균형 뉴딜'을 통해 우리 삶 속에 스며들고, 기존의 국가균형발전계획과 시너지를 낸다면, 우리가 꿈꾸던 '혁신적 포용국가'에 성큼 다가설 수 있을 것입니다.

정부는 민간이 활발하게 참여할 수 있도록 뉴딜 펀드 조성과 제도기반 마련에 힘쓰겠습니다. 디지털경제 전환, 기후위기 대응, 지역균형발전 등 뉴딜 10대 영역의 핵심입법을 조속히 추진하고, 기업과의 소통과 협력을 강화해 나가겠습니다.

국민들께서도 적극적으로 참여해 주시기 바랍니다.

사회가 공정하다는 믿음이 있을 때 우리는 '함께 사는 길'을 선택할 수 있고, 실패해도 다시 일어설 수 있다는 용기로 혁신의 힘이 강해질 수 있습니다. 우리는 공정의 힘을 믿으며 그 가치를 바로 세워가고 있습니다. 권력기관 개혁은 견제와 균형을 이루는 일입니다. 법질서가 누구에게나 평등하고 공정하게 적용되도록 하는 것입니다.

우리는 지난해 오랜 숙제였던 법제도적인 개혁을 마침내 해냈습니다. 공정경제 3법과 노동 관련 3법은 경제민주주의를 이뤄낼 것이며, 성장의 지속가능성을 높여줄 것입니다. 모두 오랜 기간 형성된 제도와 관행을 바꾸는 일인 만큼, 현장에 자리 잡기까지 많은 어려움과 갈등요소가 있는 것이 사실입니다. 다양한 이해관계자들과 긴밀히 소통하고 협력하여 개혁된 제도를 안착시켜 나가겠습니다. 코로나 시대 교육격차와 돌봄격차의 완화, 필수노동자 보호, 산업재해 예방, 성범죄 근절, 학대 아동 보호 등 우리 사회 각 분야에서 새롭게 제기되는 공정에 대한 요구에도 끊임없이 귀 기울이고 대책을 보완해 가겠습니다.

국민 여러분,

기후변화와 같은 지구적 문제들을 해결하기 위해서도 상생의 정신이 발휘되어야 합니다. 우리 국민들은, 자신이 좀 불편해도 자연과 더불어 살아가겠다는 강한 의지를 갖고 있습니다. 올해는 기후변화협약 이행 원년입니다. 정부는 그동안 우리 경제 구조의 저탄소화를 추진해왔습니다. 그 노력을 확대하여 올해 안에 에너지와 산업을 비롯한 사회 전 분야에서 '2050 탄소중립' 추진계획을 구체화할 것입니다. 정부는 수소 경제와 저탄소 산업 생태계 육성에 더욱 속도를 내고 세계시장을 선점해 나가겠습니다. 오는 5월 서울에서 열리는 '제2차 P4G 정상회의'가 '탄소중립'을 향한 국제사회의 의지가 결집되는 장이 될 수 있도록 국민들과 함께 준비하겠습니다.

소프트파워에서도 선도국가로 도약할 것입니다. 우리 문화예술은 민주주의가 키웠습니다. 우리 문화예술의 창의력, 자유로운 상상력은 민주주의와 함께 더 다양해지고 더 큰 경쟁력을 갖게 되었습니다. BTS와 블랙핑크, 영화 〈기생충〉같은 K - 콘텐츠들이 세계인들을 매료시키고, 행복을 주고 있습니다. 정부는 문화예술인들이 마음껏 창의력과 '끼'를 발휘할 수 있도록 예술창작 활동을 지원하고, 한류 콘텐츠의 디지털화를 촉진하는 등 문화강국의 위상을 더욱 확실하게 다져나가겠습니다.

훌륭한 기량을 갖춘 우리 스포츠 선수와 지도자들도 그 자체로 대한민국을 알리는 K - 콘텐츠입니다. 지난해 손흥민, 류현진, 김광현, 고진영 선수를 비롯한 많은 체육인들이 우리 국민과 세계인들에게 희망과 용기를 전했습니다. 이제는 메달이 중요한 시대는 지났습니다. 함께 즐기는 시대입니다. 정부는 전문 체육인들과 생활 체육인들이 스포츠 인권을 보장받으면서 마음껏 스포츠를 즐길 수 있도록 간섭없이 지원하겠습니다.

코로나는 거리두기를 강요했지만, 역설적으로 전 세계인의 일상이 하나로 연결되어 있음을 보여주었습니다. 한국은 당당한 중견국가로서 선진국과 개도국이 서로를 더 잘 이해하며 상생할 수 있도록 '가교 국가'의 역할을 다할 것입니다. RCEP, 한 - 인도네시아 CEPA에 이어 필리핀,

캄보디아, 우즈베키스탄과의 FTA에 속도를 높여 신남방, 신북방 국가들과의 교류와 협력을 넓히겠습니다. 중국, 러시아와 진행 중인 서비스 투자 FTA, 브라질, 아르헨티나를 비롯한 메르코수르, 멕시코 등 태평양 동맹과의 협상을 가속화하고 CPTPP 가입도 적극 검토하겠습니다. 한일 관계의 미래지향적 발전을 위해서도 계속 노력해 나갈 것입니다.

우리의 검증된 보건의료 역량과 높은 시민의식, 우수한 문화 역량과 디지털기술의 발전, 탄소중립 사회의 의지, 높아진 국제사회에서의 역할과 위상을 통해 대한민국은 소프트파워에서도 책임 있는 선도국가의 길을 당당하게 걸어갈 것입니다.

국민 여러분,

올해는 남북이 유엔에 동시 가입한 지 30년이 되는 해입니다. 한반도 평화와 번영이 국제사회에도 도움이 된다는 것을 남북은 손잡고 함께 증명해야 합니다. 전쟁과 핵무기 없는 평화의 한반도야말로 민족과 후손들에게 물려주어야 할 우리의 의무입니다. 정부는 미국 바이든 행정부의 출범에 발맞추어 한미동맹을 강화하는 한편 멈춰있는 북미대화와 남북대화에서 대전환을 이룰 수 있도록 마지막 노력을 다하겠습니다.

남북 협력만으로도 이룰 수 있는 일들이 많습니다. '평화'가 곧 '상생'입니다. 우리는 가축전염병과 신종감염병, 자연재해를 겪으며 서로 긴밀히 연결되어 있음을 자각하고 있습니다. 우리는 많은 문제에서 한배를 타고 있습니다. 남·북 국민들의 생존과 안전을 위해 협력할 수 있는 방안을 찾아야 합니다. 코로나에 대응하는 과정에서 '상생과 평화'의 물 꼬가 트이기를 희망합니다. '동북아 방역·보건 협력체', '한-아세안 포 괄적 보건의료 협력'을 비롯한 역내 대화에 남북이 함께할 수 있길 바랍 니다. 코로나 협력은 가축전염병과 자연재해 등 남북 국민들의 안전과 생존에 직결되는 문제들에 대한 협력으로 확장될 수 있을 것입니다. 협 력이 갈수록 넓어질 때 우리는 통일의 길로 한 걸음씩 나아갈 수 있습 니다.

한반도 평화 프로세스의 핵심 동력은 대화와 상생 협력입니다. 언 제든, 어디서든 만나고, 비대면의 방식으로도 대화할 수 있다는 우리의 의지는 변함없습니다. 지금까지 남과 북이 함께 한 모든 합의, 특히 '전 쟁 불용', '상호 간 안전보장', '공동번영'의 3대 원칙을 공동이행하는 가 운데 국제사회의 지지를 이끌어낸다면, 한반도를 넘어 동아시아 지역을 중심으로 한 '평화·안보·생명공동체'의 문이 활짝 열릴 것입니다.

존경하는 국민 여러분,

마스크는 지금까지 아주 쉽게 구입할 수 있었고, 인류의 삶에서 그 리 주목받는 물품이 아니었습니다. 그러나 코로나가 닥쳐오자 마스크는 자신을 지키기 위한 보호장비이면서 동시에 배려의 마음을 표시하는 아 름다운 물품이 되었습니다. '필수노동자'라는 말도 새롭게 생겨났습니 다. 코로나를 겪으면서 보건, 돌봄, 운송, 환경미화, 콜센터 종사자와 같 이 우리의 일상 유지를 위해 없어서는 안 될 필수적인 역할을 하는 분들의 노고를 새롭게 깨닫게 되었습니다.

우리는 주변에서 흔하게 보던 물품 하나가 어느 순간 가장 중요한 물품이 될 수 있다는 것을 깨달았고, 마찬가지로 우리는 꼭 필요한 역할을 하면서도 제대로 된 처우를 받지 못하는 분들이 여전히 많다는 것도 새삼 느끼게 되었습니다. 지난해 우리는 우리 사회에 정말 중요한 것이 무엇인지 돌아볼 수 있었습니다. '모두의 안전이 나의 안전'이라는 사실을 되새기며 함께 행동에 나설 수 있었습니다.

2021년, 우리의 목표는 분명합니다. '회복'과 '도약'입니다. 거기에 '포용'을 더하고 싶습니다. 일상을 되찾고, 경제를 회복하며, 격차를 줄이는 한 해가 될 것입니다. 코리아 디스카운트 시대가 끝나고 코리아 프리미엄 시대로 나아가는 선도국가 도약의 길을 향할 것입니다. 지난해는, 위기에 강한 나라, 대한민국을 재발견한 해였습니다. 2021년 올해는, 회복과 포용과 도약의 위대한 해로 만들어 냅시다.

감사합니다.

코로나19 백신 생산 현장 방문
간담회 모두발언

| 2021년 1월 20일 |

여러분, 반갑습니다.

국내에서 코로나 첫 확진자가 나온 지 꼭 1년입니다. 그동안 우리 국민들은 한마음으로 코로나를 이기기 위해 노력했고, 세계에 모범이 된 K-방역의 성과를 이뤘습니다. 이제 백신과 치료제가 속속 개발되면서 코로나 극복의 희망이 더욱 커졌고, 일상의 빠른 회복을 기대할 수 있게 되었습니다. 다음 달이면 우리도 백신 접종을 시작합니다. 함께 회복하고 함께 도약하는 새해가 되길 바랍니다.

백신을 기다려온 국민들께 오늘 이곳, SK바이오사이언스에서 백신 연구와 생산 과정을 보여드리고, 공급에 대해서도 말씀드리고자 합니다. SK바이오사이언스는 현재 아스트라제네카 백신을 위탁생산하고 있으며 한국의 백신 개발을 주도하고 있습니다. 지난 1년, 가장 바쁜 시간을 보냈을 연구자와 개발자, 생산 노동자들께 국민을 대신해 깊이 감사드립니다. 이제는 여러분이 코로나 극복의 새로운 영웅이 될 것입니다.

아스트라제네카 백신은 영국에서 긴급사용 승인을 받았고, 우리 식약처에서 최종 검증 중입니다. 3중의 자문 절차를 거쳐 안전에 최우선을 두고 도입을 결정할 것입니다. 그 경우 코박스 퍼실리티에 공급되어 세계 각국에 배분되는 아스트라제네카 백신의 상당 부분을 우리나라에서 생산하게 될 예정이며, 이러한 우리나라의 백신 관련 역량과 기여에 거는 국제사회의 기대가 매우 큽니다. 글로벌 백신 회사들이 앞다투어 생산을 위탁할 만큼 우리 기업의 백신 생산 능력은 세계 최고 수준입니다. 바이오 연구 인력도 매우 우수합니다.

최근 '노바백스'사와 'SK바이오사이언스' 간에도 계약이 추진되면서 지금까지 확보한 5,600만 명분의 백신에 더해 2,000만 명분의 백신을 추가로 확보할 가능성이 열렸습니다. 정부도 전량 선구매를 통해 추가 물량으로 확보할 계획입니다. 이번 계약은 생산뿐 아니라 기술이전까지 받는 특별한 의미가 있습니다. 백신의 지속적이고 공평한 보급을 확보하고, 우리 백신 개발을 앞당기는 데도 큰 역할을 할 것입니다.

코로나가 단기간에 퇴치되지 않을 경우, 안정적인 접종과 자주권 확보를 위해 백신의 국내 개발은 매우 중요합니다. 또한 유통과정이 줄어 더욱 안전하고, 원활한 접종이 가능합니다. 'SK바이오사이언스'는 자체 백신 개발에도 최선을 다하고 있습니다. 예정대로라면 내년에는 우리 백신으로 접종할 수 있을 것입니다. SK는 20년 전부터 백신 공장을 세우고 인력을 키웠습니다. 그런 노력이 오늘 우리가 안전하게 백신을 공급받고 우리 백신을 개발하는 토대가 되었습니다. 최태원 회장님과 SK 그룹에 특별한 감사 말씀을 드립니다.

이제 정부가 백신 접종을 공정하면서도 차질없이 이끌어야 합니다. 그동안 정부는 필요한 국민 모두가 백신을 맞을 수 있도록 다양한 종류, 충분한 물량의 백신을 확보하였습니다. 백신별 특성을 고려하여 운송과 보관과 접종에서도 최적화된 방안을 마련할 것입니다. 전국 단위의 백신 예방접종을 위해 범정부 차원의 '코로나19 예방접종 대응 추진단'이 출범했고, 다음 달부터 우선 접종대상자들을 시작으로 늦어도 11월까지 집단면역을 형성할 계획입니다. 숙련된 접종 인력과 함께 이상 반응 시 대처 방안과 피해보상체계도 준비할 것입니다.

우리는 세계보건기구에서 최우수 등급으로 평가받은 예방접종 시스템을 갖추고 있습니다. 공공 의료기관뿐 아니라 민간 병원까지 연결된 통합된 전산시스템과 의료진의 축적된 경험과 역량은 세계 최고 수준입니다. 국민의 신뢰 속에 전 국민 백신 접종을 빠르고 안전하게 해내겠습니다. 모든 국민들이 어려운 시기를 견디느라 정말 고생하고 있습니다. 마지막 고비인 3차 유행을 극복하고 백신 접종이 진도를 내면 우리는 빠르게 일상과 경제를 회복하게 될 것입니다.

다음 달이면 우리 기업이 만든 치료제도 사용할 수 있을 것으로 예측됩니다. 자체 백신 개발까지 성공한다면 우리는 코로나 극복을 넘어 바이오산업의 선도국가로 도약할 수 있습니다. 정부가 끝까지 도울 것입니다. 정부와 기업이 원 팀으로 포용적인 회복을 이루고 도약하는 한 해를 만들어냅시다.

감사합니다.

바이든 대통령의 취임을 축하합니다

| 2021년 1월 21일 |

바이든 대통령의 취임을 축하합니다.

미국이 돌아왔습니다. 미국의 새로운 시작은 민주주의를 더욱 위대하게 만들 것입니다. '하나 된 미국'(America United)을 향한 여정을 우리 국민들과 함께 성원합니다. 한국은 자유를 향한 미국의 길을 항상 신뢰하며, 굳건한 동맹으로서 한반도와 역내 평화와 번영을 위해 함께하겠습니다. 보건, 안보, 경제, 기후변화 같은 글로벌 현안의 공조를 통해 한미 동맹이 더욱 강화되리라 믿습니다.

미국은 반드시 '더 위대한 재건'(Build Back Better)으로 세계를 놀라게 할 것입니다. 바이든 정부의 출발에 한국도 동행합니다. 같이 갑시다!

President Joe Biden, Congratulations on your inauguration.

America is back. America's new beginning will make democracy even greater. Together with the Korean people, I stand by your journey toward 'America United'. The Republic of Korea has always had confidence in the path the U.S. has been taking to advance freedom. As an ally, we will continue to cooperate with the U.S. to keep the Korean Peninsula and the region peaceful and prosperous. I believe that the ROK-U.S. alliance will grow even stronger through our coordination in addressing global issues in such areas as public health, security, the economy, and climate change.

The U.S. will surely succeed in building back better, and the world will be amazed. The ROK will walk along with the new Biden administration from the start. We go together!

NSC 전체회의 및 부처 업무보고 모두발언

| 2021년 1월 21일 |

국가안전보장회의 전체회의 개회를 선언합니다.

오늘 미국 바이든 신정부가 출범하는 계기에 NSC 전체회의를 열고, 이어서 외교부, 통일부, 국방부의 업무보고를 받고자 합니다.

정부는 국민과 함께 바이든 신정부의 출범을 진심으로 축하합니다. 국민의 통합 속에서 더 나은 미국을 재건해 나가길 기원하며, 우리 정부와 함께 한미동맹을 더욱 굳건히 발전시켜 나가길 기대합니다. 또한 양국 정부가 공통으로 지향하는 국제연대와 다자주의에 기반한 포용적이며 개방적인 국제질서를 만드는데도 긴밀히 협력해 나가길 바랍니다.

정부는 튼튼한 한미동맹을 바탕으로 변화하는 국제질서와 안보환경에 더욱 능동적이며 주도적으로 대응해 나가면서 한미동맹을 더욱 포괄적이며 호혜적인 책임동맹으로 발전시켜 나갈 것입니다. 코로나 극복과 기후변화 등 인류 공동의 과제에 대해서도 협력의 수준을 높여나가겠습니다. 한반도를 포함한 인도·태평양 지역의 질서가 급격한 전환기에 들어서고 있습니다. 군건한 한미동맹과 함께 주변국과의 협력 관계를 더욱 발전시켜 지금의 전환기를 우리의 시간으로 만들어 가야 할 때입니다.

우리의 최대 교역국이면서 한반도 평화 증진의 주요 파트너인 중국과는 내년 수교 30주년을 맞이하여, 한층 발전된 관계로 나아가는 기반을 만들어야 할 것입니다. 이웃 나라 일본과는 과거에 머무르지 않고, 함께 지혜를 모으며 건설적이고 미래지향적인 관계로 발전시켜 나가야 할 것입니다. 특히 올해 도쿄올림픽을 코로나로부터 안전한 대회로 성공적으로 치러낼 수 있도록 협력하면서 한일관계 개선과 동북아 평화 진전의 기회로 삼아야 하겠습니다. 러시아와는 전략적 협력 동반자 관계를 보다 내실 있게 발전시키고, 아세안 국가들과의 협력을 더욱 강화하여 우리 정부의 큰 외교적 성과인 신남방·신북방 정책의 폭과 깊이를 더욱 확장해 나가야 하겠습니다.

방역 모범국가, 위기에 강한 경제, 소프트 파워 강국으로서 한국의 국제적 위상은 몰라보게 높아졌습니다. 달라진 위상만큼이나 우리의 역량도 더욱 커진 만큼 국제적 연대와 협력을 보다 적극적으로 이끌어 나간다는 자세를 가져 주기 바랍니다. 특히 P4G정상회의 개최국으로서, 2050 탄소중립 실현을 위한 국제사회의 협력에서도 책임과 역할을 높여나가야 할 것입니다. 당당한 중견국으로서 선진국과 개발도상국의 상생과 포용을 이끄는 가교국가로서의 역할도 더욱 확대해 나가야 하겠습니다.

외교의 중심에 항상 우리 국민이 있어야 합니다. 지난해 우리 정부는 재외국민을 코로나 위협으로부터 보호하고 우리 국민들을 세계 각지에서 안전하게 귀국시키기 위해 총력을 다했습니다. 국가가 왜 존재하는지를 보여준 외교부의 역할에 박수를 보냅니다. 전 세계 어디에 있든 우리 국민들이 안전하게 보호받고 대한민국 국민이라는 자긍심을 느낄 수 있도록 최선을 다해 주기 바랍니다.

한반도 평화 프로세스는 선택이 아니라 반드시 가야만 하는 길입니다. 하노이 회담 결렬 이후 오랜 교착상태를 하루속히 끝내고 북미 대화와 남북 대화에 새로운 돌파구를 마련하여 평화의 시계가 다시 움직여 나가도록 최선을 다해 줄 것을 당부합니다. 뜻이 있는 곳에 길이 있는 법입니다. 평화와 번영의 한반도는 온 겨레의 염원입니다. 정부는 미국 바이든 신정부와 함께 한반도 평화 프로세스의 진전을 위해 계속 긴밀히 협력할 것이며, 북한과도 대화와 협력의 길로 되돌아가기 위해 최선의 노력을 기울여 나갈 것입니다. 조급하게 서두르지 않으면서 우리 정부에 주어진 마지막 1년이라는 각오로 임해 주기 바랍니다. 특히 한반도 운명의 주인으로서 남북관계 진전과 평화프로세스 동력을 확보하는데 보다 주도적인 자세로 각 부처가 협력해 나가길 바랍니다.

강한 국방이 평화의 기반입니다. 우리 정부 들어 4년간 국방예산 증가율이 7%대를 기록하며 지난해부터 국방비 50조 원 시대를 열었습니다. 이제 누구도 넘볼 수 없는 강한 국방력을 갖춰 나가고 있습니다. 국방개혁 2.0을 성공적으로 마무리할 수 있도록 전력 현대화 사업을 속도감 있게 실행하고, 인공지능, 로봇, 드론 등 4차 산업 혁명의 신기술을 군에 적극 도입하여 새로운 형태의 미래위협에 대비하면서 국내 민간산업 발전과의 선순환도 이뤄내야 할 것입니다. 우리의 높아진 국격과 군사적 능력에 걸맞게 책임 국방을 실현해 나가는 노력도 강화해야 하겠습니다.

강력한 국방력과 최첨단 무기체계만큼이나 장병들의 사기 진작과 병영문화 개선을 위한 노력도 계속되어야 할 것입니다. 특히, '국민을 위한, 국민의 군대'로서의 역할도 충실히 수행해 주길 당부합니다. 코로나 대응에서 우리 군이 보여준 헌신적 모습에 감사하며, 백신의 안전한 수송을 위해서도 다시 한번 뛰어난 역량을 발휘해 주기 바랍니다.

보건복지부·식품의약품안전처· 질병관리청 업무보고 모두발언

| 2021년 1월 25일 |

여러분 반갑습니다. 보건복지부, 식약처, 질병청과 영상으로 만나 새해 업무보고를 받습니다. 방역 최일선에서 가장 고생이 많은 부처들입니다.

업무보고에 앞서 복지부, 식약처, 질병청 직원들의 노고와 성과를 국민과 함께 진심으로 치하합니다. 방역 당국과 한몸이 되어 헌신해 주신 전문가 선생님들과 의료진에도 깊이 감사드립니다. 오늘 업무보고에 함께해 주신 방역·복지 전문가들과 민주당 이낙연 대표님, 김태년 원내대표님, 홍익표 정책위의장님, 김민석 보건복지위원장께도 감사드립니다.

코로나 대응이 새로운 국면으로 접어들고 있습니다. 지난 1년이 사회적 거리두기로 바이러스를 막아낸 '방어의 시간'이었다면, 지금부터는 백신과 치료제를 통한 '반격의 시간'이 될 것입니다. 다음 달부터 백신과 함께 우리 기업이 개발한 치료제가 의료 현장에 투입되고, 늦어도 11월 까지는 집단면역을 형성할 수 있을 것입니다. 세계보건기구에서 최우수 등급으로 평가하는 예방접종 시스템으로 안전하고 신속한 백신 접종이 이루어질 것입니다. 운송·보관·유통에 특별한 주의를 기울이고, 국민들이 긴 줄을 서지 않고 정해진 날에 접종받을 수 있도록 사전 준비를 철저히 해 주기 바랍니다.

특히, 국민들께서 신뢰할 수 있도록 백신 접종에 있어서도 투명성, 개방성, 민주성의 원칙을 철저히 지킬 것을 당부합니다. 허가부터 사후 관리까지 전 과정을 투명하게 공개하고, 다른 나라들의 경험을 참고하여 혹시 모를 부작용 가능성을 최대한 차단해야 합니다. 위험은 최소화하면서 효과는 최대화할 수 있도록 접종 순서도 과학적 근거에 기반하여 합리적이고 공정하게 준비해 주기 바랍니다.

또한, 백신 접종이 시작된 후에도 방역 태세를 굳건히 유지하고 병행해 나가야 한다는 점을 강조합니다. 다만, 상황에 따라 국민의 어려움을 최소화하는 거리두기 전략을 마련해야 할 것입니다. 자체 백신 개발과 함께 우리나라의 백신 생산기지 역할을 확대하고, 백신 접종 효율을 높이는 국산 최소잔류형 주사기와 국산 치료제의 해외 진출도 적극 지원하여 K – 방역의 국제적 위상을 더욱 높여 주기 바랍니다. 또한 차제에 공공의료를 획기적으로 강화하는 등 신종 감염병에 대한 근본적인 대책을 마련해야 하겠습니다.

코로나로 인한 경제·사회적 타격으로부터 국민의 삶을 지키는 일도 매우 중요하고 시급합니다. 단기 대책부터 근본 대책까지 예기치 못한 충격으로부터 국민을 보호하는 사회안전망의 역할이 어느 때보다 절실합니다. 정부는 코로나 이전부터 지금까지 사회안전망을 꾸준히 강화해 왔습니다. 고용보험 가입자 수를 100만 명 이상 늘리는 한편, 기초생활보장수급자를 158만 명에서 212만 명으로 늘렸고, 건강보험 보장성을 확대하여 국민 의료비 부담을 크게 낮췄습니다. 치매국가책임제를 시작했고, 국공립 어린이집 확대와 아동수당 도입으로 돌봄 지원을 강화했습니다. 또한 재난지원금과 함께 코로나로 인해 생계가 어려워진 가구에 대한 긴급복지 지원을 늘려 재정을 통한 분배 개선 효과가 크게 늘었습니다.

그러나 코로나가 장기화되면서 국민의 어려움은 더욱 커지고 있습니다. 경제가 빠르게 회복되고 있지만 일자리 회복은 더디고, 소상공인과 자영업자의 어려움이 가중되고 있습니다. 정부의 방역 조치에 따라 영업이 금지되거나 제한되는 소상공인·자영업자에 대해 재정이 감당할 수 있는 일정 범위에서 손실 보상을 제도화하는 방안도 중기부 등 관련 부처와 함께, 또한 당정이 함께 검토해 주기 바랍니다. 지난해 방배동 모자의 사례에서 보듯 제도가 있어도 활용하지 못하는 이웃들도 있습니다. 생계급여 부양의무자 기준의 완전 폐지, 기초연금과 장애인연금 인상 대상 확대, 상병수당 도입 등 사회안전망을 더욱 촘촘히 갖추어야 합니다.

돌봄과 보건·의료 분야 안전망 강화도 더욱 박차를 가해야 하겠습니다. 특히, 아동 학대를 일찍 감지하여 학대를 차단하고 학대 아동을 철저히 보호하여 돌봄과 함께 아동기본권을 보장하는데 더 세심하게 신경을 써 줄 것을 당부합니다. 복지는 정부의 시혜가 아니라 어려움에 처했을 때 서로의 삶을 지켜주겠다는 사회적 약속이며, 모든 국민이 누려야할 기본권입니다. 단 한 명도 소외되지 않도록 찾아가는 복지로 확실한 전환을 이뤄야 할 것입니다.

빠르게 바뀌고 있는 사회 구조 변화와 새로운 복지 수요에도 대응해야 합니다. 비대면 사회로의 전환이 빨라지면서 새로운 노동관계에 따른 복지제도의 개선과 보완이 시급한 현안이 되었습니다. '코로나 우울'과 같은 정신 건강 복지도 강화해야 합니다. 저출산·고령화 속의 1인 가구 증가 등 인구·가구 구조의 변화도 계속되고 있습니다. 변화하는 사회 흐름에 맞추어 복지 시스템을 어떻게 개선해야 할 것인지 복지부를 중심으로 전문가들과 함께 지혜를 모아 주길 바랍니다.

지난해 복지부는 복수 차관 부처가 되었고, 질병청은 독립기관으로 승격되었습니다. 국회에서 힘을 실어 주신 만큼 기대에 잘 부응하리라 믿습니다. 오늘 주로 코로나를 중심으로 말씀드렸지만, 보건복지 분야의 디지털 뉴딜 등 다른 보고 내용들도 매우 중요합니다. 국민들께서 체감하실 수 있도록 반드시 성과를 보여 주기 바랍니다. 포용적 회복과 포용적 도약을 위해 함께 힘을 모아 나갑시다.

감사합니다.

기후적응 정상회의 모두발언

| 2021년 1월 25일 |

존경하는 마크 루터 총리님, 반기문, 빌 게이츠, 크리스탈리나 게오르기에바 글로벌 적응위원회 공동 의장님, 그리고 각국 정상 여러분,

파리협정 이행 원년을 맞아 '기후적응'을 위한 지혜를 모으는 첫 정상회의에 함께한 것을 기쁘게 생각합니다. '기후적응'은 인간이 자연과 함께 살아가기 위한 지혜이자, 인류가 기후위험으로부터 안전하게 살아가기 위한 노력입니다.

파리협정은 '온실가스 감축'에 주목했던 과거의 노력에 더해 모든 당사국이 함께하는 '기후적응'을 '기후변화 대응'의 핵심 요소로 규정했고, '인류와 지구를 위한 기념비적 승리'라는 평가를 받았습니다. 한국 국민들은 자신이 좀 불편해도 자연과 더불어 살겠다는 강한 의지를 갖고 있으며, 기후변화에 적응하려는 인류의 노력에 선제적이고 적극적으로 함께해왔습니다.

파리협정 체결 전인 2009년 '국가기후변화 적응센터'를 지정하고 2010년부터 5년 단위의 기후적응대책을 수립해 실천해왔습니다. 코로나로 힘겨웠던 지난해에도 국민과 정부가 함께 머리를 맞대고 '기후안심국가'를 향한 제3차 기후적응대책을 마련해, 올해부터 세부시행계획을 수립하고 이행해 나갈 것입니다.

한국은 지난해 다짐한 '2050 탄소중립'을 향해 흔들림 없이 나아갈 것입니다. 일상 속에서 실천할 수 있는 '작은 행동 규칙'을 마련해 실천하고, 사회 전 분야에 걸쳐 디지털 혁신과 결합한 '그린 뉴딜'을 추진하는 한편, 그 경험과 성과를 세계 각국과 공유해 나갈 것입니다. 개발도상국의 기후적응 노력에도 힘을 보태겠습니다. 매년 진행해온 적응역량 지원 프로그램을 확대발전시켜, 올해부터는 유엔기후변화협약 사무국과 공동으로 기후적응 아카데미를 운영할 예정입니다. 글로벌 적응위원회의 적극적인 참여를 기대합니다.

오는 5월 한국 서울에서 '제2차 P4G 정상회의'가 열립니다. 기후적응을 포함하여 기후위기 극복과 녹색회복을 위한 실질적인 논의의 장이 될 수 있도록 개최국으로서 최선을 다하겠습니다. '제2차 P4G 정상회의'에도 깊은 관심과 참여를 당부드립니다.

감사합니다.

제5회 국무회의 모두발언

| 2021년 2월 2일 |

코로나 사태가 1년 이상 장기화되며 전 세계가 모두 힘겨운 시기를 건너고 있습니다. 일찍이 겪어 보지 못한 세기적 재난을 맞아 각 나라 정부는 사력을 다해 위기 탈출에 나서고 있습니다. 우리 정부도 비상한 각오와 결의로 국가적 위기를 극복해가고 있습니다. 하지만, 아직 위기는 끝나지 않았고, 넘어야 할 산과 건너야 할 계곡이 많이 남아있습니다. 정부 부처와 공직자는 마음가짐을 보다 새롭게 해야 하겠습니다. 지금까지 고생이 많았지만 더욱 도전적이고, 혁신적이며, 포용적 자세로 위기를 돌파해 나가야 하겠습니다.

우선, 과감히 도전해 주기 바랍니다. 두려워하는 자에게 승리는 주어지지 않습니다. 위기에 정면으로 맞서 대응할 때 어려움을 이겨낼 수 있고, 더 큰 기회를 만들 수 있습니다. 일본의 수출 규제에 당당히 맞서 소재·부품·장비산업 자립화의 계기로 삼았고, 오히려 전화위복의 기회를 만들어낸 바 있습니다. 마찬가지로 코로나 위기에서도 '위기에 강한 나라, 대한민국'을 재발견하는 계기가 되었고, 위기 극복 모범국가로 세계의 찬사를 받게 되었습니다. 방역에서 성공적 모델을 만들어낸 것은 물론, 경제에서도 제조강국, 수출강국의 위상은 더욱 높아졌고, 가장 빠르고 강한 경제 회복을 이룰 나라로 주목받고 있습니다. 위기에 굴하지 않고 확장적 재정 정책을 자신 있게 펼친 결과이며, 새로운 국가전략으로 한국판 뉴딜을 도전적으로 채택하고 강력히 추진하여 이룬 성과입니다.

다음으로, 혁신적인 자세를 가져 주기 바랍니다. 올해 우리의 가장 중요한 목표인 '회복'은 단순히 과거로의 복귀가 아닙니다. 미래로의 도약을 준비하는 회복입니다. 이미 세계는 코로나 사태 이후 엄청난 속도로 변화하고 있습니다. 비대면 경제와 디지털 혁신, 저탄소 경제로의 전환은 그것 자체로 생존의 문제가 되었으며 회복을 위한 필수적 요소가 되었습니다. 혁신 없이 새로운 기회를 만들 수 없습니다. 제조혁신 없이는 제조강국을 꿈꿀 수 없고, 기술혁신 없이는 미래로 도약할 수 없습니다. 규제 혁신도 더는 미룰 수 없습니다. 우리 정부에서 도입한 규제샌드박스는 2년 만에 수소차, 바이오헬스 등 신산업 발전을 촉진하며 뚜렷한 경제적 효과를 내고 있습니다. 혁신의 속도를 더 내야 합니다. 위기 극복의 과정이 혁신의 과정이 된다면, 위기의 시간이 곧 기회의 시간이 되리라 믿습니다.

　마지막으로, 포용적 자세를 일관되게 견지해 주기 바랍니다. 정부는 올해를 회복과 도약의 해로 만들겠다고 다짐했습니다. 하지만 포용 없이 회복과 도약을 이룰 수 없습니다. 각 부처는 포용이 회복과 도약의 토대임을 분명히 하고, 불평등과 격차 해소에 정책적 역량을 집중해 주기 바랍니다. 포용적 회복의 핵심은 고용위기 극복이며 소상공인과 자영업자들의 어려움을 덜어드리는 것 또한 놓칠 수 없는 과제입니다. 또한 소득 불평등을 개선하기 위해 취약계층에 대한 소득 지원 정책도 더욱 강화해 나가야 하겠습니다. 한국판 뉴딜, 탄소중립 등 우리 경제·사회를 대전환하는 데서도 소외되는 계층, 지역, 산업이 없도록 포용적 전환을 이뤄내야 하겠습니다. 각 부처의 정책에서 '포용성 강화'의 방향을 명확히 하고 국민의 삶을 든든히 책임지는 역할을 다해 주기 바랍니다. 또한 정기적으로 '포용성의 강화'에서 어떤 성과가 있었는지 점검하는 체계도 마련해야 할 것입니다.

국가 인공지능 데이터센터
투자협약 및 착수식 영상축사

| 2021년 2월 4일 |

존경하는 국민 여러분,

광주시민 여러분,

오늘, 상생과 문화의 도시 광주가 사람 중심, 인공지능 시대의 첫걸음을 내딛습니다. 광주 첨단 3지구에 자리 잡을 '국가 인공지능 융복합단지'에는 창업·연구·인재양성 인프라와 세계 최고 수준의 인공지능 데이터센터가 들어섭니다. 대한민국 인공지능의 핵심 거점으로, 포스트 코로나 시대, 정보통신 강국을 넘어 인공지능 강국으로 도약하고자 하는 대한민국의 꿈을 실현시켜 줄 전진기지가 될 것입니다. 담대한 도전에 함께해 주신 광주시민과 지역의 대학, 연구소, 기업, 이용섭 광주시장님을 비롯한 광주시 관계자들께 축하와 감사의 말씀을 드립니다.

광주시민 여러분,

광주는 민주주의와 오월 정신으로 노·사 화합의 지역 상생형 일자리를 최초로 만들어냈습니다. 광주가 시작한 지역 상생형 일자리는 전국 곳곳으로 확산 중이며, 이제 광주는 인공지능으로 다시 앞서가고 있습니다. '국가 인공지능 융복합단지'를 위해 앞으로 4년간 6,200억 원을 투자하고, 1,200여 개의 일자리를 만들 것입니다. NHN이 2,100억 원을 투자하고 직접 운영하는 국가 인공지능 데이터센터는 국내 최고의 슈퍼컴퓨터보다 세 배 이상 빠른 속도로 데이터를 처리하고, 1억 편 이상의 영화를 저장할 것입니다.

이미 광주과학기술원을 비롯한 광주·전남의 대학들은 인공지능 인재양성의 산실이 되고 있습니다. 광주에서 양성된 청년 인공지능 인재들이 세계 시장에 도전하여, 광주를 세계적인 인공지능 창업도시로 발전시킬 것입니다. 경제자유구역으로 지정된 광주 산업단지는 글로벌기업을 유치할 여건도 갖췄습니다. 엘이디(LED), 센서 같은 광(光)산업을 토대로, 자동차, 에너지, 헬스케어 산업을 인공지능으로 혁신할 역량이 충분합니다. 광주가 인공지능 대표기업들과 함께, 인공지능 일등국가 대한민국을 선도해 나갈 것입니다.

국민 여러분,
광주시민 여러분,

정부는 지역 상생형 일자리처럼, 광주의 꿈이 더 많은 지역, 더 많은 청년들에게 전달되도록 인공지능의 열기를 지역과 민간으로 확산하겠습니다. 지역별 대표산업과 인공지능을 결합한 '인공지능 지역 거점화'를 추진하고, 인공지능 기술로 지역균형 뉴딜을 적극 뒷받침하여 수도권과 지역 간, 도시와 농어촌 간 격차를 줄여나가겠습니다. 데이터기본법 제정을 비롯한, 인공지능 관련법과 규제개선에 속도를 내고, 데이터 댐과 데이터 고속도로를 활용한 창업지원을 통해, 누구나 인공지능 기술을 활용할 수 있게 하겠습니다. 오늘 '국가 인공지능 데이터센터' 착수식이 국민 모두를 위한 인공지능 시대로 가는 노둣돌이 되길 바랍니다.

감사합니다.

세계 최대 해상풍력단지
48조 투자협약식 모두발언

| 2021년 2월 5일 |

존경하는 국민 여러분,

전남도민 여러분,

섬과 뭍을 오가는 바람을 타고 생명력 가득한 바다 냄새가 전해집니다. 언제나처럼 짙푸른 바다 빛은 기다림 끝에 찾아올 봄의 희망을 약속합니다. 오늘 청정한 자연과 1,004개 섬을 품은 고장, 전남 신안에서 세계 최대 해상풍력단지 조성을 위한 투자협약과 '전남형 일자리' 상생협약이 함께 체결됩니다. 코로나로 지친 국민들께 반가운 소식을 전해드리게 되어 매우 기쁘게 생각합니다.

이곳 신안 앞바다에 들어설 해상풍력단지는 현존하는 세계 최대 해상풍력단지보다 무려 일곱 배나 큰 규모입니다. 여기서 생산되는 8.2기가와트의 전기는 한국형 신형 원전 여섯 기의 발전량에 해당하고, 서울과 인천의 모든 가정이 사용할 수 있는 엄청난 양입니다.

경제적 효과도 막대합니다. 2030년까지 48조5천억 원의 투자가 이루어지고, 12만 개의 일자리가 만들어집니다. 목포는 해상풍력 물류의 중심지가 되고, 영암과 신안에는 대규모 해상풍력설비 제조단지가 들어서게 됩니다. 이로써 우리는 친환경 에너지 전환을 가속화하고 탄소 중립을 향해 더욱 힘차게 나아가게 되었습니다. '지역균형 뉴딜'의 선도 프로젝트로 지역경제 회복과 대한민국 경제 도약의 힘찬 발걸음을 내딛게 되었습니다. 신안과 목포, 영암을 비롯한 전남 주민들과 어업인 단체, 지역 노사, 열여덟 개의 발전사와 제조업체, 대학이 함께 이룬 쾌거입니다. 하나 된 마음으로 합의를 이루어 주신 모든 분께 깊이 감사드립니다. 다양한 이해관계를 하나로 모아 주신 김영록 전남지사님, 김종식 목포시장님, 박우량 신안군수님, 전동평 영암군수님과 관계자 여러분께도 감사드립니다.

전남도민 여러분, 다도해 연안과 섬마을 주민들은 거친 바다를 삶의 터전으로 일구어왔습니다. 해산물을 함께 거둬, 함께 나누었으며, 뱃길을 통해 서로 필요한 물품을 주고받았습니다. 코로나 위기 속에서도 '상생'의 정신을 앞장서 실천했습니다. 신안에서 재배한 1만 송이의 튤립에 담긴 따뜻한 위로의 마음이 대구·경북 주민들에게 전해졌고, 목포시는 병상이 부족한 경기도의 주민들을 위해 기꺼이 병상을 내주었습니다. 그리고 오늘 다시 '포용과 상생'을 통해 새로운 도약을 시작합니다.

'전남형 일자리'의 핵심은 지역주민이 사업에 직접 참여한다는 것입니다. 상생형 일자리 모델로는 처음으로 주민들이 지분을 갖고, 수익을 분배받게 됩니다. 지역주민들에겐 평생 지급받는 '해상풍력 연금'이 될 것입니다. 풍력설비 제조에 필요한 물품과 서비스도 주민들이 구성한 협동조합을 통해 공급될 것입니다. 적정 납품단가를 보장하고 이익을 공유하며 대기업과 중소기업이 함께 성장하고, 유연근로시간제, 공동근로 복지기금을 통해 일자리의 질도 높일 것입니다. '한국판 뉴딜'은 지역이 중심이 되어, 지역 특색에 맞는 사업 계획이 수립되고, 지역의 삶을 발전시킬 수 있다는 믿음을 공유할 때 완성될 수 있습니다.

전남은 푸른 바다, 하늘, 바람과 같은 천혜의 자연자원을 활용해 지역에서 '한국판 뉴딜'을 구현하고 있습니다. 그래서 도민들이 스스로 정한 이름이 '블루 이코노미'입니다. 지금부터 '전남형 일자리'로 이뤄지는 세계 최대 규모 해상풍력 사업을 시작으로 '한국판 뉴딜'의 선도적인 역할을 당부드립니다. 정부는 '한국판 뉴딜'의 중심을 '지역균형 뉴딜'에 두고 재정부터 금융, 규제혁신까지 적극 지원하겠습니다. 생활 SOC, 대규모·초광역 프로젝트도 속도를 내서 국가균형발전 정책과 함께 시너지 효과를 높이겠습니다.

오늘 첫발을 내딛는 신안 해상풍력 사업도 신속하게 추진하겠습니다. 전 세계 해상풍력은 매년 30% 가까이 성장하고 있습니다. 우리는 삼면이 바다로 해상풍력의 무궁한 잠재력을 가지고 있으며, 해양플랜트와 철강 등 관련 분야에서 세계 최고 기술력을 보유하고 있어 경쟁력도 뒤지지 않습니다. 정부는 2030년까지 5대 해상풍력 강국으로 도약한다는 목표 하에 필요한 지원을 아끼지 않겠습니다. 착공까지 5년 이상 소요되는 사업 준비 기간을 단축하고, 특별법을 제정하여 입지 발굴부터 인허가까지 일괄 지원하겠습니다.

존경하는 국민 여러분,
전남도민 여러분,

코로나가 1년 넘게 이어지고 있지만 우리는 나와 이웃의 안전을 함께 지키며 위기를 극복하고 있습니다. 국민들이 보여주신 나눔과 희생으로 포용적인 회복과 도약을 이룰 수 있다는 희망과 자신감도 커졌습니다. 노사민정을 넘어 자연과도 상생을 이룰 '전남형 일자리'는 지역뿐 아니라 대한민국의 포용적 회복과 도약을 앞당길 것입니다. 오늘 신안에서 불어온 상생과 혁신의 바람을 다 함께 축하해 주시기 바랍니다.
감사합니다.

설날 아침, 여러분 평안하시기를 기원합니다

| 2021년 2월 12일 |

　우리 민족에게 가장 경사스러운 명절이 설인데 섭섭한 설날이 되었습니다. 가족 친지들이 함께 모여 묵은해를 떠나보내고 새해의 복을 서로 빌며 덕담을 나누는 가족 공동체의 날이기도 한데 몸은 가지 못하고 마음만 가게 되었습니다. 하지만 만나지 못하니 그리움은 더 애틋해지고 가족의 행복과 건강을 바라는 마음은 더욱 절실해집니다.

　가족에게 뿌리는 말의 씨앗으로 우리는 덕담이라는 걸 합니다. 덕담의 이야기 꼭 전해주시는 안부 전화 꼭 부탁드리겠습니다. 지난 추석에 이어 이번 설에도 고향을 방문하지 못하신 국민들께 위로의 말씀을 드립니다.

　지난 1년을 생각하면 국민 여러분 모든 분들께 정말 감사의 마음을 드리고 싶습니다. 설 연휴에도 방역에 노심초사하실 방역진과 의료진들께도 격려와 감사의 말씀을 드립니다. 송구영신, 말 그대로 어려웠던 지난날을 털어버리고 새해에는 마스크를 벗어도 되고 장사도 마음껏 할 수 있는 평범한 일상을 되찾길 간절히 소망합니다.

국민 여러분, 새해에는 모두 건강하시고 복 많이 받으시길 바랍니다. 설날 아침, 여러분 평안하시기를 기원합니다. 감사합니다.

국토교통부 업무보고 모두발언

| 2021년 2월 16일 |

국토교통부 공무원 여러분, 반갑습니다.

변창흠 신임 장관이 부임한 이후 2·4 부동산 대책 발표에 이어 오늘 업무보고를 준비하느라 수고 많았습니다. 오늘 업무보고에는 이제선 한국도시설계학회장님과 정성봉 서울 과기대 교수님, 김범준 한국통합물류협회 전무님과 박현기 함양군 혁신전략담당관님이 토론자로 참여해 주셨고, 민주당 이낙연 대표님과 김태년 원내대표님, 홍익표 정책위의장님, 또 진선미 국토교통위원장님도 함께해 주셨습니다. 민간 전문가와 당·정·청이 함께하는 업무보고가 되었습니다. 함께해 주신 당과 외부 전문가들께 감사드립니다.

국토교통부의 업무는 참으로 방대합니다. 국민의 삶을 따뜻하게 하고, 발전시키고, 혁신하는 모든 토대가 국토교통부에 달려있습니다. 국토교통부는 국민의 안정적 삶의 기본이 되는 주택 정책과 교통 정책, 경제 활력의 기초가 되는 물류 인프라와 산업 인프라, 수도권과 지역이 상생하는 국가균형발전, 선도국가 도약을 위한 한국판 뉴딜과 탄소중립 정책의 기반 구축, 미래산업의 혁신과 국민 안전에 이르기까지 민생과 경제의 활력을 튼튼히 뒷받침하고 있습니다.

오늘 업무보고는 국토교통부가 우리 정부 남은 임기 동안 이루어야 할 주요 과제들을 잘 정리해주었습니다. 전문가들의 토론과 당의 정책 제안이 더해지면 정책이 더욱 풍부해지고 실현 가능성도 한층 높아질 것입니다. 이제 남은 과제는 국민이 체감할 수 있는 실천입니다. 국토교통부가 민생과 경제의 회복은 물론 선도국가 도약을 이끈다는 사명감을 가지고 업무보고 내용을 성공적으로 실현해 주기 바랍니다.

지금 이 시기에 국토교통부가 반드시 성공시켜야 할 가장 시급한 과제가 부동산 정책이라는 것을 다시 한번 강조하지 않을 수 없습니다. 2·4 부동산 대책을 중심으로 주택 가격과 전월세 가격을 조속히 안정시키는 데 부처의 명운을 걸어 주기 바랍니다. 국토교통부는 주택공급과 주거복지의 실현을 위해 많은 노력을 기울여 왔고 많은 성과가 있었습니다. 하지만 주택 가격과 전월세 가격의 안정을 결과로서 실현해내지 못하면 국민들로부터 성과를 인정받기가 어렵습니다. 지금의 부동산 정책에 더해 주택공급의 획기적인 확대가 필요한 상황입니다. 발상의 전환을 통해 주택공급 방식을 혁신하면 역세권 등 도심지에서도 공공의 주도로 충분한 물량의 주택공급을 만들어낼 수 있다는 변창흠표 부동산 정책을 반드시 성공시켜 국민들이 더 이상 주택 문제로 걱정하지 않도록 해 주기 바랍니다.

국가균형발전은 지속가능한 주거안정의 밑바탕입니다. 지역경제를 살리는 길이자 코로나 이후 포용적 회복과 도약의 첫걸음이기도 합니다. 정부는 그동안 혁신도시를 통해 지역의 성장 거점을 구축하고 육성해왔습니다. 도심융합특구, 산단 대개조, 도시재생 사업으로 지역의 경제성장과 생활 여건을 개선하는데 주력했습니다. 지금까지의 노력에 더해 더 과감하고 더 새로운 동력을 찾아야 할 것입니다. 광역 – 지자체 간 연대협력으로 수도권과 경쟁할 수 있는 광역 경제권을 만들 수 있도록 제도적 기반을 마련하고, 도로와 철도망 등 광역교통 인프라를 확충해 나가야 합니다. 도시재생 뉴딜 사업 투자 선도 지구를 비롯해 지역 맞춤형 지원을 확대하고, 지방과 수도권이 상생 발전하는 기반을 마련해야 할 것입니다. 생활SOC, 대규모 초광역 프로젝트와 국가균형발전 정책의 시너지 효과를 극대화해 주기 바랍니다.

국토교통 분야에는 한국판 뉴딜, 2050 탄소중립을 위한 무한한 혁신 가능성과 잠재력이 있습니다. 저탄소 친환경 고속열차 시대를 연 KTX – 이음도 철도교통 분야의 새로운 혁신 사례라 할 수 있습니다. 특히 미래 모빌리티 산업은 디지털 뉴딜과 그린 뉴딜을 선도하는 산업입니다. 전기차, 수소차, 자율주행차와 드론택시 등의 보급과 상용화에 더욱 속도를 내주기 바랍니다.

부산과 세종에서 조성하고 있는 스마트시티 시범도시와 지역 주도 스마트 특화단지 등 한국판 뉴딜 사업을 본격화하고 수소도시, 제로에너지 건축, 그린 리모델링을 비롯하여 2050 탄소중립을 위한 사업들도 잘 준비해 주길 당부합니다. 국토교통부의 업무에서 국민들이 여전히 미흡하다고 느끼는 분야가 건설현장에서의 산재 사망사고입니다. 이 역시 우리 정부 들어 줄어들긴 했지만 감소의 속도가 더디고 추락사고 같은 후진적인 사고가 여전합니다. 건설현장 사망자를 획기적으로 줄일 수 있도록 특단의 대책을 강구해 주기 바랍니다.

오늘 업무보고 슬로건이 '집 걱정은 덜고 지역 활력은 더하고 혁신은 배가 되는 2021년'입니다. 국민들께서 가장 바라는 정책 목표가 담겼습니다. 보고로만 끝난 것이 아니라는 것을 국민들께서 체감할 수 있도록 최선을 다해 주십시오. 국민들과 항상 소통할 것도 특별히 부탁합니다. 감사합니다.

최소잔여형(LDS) 백신주사기
생산 현장 방문 모두발언

| 2021년 2월 18일 |

여러분, 반갑습니다.

다음 주부터 시작되는 코로나 백신 예방접종을 앞두고, 접종에 사용될 최소잔여형 주사기 생산업체 풍림파마텍을 방문하게 되었습니다. 역시 최소잔여형 주사기를 생산하는 신아양행과 두원메디텍도 함께해 주셨습니다. 백신 접종의 필수품인 주사기의 중요성과 우리 제품의 우수성을 국민들께 알려드리게 되어 매우 기쁩니다.

일반주사기는 백신 1병으로 5명을 접종하는 데 비해 최소잔여형 주사기는 주사기에 남게 되는 백신 잔량을 최소화함으로써 6명을 접종할 수 있습니다. 주사기의 효율을 고도화하여 백신을 20% 아끼게 되고, 결국 백신 20%를 더 생산하는 깃과 같은 효과를 거두는 셈입니다. 지금 전 세계적으로 코로나 백신 공급이 충분하지 못한 상황이기 때문에 백신 1병당 1명을 더 접종할 수 있는 최소잔여형 주사기에 세계의 관심이 집중되고 있고, 글로벌 제약회사와 의료선진국들까지도 확보에 사활을 걸고 있습니다.

우리 중소기업 풍림파마텍과 신아양행, 두원메디텍이 그 자랑스러운 역할을 하고 있습니다. 진단키트에 이어 K - 방역의 우수성을 또 한번 보여주게 되었습니다. 세 회사 모두 의료기기 국산화에 앞장서 온 기업들입니다. 신아양행은 국내 최초로 최소잔여형 주사기를 개발하여, 미국 FDA 인증과 유럽 CE 인증을 획득한 기업입니다. 풍림파마텍은 국제 백신 기업들로부터 세계 최고 수준의 기술로 인정받고 있으며, 어제 미국 FDA 인증을 받음으로써 우선 화이자 백신의 접종에 사용될 전망입니다. 두원메디텍 역시 유럽과 동남아로부터 대규모 공급요청을 받고 있습니다. 세 업체 모두 많은 나라에 최소잔여형 주사기를 공급함으로써 세계 각국의 코로나 극복에 크게 기여하게 될 것입니다. 참으로 대단한 일을 한 것입니다. 국민들께서도 우리의 자랑스러운 기업들에게 응원과 격려를 보내주시기 바랍니다.

풍림파마텍의 최소잔여형 주사기는 성능과 안전 면에서 월등합니다. 글로벌 제약회사의 요구 기준인 25마이크로리터보다 훨씬 적은 4마이크로리터 이하로 백신 잔류량을 줄였습니다. 해외의 까다로운 안전성능까지 충족하여 지금 화이자사를 비롯하여 미국, 일본 등 세계 20여 나라에서 2억6천만 개 이상의 공급을 요청받고 있습니다. 이번 미국 FDA 인증에는 식약처와 함께 삼성바이오에피스의 도움이 컸습니다. 오늘 이 자리에 삼성바이오에피스 고한승 대표님이 함께해 주셨는데, 감사합니다. 풍림파마텍은 국민들을 위해 12만7천 개의 주사기를 무상으로 제공할 예정입니다. 우리 국민들의 화이자 백신 접종에 사용될 것입니다.

신아양행과 두원메디텍이 생산한 주사기도 이에 못지않습니다. 정부는 두 회사의 주사기 4천만 개를 구매했고, 역시 국민들의 백신 접종에 사용할 예정입니다. 우리 중소기업들의 성과도 훌륭하지만, 그 과정은 더 값집니다. 풍림파마텍의 혁신 성과 뒤에는 대기업과 중소기업, 그리고 정부의 상생 협력이 있었습니다. 삼성은 최소잔여형 주사기 수요가 늘어날 것을 먼저 예측했고, 풍림파마텍의 기술력을 인정하여 생산라인의 자동화와 금형기술을 지원하는 등 전방위적인 협력으로 우수한 제품의 양산을 이끌었습니다.

정부도 한 팀이었습니다. 대중소 상생형 스마트공장 지원사업으로 선정하여 스마트공장 건설 자금을 지원하고 제품 승인 시간을 단축했습니다. 이와 같은 대기업과 중소기업의 상생 협력과 정부의 지원은 그동안 진단키트, 마스크, 방진복 등 방역제품 확보와 해외 수출의 원동력이 되었습니다. 위기 속에서 싹튼 상생의 힘이, 누구도 따라올 수 없는 우리만의 성과를 만들었습니다. 앞으로도 정부는 스마트공장 지원, 규제자유특구 신규 지정과 혁신 조달체계 마련 등을 통해 우리 중소기업의 혁신을 적극 지원하겠습니다.

오는 26일부터 시작되는 백신 예방접종도 반드시 성공으로 이끌겠습니다. 정부는 충분한 물량의 백신과 주사기를 확보했고, 예방접종 계획도 빈틈없이 마련했습니다. 또한 어제부터 국산 코로나 치료제가 의료기관에 공급되기 시작됐고, 곧 더 많은 국산 치료제가 나올 것입니다. 코로나 예방과 치료 모든 면에서 국민들께서 더욱 안심하실 수 있도록 최선을 다하겠습니다. 국민들께서도 방역을 위한 긴장의 끈을 놓지 마시고, 코로나 백신 접종에 희망의 마음으로 함께해 주시길 바랍니다.

감사합니다.

더불어민주당 지도부 초청 간담회 모두발언

| 2021년 2월 19일 |

여러분, 반갑습니다.

코로나 상황 때문에 미뤄왔는데, 이낙연 대표님이 사퇴를 앞두고 있어서 더는 늦추지 못하고 우리 당의 최고 지도부를 같이 모시게 되었습니다. 그동안 이낙연 대표님이 중심이 되어서 당을 아주 잘 이끌어 주신 것에 대해서 정말 매우 감사하게 생각합니다. 지금처럼 우리 당이 대표와 지도부를 중심으로 잘 단합하고, 또 당·정·청이 활발한 논의로 한마음을 만들면 이런 안정적인 모습을 보여줄 때가 없지 않았을까 생각합니다. 국민들께서도 매우 어려운 시기를 겪고 계시면서도 집권 여당의 안정적인 위기 대응 능력을 든든하게 생각하며 신뢰를 보내고 있습니다.

지금 코로나 상황이 결코 안심할 수 없는 상황입니다. 최근 확진자 수가 증가하고 있는 상황에서 정부는 한시도 방심하지 않고 방역 상황을 잘 관리해 나가겠습니다. 다음 주부터 시작될 백신 접종에도 만전을 기하겠습니다. 충분한 백신 물량을 확보했고, 또 공백 없는 공급과 접종이 준비되어 있기 때문에 신속하고 체계적인 접종으로 계획된 기간 안에 집단 면역을 차질 없이 이룰 수 있을 것으로 기대하고 있습니다. 국민들이 하루속히 일상으로 복귀할 수 있도록 당에서도 힘을 모아 주시기를 바랍니다.

코로나 위기 속에서 국민의 어려운 삶을 지키는데 당이 앞장서 주었습니다. 보다 과감한 지원책을 당이 주도해 주었고, 또 당·정·청 협의를 통해 적극적인 재정 정책을 이끌어 주었습니다. 어제 발표된 가계동향조사에서도 그동안의 노력이 지표로 확인이 되었습니다. 경기 악화로 근로소득과 사업소득은 감소했지만 적극적이고 신속한 재정 정책으로 이전소득이 많이 증가하여 모든 분위에서 가계소득이 늘어난 것으로 나타났습니다. 또한 재정의 분배 개선 효과가 40%에 이르러 위기 때 심화되는 소득 불평등 악화를 최소화하는데 큰 역할을 했습니다. 앞으로도 포용적 회복을 이룰 수 있도록 함께 노력해 나가길 바랍니다.

한국판 뉴딜로 대한민국을 대전환하는 데에도 당이 앞장서 주고 있습니다. 창의적인 아이디어로 간판사업을 적극적으로 발굴하여 한국판 뉴딜을 국가발전 전략으로 정립하는 데 큰 역할을 해 주었습니다. 국회 입법 활동에서도 입법 건수와 입법 내용, 양과 질 모두에서 매우 높은 성과를 만들어냈습니다. 역대 가장 좋은 성과를 낸 당·정·청이라고 자부해도 좋을 것이라고 생각합니다. 이낙연 대표께서 최근 '신복지 체제' 비전을 제시하고, '상생연대 3법'을 주도해 나가는 것도 매우 뜻깊게 생각합니다. 회복과 도약을 포용의 가치 위에서 하겠다는 시대정신을 실천하겠다는 의지이며, 앞으로 그 의지를 구체화해 나가는 것이 우리 사회를 보다 포용적으로 발전시켜 나가는 길이라고 생각합니다.

논의에 들어간 4차 재난지원금은 코로나 상황이 장기화되면서 피해가 광범위하고 깊어졌기 때문에 최대한 넓고 두텁게 지원되어야 할 것이라고 봅니다. 처음부터 당과 생각이 똑같을 수는 없겠지만 사각지대가 최소화되는 피해지원책이 될 수 있도록 정부에서도 적극적으로 임하겠습니다. 또 당에서도 한편으로는 이 재정의 여건을 감안해 주시기를 바랍니다. 지역균형 뉴딜 또한 당에서 적극 나서주고 있어서 국가균형발전과 지역 활력에 큰 도움이 될 것입니다. 정부는 지역균형 뉴딜을 한국판 뉴딜의 중심에 두고 강력히 추진해 나가겠습니다. 오늘은 논의에 집중하자는 뜻으로 오찬으로 도시락을 준비했습니다. 국가적 위기 극복을 위해 함께 지혜를 모아 주시기 바랍니다.

감사합니다.

코로나 예방접종 현장에 다녀왔습니다

| 2021년 2월 26일 |

코로나 예방접종 현장에 다녀왔습니다.

국민들께 일상 회복이 멀지 않았다는 희망을 전해드립니다. 접종 대상자들의 접종 희망률이 매우 높고 접종 계획이 잘 준비되어 있어서 차질없이 빠른 접종이 이루어질 것입니다.

현장의 백신 관리와 보관, 접종 과정은 모든 국민께 신뢰를 주기에 충분했습니다. 접종 이후의 사후 관리도 안심이 됩니다. 마포구 보건소를 비롯하여 접종을 잘 준비해 주신 모든 분들께 격려의 마음을 보냅니다. 맨 먼저 예방접종을 맞으며 국민들께 용기를 전해주신 김윤태 푸르메 넥슨 어린이재활 병원장님과 이정선 시립서부노인전문요양센터 치료사님을 비롯한 피접종자 분들께도 감사드립니다. 노인요양병원과 요양시설, 그리고 코로나 치료 의료진의 안전이 코로나 극복을 앞당길 것입니다.

함께 회복하고 도약하는 봄이 다가왔습니다. 하지만 접종과 별도로 조금만 더 방역의 끈을 팽팽하게 당겨주시길 부탁드립니다.

제102주년 3·1절 기념사

| 2021년 3월 1일 |

존경하는 국민 여러분,

해외 동포 여러분,

3·1독립운동이 시작된 역사의 현장에서, 사상 처음으로, 3·1독립운동 기념식이 열리게 되어, 참으로 뜻깊고 감회가 큽니다. 102년 전 오늘, 이곳 탑골공원에서 민족의 회복과 도약이 시작되었습니다. 천도교, 기독교, 불교가 종교의 벽을 넘어 한마음이 되었고, 학생들이 민족대연합의 선두에 섰습니다. 1919년 3월 1일 오후 2시, 한 청년이 팔각정에 올라 독립선언서를 낭독했습니다. 낭독이 끝나자 만세 소리가 하늘을 뒤덮었습니다. 세계 최대의 비폭력운동, 3·1독립운동이 시작되는 순간이었습니다.

탑골공원에서 시작된 자유와 독립의 외침은 평범한 백성들을 민주 공화국의 국민으로 태어나게 했고, 정의와 평화, 인도주의를 향한 외침은 식민지 백성을 하나로 묶는 통합의 함성이 되었습니다. 3·1독립운동은 식민지배의 수탈로부터 민족의 삶을 회복하기 위해 온 국민이 함께한 운동이었습니다. 3·1독립운동으로 우리는 식민지 극복의 동력을 찾았고, 민족의 도약을 시작할 수 있었습니다. 역경을 헤쳐 나가며 대한민국 역사의 반전을 이룬 자랑스러운 선조들께 깊은 존경을 바칩니다.

국민 여러분,

100년의 긴 세월이 흘렀지만, 국난에 함께 맞서는 우리 국민들의 헌신과 저력은 한결같습니다. 한 해를 넘긴 코로나의 위협에 우리는 굴복하지 않았습니다. 지난 1년, 국민들은 방역의 주체가 되어 대한민국을 지켜주셨습니다. 방역 요원과 의료진은 직업적 책임감을 뛰어넘는 놀라운 헌신과 희생을 보여주었습니다. 3·1독립운동 전 해, 일제의 무단통치와 수탈에 신음하던 1918년에도 '스페인 독감'이라는 신종 감염병이 우리 겨레에 닥쳤습니다. 당시 인구의 40%가 넘는 755만 명의 환자가 발생해 14만 명 이상이 목숨을 잃었습니다. '콜레라' 역시 '죽음'을 의미했습니다. 치명률이 65%에 이르렀고, 1920년에만 만3천500여 명이 목숨을 잃었습니다.

일제는 식민지 백성을 전염병으로부터 지켜주지 못했습니다. 방역과 위생을 구실로 강제 호구조사와 무조건 격리를 일삼았고, 1920년 당시 의사 1인당 담당 인구수가 무려 만7천 명에 달했습니다. 그와 같은 척박한 의료 현실 속에서 의학도들은 3·1독립운동에 가장 적극적으로 참여했습니다. 경성의전과 세브란스의전 학생들이 탑골공원의 만세시위를 주도했고, 세브란스병원 간호사들과 세브란스의전 간호부 학생들 역시 붕대를 가지고 거리로 뛰쳐나와 동참했습니다. 체포된 학생들 가운데 경성의전 학생들이 가장 많았습니다.

가족과 이웃, 공동체의 생명을 지킨 것은 3·1독립운동으로 각성한 우리 국민 스스로였습니다. 대한민국 임시정부가 수립되자 의료인들은, 독립운동으로 탄압받는 민족의 구호를 위해 상해에서 대한적십자회를 설립했고, 1920년에는 '적십자 간호원 양성소'를 세워 독립군을 치료할 간호사들을 길러냈습니다. 콜레라가 유행하자 전국 곳곳의 청년·학생들은 청년 방역단을 조직하여 무료 예방접종과 소독 등의 방역 활동을 벌였고, 큰 호응을 얻었습니다. 서울에서는 열세 개 동, 3천여 가구가 연합 자위단을 조직해 콜레라에 맞섰습니다. 효자동을 비롯한 여덟 개 동 주민들은 전염병 병원 설립을 위한 조합을 결성했고, 1920년 9월 4일, 마침내 최초의 사립 전염병 격리병원 '효자동 피병원'이 설립되었습니다. 조선인이 지은 병원에서 조선인 의사와 간호사, 한의사가 전력을 다해 환자를 치료했습니다. 오늘의 코로나 상황에서 보면, 우리 스스로 우리 환자를 돌보려 했고, 우리 스스로 의료체계를 갖추려 했던 선대들의 노력이 참으로 가슴 깊게 다가옵니다. 오늘 우리가 코로나를 이겨내고 있는 힘이 100년 전 우리 의료인들의 헌신과 희생에서 비롯되었다는 것이 매우 자랑스럽습니다.

국민 여러분,

100년이 흐른 지금, 우리 보건의료 체계는 세계적인 수준을 자랑할수 있게 되었습니다. 저소득층은 언제든 연간 80만 원 이하의 자부담으로 건강보험이 적용되는 치료를 받을 수 있고, 중증환자 보장률도 80%까지 올랐습니다. 우리 의료는 대장암과 위암을 비롯한 각종 암과 뇌졸중 치료에서 세계 최고 수준으로 평가받고 있고, 기대수명과 영아 사망률, 암 질환 생존율 등 주요 지표에서 OECD 상위권을 기록하고 있습니다. 이처럼 놀라울 정도로 발전한 보건의료 체계와 바이오의약품 생산능력이 K-방역의 기반이 되었습니다.

100년이 흘렀지만 한결같은 것이 또 있습니다. 서로를 돌보고 의지하는 '포용'과 '상생'의 마음입니다. 이야말로 어떤 위기도 이겨낼 수 있게 하는 우리 국민의 힘입니다. 우리는 국민의 힘으로 많은 위기와 역경을 이겨왔고, 지금도 코로나 위기를 이겨내고 있습니다. 3·1독립운동은 민족지도자들이 시작했지만, 온갖 탄압을 이겨내며 전국적인 만세운동으로 확산시킨 것은 평범한 보통 사람들이었습니다. 지금 이웃을 위해 매일 아침 마스크를 챙겨 쓰는 국민의 손길과 사회적 거리두기를 실천하는 국민들의 가슴 깊은 곳에도 국난 극복을 위해 함께한 3·1독립운동의 정신이 살아 숨쉬고 있다고 생각합니다.

이웃을 위해 인내하고 희생해온 국민들과, 지금 이 순간에도 격리병동에서 일하는 의료진들의 노력으로 코로나와의 기나긴 싸움도 이제 끝이 보이고 있습니다. 충분한 물량의 백신과 특수 주사기가 확보되었고, 계획대로 접종이 차질없이 진행되고 있습니다. 정부는 끝까지 방역에 최선을 다하며, 국민 한 분 한 분이 모두 코로나로부터 안전할 수 있을 때까지 백신 접종에 만전을 기할 것이며, 다음 겨울에 접어드는 11월까지 집단 면역을 이룰 것입니다.

코로나 방역에 있어서 정부가 시종일관 지켜온 제1의 원칙이 투명성입니다. 정부는 방역에 필요한 모든 정보를 항상 투명하게 공개해왔습니다. 백신 접종도 마찬가지입니다. 백신 접종의 전략과 물량 확보, 접종 계획과 접종 현황을 투명하게 공개하고 있고, 언제나 국제기준을 따르고 있습니다. 국민들께서, 백신 불신을 조장하는 가짜뉴스를 경계해주시고 백신 접종에 적극 협력하여 주실 것을 당부드립니다.

존경하는 국민 여러분,

해외 동포 여러분,

1946년, 해방 후 처음 열린 3·1절 기념식에서 임시정부 국무위원 조소앙 선생은 "우리 동포를 자유민이 되게 하고, 정치적 권리를 갖게 하고, 의식주 걱정 없는, 진정한 광복을 이루겠다"고 선언했습니다. 대한민국 임시정부는 건국이념으로, 우리 스스로 힘이 있을 때 개인과 개인, 민족과 민족, 국가와 국가 간 평등한 발전이 가능하다는 '삼균주의'를 공표했습니다. 소박하지만 원대한 꿈이었고, 우리는 이 꿈 위에서 놀라운 성취를 이뤘습니다.

세계 최빈국에서 세계 10위권의 경제로 성장했고, 세계 7대 수출

강국이 되었으며 1인당 국민소득 3만 불 시대를 열었습니다. 반도체, 스마트폰, 디스플레이 등 우리의 첨단 IT 제품이 세계 시장점유율 1위를 차지하는 시대가 되었습니다. 세계 최초의 5G 상용화에 이어, 전기차와 수소차 등 친환경 미래차에서도 앞서가고 있습니다. 소재·부품·장비 산업에서 자립을 이뤄가고, 시스템반도체와 바이오산업의 성장 속도도 자랑할 만합니다. 우리 청년들의 고등교육 이수율도 OECD 국가 중 가장 높습니다. 끊임없이 배우고 지식을 쌓은 우리 국민의 저력이 경제성장의 원동력이었습니다.

우리는 성숙한 민주주의의 힘으로, 코로나 위기 속에서 방역과 경제의 모범을 만들어왔고, 'K-방역'의 성과와 경험을 세계와 공유하고 있습니다. 개도국과 보건 취약 국가에 대한 지원도 확대하고 있습니다. 100년 전, '파리평화회의'의 문턱에서 가로막혔던 우리가, 이제는 G7 정상회의에 초청받을 만큼 당당한 나라가 되었습니다. 올해 G7 정상회의 참여로 우리가 이룬 정치, 경제, 사회, 문화의 모든 성취 위에서 '선도국가, 대한민국호'가 출발하는 확실한 이정표를 만들겠습니다.

우리는 국제사회와의 협력 속에서 성장해왔고, 앞으로도 세계와 함께 회복하고 도약할 것입니다.

100년 전, 우리 선조들은 이곳에서 인류 평등의 대의와 함께, 독립선언의 목적이 일본을 미워하고 배척하려는 것이 아니라 나라 간의 관계를 바로잡아 동양평화와 세계평화를 이루고자 함에 있다는 것을 선포하고, 비폭력 평화 운동을 선언하였습니다. 우리는 100년 전의 선조들로부터 나라 간의 호혜 평등과 평화를 지향하는 정신을 물려받았습니다.

100년이 흐른 지금 우리는 코로나에 맞서 연대와 협력, 다자주의와 포용의 정신이 얼마나 중요한 것인지, 다시 한번 절감하고 있습니다.

우리는 힘이 지배하는 일방적인 세계 질서 속에서, 식민주의와 전쟁으로 인류 모두가 불행해지는 시대를 넘어섰습니다. 우리는 글로벌 공급망을 유지하기 위해 국제적 연대와 협력이 얼마나 중요한지 깨달았으며, 백신의 조기개발을 위해 세계 각국이 협력해야 하고, 세계적인 집단 면역을 위해 개도국과 백신을 공평하게 나누어야 한다는 것도 인식하게 되었습니다. 이제 세계는 공존과 새로운 번영을 위해 연대와 협력, 다자주의 정신을 되살려야 합니다. 코로나 극복은 물론, 기후변화 대응 같은 전 지구적 문제에 대해 다자주의에 입각한 해결책을 모색해야 합니다. 이제 우리에게는 다자주의에 입각한 연대와 협력을 선도할 수 있는 역량도 생겼습니다. 지난해 12월 우리는 미국, 중국, 러시아, 몽골과 함께 '동북아 방역·보건협력체'를 출범시켰습니다. 일본도 참여를 검토하고 있으며, 나아가 북한도 함께 참여하기를 기대합니다. 우리는 가장 적극적으로 참여국들과 협력할 것입니다. 코로나와 같은 신종 감염병과 가축 전염병의 초국경적인 확산은 한 나라의 차원을 넘어 다자주의적 협력에 의해서만 효과적으로 대응할 수 있습니다.

한반도 비핵화와 항구적 평화를 위해서도 변함없이 노력할 것입니다. 전쟁불용, 상호안전보장, 공동번영이란 3대 원칙에 입각해 남북관계를 발전시켜 나갈 것입니다. 국민의 생명과 안전을 지키기 위한 '동북아 방역·보건협력체' 참여를 시작으로 북한이 역내 국가들과 협력하고 교류하게 되길 희망합니다. 한반도와 동아시아에 상생과 평화의 물꼬를 트는 힘이 될 것입니다.

국민 여러분,

일본과 우리 사이에는 과거 불행했던 역사가 있었습니다. 오늘은 그 불행했던 역사 속에서 가장 극적이었던 순간을 기억하는 날입니다. 우리는 그 역사를 잊지 못합니다. 가해자는 잊을 수 있어도, 피해자는 잊지 못하는 법입니다. 그러나 100년이 지난 지금, 한일 양국은 경제, 문화, 인적교류 등 모든 분야에서 서로에게 매우 중요한 이웃이 되었습니다. 지난 수십 년간 한일 양국은 일종의 분업구조를 토대로 함께 경쟁력을 높여왔고, 한국의 성장은 일본의 발전에 도움이 되고, 일본의 성장은 한국의 발전에 도움이 되었습니다. 앞으로도 그럴 것입니다.

우리가 넘어야 할 유일한 장애물은, 때때로 과거의 문제를 미래의 문제와 분리하지 못하고 뒤섞음으로써, 미래의 발전에 지장을 초래한다는 것입니다. 우리는 과거의 역사를 직시하면서 교훈을 얻어야 합니다. 과거의 잘못에서 교훈을 얻는 것은 결코 부끄러운 일이 아니며, 오히려 국제사회에서 존중받는 길입니다. 한국은 과거 식민지의 수치스러운 역사와 동족상잔의 전쟁을 치렀던 아픈 역사를 결코 잊지 않고 교훈을 얻고자 노력하고 있습니다. 그러나 과거에 발목 잡혀 있을 수는 없습니다. 과거의 문제는 과거의 문제대로 해결해 나가면서 미래지향적인 발전에 더욱 힘을 쏟아야 합니다.

한국 정부는 언제나 피해자 중심주의의 입장에서 지혜로운 해결책을 모색할 것입니다. 피해자들의 명예와 존엄 회복을 위해서도 최선을 다할 것입니다. 그러나 한일 양국의 협력과 미래발전을 위한 노력도 멈추지 않을 것입니다. 양국 협력은 두 나라 모두에게 도움이 되고, 동북아의 안정과 공동번영에 도움이 되며, 한·미·일 3국 협력에도 도움이 될 것입니다. 더구나 지금은 코로나 위기를 함께 극복하고, 포스트 코로나 시대를 함께 준비해 나가야 할 때입니다. 이웃나라 간의 협력이 지금처럼 중요한 때가 없었다는 것을 강조하고 싶습니다.

　3·1독립선언서는 일본에게, 용감하고 현명하게 과거의 잘못을 바로잡고 참된 이해를 바탕으로 우호적인 새로운 관계를 만들자고 제안했습니다. 우리의 정신은 그때나 지금이나 달라지지 않았습니다. 우리 정부는 언제든 일본 정부와 마주 앉아 대화를 나눌 준비가 되어 있습니다. 역지사지의 자세로 머리를 맞대면 과거의 문제도 얼마든지 현명하게 해결할 수 있을 것이라 확신합니다. 한일 양국은 과거와 미래를 동시에 바라보며 함께 걷고 있습니다. 올해 열리게 될 도쿄 올림픽은 한·일 간, 남·북 간, 북·일 간 그리고 북·미 간의 대화의 기회가 될 수도 있습니다. 한국은 도쿄 올림픽의 성공적 개최를 위해 협력할 것입니다. 나아가 한일 양국이 코로나로 타격받은 경제를 회복하고, 더 굳건한 협력으로 포스트 코로나 시대의 새로운 질서를 함께 만들어갈 수 있길 바랍니다.

국민 여러분,
독립유공자와 유가족 여러분,

지금 우리 곁에 계신 생존 독립유공자는 스물네 분에 불과합니다. 모두 아흔을 훌쩍 넘기셨습니다. 독립유공자들은 온몸으로 민족의 운명을 끌어안아 오신 분들이며, 독립유공자들께 명예롭고 편안한 삶을 드리는 것은 국가의 무한한 책임입니다. 정부는 지난해 독립유공자를 위해 찾아가는 재가복지서비스 특별기동반을 운영했습니다. 독립유공자와 유족을 포함하여 모두 4만4천여 가구에 코로나 긴급구호 물품을 전해드렸고, 몸이 불편하신 분들을 병원에 모시고 다녔습니다. 해외 독립유공자와 후손들께도 마스크 등 방역물품을 지원했습니다.

정부는 이달부터 독립유공자들의 자택으로 직접 찾아뵙는 '한방 주치의 제도'를 시행할 예정입니다. 12월부터는 독립유공자를 비롯한 국가유공자들께 '자율주행 스마트 휠체어'를 지급하고, '인공 망막', '스마트 보청기' 개발도 본격적으로 착수할 예정입니다. 정부는 그동안 독립유공자 심사기준을 개선해 역대 최고 수준으로 독립유공자를 발굴 포상해왔습니다. 독립운동 사료 수집을 강화하고 공적심사 기준을 더욱 개선해 포상 대상을 확대해 나가겠습니다.

3·1독립운동의 주역이었던 학생들은 1926년 6·10만세운동, 1929년 광주학생독립운동으로 3·1독립운동의 정신을 면면히 이어갔습니다. 정부는 지난해 6·10만세운동을 국가기념일로 지정했고, 올해부터 기념식을 정부 주관 행사로 거행하게 됩니다. 3·1독립운동, 광주학생독립운동과 함께 '3대 독립운동' 모두가 국가기념일이 되어 매우 뜻깊습니다. 임시정부 요인 환국일인 올해 11월 23일, 국립 대한민국임시정부 기념관이 드디어 개관합니다. 목숨을 건 무장투쟁과 의열활동, 필

사적인 외교전, 마침내 이뤄낸 광복군의 좌우합작과 국내진공작전의 준비까지 대한민국임시정부 27년의 위대한 대장정을 생생하게 되살릴 것입니다. 우리 독립운동의 역사가 미래 세대에게 커다란 긍지와 자부심이 되길 희망합니다.

    존경하는 국민 여러분,
    해외 동포 여러분,

    3·1독립운동 이후 우리의 100년은 식민지배, 분단과 전쟁, 가난과 독재를 극복해온 100년입니다. 인류 보편의 가치인 자유와 평화, 정의와 인도주의를 향해 전진해온 100년입니다. 우리는 지금 3·1독립운동의 정신과 민주주의, 포용과 혁신의 힘으로 새로운 길을 개척하고 있으며, 세계는 우리의 발걸음에 주목하고 있습니다. 우리는 연대와 협력으로 소중한 일상을 회복할 것입니다. 인도주의와 다자주의, 상생과 포용의 정신으로 국제질서를 선도하는 나라가 될 것입니다. 이곳 탑골공원에는 위기와 역경 속에서 역사의 반전을 이룬 선열들의 정신이 살아있고, 우리는 선열들을 기억하며 앞으로 나아갈 것입니다.
    함께할 때 우리는 더욱 강합니다. 더 높이 도약하겠습니다.
    감사합니다.

국군간호사관학교
제61기 졸업 및 임관식 축사

| 2021년 3월 5일 |

존경하는 국민 여러분,

국군간호사관학교 '찬아람' 여러분,

'함께하면 더 힘찬, 애국심으로 가득 찬, 아름다운 사람들' 국군간호사관학교 61기 사관생도 여러분의 졸업과 임관을 진심으로 축하합니다. 고된 교육 훈련을 통해 정예 간호장교로 거듭난 여러분이 든든하고 자랑스럽습니다. 우리 생도들과 함께 졸업의 영광을 맞이한 태국의 팟타라 편 생도에게도 축하를 전합니다.

이번 61기에는 유난히 국가유공자, 참전용사의 후손과 군인 가족이 많습니다. 자녀들을 애국자로 훌륭하게 길러주신 가족들께 각별한 감사의 인사를 드리며, 생도들을 국민과 군의 의료인으로 키워낸 정의숙 학교장을 비롯한 교직원들의 노고를 치하합니다. 오늘 이 자리에는 한국전쟁에 참전한 자랑스러운 여러분의 선배, 박옥선 예비역 대위께서 함께하고 계십니다. 고령에도 불구하고 여전히 참전유공자와 가족들을 보살피고 계신 박옥선 님의 헌신적인 삶에 감사와 경의를 표합니다. 또한 대통령으로서 역대 최초로 이 영광스러운 자리에 생도 여러분과 함께하게 된 것을 매우 기쁘게 생각합니다.

국민 여러분,

지난해, 2020년은 간호사관학교와 간호장교들의 소중함을 재발견한 한 해였습니다. 코로나 확산 초기, 60기 생도들은 힘든 국민 곁으로 달려가기 위해 졸업을 앞당겼고, '국민과 국가를 위해 헌신할 수 있어 영광스럽다'는, 당찬 각오를 밝히며 방호복을 입었습니다. 국민들은 청년 간호장교들의 자부심 넘치는 결의에 코로나를 이겨낼 수 있다는 희망을 가졌고, 나도 이곳 간호사관학교를 찾아 생도들을 격려하며 코로나 극복의 의지를 북돋을 수 있었습니다. 간호장교들은 의료인으로서의 전문성과 군인으로서의 충성심을 다해 국민들의 건강과 안전을 지켰습니다. 우리는 보이지 않는 곳에서 헌신의 땀을 쏟아낸 간호장교들을 보았습니다.

1948년, 정부 수립 직후 첫 간호장교가 탄생한 이래, 치열한 전투의 최전방부터 방역의 현장까지, 아프고 다친 국민과 장병들 곁에는 언제나 대한민국 간호장교가 있었습니다. 한국전쟁 중 가장 치열했던 장진호 전투 현장에서는 호롱불에 의지하며 부상병을 돌보았고, 피난민이 가득한 흥남부두에서는 마지막 순간까지 환자들을 이송하고 뒤늦게 철수했습니다. 간호장교들은 '총을 든 나이팅게일'이었고, '제복 입은 의료인'이었으며, '외교 역군'이기도 했습니다. 사스와 메르스, 세월호 침몰 현장, 에볼라가 유행한 아프리카 지역까지 항상 재난·재해와 감염병 현장의 선두에 있었고, 지구촌 곳곳 분쟁지역에서 UN 평화유지군의 일원으로 의료지원 활동을 펼쳤습니다. 2008년, 응급환자 헬기 후송에 자원한 선효선 소령은 임무 수행 중 안타깝게 우리 곁을 떠났습니다. 오늘 故 선효선 소령과, 당시 함께 순직한 군의관, 의무병의 희생을 기리게 되어 뜻깊습니다. '선효선 상'을 통해 그 숭고한 정신이 길이 기억되길 바랍니다.

대한민국 국군 간호병과 70년의 역사는 헌신과 희생, 인간애와 감동의 역사입니다. 코로나 위기 상황 속에서도 우리 청년 사관생도들이 졸업을 앞당기거나 학업을 일시 중단하고 힘든 국민 곁으로 달려갔던 그 고마움을, 우리 국민들은 결코 잊지 않을 것입니다. 국군 최고통수권자로서, 무척 자랑스럽고 감사하다는 말씀을 드립니다.

청년 간호장교 여러분,

여러분은 '군 장병뿐만 아니라 국민의 건강과 행복한 삶을 수호'하는 대한민국의 간호장교가 되었으며, 국민들의 신뢰와 기대는 어느 때보다 높습니다. 정부는 '〈국방개혁 2.0〉의 군 의료시스템 개편'을 중심으로 간호장교를 비롯한 군 의료진들이 의료활동에 전념할 수 있도록 힘껏 지원할 것입니다. 아직도 부족하지만, 그동안 많은 발전이 있었습니다. 군 병원 기능을 수술집중, 정신건강, 외래·요양·검진으로 특성화하고, 인력과 장비를 재배치했습니다. 국군외상센터를 중심으로 총상, 폭발창 등 중증외상에 대한 진료 능력을 높이고, 사단급 의무대가 초기 환자를 정확하게 진찰할 수 있도록 엑스레이 등 영상 검사 장비를 보강했습니다.

상비사단 전투 중대급까지 응급구조사를 배치하고, 야간과 악천후에도 운행이 가능한 의무후송전용헬기 '메디온'도 여덟 대 배치했습니다. 응급환자가 발생할 경우, 군과 119구급대의 구분 없이 가장 근접한 기관이 환자를 빠르게 후송할 수 있도록 후송 절차도 개선했습니다. 코로나와 같은 감염병 위협에 선제적으로 대응하기 위해 음압 구급차 등 의무 장비도 대폭 확대할 것입니다.

장병들의 건강을 지키는 것은 국가의 기본적인 책무입니다. 의무복무 중 발생한 질병에 대해 국가책임을 강화했으며, 복무 중 발병한 중증·난치성 질환 의료지원도 확대했습니다. 국방의 의무를 다하기 위해 기꺼이 군복을 입은 모든 장병들이 건강하게 가족의 품으로 돌아갈 수 있도록 최선을 다해야 합니다. 장병들의 건강과 국가안보가 여러분의 손에 달려 있습니다. '강한 국군'의 자부심을 품고 소임을 다해주기를 바랍니다.

정부도 적극 뒷받침할 것입니다. 2025년까지 간부 관사 8만3천 세대, 간부 숙소 11만3천 실을 확보하고, 군 어린이집과 공동육아나눔터를 지속적으로 확대하겠습니다. 여군 장교들의 불편함이 없도록, 모든 부대를 대상으로 여성 필수시설을 설치하고, 성폭력으로부터 안전한 근무여건을 조성할 것입니다.

존경하는 국민 여러분, 청년 장교 여러분,

청춘의 열정을 키우고 동기들과 우정을 쌓는 시간은 전문 능력을 키우는 것만큼 중요합니다. 국가적으로 어려운 상황 속에서 훈련해야 했지만, 코로나 위기를 함께 극복하며 쌓은 전우애는 그 어느 때보다, 그 누구보다 단단하리라 믿습니다. 여러분이 선택한 길은 결코 편안한 길이 아닙니다. 그러나 어려울 때마다 여러분의 곁에 전우가 있고, 가족이 있고, 여러분의 따뜻한 손길을 기억하는 국민들이 있다는 걸 잊지 말아 주십시오.

오늘 여러분은 '진리를 탐구하고, 사랑을 실천하는 조국의 등불'이 되었습니다. 국민들과 함께 여러분의 꿈을 응원합니다. 이제는 여러분이 주인공입니다. 건승을 기원합니다.

감사합니다.

세계 여성의 날을 축하합니다

| 2021년 3월 8일 |

위안부 피해자 할머니들을 비롯하여 여성들에게 더욱 힘들었던 한국의 근현대사를 생각하며, 꿋꿋하게 여성의 지위를 높여온 모든 여성들에게 경의를 표합니다.

"내가 보고 느끼는 내가 더 중요해요." 박완서 선생의 소설 '나의 가장 나중 지니인 것'의 한 구절이 생각납니다. 우리는 오랫동안 주변에 의해 규정된 삶을 살아야 했고, 여성들은 몇 곱절의 어려움을 겪었습니다. 그렇지만 편견과 차별을 이겨 내고 자신을 찾아낸 여성들이 이었고, 덕분에 우리는 서로의 감정과 삶을 존중하는 방법을 배우고 실천하게 되었습니다.

올해 유엔 위민(UN Women)에서 정한 '세계 여성의 날' 주제는 "리더십 : 코로나 세상에서 평등한 미래 실현" 입니다. 한국은 이 분야에서 매우 부끄러운 수준입니다. 여성들이 경력단절 없이 더 많은 곳에서 더 많이 일할 때, 포용적 회복과 도약도 빨라질 것입니다. 정부부터 모범을 보이도록 목표를 높여나가겠습니다. 각 분야에서 여성이 동등한 권리로 지도자 역할을 할 수 있는 세상을 만들어 나가겠습니다.

코로나의 어려움 속에서도 여성들은 위기 극복의 버팀목이 되어주셨고 더 많은 고통을 겪었습니다. 깊이 감사드리며 또한 무거운 책임감을 느낍니다. 우리가 자랑스럽게 '세계 여성의 날'을 축하할 수 있는 날이 오길 기원합니다.

법무부 · 행정안전부 업무보고 모두발언

| 2021년 3월 8일 |

여러분, 반갑습니다.

법무부와 행안부는 우리 사회의 정의를 실현하고 국민의 인권과 안전을 지키며, 국민의 삶을 보호하는 막중한 직무를 수행하고 있습니다. 코로나 대응 과정에서도 출입국자 관리와 자가격리자 관리, 선별검사소 운영과 지자체 지원 등 방역의 든든한 축이 되어주었습니다. 두 부처 공직자들의 노고를 치하합니다.

오늘 외부 토론자로 이승현 변호사님, 서보학 교수님, 최상한 자치분권위원회 부위원장님과 이동건 전국아동보호전문기관 협회장님이 참석하셨습니다. 민주당 이낙연 대표님, 김태년 원내대표님, 홍익표 정책위의장님, 윤호중 법사위원장님과 서영교 행안위원장님도 함께해 주셨습니다. 감사합니다. 특히 이낙연 대표님은 당 대표 자격으로 대통령 주재 회의에 참석하는 마지막 자리가 될 것 같습니다. 그동안의 노고에 대해 특별히 감사드립니다.

올해는 권력기관 개혁이 현장에 자리 잡는 첫해입니다. 두 부처의 책임이 매우 무겁습니다. 지난 1월 수사권 개혁법령이 시행되었고, 고위공직자 부패범죄를 전담하는 공수처도 출범했습니다. 이제 경찰, 검찰, 공수처는 견제와 균형을 통해 서로를 민주적으로 통제함으로써 국민의 인권을 존중하면서도 부패수사 등 국가의 범죄대응 역량을 높여나가게 될 것입니다. 70년의 제도와 관행을 바꾸는 일인 만큼 새로운 제도가 안착되기까지 현장에서 혼란이 있을 수 있습니다. 검·경·공수처 간 역할 분담과 함께 유기적인 협력체계를 구축하여야 합니다. 국민들이 새로운 제도의 장점을 체감하고 개혁을 지지할 수 있도록, 두 부처가 각별히 협력하며 노력해 주기 바랍니다.

검찰은 우리 사회 정의 실현의 중추입니다. 검찰은 가장 신뢰받아야 할 권력기관입니다. 검찰권의 행사가 자의적이거나, 선택적이지 않고 공정하다는 신뢰를 국민들께 드릴 수 있어야 합니다. 대다수 검사들의 묵묵한 노력에도 불구하고 검찰의 공정성에 대한 신뢰가 나아지지 않고 있습니다. 검찰개혁은 검찰이 스스로 개혁에 앞장서야만 성공할 수 있습니다. 특히 사건의 배당에서부터 수사와 기소 또는 불기소의 처분에 이르기까지, 권한을 가진 사람들이 마음대로 하는 것이 아니라 객관적인 규정과 기준에 따라 공정하게 이뤄지는 제도의 개선이 반드시 있어야 할 것입니다.

경찰의 수사지휘역량도 빠르게 키워야 합니다. 권한이 주어지면 능력도 커질 수 있다는 것을 증명해 주기 바랍니다. 신설된 국가수사본부를 중심으로 책임수사체계를 확립하고, 치안서비스의 질을 높이기 위한 자치경찰제도 차질없이 준비해야 하겠습니다. 공수처 역시 하루빨리 조직 구성을 마무리 짓고, 국민의 기대에 부응할 수 있게 되길 희망합니다.

수사권 개혁과 공수처 출범으로 권력기관 개혁의 큰 걸음을 내딛게 되었습니다. 그러나 아직 완성된 것이 아닙니다. 견제와 균형, 인권 보호를 위한 기소권과 수사권 분리는 앞으로도 꾸준히 나아가야 할 방향입니다. 입법의 영역이지만, 입법의 과정에서 검찰 구성원들을 포함한 다양한 의견 수렴이 있어야 할 것입니다. '국민을 위한 개혁'이라는 큰 뜻에는 이견이 없겠지만, 구체적인 실현방안에 대해서는 절차에 따라 질서 있게, 그리고 또 이미 이루어진 개혁의 안착까지 고려해 가면서 책임 있는 논의를 해 나가길 당부합니다.

법무부와 행안부는 국민의 안전을 책임지는 부처입니다. 범죄와 재난으로부터 안전한 나라를 만들어 주십시오. 나라가 발전하고 국민의 삶이 다양해지면서 안전의 범위가 넓어지고, 안전에 대한 국민의 감수성도 높아져서, 과거의 관행을 벗어나야만 보이는 부분이 많아졌습니다. 특히 가정 내에서 이뤄지는 아동학대는 각별한 관심을 두지 않으면 발견하기 어렵습니다. 가족 간의 문제라는 인식부터 떨쳐버려야 합니다. 아동의 눈높이에서 문제를 바라보아야 합니다. 학대 아동 발견부터 보호까지 종합적인 아동인권보장을 위한 특별추진단이 설치된 만큼, 국가가 아동 보호를 위해 최선을 다한다는 믿음을 국민들께 드릴 수 있기를 바랍니다.

날로 다양해지는 성범죄의 유형과 방법에 맞서 스토킹 처벌법이 제정되었고, 디지털 성범죄 처벌이 강화되었습니다. 새로운 유형의 범죄에 적극 대응해 주길 바랍니다. 기후변화가 가속화되면서 재난대응체계 강화도 시급한 과제가 되었습니다. 인공지능과 빅데이터, 사물인터넷 기반의 예보·경보·관리 시스템 구축 등 재난대응체제 고도화에 최선을 다해 줄 것을 당부합니다.

민생 회복을 위해서도 두 부처가 할 일이 많습니다. 코로나 상황에 따른 상가 차임증감청구권을 활성화하는 한편, 코로나로 폐업이 불가피한 임차인에게 계약해지권을 인정함으로써 위기상황에서 소상공인들을 보호하는 방안을 적극적으로 추진해 주기 바랍니다. 법무부가 관계부처 및 국회와 적극적으로 협의해 주길 바랍니다. 행안부 역시 지자체와의 협업을 통해 지역사랑 상품권 신속 발행, 지방세 징세 유예를 비롯한 다양한 방안들을 강구하고 시행해 나갈 것을 당부합니다.

국민들께 더 가까이 다가가기 위해서는 끊임없이 혁신해야 합니다. 정부 혁신의 주무 부처인 행안부의 역할이 중요합니다. 인공지능과 사물인터넷, 공공데이터 개방 등 디지털 기술을 활용해 국민의 일상을 더욱 편리하게 하고, 자치분권과 국가균형발전에서도 확실한 변화를 만들어주길 바랍니다. 지난해 32년 만에 지방자치법이 개정되어 주민참여와 지방의회 권한이 크게 확대되었습니다. 지방자치 부활 30주년이 되는 뜻깊은 해를 맞아 자치분권 2.0시대를 힘껏 열어주기 바랍니다.

지역균형 뉴딜에도 속도를 낼 수 있도록 관계부처들과 협력을 강화해 주기 바랍니다. 오늘 업무계획을 충실하게 준비하느라 수고들이 많았습니다. 실천도 잘해 주시기 바랍니다.

감사합니다.

신임 경찰 경위·경감 임용식 축사

| 2021년 3월 12일 |

존경하는 국민 여러분,

경찰 가족 여러분,

오늘, 열정 가득한 청년 경찰이 국민들 곁으로 달려갑니다. 오직 '국민의 안전과 행복'을 생각하는 청년 경찰이 국민의 삶 속으로 달려갑니다. 힘든 교육 훈련을 이겨내고, 당당하게 경찰복을 입게 된 165명의 청년은 초대 경무국장 백범 김구 선생의 후예가 되었습니다. 국민들과 함께 진심으로 축하합니다. 응원해주신 가족들께 감사의 인사를 전하며, 청년들을 '준비된 치안전문가'로 키워주신 최해영 경찰대학장과 교직원 여러분의 노고를 치하합니다.

청년 경찰 여러분,

선배 경찰들은 '민주경찰, 인권경찰, 민생경찰'을 향해 부단히 노력하고 헌신했습니다. 그 헌신 위에서 우리는 올해 경찰 개혁 원년을 선포했고, 여러분은 '개혁 경찰 1기'의 자랑스러운 이름을 갖게 되었습니다. 반드시 국민들의 기대에 부응할 것이라 믿습니다. 우리 경찰은 지난 4년, 5대 강력범죄는 물론 감염병을 틈탄 범죄가 우리 삶에 파고들지 못하도록 사이버 범죄와 민생 범죄에 강력히 맞섰고, 디지털 성범죄 같은 신종 범죄 대응력을 높였습니다. 교통사고 사망자가 30%가량 줄었으며 특히, 어린이 교통사고 사망자는 66% 이상 줄었습니다. 지난해 세계 163개국을 대상으로 발표한 '사회발전지수'에서 우리나라는 개인안전 부문 5위를 기록했습니다. 2017년 20위에서 수직상승한 결과로, 최고 수준의 치안 강국임을 객관적으로 인정받았습니다. 지난해에만 세계 43개 국가와 국제기구가 우리 경찰에 치안 협력을 요청해왔고, 기술 전수와 장비 수출로 이어져 대한민국의 위상을 높였습니다.

경찰은, 코로나 대응에 있어서도 큰 역할을 했습니다. 환자 이송, 역학조사를 비롯한 방역 활동에 연인원 34만 명의 경찰이 앞장섰고, '예방접종 지원본부'를 중심으로 원활한 백신 접종을 지원하고 있습니다. 무엇보다 기쁘고 값진 성과는 경찰을 향한 국민의 신뢰가 커지고 있는 것입니다. 국민의 안전을 지키는 본연의 임무에 최선을 다하며, 경찰 스스로 개혁의 제도적 기반을 마련하고 실천한 결과입니다. 우리 경찰은 정부 기관 최초로 인권영향평가를 도입했고, 회복적 경찰활동, 대화경찰

제도 등 담대한 혁신을 실행했습니다. 수사에서 사건 접수부터 종결까지 촘촘한 통제장치를 갖췄습니다. 수사심사관, 책임수사지도관, 경찰수사 시민위원회의 '3중 심사 체계'도 마련했습니다. 이제 경찰 수사에서 고문이나 가혹행위, 인권 유린 같은 비판은 사라졌습니다.

강도 높은 자기혁신이야말로 국민의 신뢰를 높이는 지름길입니다. 경찰은 국민이 어려울 때 가장 먼저 찾는 국가의 얼굴입니다. 국민이 경찰의 얼굴을 보고 안심하게 될 때, 더욱 경찰을 지지하고 응원할 것입니다. 오늘 임용되는 청년 경찰들의 열정과 패기가 혁신의 새로운 동력이 되어 국민의 신뢰를 더해줄 것이라 믿습니다.

경찰 가족 여러분,

올해는 경찰 역사 중 가장 획기적인 개혁이 실현되는 원년입니다. 국민의 민주적 통제를 높이기 위한 개혁법령이 시행되었습니다. 형사 사법절차에서 경찰의 위상과 역할이 달라졌습니다. 경찰 수사의 독립성이 높아지는 만큼 책임성도 획기적으로 높여야 할 것입니다. 국가 수사의 중추 역할을 담당하게 될 국가수사본부도 출범했습니다. 견제와 균형, 정치적 중립의 확고한 원칙을 바탕으로 책임수사 체계를 확립하길 바랍니다. 오늘 국민의 염원과 기대를 담아 국가수사본부 깃발에 수치를 수여했습니다. 책임에 걸맞은 수사 역량으로 국민의 기대와 신뢰에 응답해주십시오. 오늘 임용되는 새내기 경찰 여러분은 앞으로 3년 동안 수사부서에 배치됩니다. 포괄적인 수사 능력을 키워 경찰의 기둥으로 커나가길 기대합니다.

공공기관 직원과 공직자들의 부동산 투기 의혹 사건은 국가수사본부의 수사 역량을 검증받는 첫 번째 시험대입니다. 우리 사회의 공정을 해치고 공직사회를 부패시키는 투기행위를 반드시 잡아주기 바랍니다. 또한, 검찰을 비롯한 관계기관과의 유기적 협력을 통해 국가의 수사 역량을 극대화하는 계기로 삼아주기 바랍니다. 엄정한 수사와 법 집행 위에서, 우리는 이번 사건을, 공공기관을 개혁하고 공직사회의 청렴성을 쇄신하는 기회로 만들어야 할 것입니다.

시범 운영 중인 자치경찰제가 오는 7월 전면 시행됩니다. 치안행정과 지방행정을 연계한 지역 맞춤형 '통합적 치안서비스'가 조속히 정착될 수 있도록 준비에 만전을 기해야 합니다. 코로나로 인한 비대면 사회로의 변화가 빨라지면서 5대 범죄 같은 전통적인 범죄가 줄어든 반면 사이버공간을 이용한 범죄가 늘고 있습니다. 재난을 틈탄 불공정거래와 사기, 아동·여성에 대한 학대와 폭력, 청소년, 장애인, 어르신 등 사회적 약자를 대상으로 하는 비정한 범죄에 더욱 단호히 대처해주기 바랍니다. 특히 피해가 발생하기 전에 적극적으로 개입하는 선제적·예방적 경찰 활동으로 국민의 안전을 더욱 세심하게 지켜주길 당부합니다. 정부도, 경찰 가족 모두가 자긍심을 갖고 주어진 책무를 다할 수 있도록 책임을 다할 것입니다. 법과 제도를 더욱 발전시켜 책임 있는 법 집행을 뒷받침하고, 공약했던 2만 명 인력 증원을 비롯한 처우개선도 차질없이 추진해 나가겠습니다.

경찰의 희생과 헌신도 결코 잊지 않을 것입니다. 우리는 지난해, 퇴근길 교통정리 중에 순직한 ㊧ 이성림 경사를 비롯하여 일곱 분의 경찰을 잃었습니다. 크고 작은 부상으로 어려움을 겪고 있는 분도 많습니다. 순직과 공상으로 고통을 겪고 있는 경찰 가족 여러분께 깊은 위로의 마음을 전하며 순직자와 공상자의 예우와 지원에 각별히 노력하겠습니다.

청년 경찰 여러분,

이제 여러분에게 '어려운 국민의 손을, 가장 먼저 잡아드리라'고 명령합니다. 국민 안전 수호의 막중한 임무를 부여합니다. 국민 곁으로, 힘차고 당당하게 나아가십시오. 국민들께서도 '개혁 경찰 1기' 여러분이 선택한 헌신의 길에 깊은 신뢰와 사랑으로 함께해주실 것입니다. 여러분이 국가의 얼굴임을 늘 명심해주기 바랍니다.

감사합니다.

제11회 국무회의 모두발언

│ 2021년 3월 16일 │

제11회 국무회의를 시작하겠습니다. 우리 정부 들어 제정된 의미 있는 법안들이 많습니다. 오늘 공포하는 행정기본법도 그중 하나입니다. 5,000개가 넘는 우리나라 국가 법령 중에 행정 법령이 4,600여 개가 되는데도 그동안 행정 분야의 법 집행 원칙과 기준이 되는 기본법이 없었습니다. 그러다 보니 국민들의 불편이 적지 않았습니다. 인허가, 과징금 등 국민 생활에 일상적으로 적용되는 규정이 개별법에 각기 달리 규정됨으로써 일선 현장에서 혼란이 많았고, 행정소송이 자주 발생해 불필요한 시간과 비용 낭비도 컸습니다.

행정기본법 제정으로 학설과 판례에 의존하던 행정 관련 주요 원칙들이 법률에 명확히 규정되어 성문화되었습니다. 이에 따라 행정의 통일성이 높아지고 일관된 집행이 가능해졌습니다. 법 집행의 원칙과 기준이 마련됨으로써 국민들이 제도를 쉽게 이해하고 예측할 수 있게 되었으며, 개별법을 일일이 개정하지 않고도 문제 해결과 제도 개선을 효율적으로 할 수 있는 길이 열렸습니다. 특히 적극 행정에 대한 법적 근거가 명시됨으로써 적극 행정이 더욱 확산될 수 있는 토대도 마련되었습니다. 국민의 권익을 두텁게 보호하기 위해 이의신청 제도를 확대하고, 처분의 재심사 제도가 도입된 것도 뜻깊습니다.

행정기본법 제정으로 우리나라 법치 행정이 한 단계 발전하고, 국민을 위한 행정에 크게 기여하게 되기를 기대합니다. 이 법을 만드는데 특히 법제처의 수고가 많았습니다. 시행령 마련 등 입법 후속 조치를 통해 행정 현장에 빠르게 안착되도록 만전을 기해 주기 바랍니다.

촛불혁명으로 탄생한 우리 정부는 부정부패와 불공정을 혁파하고, 투명하고 공정한 사회를 만들기 위해 최선을 다해 왔습니다. 권력 적폐 청산을 시작으로 갑질 근절과 불공정 관행 개선, 채용 비리 등 생활 적폐를 일소하기 위해 끊임없이 노력해 왔습니다. 그 결과, 부패인식지수가 매년 개선되어 역대 최고 순위를 기록하는 등 우리 사회가 좀 더 공정하고 깨끗한 사회로 나아가고 있음은 분명합니다.

하지만 아직도 해결해야 할 해묵은 과제들이 많습니다. 특히 최근 LH 부동산 투기 의혹 사건으로 가야 할 길이 여전히 멀다는 생각이 듭니다. 국민들께 큰 심려를 끼쳐드려 송구한 마음입니다. 특히 성실하게 살아가는 국민들께 큰 허탈감과 실망을 드렸습니다. 우리 사회의 부패 구조를 엄중히 인식하며 더욱 자세를 가다듬고 무거운 책임감으로 임하고자 합니다. 공직자들의 부동산 부패를 막는 데서부터 시작하여 사회 전체에 만연한 부동산 부패의 사슬을 반드시 끊어내겠습니다. 이 시기에 우리 사회 불공정의 가장 중요한 뿌리인 부동산 적폐를 청산한다면, 우리나라가 더욱 투명하고 공정한 사회로 나아가는 분기점이 될 것입니다. 국민들께서도 함께 뜻을 모아 주시기 바랍니다.

한편으로는, 이번 사건을 계기로 공공기관 전체가 공적 책임과 본분을 성찰하며, 근본적 개혁의 기회로 삼아야 하겠습니다. 그 출발점은 공직윤리를 확립하는 것입니다. 이해충돌을 방지하는 제도적 장치를 마련하는 것과 함께 공공기관 스스로 직무윤리 규정을 강화하고 사전예방과 사후 제재, 감독과 감시 체계 등 내부통제 시스템을 강력히 구축해야 합니다. 기재부 등 공공기관을 관리하는 부처에서는 공공기관 경영평가에서 공공성과 윤리경영의 비중을 대폭 강화해 주기 바랍니다. 또한, 공직자 개인에 대해서도 공직윤리의 일탈에 대해 더욱 엄정한 책임을 물어야 할 것입니다. 최근 민간 기업들도 윤리경영을 강화하는 추세입니다. 공적 업무를 수행하는 공공기관이 앞서서 공직윤리의 기준을 더욱 엄격히 세워 주기 바랍니다.

미국 국무 · 국방장관 접견 모두발언

| 2021년 3월 18일 |

블링컨 국무장관과 오스틴 국방장관의 방한을 환영하며, 늦었지만 두 분의 취임을 축하드립니다.

미국의 두 외교·안보 수장이 취임 후 우선적으로 함께 한국을 방문한 것은 한미동맹을 중시하는 바이든 대통령님의 강력한 의지를 보여준다고 생각합니다. 바이든 행정부의 출범과 함께 시작된 미국의 귀환, 외교의 귀환, 동맹의 복원을 환영하며, 국제사회는 복합적인 위기 속에서 미국의 리더십을 크게 기대하고 있습니다. 한국 역시 한미동맹을 강화하고, 양국 관계를 발전시킬 기회로 평가하고 있습니다.

성공적인 백신 보급으로 미국 내 코로나 상황이 빠르게 안정되고 있고, 획기적인 경기부양책으로 경제 회복의 기대도 높아지고 있는데, 모두 바이든 행정부의 지도력을 보여주는 것으로 생각합니다. 미국이 더 나은 재건을 순조롭게 진행하고 있는 것을 축하하고, 한·미가 더 나은 미래를 함께 만들어 나가길 바랍니다. 한·미 양국은 민주주의와 인권 등 가치와 철학을 공유하는 70년 동반자로서 공동의 도전에 함께 대처해 나갈 것이며, 특히 한반도의 완전한 비핵화와 항구적 평화를 위해 빈틈없는 공조를 계속할 것입니다.

어제 개별 장관 회담에 이어 오늘 5년만에 2+2 회담이 열렸고 방위비 분담 협정에 가서명했는데, 바이든 행정부 출범과 함께 한미동맹이 더욱 안정적으로 발전할 수 있는 튼튼한 토대가 마련되었다는 점에서 매우 의미가 큽니다. 양국 국민들도 한반도와 동북아의 평화와 번영의 핵심축으로서 한미동맹이 더욱 강화되고 있는 것을 든든하게 생각할 것입니다. 두 장관의 노고를 치하하며, 앞으로도 우리 장관들과 수시로 소통하면서 긴밀히 협력해 주기를 당부합니다.

감사합니다.

충남 에너지전환과
그린 뉴딜 전략 보고 모두발언

| 2021년 3월 19일 |

존경하는 국민 여러분,

충남도민과 보령시민 여러분,

오늘 충남에 오니 2007년 기름으로 뒤덮였던 태안 앞바다가 생각
납니다. 2016년 세계자연보전연맹은 태안 해양국립공원을 생태적 가치
가 우수하고 관리보전 상태가 뛰어난 곳이라 평가했습니다. 세계사에서
유례없이 무려 123만 명이 자원봉사에 참여한, 우리 국민의 힘으로 우
리 바다를 되찾은 기적 같은 일이었습니다. 지속가능한 미래를 열겠다
는 충남의 자신감도 바다를 살려낸 도민들의 힘에서 시작되었다고 생각
합니다. 보령 또한 친환경 고을을 상징하며 머드축제와 아름다운 섬들로
국민들에게 사랑받아왔습니다.

충남은 정말 아름다운 곳입니다. 풍성한 갯벌과 함께 천혜의 자연환경으로 누구나 살고 싶은 곳이지만 오랫동안 대한민국의 산업화를 위해 희생했습니다. 우리나라 석탄화력발전소 58기 중 28기가 이곳에 집중해 있고, 대표적인 탄소 밀집 지역으로 온실가스 배출과 봄철 미세먼지의 원인이 되기도 했습니다. 그러나 충남은 정부보다 먼저 탄소 중립을 선언하고, 국제사회의 탈석탄, 기후변화 논의에 적극 동참했습니다. 국내 최대 규모의 보령 석탄화력발전소 1, 2호기를 조기 폐쇄하고, 깨끗한 공기와 물, 자연을 지키며 더 높이, 다함께 도약하는 길에 나서기 시작했습니다. 화석연료의 산업시대를 이끌어온 충남의 역사적인 대전환입니다. 이제 충남이 앞장서서 환경을 희생했던 시대와 결별하고, 깨끗한 에너지와 녹색경제로 일자리를 만드는 새로운 미래로 나아가고자 합니다. 2050년 탄소중립을 향한 대한민국 대전환을 시작합니다.

오늘 지속가능한 발전의 길에 도전하는 충남도민과 보령시민들께 감사와 응원의 박수를 보내며, 화합과 공생으로 풍요로운 미래를 열고 있는 충남의 기업들과 양승조 지사님, 김동일 보령시장님, 충남도와 보령시 관계자들을 격려합니다. 충남의 도전을 응원하기 위해 함께해 주신 더불어민주당 홍익표 정책위의장님과 이광재 K-뉴딜 본부장, 강훈식 충남도당 위원장께도 깊이 감사드립니다.

충남도민 여러분,

충남은 전통과 현대, 농수산업과 첨단 IT산업, 해양과 내륙을 아우르는 역동적인 지역입니다. 그동안 안정적인 전력공급으로 국가경제발전을 이끌었고, 주력산업의 성장기지가 되었습니다. 삶과 생명의 다양성 위에서 시대의 변화를 선도해왔습니다. 이제 충남은 다시 한번 과감하게 경제와 환경의 패러다임을 바꾸는 그린뉴딜로 변화할 것입니다. '에너지' 대전환, '경제' 대전환과 '환경' 대전환을 함께 이룰 것입니다. 누구도 일자리를 잃지 않고 새로운 시작에 함께할 수 있는 '공정한' 전환을 시작할 것입니다.

먼저, 에너지부터 시작합니다. 2034년까지 충남에서만 석탄화력발전소 12기를 폐쇄하고, 해상풍력발전과 태양광단지 조성으로 신재생에너지 중심지로 탈바꿈합니다. 세계 최초·최대의 대산 수소연료전지 발전소는 석유화학공장의 공정에서 나오는 부생수소를 원료로 연료전지를 만들고, 초미세먼지까지 정화하는 초대형 공기청정기 역할도 합니다. 제조공정의 부산물을 재활용하는 순환경제로 충남은 경제와 환경 두 마리 토끼를 모두 잡을 것입니다.

충남의 경제는 회색경제에서 녹색경제로 변모합니다. 수소 규제자유특구를 활용해 당진 부생수소 출하센터, 블루수소 플랜트 사업으로 수소에너지 중심지로 거듭날 것입니다. 이차전지, 전기차와 수소차, 스마트팜 산업으로 친환경 모빌리티와 생명산업을 선도할 것입니다. 서천 생태복원형 국립공원, 부남호 역간척 사업과 가로림만 해양생태계 복원이 이뤄지면 여의도 면적의 100배에 달하는 생태복원으로 자연환경이 되살아납니다. 서해안 벨트가 생태계 경제가 되어 해양생태체험 관광과 지역경제 활력의 원동력이 될 것입니다. 충남은, 단지 경제와 환경을 새롭게 할 뿐만 아니라 사람을 품는 포용적 성장을 지향합니다. 일자리를 잃은 노동자에게 양질의 일자리로 보답하는 '정의로운 전환'의 모범을 만들고 있습니다.

다시 한번 강조하지만 기존의 석탄발전 등을 대체하는 재생에너지 전환은 지역 경제에 타격을 주지 않고 아무도 일자리를 잃지 않도록 공정한 방법으로 이뤄져야 합니다. 정부는 충남의 진정한 동반자가 되겠습니다. 지역의 에너지전환과 수소 경제를 돕고, 지역경제를 살리는 정의로운 전환에 함께하겠습니다. 2025년까지 민관이 힘을 합쳐 31조2천억 원을 투자하고, 일자리 23만 개 이상을 만들겠습니다. 충남의 성공을 적극 지원하겠습니다.

존경하는 국민 여러분,

충남도민과 보령시민 여러분,

그린 뉴딜은 기후변화 대응과 경제성장을 동시에 달성하는 세계가 추구하는 길입니다. 유럽과 미국은 국가적 역량을 총동원해 그린 뉴딜에 나섰고, 글로벌 기업들은 탄소중립, RE100을 선언하며 환경보호에 앞장서고 있습니다. 지금 세계는 함께 달리고 있습니다. 우리도 그린뉴딜의 선두에 설 수 있습니다. 그린 뉴딜만이 생존의 길이라는 비상한 각오로 정치, 경제, 사회, 문화를 새롭게 정비해야 합니다. 무엇보다 국민의 삶에 밀착한 지역 주도의 그린 뉴딜로, 국가균형발전 시대를 함께 열 것입니다.

우리는 2018년에 온실가스 배출량 최고를 기록한 이후 2019년과 2020년, 2년에 걸쳐 온실가스 배출량을 10.8% 감축하였습니다. 코로나의 영향도 있었지만 미세먼지 계절관리제, 석탄발전소 조기 폐쇄와 가동 제한 같은 정책들이 큰 역할을 했습니다. 원인은 더 분석해야 하겠지만 분명한 것은 우리가 노력하는 만큼 온실가스를 줄여나갈 수 있다는 것입니다. 탄소중립의 목표에 국민들께서도 자신감을 가져 주시기 바랍니다. 정부는 올해를 대한민국 그린전환의 원년으로 삼고, 그린 뉴딜에 총 8조 원을 투자합니다. 규제자유특구, 지역뉴딜 벤처펀드를 활용하여 충남에서 꽃핀 그린 뉴딜이 전국 곳곳으로 확산되도록 하겠습니다.

에너지의 민주적 전환도 이룩하겠습니다. 지역 실정에 맞게 에너지 정책을 수립하도록 권한을 지자체로 이양하고, 소외되는 계층이나 지역이 없도록 포용의 힘으로 에너지전환의 과업을 달성하겠습니다. 함께할 때 강하고, 더 높이 더 멀리 갈 수 있습니다. 정부와 지자체, 국회와 노사, 시민단체가 한마음이 된다면, 탄소중립을 향한 대한민국 대전환은 반드시 성공할 것입니다. 새로운 싹이 움트는 회복과 도약의 3월입니다. 다양한 나무들이 더 깨끗한 환경에서 더 크고 울창하게 자라게 될 것입니다. 충남의 에너지전환과 그린 뉴딜 전략의 성공은 대한민국 탄소중립의 성공을 가늠하는 이정표입니다. 충남의 도전을 국민과 함께 힘차게 응원합니다. 정부는 경제와 환경, 자연과 인간이 공존하는 새로운 시대를 반드시 열겠습니다.

감사합니다.

수석보좌관회의 모두발언

| 2021년 3월 22일 |

아스트라제네카 백신의 안전성과 효과가 국제적으로 재확인되었습니다. 대다수 유럽국가들도 접종을 재개했고, 우리 질병청도 65세 이상까지 접종대상을 확대하였습니다. 그에 따라 저와 제 아내도 오는 6월 G7 정상회의에 참석하기 위해 내일 아스트라제네카 백신을 맞습니다. 정상회의 수행원들도, 수행이 확정된 인원들은 내일 함께 접종을 하고, 그 밖의 인원들도 수행이 결정되는 대로 접종받게 될 것입니다. 국민들께서도 백신의 안전성에 조금도 의심을 품지 마시고 접종 순서가 되는 대로 접종에 응해주시기 바랍니다.

백신 접종은, 자신의 안전을 지키면서 집단면역으로 우리 사회 전체의 안전을 지키는 길이기도 합니다. 백신 불안감을 부추기는 가짜뉴스는 아예 발붙이지 못하도록 국민들께서 특별한 경계심을 가져 주시기 바랍니다. 백신 접종은 지금까지 계획대로, 순조롭게 진행되고 있습니다. 철저한 사전 준비와 체계적 접종 시스템이 가동되며 다른 나라들에 비해 초기 접종 속도도 빠른 편입니다. 1차 접종대상 전체 신청자 중이미 93% 이상이 접종을 완료했고, 지난 주말부터는 2차 접종까지 마친분들이 나오기 시작했습니다. 백신 수급도 원활히 진행되면서 2분기에는 접종 대상을 대폭 늘려 상반기 중에 1,200만 명 이상을 접종할 계획입니다. 정부는 백신 접종과 집단면역의 속도를 당초 계획보다 높여나가겠습니다. 국민들께서도 정부를 믿고, 백신 접종에 적극 협조해 주시길당부드립니다.

최근 우리 경제는 수출과 투자가 크게 증가하면서 경제 회복에 대한 기대감이 커지고 있습니다. 올 한 해 동안 예상했던 것보다 빠르고 강하게, 경제 반등에 성공할 것으로 전망됩니다. 국제기구들도 올해 한국의 경제성장률을 3% 중반대로 상향 전망하는 등 우리나라는 코로나 이전 수준의 경제를 가장 빨리 회복하는 선두국가 그룹에 서게 될 것입니다. 그런 가운데서도 방역 상황과 맞물리면서 내수와 고용 부진이 계속되고 있는 것이 걱정입니다.

하지만, 조금씩 개선되고 있습니다. 가장 어려운 대면 서비스업종도최근 거리두기 완화로 소비가 소폭 반등하는 등 그동안 크게 위축되었던 소비 부진이 완화되는 모습을 보이고 있습니다. 정부는 이 흐름이 꺾이지 않도록 방역 관리와 함께, 경제 활력을 높이기 위한 재정의 적극적역할을 계속해 나가겠습니다. 백신 접종이 진척되고, 방역 상황이 보다 안정될 경우 본격적인 경기 진작책도 준비해 나가겠습니다.

고용 상황도 개선의 흐름을 뚜렷하게 보이기 시작했습니다. 최근 통계청에서 발표한 2월 고용 동향에 따르면, 1월에 비해 취업자 수가 53만 명 늘어난 것으로 나타났습니다. 아직 지난해 수준을 회복하지는 못했지만, 1월을 저점으로 확실히 나아지고 있습니다. 이 추세대로라면 3월부터는 작년 수준 또는 그 이상으로 고용이 회복될 수 있을 것으로 기대됩니다. 정부는 고용 안정과 일자리 창출을 경제 회복의 최우선 목표로 삼고, 정책적 노력을 집중하겠습니다. 각 부처는 이번 추경에 포함된 일자리 예산이 국회 통과 즉시 집행될 수 있도록 만전을 기해 주기 바랍니다. 산업과 업종별로 고용 상황이 큰 차이를 보이고 있어 일자리 수급의 불균형과 구인과 구직 사이의 비대칭 문제를 해결하는 것이 고용 회복을 위한 중요한 과제가 되고 있습니다. 이에 대해서도 각별한 관심을 갖고 다각도의 대책을 마련해 주기 바랍니다.

정부로서는 매우 면목 없는 일이 되었지만 우리 사회가 부동산 불법 투기 근절을 위해 힘을 모아야 할 때입니다. 개발과 성장의 그늘에서 자라온 부동산 부패의 고리를 끊어낼 수 있는, 쉽지 않은 기회입니다. 오랫동안 누적된 관행과 부를 축적하는 방식을 근본적으로 청산하고 개혁하는 일인 만큼 쉽지 않은 일입니다. 많은 진통이 있을 것으로 예상합니다. 그러나 문제가 드러난 이상 회피할 수도, 돌아갈 수도 없습니다. 정면으로 부딪쳐 문제를 근원적으로 해결하지 않으면 안 됩니다. 정부는 각계의 의견을 들어 고강도의 투기 근절 대책을 마련하고 실행하겠습니다. 국회도 신속한 입법으로 뒷받침해 주시기 바랍니다. 정부는 아프더라도 더 나은 사회, 더 공정하고 투명한 사회로 가기 위해 어차피 건너야 할 강이고, 반드시 넘어야 할 산이라는 각오로 대처하겠습니다.

한편으로, 서민들을 위한 2·4 공급대책은 어떠한 경우에도 차질이 없어야 한다는 것을 거듭거듭 강조합니다. 최근 주택가격 상승세가 꺾이며 부동산 시장이 서서히 안정세로 접어들고 있는 만큼 그 추세를 이어가고, 국민들의 주택공급 기대감에 부응할 수 있도록 후속 입법과 대책 추진에 만전을 기해 주기 바랍니다.

지축을 울린다는 말이 실감났습니다

| 2021년 3월 25일 |

'지축을 울린다'는 말이 실감났습니다. 외나로도, 아름다운 해변으로 둘러싸인 나로우주센터에서 그야말로 지축이 울렸습니다. 오늘 우리는 한국형 우주발사체 '누리호'의 마지막 종합연소시험에 성공했습니다. 드디어 개발이 완료되었고, 올 10월 본발사만 남았습니다.

75톤급 4개의 로켓 엔진에서 연소가 이뤄지는 125초 동안 엄청난 증기가 뿜어나왔고, 땅을 울리는 굉음과 진동이 1,370m 떨어진 참관 지점까지 고스란히 전해졌습니다. 모두가 함께 초를 재는 조마조마하고 긴장된 마음으로 연소시험의 성공을 지켜보았습니다. 로켓 발사체는 기술이전을 해주지 않기 때문에 300여 기업이 참여하여 순 우리기술로 이룬 쾌거입니다. 이제 우리도 우리 위성을, 우리 발사체로, 우리 땅에서 발사할 수 있게 되었습니다.

한국 항공우주연구원 이상률 원장은 여러 개의 우리 위성을 우주로 띄워 보내는 데 참여한 위성 전문가인데, 매번 이 나라 저 나라를 떠돌며 다른 나라 발사체를 이용할 수밖에 없었던 것을 생각하면 참으로 감개무량이라고 말했습니다. 우리는 위성분야에서는 세계 7위 정도의 수준을 가지고 있습니다. 이제 발사체의 자립에 있어서도 세계 7위의 수준을 갖추게 되었습니다. '세계 7대 우주 강국', 아직은 낯설게 느껴지는 우리의 꿈이 이렇게 쑥쑥 자라나고 있습니다.

한 가지 소감을 더한다면, 혹시 연소시험이 연기되거나 실패할지도 몰라서 세 가지 버전의 연설문을 준비해갔는데, 성공 버전으로 연설할 수 있어서 더욱 기분 좋았습니다.

제6회 서해수호의 날 기념사

| 2021년 3월 26일 |

존경하는 국민 여러분,

유가족과 참전 장병 여러분,

우리는 오늘 서해수호 영웅들을 추모하고, 숭고한 애국심을 되새기기 위해 해군 2함대 사령부에 모였습니다. 해군 2함대 사령부는 서해 북방한계선에서 전라북도 경계선에 이르기까지 광활한 해역을 철통방어하고 있습니다. 또한 제2연평해전 전적비와 참수리 357호정, 천안함 46용사 추모비와 천안함 선체, 그리고 서해 수호관에 서해수호 영웅들의 조국 수호 의지가 담겨있는 곳입니다.

오늘, 해군의 주력 상륙함 천자봉함과 노적봉함이 용맹한 항해를 잠시 멈추고, 국민과 함께 용사들의 넋과 정신을 기리고 있습니다. 용사들은 수평선 가득 먹구름이 몰려와도 조국을 지키기 위해 바다로 나아갔고, 포탄이 떨어지는 전장으로 향했습니다. 불굴의 투혼으로, 몸과 마음을 다 바쳐 바다 위 저물지 않는 호국의 별이 되었습니다.

우리는 결코 영웅들을 잊지 않았습니다. 용사들의 희생과 헌신을 기억하며 국토수호 의지를 다졌습니다. 윤영하, 한상국, 조천형, 황도현, 서후원, 박동혁, 제2연평해전의 영웅들은 같은 이름의 미사일 고속함으로 부활하여, 지금도 전우들과 함께 조국 수호의 임무를 수행하고 있습니다. '천안함' 역시 영웅들과 생존 장병들의 투혼을 담아 찬란하게 부활할 것입니다.

해군은 어제, 2023년부터 서해를 누빌 신형 호위함의 이름으로 '천안함'을 결정했습니다. 해궁, 홍상어, 해룡, 청상어 등 강력한 국산 무기를 탑재하여 해군의 주력 호위함이 될 것입니다. '천안함'의 부활을 누구보다 간절한 마음으로 염원하고 성원해오신 유가족과 최원일 전 함장을 비롯한 천안함 생존 장병들께 위로와 함께 감사의 말씀을 드립니다. 불의의 피격에도 당당히 이겨낸 연평도 포격전 영웅들께도 마음 깊이 감사드립니다. 장엄한 애국의 역사를 새긴 서해수호 영웅들께 깊은 경의를 표하며, 국민과 함께 영원한 안식을 기원합니다.

국민 여러분,

오늘 우리가 누리는 자유와 평화에는 영웅들의 피와 땀이 깃들어 있습니다. 영웅들이 보여준 애국심은 우리 국민 모두에게 남겨진 유산입니다. 서해수호의 역사는 우리 모두의 긍지이고 자부심이며, 우리는 서해수호의 정신 속에서 하나가 되어야 합니다. 국민통합의 힘이야말로 가장 강력한 국방력이며 안보입니다. 강한 국방력과 안보로 나라와 국민의 평화를 지키는 것만이 서해 영웅들의 희생에 진정으로 보답하는 길입니다. 정부는 이 당연한 사실을 한순간도 잊은 적이 없으며, 평화를 지키고, 평화를 만들 수 있는 압도적인 힘을 갖추기 위해 중단없이 노력해왔습니다. 역대 최고 수준의 국방예산 증가율을 기록하며 다시는 우리 장병들을 희생시키지 않을 강한 국방력을 길렀습니다. 지난 4년, 서해에서 무력 충돌이나 군사적 도발로 다치거나 생명을 잃은 장병이 단 한 명도 없었습니다. 우리 군은 북방한계선을 지키며 최북단 백령도에서 연평도까지 한 치도 흐트러짐 없는 군사대비태세로 강한 힘이 평화를 만든다는 것을 증명했습니다. 지금 이 순간에도 우리의 바다를 빈틈없이 지키는 서해 영웅들의 후예, 해군 2함대 장병들을 치하하고 격려합니다.

군의 보람은 이기는 데에만 있지 않습니다. 대결의 바다에서 평화의 바다로 바뀐 서해에서 우리 어민들은 더 넓어진 어장, 더 길어진 조업시간과 안전을 보장받으며 생업을 이어가고 있습니다. 정부는, 싸우면 반드시 이기고, 싸우지 않고도 이기는 필승의 해군력으로 평화의 한반도를 지키고 만들어나갈 것입니다. 2033년 무렵 모습을 드러낼 3만 톤급 경항공모함은 세계 최고 수준의 우리 조선 기술로 건조될 것입니다. 대한민국의 안보를 위협하는 전방위적 위협에 효과적으로 대응하고 한국형 차기 구축함과 호위함, 잠수함까지 아우르는 합동작전의 결정체로 강력한 핵심 해군력이 될 것입니다. 2018년부터 전력화가 진행 중인

3,000톤급 잠수함 사업을 2024년 마무리하고, 더욱 발전된 잠수함 사업으로 누구에게도 뒤지지 않는 강력한 수중전력을 확보할 것입니다.

상륙기동헬기로 강력한 상륙능력을 갖춘 해병대는 상륙공격헬기까지 갖춰 명실상부한 최강의 상륙전력이 될 것입니다. 전통적 군사위협을 넘어 포괄적이고 잠재적인 안보위협까지 전방위로 대응해 나가면서, 우리 경제의 생명줄인 해상교통로를 보호하고, 국제해양 안보협력도 강화해 나가겠습니다. 바다는 대한민국의 미래입니다. '선진 대양해군'이야말로 대한민국이 가야 하는 해양강국의 굳건한 토대입니다.

우리 앞에 광활한 대양이 펼쳐져 있습니다. 정부는 우리의 바다를 지키고, 대양에서 우리의 국민과 선박의 안전을 수호하며, 평화와 번영의 미래를 열어갈 것입니다. 우리가 지켜야만 하는 것은 바다만이 아닙니다. 우리의 땅도, 하늘도, 어느 누구도 넘볼 수 없습니다. 어제 있었던 북한의 미사일 시험 발사에 국민 여러분의 우려가 크신 것을 잘 알고 있습니다. 지금은 남·북·미 모두가 대화를 이어 나가기 위해 노력해야 할 때입니다. 대화의 분위기에 어려움을 주는 일은 결코 바람직하지 않습니다. 우리는 한반도 비핵화의 원칙을 준수하면서도, 우리 자신을 방어하기에 충분한 세계 최고 수준의 미사일 능력을 보유하고 있습니다. 우리 자체 기술로 개발한 최초의 차세대 최신형 국산 전투기 KF-X도 곧 국민들께 선보이게 될 것입니다. 어느 때보다 강한 국방력과 굳건한 한미동맹으로 어떤 도발도 물리칠 수 있는 확고한 안보대비 태세를 갖추고 있다는 것을 국민들께 자신있게 말씀드립니다.

국민 여러분,

유가족과 참전 장병 여러분,

서해 영웅들이 이룬 애국의 역사는 모두를 위한 통합의 유산이 되어야 합니다. 애국적 희생을 존중하고 예우하는 정신은 국민을 하나로 이어주는 힘이며, 강한 나라의 기반입니다. 정부는 서해 영웅들을 비롯하여 국가를 위해 헌신한 분들에 대한 보답을 한시도 잊은 적이 없습니다. 보훈을 위해 가장 많은 노력을 기울인 정부였다고 자부합니다. 정부 출범 이후, 22만 원이었던 참전명예수당을 34만 원으로 55% 인상했고, 지난해 서해수호의 날에 약속드렸던 전상수당 예산도 네 배로 대폭 확충했습니다. 올해 2월까지 천안함 생존 장병 열두 명이 국가유공자로 인정받았고, 그 가운데에는 '외상 후 스트레스 장애'로 고통받고 있는 아홉 명의 장병도 포함되었습니다. 정부는 국민의 눈높이에 맞춰 국가를 위한 부상 등 희생에 대해 국가입증 책임을 강화하고, 신속한 심사로 보훈대상자가 적기에 보훈수혜를 받을 수 있도록 하겠습니다. 국가유공자의 자격을 갖추고도 등록 못했거나 누락된 분들도 적극 찾아내 희생과 헌신에 걸맞게 예우하고 지원할 것입니다.

의료가 필요한 참전유공자에 대한 국가책임도 대폭 넓혔습니다. 참전유공자 진료비 감면을 최대 90%까지 확대했고, 현재 보훈병원에서만 가능한 약제비 감면을 위탁병원에서도 받을 수 있도록 방안을 강구하겠습니다. 맞춤형 보훈 의료의 기틀도 확립하겠습니다. 보훈병원에 가기 힘든 분들을 위해 위탁병원 100여 곳을 추가 지정했습니다. 2022년까지 220여 곳을 확대 지정해 가까운 곳에서 편하게 이용할 수 있게 하겠습니다. 지난해 12월 원주보훈요양원의 개원에 이어, 전북권 보훈요양원이 올해 12월 개원할 예정입니다. 올해 6월 광주와 부산 보훈병원 재활센터를 시작으로 내년까지 대전과 대구에도 재활센터를 완공하여 전국 어디에서나 진료와 요양, 재활을 연계한 보훈 의료 서비스를 받을 수 있도록 하겠습니다. 참전유공자가 돌아가시면, 배우자의 생계가 더 어려워집니다. 홀로 남는 배우자의 지원을 위해서도 노력하겠습니다. 정부는 '따뜻한 보훈', '든든한 보훈'으로 일상에서 애국을 기억하고, 예우하고, 지원하는 일이 대한민국의 자랑스러운 문화가 될 수 있도록 최선을 다할 것입니다.

존경하는 국민 여러분,
유가족과 참전 장병 여러분,

이제 천자봉함과 노적봉함은 다시 서해수호 영웅들의 투혼과 기개를 안고 평화의 바다를 지키기 위해 파도를 헤쳐나갈 것입니다. 우리는 오늘 서해수호 영웅들을 기리며 내 나라, 내 조국을 더욱 사랑하게 되었습니다. 우리는 영웅들의 삶과 죽음, 평범한 이들이 나라와 국민을 위해 모든 것을 바쳤던 이야기를 영원히 기억할 것입니다.

감사합니다.

국제보건체계 강화 위해
주요국 정상과 공동 기고

| 2021년 3월 30일 |

'코로나19, 보다 굳건한 국제보건체계를 위해서는 하나 된 행동이 필요하다는 사실 보여줘'

코로나19 팬데믹은 1940년대 이후 국제사회가 직면한 가장 큰 도전입니다. 당시 두 차례 세계대전으로 인한 폐허 속에서 정치 지도자들은 다자주의 체제를 구축하기 위해 힘을 모았습니다. 목표는 명확했습니다. 국가들을 한데 모아, 고립주의와 민족주의의 유혹을 떨쳐버리고, 평화, 번영, 보건, 안보와 같이 연대와 협력의 정신으로만 해결할 수 있는 도전들에 공동으로 대응하는 것이었습니다.

오늘날 우리의 바람도 그때와 다르지 않습니다. 코로나19 팬데믹 극복을 위해 함께 싸워나가며, 미래 세대들을 보호할 수 있는 보다 굳건한 국제보건체계를 만드는 것입니다. 팬데믹을 비롯한 보건위기들은 앞으로도 있을 것입니다. 이는 시기의 문제에 불과합니다. 어떤 정부나 다자기구도 혼자서는 이러한 위협에 대처할 수 없습니다. 국제사회는 미래에 닥쳐올 팬데믹을 예측·예방, 감지·평가하며, 이에 효과적으로 대응하기 위해 고도의 조율된 방식으로 더 나은 준비태세를 함께 갖추어야 합니다. 코로나19 팬데믹은 모두가 안전해질 때까지는 아무도 안전하지 않다는 사실을 극명하고도 고통스럽게 깨닫게 했습니다.

그렇기에 우리는 이번 팬데믹 뿐만 아니라 미래에 닥쳐올 팬데믹에 대응하는 과정에서 안전하고 효과적이며, 적정한 가격의 백신·치료제·진단기기에 대한 보편적이고 공평한 접근을 보장하기 위해 노력할 것입니다. 면역은 글로벌 공공재이며, 우리는 최대한 조속히 백신을 개발·생산하고, 보급해 나갈 수 있어야 합니다.

코로나19 대응 장비에 대한 접근성 가속화 체제(ACT-A)를 도입한 것도 코로나19 진단, 치료, 백신에 대한 공평한 접근성을 증진하고, 전 세계 보건체계를 지원하기 위함이었습니다. ACT-A는 많은 부분에서 성과를 거두었지만, 공평한 접근 목적은 아직 달성하지 못했습니다. 세계 각국이 공평한 접근을 누릴 수 있도록 우리가 할 수 있는 부분이 많이 남아있습니다. 이를 위해서는 국가들이 서로 협력하여 팬데믹에 대비·대응하기 위한 새로운 국제조약을 마련해야 한다고 믿습니다. 이러한 우리의 새로운 공동 공약은, 정상 차원에서 팬데믹 대비·대응을 진전시키는 이정표가 될 것입니다. 세계보건기구(WHO) 헌장을 근간으로, 모두를 위한 보건 원칙에 따라, 이러한 노력에 꼭 필요한 관련 기구들도 동참하도록 이끌 것입니다. WHO 국제보건규칙과 같은 기존 보건규범들은 더 나은 국제보건체계를 구축하는데 필요한 이미 검증된 확고한 기반이며, 우리가 만들어갈 새로운 조약을 뒷받침해 줄 것입니다.

조약의 주된 목표는 범정부적, 전사회적 접근을 통해 국가·지역·글로벌 차원의 역량과 미래의 팬데믹에 대한 회복력을 강화하는 것입니다. 우리가 만들어갈 조약에는 경보체계, 데이터 공유, 연구 및 백신·치료제·진단기기·개인 보호장비와 같은 공공 보건의료 대응책의 현지, 지역, 글로벌 생산과 배분에 있어 국제협력을 크게 강화하는 내용이 담길 것입니다. 또한, 사람, 동물, 지구의 건강이 서로 연계되어 있다는'원헬스(One Health)' 접근법을 인정하는 내용도 포함될 것입니다.

팬데믹 조약으로 상호 및 공동 책임, 투명성, 국제체제와 국제규범 내 협력이 강화될 것입니다. 이를 위해, 우리는 각국 정상들과 정부, 시민사회와 민간 부문을 비롯한 모든 이해관계자들과 협력해 나갈 것입니다. 우리는 국가와 국제기구의 수장으로서, 전 세계가 코로나19 팬데믹으로부터 교훈을 얻도록 하는 것이 우리의 책임이라고 확신합니다.

우리는 코로나19가 우리의 약점과 분열을 악용하고 있는 지금을 기회로 삼아, 평화적인 협력을 위해 전 지구적 공동체로서 이번 위기뿐만 아니라 앞으로도 함께 나아가야 합니다. 이를 위한 역량과 제도를 만들어나가는 데에는 시간이 소요될 것이며, 향후 수년간 정치적·재정적·사회적 차원에서의 의지가 지속적으로 요구될 것입니다. 보다 나은 글로벌 대비체계를 구축하기 위한 우리의 연대는 우리의 자녀들과 후손들을 보호하고, 미래의 팬데믹이 경제·사회에 미치는 영향을 최소화하는 우리의 유산이 될 것입니다. 팬데믹 대비태세를 갖추는 데는 지금 우리가 사는 시대에 걸맞은 국제보건체계를 구축하고자 하는 전 세계적 리더십이 필요합니다. 우리의 공약을 실현하기 위해서는 연대, 공정성, 투명성, 포용성, 공평성의 원칙을 따라야 합니다.

조사이어 보레케 베이니마라마 / 피지 총리,

안토니우 루이스 산투스 다 코스타 / 포르투갈 총리,

클라우스 요하니스 / 루마니아 대통령,

보리스 존슨 / 영국 총리,

폴 카가메 / 르완다 대통령,

우후루 케냐타 / 케냐 대통령,

에마뉘엘 마크롱 / 프랑스 대통령,

앙겔라 메르켈 / 독일 총리,

샤를 미셸 / EU 상임의장,

키리아코스 미초타키스 / 그리스 총리,

문재인 / 대한민국 대통령,

세바스티안 피녜라 / 칠레 대통령,

카를로스 알바라도 케사다 / 코스타리카 대통령,

에디 라마 / 알바니아 총리,

시릴 라마포사 / 남아프리카공화국 대통령,

키쓰 롤리 / 트리니다드 토바고 총리,

마크 루터 / 네덜란드 총리,

카이스 사이에드 / 튀니지 대통령,

마키 살 / 세네갈 대통령,

페드로 산체스 / 스페인 총리,

에르나 솔베르그 / 노르웨이 총리,

알렉산다르 부치치 / 세르비아 대통령,

조코 위도도 / 인도네시아 대통령,

볼로디미르 젤렌스키 / 우크라이나 대통령,

테드로스 아드하놈 게브레예수 / WHO 사무총장

COVID-19 shows why united action is needed or more robust international health architecture

The COVID-19 pandemic is the biggest challenge to the global community since the 1940s. At that time, following the devastation of two world wars, political leaders came together to forge the multilateral system. The aims were clear: to bring countries together, to dispel the temptations of isolationism and nationalism, and to address the challenges that could only be achieved together in the spirit of solidarity and cooperation, namely peace, prosperity, health and security.

Today, we hold the same hope that as we fight to overcome

the COVID‑19 pandemic together, we can build a more robust international health architecture that will protect future generations. There will be other pandemics and other major health emergencies. No single government or multilateral agency can address this threat alone. The question is not if, but when. Together, we must be better prepared to predict, prevent, detect, assess and effectively respond to pandemics in a highly coordinated fashion. The COVID‑19 pandemic has been a stark and painful reminder that nobody is safe until everyone is safe.

We are, therefore, committed to ensuring universal and equitable access to safe, efficacious and affordable vaccines, medicines and diagnostics for this and future pandemics. Immunization is a global public good and we will need to be able to develop, manufacture and deploy vaccines as quickly as possible.

This is why the Access to COVID‑19 Tools Accelerator (ACT‑A) was set up in order to promote equal access to tests, treatments and vaccines and support health systems across the globe. ACT‑A has delivered on many aspects but equitable access is not achieved yet. There is more we can do to promote global access.

To that end, we believe that nations should work together towards a new international treaty for pandemic preparedness and response.

Such a renewed collective commitment would be a milestone in stepping up pandemic preparedness at the highest political level. It would be rooted in the constitution of the World Health Organization, drawing in other relevant organizations key to this endeavour, in support of the principle of health for all. Existing global health instruments, especially the International Health Regulations, would underpin such a treaty, ensuring a firm and tested foundation on which we can build and improve.

The main goal of this treaty would be to foster an all-of-government and all-of-society approach, strengthening national, regional and global capacities and resilience to future pandemics. This includes greatly enhancing international cooperation to improve, for example, alert systems, data-sharing, research, and local, regional and global production and distribution of medical and public health counter measures, such as vaccines, medicines, diagnostics and personal protective equipment.

It would also include recognition of a "One Health" approach that connects the health of humans, animals and our planet. And such a treaty should lead to more mutual accountability and shared responsibility, transparency and cooperation within the international system and with its rules and norms.

To achieve this, we will work with Heads of State and governments globally and all stakeholders, including civil society and the private sector. We are convinced that it is our responsibility, as leaders of nations and international institutions, to ensure that the world learns the lessons of the COVID - 19 pandemic.

At a time when COVID - 19 has exploited our weaknesses and divisions, we must seize this opportunity and come together as a global community for peaceful cooperation that extends beyond this crisis. Building our capacities and systems to do this will take time and require a sustained political, financial and societal commitment over many years.

Our solidarity in ensuring that the world is better prepared will be our legacy that protects our children and grandchildren and minimizes the impact of future pandemics on our economies and our societies.

Pandemic preparedness needs global leadership for a global health system fit for this millennium. To make this commitment a reality, we must be guided by solidarity, fairness, transparency, inclusiveness and equity.

By

J.V. Bainimarama, Prime Minister of Fiji

António Luís Santos da Costa, Prime Minister of Portugal

Klaus Iohannis, President of Romania

Boris Johnson, Prime Minister of the United Kingdom

Paul Kagame, President of Rwanda

Uhuru Kenyatta, President of Kenya

Emmanuel Macron, President of France

Angela Merkel, Chancellor of Germany

Charles Michel, President of the European Council

Kyriakos Mitsotakis, Prime Minister of Greece

Moon Jae-in, President of the Republic of Korea

Sebastián Piñera, President of Chile

Carlos Alvarado Quesada, President of Costa Rica

Edi Rama, Prime Minister of Albania

Cyril Ramaphosa, President of South Africa

Keith Rowley, Prime Minister of Trinidad and Tobago

Mark Rutte, Prime Minister of the Netherlands

Kais Saied, President of Tunisia

Macky Sall, President of Senegal

Pedro Sánchez, Prime Minister of Spain

Erna Solberg, Prime Minister of Norway

Aleksandar Vučić, President of Serbia

Joko Widodo, President of Indonesia

Volodymyr Zelensky, President of Ukraine

Tedros Adhanom Ghebreyesus, Director ‑General of the WHO

제48회 상공의 날 기념사

| 2021년 3월 31일 |

존경하는 국민 여러분,

상공인 여러분,

회복과 도약의 봄이 왔습니다. 코로나 위기로 얼어붙었던 경제가
녹아 다시 힘차게 흘러갈 준비를 마쳤습니다. 전례 없는 위기를 극복하
고 새로운 미래를 시작하는 중대한 시점에 48회 '상공의 날' 기념식이
열리게 된 것을 축하합니다. 지난 일 년, 어려운 가운데서도 열심히 뛰어
주신 소상공인과 중소기업, 중견기업과 대기업의 모든 상공인들께 감사
드리며, 오늘 특별한 공로로 수상하시는 분들께도 축하의 인사를 전합
니다.

137년 전 조선 상인들은 조선의 상권과 민족경제를 지키고자 한성상업회의소를 설립했습니다.

전국 각지로 퍼져나갔던 조선 상인의 정신은, 오늘날 지역경제를 떠받치며 우리 경제의 기적을 만들고 있는 대한상공회의소의 정신으로 이어지고 있습니다. 오늘 최태원 대한상의 신임 회장님의 취임을 축하하며 일본 수출규제 대응에서부터 코로나 위기극복까지 상공인들과 함께 고생하신 박용만 전 회장님의 노고에 진심으로 감사드립니다.

김남구 한국투자금융지주 회장님, 김범수 카카오 의장님, 김택진 엔씨소프트 대표님, 박지원 두산 부회장님, 이한주 베스핀글로벌 대표님, 이형희 SK브로드밴드 사장님, 장병규 크래프톤 의장님 등 대기업과 IT 플랫폼, 벤처기업, 게임산업, 금융투자업계 등 새로운 산업을 대표하는 분들이 회장단으로 새로 호흡을 맞추게 되어 그 어느 때보다 국민들의 기대가 큽니다.

전쟁의 폐허에서 시작한 우리 경제를 세계 7대 수출 강국, 세계 10위권 경제로 이끈 주역이 바로 여기 계신 상공인들이며, 세계 최고 수소차 개발, 세계 최초 5G 상용화 같이 세계 최초, 세계 최고의 주인공이 바로 우리 기업들입니다. 상공인들과 함께 우리는 할 수 있다는 자신감으로 우리 경제의 희망을 키워왔습니다. 그 희망을 더욱 키워, 포스트 코로나 시대, 새로운 미래를 향해 우리 모두 힘차게 도약해 나가길 바랍니다.

상공인 여러분,

우리는 자원이 부족하고 내수시장도 크지 않지만, 사람과 혁신으로 세계가 주목할 만한 많은 성취를 이뤘습니다. 경공업에서 중화학공업, IT산업으로 산업을 고도화했고, 끊임없이 혁신하며, 세계로 나아갔습니다. K‒방역 또한, 한 축은 국민이, 다른 한 축은 기업이 지탱하고 있습니다. 발 빠르게 진단키트와 마스크를 생산했고, 글로벌 백신의 생산뿐만 아니라 자체 백신과 치료제 개발 역시 기업들이 힘껏 뒷받침하고 있습니다.

우리 기업들은 세계 경제의 위기 속에서도 메모리 반도체와 LNG 선박 세계 점유율 1위를 이뤘고, 자동차 생산량을 세계 7위에서 5위로 끌어올렸습니다. 지난해 바이오, 시스템반도체, 친환경차 등 신산업 수출이 역대 최고를 기록했고, 3월의 수출 역시 전년 대비 두 자릿수를 훌쩍 넘게 증가할 전망입니다. 지난해 신설 법인창업 수와 벤처투자가 역대 최고를 기록했고, 특히 2019년 말 기준 벤처기업 고용자 수가 80만 4천 명을 기록해 4대 그룹 전체를 뛰어넘은 것은 더욱 희망적인 소식이 아닐 수 없습니다.

기업인, 상공인들의 노력이 우리 산업과 무역을 지켜냈습니다. 이제 경제 반등의 시간이 다가왔습니다. 경제 회복이 앞당겨지고, 봄이 빨라질 것입니다. IMF는 올해 우리 경제성장률을 3.6%로 두 달 만에 0.5% 더 올렸습니다. OECD, 한국은행 등 국내외 기관들이 기존에 전망했던 수치보다 더 높아진 수준입니다. 우리 국민들의 성공적인 방역과 상공인들의 노력 덕분입니다.

정부는 백신 접종에 더욱 속도를 내어 집단면역을 조속히 이루겠습니다. 추경예산에 편성된 소상공인 긴급피해지원을 비롯해, 고용안정과 맞춤형 일자리 예산을 신속히 집행하여 경기와 고용 회복의 확실한 계기를 만들겠습니다. 일자리를 지켜준 기업들에게 특별히 감사드리며, 고용유지지원 비율을 90%로 높이고, 대상 업종을 넓혀 하나의 일자리라도 함께 지켜내겠습니다.

국민 여러분,
상공인 여러분,

우리는 온 국민이 함께 노력하여 세계가 부러워하는 경제성장을 이뤘습니다. 그러나 빠른 성장의 그늘에서 잃은 것도 있었습니다. 불평등과 양극화의 문제, 노동권, 환경, 안전보다 성장을 앞세워 왔던 것이 사실입니다.

이제 변화의 때가 왔습니다. 기업의 역할이 더욱 중요해졌습니다. 단기 매출, 영업이익 같은 재무적 성과 중심에서, 환경(E), 사회(S), 지배구조(G) 같은 비재무적 성과도 중시하는 ESG라는 따뜻한 자본주의의 시대를 열어야 할 때입니다. 세계도 같은 방향으로 가고 있습니다. 지속

607

가능발전이 세계적인 새로운 비전이 되었습니다. 올해 세계경제포럼에서 각국 정상들과 기업 CEO들은 주주가치 극대화에 초점을 둔 주주자본주의를 되돌아보았습니다. 고객과 노동자, 거래업체와 지역사회 등 이해관계자를 따뜻하게 끌어안는 새로운 자본주의로 거듭나야 한다고 강조했습니다. 공익을 추구하며 다시 시장의 신뢰를 회복하자고 했습니다.

우리 기업들도 수년 전부터 ESG를 중시한 경영전략을 세우고 있고, 벌써 많은 변화가 일어나고 있습니다. 석탄사업을 중단하는 대신 'RE100'과 탄소중립 선언으로 에너지 전환에 앞장서고 있으며, 친환경 자동차, 수소산업 같은 녹색산업과 폐기물 재활용 등 순환경제로 새롭게 성장하는 길을 열고 있습니다. 지역 청년과 장애인 교육사업에 앞장서고, 산업 환경 안전을 최우선에 둔 기업들도 많아졌습니다. 재산의 절반 이상을 기부한 벤처·창업기업들의 노블레스 오블리주는 사회와 기업의 동반 성장에 모범이 되고 있습니다.

투명하고 공정한 지배구조에 앞장서는 기업도 늘었습니다. 여성 임원 비율을 높이고, 윤리기준을 강화하여 공정과 효율성을 함께 높이고 있습니다. 환경사회지배구조 위원회를 신설한 기업들의 환경과 안전, 고객가치를 향한 확실한 변화도 기대됩니다. 단지 책임감만으로 가는 길이 아닐 것입니다. 더 높이 성장하기 위한 길이며, 새로운 시대의 경쟁력입니다. ESG를 최우선순위에 둔 투자금융이 급증하고, 지난해 ESG 펀드의 수익률은 주식시장 수익률 못지않았습니다. 임직원과 고객, 지역사회와 두터운 신뢰를 형성하는 기업일수록 위기 회복력이 가장 빠르고, 생산성은 더욱 높아졌습니다.

정부의 생각도 기업과 같습니다. 2050 탄소중립과, 고용안전망과 사회안전망을 강화한 한국판 뉴딜은 환경과 경제, 사회가 다 함께, 더 크게 발전하는, 기업이 꿈꾸는 미래이자 우리 국민 모두가 꿈꾸는 미래입니다. 정부는 올해를 '모두를 위한 기업 정신과 ESG 경영' 확산의 원년으로 삼고 더 많은 기업들이 참여하도록 힘껏 돕겠습니다. 지속가능경영 보고서 공시제도를 개선하고, ESG 표준 마련과 인센티브 제공도 추진하겠습니다. 기후변화 대응, 탄소중립 실현을 위해 민관 합동으로 대통령 직속 탄소중립위원회를 출범해 산업계와 긴밀히 소통하고 협력할 것입니다. 그린 뉴딜의 본격적 추진으로, 녹색 산업의 경쟁력을 획기적으로 높이겠습니다. 사회와 환경을 생각하는 기업이 많아질수록 신뢰를 바탕으로 기업과 개인, 경제와 환경이 공생하는, 새로운 시대가 더 빨리 도래할 것입니다.

우리 사회의 포용성도 더욱 커질 것입니다. 더 많은 노동자와 청년들이 우리 사회를 긍정하며 희망을 갖게 될 것입니다. 유일한 법정 종합경제단체인 대한상공회의소가 정부와 업계를 잇는 든든한 소통창구가 되어주시길 바랍니다. 정부도 언제나 상공인들과 기업을 향해 마음과 귀를 활짝 열겠습니다.

존경하는 국민 여러분,

상공인 여러분,

지난날 우리는 선진국을 뒤쫓기에 바빴습니다. 이제는 다릅니다. 새로운 시대를 먼저 시작할 충분한 능력도, 자신감도 갖췄습니다. 여기에 상생의 마음을 더한다면, 포스트 코로나 시대, 선도국가로 발전할 수 있을 것입니다. 상공인, 기업인, 무역인들의 시대입니다. 여러분이 대한민국을 이만큼 성장시켰고, 다시 여러분이 새로운 미래를 열어주셔야 합니다. 국민과 함께, 힘차게 회복하고 더 높이 도약합시다.

감사합니다.

오늘부터 75세 이상 어르신의
백신 접종을 시작합니다

| 2021년 4월 1일 |

오늘부터 75세 이상 어르신의 백신 접종을 시작합니다. 일반 국민 대상 접종을 연세 많은 어르신들부터 시작하는 것입니다. 접종 초기에는 안전에 의구심을 갖는 분도 계셨지만, 안심하셔도 됩니다. 자녀분들께서도 걱정하시지 않도록 적극적으로 권유하고, 잘 모셔주시길 부탁드립니다.

정부와 지자체가 효도하는 마음으로 접종 준비를 마쳤습니다. 이동이 불편한 어르신들을 위해 관용차량과 버스가 대기하고 있고, 접종하신 다음 건강상태를 살피기 위한 체계도 갖췄습니다. 불편하신 점이 있으면 언제든 보건소와 의료기관이 찾아뵐 것입니다.

어르신들께서 건강하게 코로나를 이겨내 주시는 게 최우선입니다. 그래야 자녀들도 힘이 나고, 일상 회복이 한층 빨라질 것입니다. 우리는 지금까지 함께 도우며 방역을 잘해왔습니다. 백신 수급과 접종도 차질 없이 진행되고 있습니다. 어르신들께서는 정부를 믿고 편안하게 접종받으시기 바랍니다.

제73주년 4·3 희생자 추념사

| 2021년 4월 3일 |

존경하는 국민 여러분,

4·3 생존 희생자와 유가족 여러분, 제주도민 여러분,

제73주년 4·3 희생자 추념일, 제주 전역에 봄비가 다녀가고 있습니다. 생존 희생자와 유가족들의 아픔이 비와 함께 씻겨가기를 진심으로 기원하며 이 자리에 섰습니다. 국방부 장관과 경찰청장도 함께했습니다. 정부에서 주관하는 공식 추념식 참석은 사상 처음입니다. 당연히 해야 할 일이지만, 첫 걸음인 만큼 특별한 의미가 있습니다. 군과 경찰의 진정성 있는 사죄의 마음을 희생자와 유가족, 제주도민들께서 포용과 화합의 마음으로 받아주시기 바랍니다. 국가가 국가폭력의 역사를 더욱 깊이 반성하고 성찰하겠다는 마음입니다. 유가족들의 아픔을 조금이나마 달

래드릴 수 있기를 바라며, 국민들과 함께 4·3 영령들의 안식을 기원합니다.

오늘, '4·3 특별법'의 개정을 보고드릴 수 있게 되어 매우 다행입니다. 추가 진상규명과 피해자의 명예회복, 국가폭력에 의한 희생자 지원 방안을 담았습니다. 특별법 개정으로 이제 4·3은 자기 모습을 찾게 되었습니다. 제주도민들이 겪어야 했던 참혹한 죽음과 이중 삼중으로 옭아맨 구속들이 빠짐없이 밝혀질 때, 좋은 나라를 꿈꿨던 제주도의 4·3은 비로소 제대로 된 역사의 자리를 되찾게 될 것입니다.

이번에 개정된 특별법은 4·3이라는 역사의 집을 짓는 설계도입니다. 아직 가야 할 길이 멀지만, 정부는 4·3 영령들과 생존 희생자, 유가족과 국민의 염원을 담아 만든 설계도를 섬세하게 다듬고, 성실하게 이행해 나갈 것을 약속드립니다.

국민 여러분, 제주도민 여러분,

4·3에는 두 개의 역사가 흐르고 있습니다. 국가폭력으로 국민의 생명과 인권을 유린한 우리 현대사 최대의 비극이 담긴 역사이며, 평화와 인권을 향한 회복과 상생의 역사입니다. 완전한 독립을 꿈꾸며 분단을 반대했다는 이유로, 당시 국가 권력은 제주도민에게 '빨갱이', '폭동', '반란'의 이름을 뒤집어씌워 무자비하게 탄압하고 죽음으로 몰고 갔습니다. '피해자'를 '가해자'로 둔갑시켰고, 군부 독재정권은 탄압과 연좌제를 동원해 피해자들이 목소리조차 낼 수 없게 했습니다.

그러나 4·3은 대립과 아픔에 갇히지 않았습니다. 살아남은 제주도민들은 서로를 보듬고 돌보며 스스로의 힘으로 봄을 되찾기 위해 노력했습니다. 화해의 정신으로 갈등을 해결하며 평화와 인권을 향해 쉼 없이 전진했습니다. 가재도구조차 남김없이 모든 것을 잃은 사람들은 이웃마을의 도움으로 품삯을 얻어 생계를 이어나가고, 목수를 빌려 새로 집을 지을 수 있었습니다. 부모를 잃은 아이들은 가까운 친척과 이웃이 키웠고, 나무하기, 밭갈기, 제사와 결혼식, 학교 세우기 같은 큰일은 마을이 함께 힘을 모아 치렀습니다. 육지로 떠난 이들도, 심지어 타국으로 떠난 이들도 물건과 돈을 보내 고향 사람들을 도왔습니다.

상생의 정신으로 서로를 일으켜 세웠고, 마침내 4·3의 진실을 깨울 수 있었습니다. 반세기 만에 금기를 풀고, 김대중 정부에서 진상규명과 명예회복의 초석을 다질 수 있었던 것은 용기를 낸 증언과 행동이 지속되었기 때문입니다. 2003년 노무현 정부가 정부 차원의 진상조사보고서를 확정하고, 대통령으로서 최초로 과거 국가 권력의 잘못에 대해 유족과 제주도민들에게 공식 사과할 수 있었던 것도, 그리고 우리 정부에서 4·3의 진실에 더 다가갈 수 있었던 것도, 오랜 세월 흔들림 없이 이웃과 함께하며 한걸음 한걸음 나아간 제주도민들과 국민들이 계셨기 때문입니다.

이번 '4·3 특별법'의 개정 역시 4·3을 역사의 제자리에 바로 세우기 위해 모든 산 자들이 서로 손을 잡았기에 할 수 있었습니다. 제주도, 제주도의회, 제주도교육청을 포함한 124개 기관과 단체, 종교계, 학생, 정당을 비롯하여 다양한 분야의 제주도민들이 한마음 한뜻으로 '4·3 특별법 개정 쟁취를 위한 공동행동'을 출범시켜 힘을 모았습니다.

'전국 시도지사 협의회', '전국 시도의회 의장단 협의회', '전국 시도 교육감 협의회'가 특별법 개정에 한 목소리를 냈고, 전국 곳곳의 시도의회에서도 각각 촉구결의안을 채택해 제주도민의 염원을 이루는 데 힘을 보탰습니다. 국회도 여야 없이 힘을 모았습니다. '4·3 특별법' 개정이 여야 합의로 이뤄진 것은 21대 국회의 가장 큰 성과 중 하나로 평가받게 될 것입니다. 이 자리를 빌려 특별법 개정에 힘을 모아주신 각계각층 모든 분들께 깊은 감사와 존경의 인사를 올립니다.

국민 여러분, 제주도민 여러분,

이번 특별법 개정으로 1948년과 1949년 당시 군법회의로 수형인이 되었던 이천오백서른 분이 일괄 재심으로 명예를 회복할 길이 열렸습니다. 이미 2019년과 작년, 두 차례의 재심을 통해 생존 군법회의 수형인 스물다섯 분이 무죄선고를 받고 70년 세월 덧씌워진 굴레를 벗으신 바 있습니다. 지난달 16일에는 행방불명 수형인 삼백서른세 분과, 일반재판 생존 수형인 두 분이 재심 재판에서 무죄 판결을 받았습니다.

살인적 취조와 고문을 받은 뒤 이름만 호명하는 재판 절차를 거쳐 죄인의 낙인이 찍힌 채 살아온 70여 년, 어린 소년들이 아흔 살 넘은 할아버지가 되어서야 비로소 '무죄'라는 두 글자를 받아안게 되었습니다. 가족을 잃고, 명예와 존엄, 고향과 꿈을 빼앗긴 이천백예순두 분의 특별 재심이 아직 남아 있습니다. 정부는 한 분 한 분의 진실규명과 명예회복,

배상과 보상을 통해 국가폭력에 빼앗긴 것들을 조금이나마 돌려드리는 것으로 국가의 책임을 다해 나갈 것입니다.

　그 무엇으로도 지나간 설움을 다 풀어낼 수 없겠지만, 정부는 추가 진상조사는 물론, 수형인 명예회복을 위한 후속 조치에도 만전을 기하겠습니다. 배상과 보상에 있어서도 공정하고 합리적인 기준을 마련하기 위해 최선을 다하겠습니다. 지금도 행방불명된 가족을 찾지 못해 애태우는 유가족이 많습니다. 며칠 전 가시리에서 유해를 발굴한 세 분을 포함해 지금까지 유해로 돌아오신 사백여덟 분 중 이백일흔다섯 분은 아직까지 신원을 확인하지 못하고 있습니다. 정부는 유해 발굴 사업과 함께 유전자 감식을 지원하여 반드시 고인들을 가족의 품으로 돌려드릴 것입니다.

　지난해 5월부터 '4·3트라우마센터'가 시범 운영되고 있고, 개소 9개월 만에 만2천여 분이 트라우마센터를 다녀가셨습니다. 희생자 어르신들과 유가족께서 다시 떠올리기 싫은 그 날의 기억들을 꺼내놓고, 혼자 안고 살아야 했던 응어리를 풀어가신다니 늦게나마 보람 있는 일입니다. 상처 입은 분들의 마음을 치유하기 위해 애써주신 제주 4·3평화재단과 4·3트라우마센터 관계자 여러분께 진심으로 감사드립니다. 정부는 관련 법률이 제정되는 대로 국립 트라우마센터로 승격하고, 많은 분들의 아픔이 온전히 치유되도록 지원하겠습니다.

　존경하는 국민 여러분,
　4·3 생존 희생자와 유가족 여러분, 제주도민 여러분,

4·3 평화공원 내 기념관에는 여전히 이름을 갖지 못한 백비가 누워있습니다. 제주도에 일흔세 번째 봄이 찾아왔지만, 4·3이 도달해야 할 길은 아직도 멀리 있습니다. 비어있는 비석에 어떤 이름이 새겨질지 모르지만, 밝혀진 진실은 통합으로 나아가는 동력이 되고, 되찾은 명예는 우리를 더 큰 화합과 상생, 평화와 인권으로 이끌 것이라는 점만은 분명합니다. 마침내 제주에 완전한 봄이 올 때까지 우리 모두 서로의 손을 더욱 단단히 잡읍시다.

감사합니다.

수석보좌관회의 모두발언

| 2021년 4월 5일 |

오늘 회의에 강삼권 벤처기업협회장님과 지성배 한국벤처캐피탈협회장님께서 외부 전문가로 참석해서 안건 논의에 참여해 주시겠습니다. 박수로 맞아주시기 바랍니다. 고맙습니다.

우리가 코로나 이전으로 얼마나 빨리 돌아갈 수 있는지 여부는 오로지 방역과 백신 접종에 달렸습니다. 세계 각국이 백신 접종을 서두르고 있지만, 코로나 증가세가 심상치 않습니다. 전 세계적으로 5주 연속 증가 추세를 보이며, 이미 확진자 수가 1억 3천만 명을 넘어섰고, 특히 유럽은 변이바이러스 확산으로, 대유행 양상마저 보이면서 이동 제한 등 봉쇄 조치를 다시 취하고 있는 상황입니다.

우리나라도 연일 500명대의 확진자 발생이 계속되고 있어 걱정이 큽니다. 다른 나라들에 비해 확진자 수가 매우 적은 편이지만, 우리가 관리해 온 수준을 기준으로 보면 경각심을 크게 높여야 할 상황입니다. 야외활동이 많아지고, 접촉과 이동이 늘어나는 계절을 맞아 더욱 경계심을 가져야 하겠습니다. 정부는 방역 관리를 더욱 철저히 하는 한편, 방역 방해 행위와 방역수칙 위반에 대해 무관용의 원칙을 엄격히 적용하지 않을 수 없습니다. 국민들께서도 많이 지치고 힘드시겠지만, 방역수칙 준수에 조금만 더 힘을 내주시기 바랍니다. 특히 선거 방역을 위해 빠짐없이 투표에 참여하면서도 방역 당국과 선관위의 방역 조치에 철저히 따라주시기 바랍니다.

세계 각국이 안고 있는 또 다른 걱정은 백신 생산에 속도를 내지 못하고 생산국들이 수출 제한을 강화하면서 백신 수급 상황에 불안정성이 확대되고 있는 점입니다. 그런 가운데서도 정부는 차질 없는 백신 도입으로 상반기 1,200만 명 접종, 11월 집단면역의 목표를 달성하는 것은 물론 더 나아가 그 목표를 더 빠르게 달성하기 위해 총력을 다할 것입니다.

이미 확보된 물량은 최대한 효율적으로 활용하여 계획보다 더 빠른 속도로 더 많은 국민에게 접종을 실시할 계획입니다. 1차 접종만으로도 감염예방 효과가 큰 것으로 확인되고 있기 때문에 정부는 1차 접종자 수를 최대한 확대하고 시기도 앞당기기로 했습니다. 특히 고령층과 돌봄 종사자들, 의료기관과 약국 종사자들, 만성질환 환자들, 유치원과 어린이집, 초등학교 1, 2학년 선생님들을 비롯한 교사들과 고3 학생들의 접종 시기를 앞당기고 있습니다.

한편으로는 어떠한 경우에도 백신 수급에 차질이 없도록 범정부적으로 역량을 모아 전방위적 노력을 기울이겠습니다. 모든 가능성에 대비하여 이미 계약된 물량의 조기 도입은 물론, 추가 물량도 확보해 나가겠습니다. 국민들께서도 백신의 안전성을 믿고, 백신 접종에 적극적으로 참여해 주시길 당부드립니다.

정부는 국가적 위기 속에서 방역과 경제의 두 마리 토끼를 잡기 위해 최선을 다해왔습니다. 경제에서는 각종 지표들이 확실한 회복의 길로 들어서고 있음을 보여주고 있습니다. 지표가 좋아졌다고 해서 국민의 삶이 당장 나아지는 것은 아니지만, 경제 반등의 흐름이 곳곳에서 만들어지고 있어 매우 다행입니다.

2월 산업생산은 8개월 만에 최대 증가폭을 보이며 코로나 이전 수준을 회복한 것은 물론, 어려웠던 서비스업 생산도 증가세를 보였습니다. 수출 역시 3월 수출로는 역대 최고치를 기록하며 5개월 연속 증가했고, 품목별로도 15대 주력 품목 중 14개 품목이 증가하여 코로나의 어려움을 떨쳐냈습니다. 세계 1위 조선 강국의 위상을 압도적으로 되찾은 것은 물론, 혁신벤처와 신산업이 경제 반등의 든든한 밑거름이 되면서 우리 경제의 역동성과 미래 경쟁력을 보여주고 있는 것도 매우 큰 성과입니다.

경제 심리도 코로나 이전 수준을 넘어서며 지속적인 반등의 청신호가 되고 있습니다. 기업경기실사지수도 제조업과 비제조업, 대기업과 중소기업, 수출기업과 내수기업, 모두 오름세를 보이며 산업 전반에 회복의 온기가 돌고 있습니다. 이와 같은 경제의 빠른 회복은 정부의 비상한 정책적 대응과 함께 우리 국민과 기업들이 합심하여 위기를 극복해 낸 결과입니다. 우리 국민과 기업들의 노고에 깊이 감사드리며, 정부는 경제 반등의 추세를 힘있게 이어가기 위한 책임과 역할을 더욱 높이겠습니다.

무엇보다도 지표로 나타나는 경제회복의 흐름을 국민들께서 실제 생활 속에서 체감할 수 있도록 최선을 다하겠습니다. 특히 일자리 회복에 최우선을 두면서 서민경제를 살리고, 어려운 계층에 힘이 되는 포용적 회복에 정책 역량을 집중하겠습니다. 기업들과 소통과 협력도 더욱 강화하겠습니다. 각 부처는 산업 현장의 애로를 적극적으로 해소하는 노력과 함께 기업활동 지원과 규제혁신에 더 속도를 내어 경기 회복을 촉진하는 데 최선을 다해 주기 바랍니다.

이상입니다.

한국형 전투기(KF-X) 시제기
출고식 기념사
| 2021년 4월 9일 |

존경하는 국민 여러분,

군과 항공산업 관계자 여러분, 내외 귀빈 여러분,

오늘은 특별한 날입니다. 우리가 독자 개발한 한국형 차세대 전투기 'KF-21'의 시제기가 드디어 늠름한 위용을 드러냈습니다. 우리가 우리의 기술로 만든 우리의 첨단전투기입니다. 이제 지상시험과 비행시험을 마치면, 본격적인 양산에 들어갑니다. 2028년까지 40대, 2032년까지 모두 120대를 실전에 배치할 계획입니다.

우리도 우리 손으로 만든 첨단 초음속 전투기를 갖게 되었습니다. 세계 여덟 번째 쾌거입니다. 자주국방의 새로운 시대가 열렸습니다. 항공산업 발전의 역사적인 이정표를 세웠습니다. 민·관·군 모든 개발진과 참여 기업의 노력, 국민들의 응원이 함께 이룬 성과입니다. 크나큰 자부심을 느끼며 감사와 존경의 인사를 드립니다.

특히 대한민국의 저력을 믿고 공동개발의 파트너가 되어주신 인도네시아 정부에 감사드립니다. 오늘 시제기 출고식에 인도네시아 조코위 대통령께서 축하영상을 보내주셨고, 프라보워 국방장관님을 비롯한 대표단이 직접 참석해주셨습니다. 우리의 친구들을 뜨겁게 환영합니다. 개발이 완료되고 양국이 양산체제를 갖추어 제3국 시장에 공동진출할 때까지 우리는 함께할 것입니다.

국민 여러분,

'KF-21'이라는 이름에는 21세기의 우리 하늘을 우리가 지킨다는 의지가 담겼습니다. 국민들은 'KF-21'에 우리 공군의 상징인 '보라매'를 호칭으로 지어주셨습니다. 'KF-21, 보라매'는 우리 공군의 중추가 될 것입니다. 음속의 1.8배에 달하는 비행속도, 7.7톤의 무장탑재력으로 전천후 기동성과 전투능력을 갖췄습니다. 공중 교전은 물론 육로나 해로를 통한 침투세력의 무력화, 원거리 방공망 타격까지 다양한 작전 수행이 가능합니다.

날로 중요성이 커지고 있는 '전자전' 대응 능력도 뛰어납니다. '에이사 레이더'와 '적외선 탐색 추적 장비'로 적기와 미사일을 빠르게 포착할 수 있습니다. '전자광학 표적추적장비'는 지상의 물체를 정밀하게 조준할 수 있습니다. 적의 레이더 탐색을 교란하는 '내장형 전자전 장비' 등 우리의 독자 기술로 개발한 최첨단 항전 장비를 장착하고 있습니다.

국산 전투기가 갖는 장점은 이루 말할 수 없습니다. 우리가 필요한 시점에 언제든 제작해서 실전에 투입할 수 있습니다. 언제든지 부품을 교체할 수 있고 수리할 수 있습니다. 개발 과정에서 획득한 에이사 레이더를 비롯한 최첨단 항전 기술을 'KF-16', 'F-15K'와 같은 기존의 전투기에 적용하여 업그레이드할 수도 있습니다. 현재 감시와 정찰 임무를 중심으로 운영 중인 무인 항공 전력도 2025년까지 통신중계, 공격 등 다양한 임무를 수행할 수 있도록 고도화해 나갈 것입니다. 독자적 정찰 능력을 키우기 위한 군집 위성시스템은 우주기술을 활용한 국방력 강화에도 큰 힘이 될 것입니다.

국민 여러분,

한국형 첨단전투기의 개발 성공은 자주 국방력 강화뿐 아니라 경제적으로도 엄청난 효과를 가져옵니다. 'KF-21'에는 3만 개가 넘는 세부 부품이 들어가고, 국산화율 65% 이상으로 대기업부터 중견기업, 중소기업까지 700개 이상의 국내 업체가 참여하고 있으며, 개발 과정에서만 1만2천 개의 좋은 일자리가 만들어졌습니다. 본격적인 양산에 들어가면 10만 개의 일자리가 추가로 생기고, 5조9천억 원에 달하는 부가가치가 창출될 것입니다. 수출까지 활발히 이뤄진다면 그 효과는 더욱 커질 것입니다.

무엇보다, 'KF-21' 사업 참여업체들이 축적하게 된 기술력과 인력, 인프라는 항공산업을 대한민국의 확실한 미래 성장동력으로 이끌 견인차가 될 것입니다. 항공산업은 다양한 분야의 첨단기술이 모여야 하고, 기술이전을 해주지 않기 때문에 진입장벽이 매우 높은 산업입니다. 그래서 지금까지 소수의 세계 상위국가들만 전략적으로 육성할 수 있었던 대표적인 고부가가치 선진국형 지식기반 산업입니다. 그렇지만 한 번 경쟁력을 확보하면 장기적으로 안정적인 수익과 일자리 창출이 가능합니다.

우리도 드디어 따라잡았습니다. 기본훈련기, 고등훈련기와 경전투기에 이어 첨단전투기 개발까지 선진국 발전경로를 따라 항공산업을 고도화했고, IT 등 기반기술에서도 세계적인 경쟁력을 갖추고 있습니다. 정부는 2030년대 '항공 분야 세계 7대 강국' 도약을 목표로 삼았습니다. 지난 3월 수립한 '제3차 항공산업발전 기본계획'에 따라 전투기 엔진 등 핵심기술의 자립도를 높일 것입니다. 전기·수소 항공기, 도심항공 모빌리티 등 혁신적인 신기술 개발에도 장기적인 안목으로 투자에 나서겠습니다. 무인 항공기까지 포함하여 우리 항공산업을 체계적이고 적극적으로 지원하겠습니다.

존경하는 국민 여러분,

군과 항공산업 관계자 여러분, 내외 귀빈 여러분,

100여 년 전, 도산 안창호 선생을 비롯한 선각자들과 대한민국 임시정부는 광복군에 공군을 창설하는 꿈을 꾸었습니다. '우리 손으로 우리 하늘을 지키자'는 선조들의 꿈을 오늘 우리가 이뤄냈습니다. 참으로 가슴 벅찬 일이 아닐 수 없습니다.

2001년, 김대중 대통령님은 첨단 국산 전투기 개발의 비전을 제시했고, 사업 타당성 조사를 일곱 차례나 거쳐 2010년 비로소 본격적인 개발에 착수했습니다. 핵심기술의 이전 도입이 어려워지면서 우리 기술력만으로는 어렵다는 회의론이 많았습니다. 그러나 우리 개발진은 의심과 불안을 확신으로, 불가능을 가능으로 바꿔냈습니다. 저는 오늘, 우리의 자부심이 되어준 'KF-21' 개발에 특별한 공로를 세운 스무 명의 공로자를 국민들께 소개하고자 합니다. 큰 박수로 맞이해주시길 바랍니다.

먼저, 'KF-21'의 설계와 제작을 담당한 한국항공우주산업 직원들입니다.

이일우 치프 엔지니어님, T-50 개발 경험으로 이번 KF-21 개발을 총괄했습니다. 손영석 수석연구원님, 설계 과정을 체계화하고 전산화해 고품질의 설계를 완성했습니다. 최중두 수석기술원님, 구매한 부품의 철저한 점검으로 항공기 안전에 완벽을 기했습니다. 강민성 팀장님, 이상 현상을 분석하며 생산공정을 철저히 관리했습니다. 박성한 팀장님, 안전한 운항을 위한 비행제어 시스템을 개발했습니다. 강병길 팀장님, 최적의 설계로 각종 장비를 효율적으로 배치했습니다. 안세영 과장님, 개발계획의 목표에 맞춰 생산 과정의 문제를 해결했습니다. 배문성 과장님, 코로나19 확산으로 인한 부품 수급 지연의 어려움을 해결했습니다. 이승민 선임연구원님, 데이터 분석을 통해 항공기의 성능과 품질을 높였습니다. 박희은 연구원님, 장비 개발에 필요한 해외 업체들과의 협의를 훌륭하게 이끌었습니다.

다음으로, 방사청 직원들입니다.

전남희 팀장님, 탐색개발과 체계개발을 주도적으로 준비, 수행했습니다. 정태일 사무관님, 핵심 비행제어 소프트웨어와 시험장비를 개발했습니다. 이상은 사무관님, 미국과 유럽에서 기술자료를 적기에 확보해 주었습니다. 조해광 소령, 다양한 무장 능력을 갖출 수 있도록 설계에 반영했습니다.

다음으로, 에이사 레이더 개발을 담당한 국방과학연구소 연구원들입니다.

서승희 책임연구원님, 전투기의 눈, 에이사 레이더 개발작업 총괄 관리의 막중한 임무를 수행했습니다. 배진 선임연구원님, 우수한 연구인력을 융합해야 하는 에이사 레이더의 설계작업에서 역량을 발휘했습니다. 노지은 책임연구원님, 에이사 레이더가 기능을 제대로 구현할 수 있도록 소프트웨어 알고리즘을 주도적으로 개발했습니다.

다음으로, 첨단항전 장비개발을 주도한 민간기업 연구원들입니다.

한화시스템 박기영 선임연구원님, '전자광학 표적추적장비' 개발에 힘썼습니다. LIG넥스원 김두환 선임연구원님, '내장형 전자전 장비' 개발에 기여했습니다. 한화시스템 김민철 선임연구원님, '적외선 탐색 추적 장비' 개발에 주도적 역할을 했습니다.

오늘 역사적인 'KF-21' 시제기 출고를 이끈 스무 명의 개발진들에게 다시 한번 힘찬 박수를 부탁드립니다. 지난 20년, 개발진들의 한결같은 헌신이 없었다면 우리는 오늘 'KF-21'을 만나지 못했을 것입니다. 'KF-21'이 만들어준 자신감과 자부심은 대한민국이 더 나은 미래로 나아가는 길에 큰 힘이 될 것입니다.

감사합니다.

코로나19 대응 특별방역점검회의 모두발언

| 2021년 4월 12일 |

　코로나 방역 대책과 함께 백신 도입과 접종 상황을 집중 점검하고, 범정부적인 대응 수준을 높이기 위해 긴급하게 '특별방역점검회의'를 갖게 되었습니다.

　최근 전세계적으로 코로나 확산세가 예사롭지 않습니다. 백신 접종이 늘어나는데도 줄어드는 듯했던 신규 확진자 수가 다시 크게 증가하는 우려스러운 상황이 벌어지고 있습니다. 우리나라도 한동안 400명대를 유지하던 일일 확진자 수가 600명대로 늘어나며 4차 대유행이 현실화되는 것은 아닌지 우려가 커지고 있습니다. 감염 경로를 모르는 확진자 비율이 가파르게 상승하고, 수도권의 증가세가 여전한 가운데 비수도권의 비중도 늘어나며 전국적으로 확산되는 양상을 보이고 있습니다.

　다만 다행인 것은, 가장 중요한 사망자와 위중증 환자 비율이 현저하게 줄고 있다는 점입니다. 충분한 병상 확보와 함께 고위험 시설에 대한 적극적인 선제검사로 조기에 환자를 발견하고, 적기에 치료한 데다, 백신 접종 효과도 나타나기 시작하여 요양시설과 고령층 등 고위험군의 확진자 비중이 크게 낮아졌기 때문입니다. 국내에서 개발한 항체 치료제의 사용도 경증에서 중증으로 악화되는 것을 막고 치명률을 낮추는 데 효과가 있는 것으로 평가받고 있습니다. 작년 말의 3차 유행 때와는 뚜렷하게 차이가 나는 긍정적 양상으로, 이 역시 K - 방역의 성과라고 할 수 있습니다.

하지만, 지금으로서는 코로나 확산세를 막는 것이 당장의 급선무가 되었습니다. 자칫 방심하다가는 폭발적 대유행으로 번질 수도 있는 아슬아슬한 국면입니다. 정부는 확산세를 저지하기 위해 범정부 총력대응체제를 가동하고 있지만, 민생과 경제에 미치는 영향까지 고려해 가면서 상황을 반전시켜야 하는 어려운 과제인 만큼, 더욱 긴장을 높여 주기 바랍니다. 여기서 밀리면, 민생과 경제에 부담이 생기더라도, 거리두기 단계 상향 조치를 취하지 않을 수가 없을 것입니다.

지금 방역 상황을 안정시키는 데 가장 중요한 것은, 주변에 광범위하게 퍼져 있는 것으로 보이는 숨은 감염자를 찾아내는 일입니다. 우리가 갖고 있는 하루 50만 건의 검사 역량을 충분히 활용하여 지자체들과 함께 검사 대상을 최대한 확대하고, 선제검사를 보다 적극적으로 시행해 주기 바랍니다.

필요한 시설과 지역에서 선제검사를 더욱 확대하고, 무증상과 경증 감염자들도 쉽게 활용할 수 있도록 검사체계를 개편하고 다양한 검사 방법을 도입하는 방안도 적극적으로 검토해 주기 바랍니다. 지금 주로 하는 유전자 증폭 검사에 비해 정확도와 민감도가 떨어진다는 한계에 충분히 유의하면서 정밀검사 이전의 보조적인 검사 방법으로 활용한다면, 의심 신고 대상이 아닌 숨은 코로나 감염자를 더 빠르고 손쉽게 찾아내는 데 도움이 될 수도 있을 것입니다.

한편으로는, 지금의 방역수칙을 제대로 준수하기만 해도 방역단계를 높이는 것과 같은 효과가 있습니다. 방역수칙 위반에 대해 무관용 원칙 하에 엄정한 법적 조치를 취함으로써 최근 느슨해진 방역 긴장도를 끌어올려야 하겠습니다. '정부 합동 방역점검단'을 운영하여 확진자 증가세를 주도하는 취약시설을 집중 점검하면서, 취약시설별로 소관 부처 장관이 직접 '방역책임관'이 되어 현장 점검과 관리의 책임성을 높여 주기 바랍니다. 또한 새로 취임한 단체장들과 손발을 맞추고 함께 협력해 나가는 데에도 각별한 노력을 기울여 주시기 바랍니다.

전 세계적인 백신 생산 부족과 백신 생산국의 자국 우선주의로 인해 백신 수급의 불확실성이 확대되면서 대다수 나라들이 백신 수급에 어려움을 겪고 있습니다. 하지만 우리나라는 다방면의 노력과 대비책으로 백신 수급의 불확실성을 현저하게 낮추고 있다고 자신 있게 말씀드릴 수 있습니다. 특히, 우리 국내에 백신 생산기반을 확보한 것이 백신 수급의 불확실성을 타개해 나가는데 큰 도움이 되고 있습니다. 이달부터 노바백스 백신의 국내 생산이 시작되고 상반기 백신 생산에 필요한 원부자재도 확보했습니다. 이에 따라, 우리 기업이 생산하는 백신을 안정적으로 공급받을 수 있는 기반이 마련되었습니다. 6월부터 완제품이 출시되고, 3분기까지 2천만 회분이 우리 국민들을 위해 공급될 예정입니다.

그래도 여전히 남아 있는 불확실성을 해소하고, 나아가 더 빠른 접종을 위해 백신 물량의 추가 확보와 신속한 도입에 행정적, 외교적 역량을 총동원 해 주기 바랍니다. 범부처 협업체계를 본격 가동하여 추가 생산, 추가 구매, 조기 공급 등 모든 방안을 강구해 주기 바랍니다. 또한, 글로벌 백신 공급 상황을 면밀히 모니터링하면서 기존에 도입하는 백신 외에 면역 효과와 안정성이 확인되는 다른 종류의 백신 도입도 적극적으로 검토하여 만에 하나 생길 수 있는 상황까지 선제적으로 대비해 주기 바랍니다. 11월 집단 면역이라는 당초 목표 달성은 물론, 달성 시기를 목표보다 앞당기는 데 총력을 기울이고, 변이 바이러스용 개량 백신과 내년도 이후의 백신 확보도 서둘러야 할 것입니다.

백신 접종은 신속성과 안전성을 함께 확보해야 합니다. 아스트라제네카 백신의 안전성에 대한 논란이 일단락되었습니다. 국민의 안전을 최우선에 두고 과학적 사실에 근거한 전문가들의 의견을 존중하여 아스트라제네카 접종 방침이 결정되었습니다.

백신은 과학입니다. K - 방역에 대한 높은 평가도 과학의 원칙을 철저하게 견지함으로써 얻어진 것입니다. 국민들께서는 과학적인 판단을 믿고 정부의 방침에 따라 접종에 적극적으로 임해 주실 것을 당부드립니다. 집단 면역 형성까지는 갈 길이 멉니다. 정부는 빈틈없는 방역과 차질 없는 백신 접종으로, 국민과 함께 힘을 모아 이룩한 K - 방역의 성공을 이어 나가도록 하겠습니다. 국민들께서도 지금의 상황에 더 높은 경각심을 가져 주시고, 방역수칙 준수와 예방접종에 변함없는 참여와 협조를 당부드립니다.

세월호의 기억으로 가슴 아픈 4월입니다

| 2021년 4월 16일 |

세월호의 기억으로 가슴 아픈 4월입니다

아이들이 밤하늘의 반짝이는 별이 된 지 7년이 되었습니다. 살아 우리 곁에 있었다면 의젓한 청년이 되어있을 아이들을 생각하니, 짧지 않은 시간입니다. 미안한 마음 여전합니다. 서로의 버팀목으로 아린 시간을 이겨오신 가족들과 함께해주신 분들께 위로와 감사의 마음을 전합니다.

진실만이 비극을 막고, 생명이 소중한 사회를 앞당겨줄 것입니다. 지난해 국회에서 '사회적참사 진상규명특별법' 개정안과 특검이 통과되어 진실에 한 걸음 더 다가갈 수 있는 계기가 마련되었습니다. '사회적참사 특별조사위원회'를 통해 성역 없는 진상규명이 이루어지도록 끝까지 챙기겠습니다. 속도가 더뎌 안타깝지만, 그 또한 그리움의 크기만큼 우리 스스로 성숙해가는 시간이 필요한 까닭이라 생각합니다.

지난 12일, 기억을 넘어 희망을 품는 '4·16민주시민교육원'이 문을 열었습니다. 오는 6월에는 '해양안전체험관'이 본격 운영되고, 12월에는 '국민해양안전관'이 준공됩니다. 모두 아이들이 우리에게 남겨 준 것들입니다. '4·16생명안전공원'과 '국립안산마음건강센터' 역시 귀중한 마음으로 마무리하겠습니다.

슬픔에 함께하고, 고통에 공감하면서 우리는 진실에 다가가고 있습니다. 지금의 위기도, 언제 닥칠지 모를 어떤 어려움도 우리는 이겨낼 것입니다. '나라다운 나라'를 만들어보자는 국민들의 외침, 잊지 않고 있습니다. 안전한 나라를 위해 오늘도 아이들을 가슴에 품어봅니다.

4·19혁명 61주년을 맞아

| 2021년 04월 19일 |

4·19 혁명 61주년, 국립 4·19 민주묘지를 참배했습니다. 목숨보다 뜨거운 열망으로 우리 가슴 깊이 민주주의를 심었던 날입니다. 4·19 혁명은 대한민국 민주주의의 굳건한 뿌리가 되었습니다. 우리는 이 땅의 위대한 민주주의의 여가를 기억하면서 더 성숙한 민주주의를 향해 멈추지 않고 나아가야 합니다.

지난해 4·19 혁명 60주년 기념식의 기념사에서 저는 '자유와 혁명의 시인' 김수영 시인의 시 〈풀〉의 한 구절 "바람보다도 더 빨리 울고 바람보다 먼저 일어난다"를 인용했습니다. 얼마 후 94세이신 시인의 부인 김현경 여사께서 "4·19 기념사에서 〈풀〉시를 인용해주어서 영광"이라는 감사 인사글과 함께 〈김수영 전집〉과 시인의 사진과 그의 마지막 시가 된 〈풀〉 시의 자필 원고 영인본 사진을 보내주셨습니다. 감사드립니다. 김현경 여사는 올해 시인의 탄생 100돌을 기려 '김수영 문학관'을 추진 중이신데, 잘 되시길 바랍니다.

4·19혁명의 주역들께 김수영 시인의 시 한 구절을 다시 바칩니다.

자유를 위해서

비상하여 본 일이 있는

사람이면 알지

노고지리가

무엇을 보고

노래하는가를

어째서 자유에는 피의 냄새가 섞여 있는가를

혁명은

왜 고독한 것인가를

– 김수영 시 〈푸른 하늘을〉에서 –

수석보좌관회의 모두발언

| 2021년 04월 19일 |

우리 정부 임기 마지막 날까지, 흔들림 없이, 국민과 역사가 부여한 책무를 다하자는 다짐을 새롭게 합니다. 국민의 질책을 쓴 약으로 여기고, 국정 전반을 돌아보며 새출발의 전기로 삼겠습니다. 지금까지의 성과는 더욱 발전시키고, 부족한 것은 채우고 고치겠습니다.

국가적으로 엄중한 상황 속에서 인수위 없이 출범한 우리 정부는 한순간도 쉬지 않고 앞만 보고 달려왔습니다. 불평등이 심화되고 저성장이 고착화되는 시대적 상황에서 정부는, 더불어 잘살고 역동적으로 성장하는, 혁신적 포용국가로 나아가기 위해 매진했습니다. 경제·사회 구조를 대전환하려는 우리 정부의 노력은 고용·사회 안전망 구축과 디지털 뉴딜, 그린 뉴딜을 강력히 추진하는 한국판 뉴딜로 진화해 나가면서 선도형 경제로의 전환에 더욱 박차를 가하고 있습니다.

또한, 정부 출범 초기부터 일촉즉발의 전쟁 위기 상황에 직면하였지만, 평화의 신념을 한순간도 놓지 않았습니다. 살얼음판을 걷는 심정으로 조심조심 대화를 통한 문제해결을 위해 각고의 노력을 기울인 결과, 전쟁의 위기를 걷어내고 세 번의 남북 정상회담과 역사적인 북미 정상회담이 성사되는 성과를 거두었습니다. 현재 교착 상태에 머물러 있지만, 앞으로 나아가기 위한 숙고의 시간이라 생각하며 대화 복원을 위한 외교적 노력을 기울이고 있습니다. 우리는 지금의 잠정적인 평화를 항구적 평화로 정착시켜야 합니다.

무엇보다도 미증유의 코로나 위기 상황에서, 정부는 국민들과 함께 위기 극복에 사력을 다해 왔습니다. 위기에 더욱 강한 우리 국민의 저력과 성숙한 시민의식, 선진적 방역체계와 적극적 재정 정책 등이 어우러지며 세계적으로 방역에서 모범국가, 경제위기 극복에서 선도그룹으로 평가받는 나라가 되었습니다. 덕분에 오히려 국가적 위상이 높아져서 G7 정상회의에 연속적으로 초대받는 나라가 되었고, 1인당 GDP에서 G7을 처음으로 추월하는 성과를 이루기도 했습니다. 이 같은 국민적 성과, 국가적 성취는 국민들께서 자부할만한 자랑스러운 일입니다.

그럼에도 불구하고, 우리가 처한 상황은 여전히 엄중합니다. 방역 상황은 여전히 안심하기 어렵고, 집단면역까지 난관이 많습니다. 경제는 고용 상황까지 나아지며 회복기로 확실히 들어섰지만, 국민이 온기를 느끼는 데는 더 많은 노력이 필요합니다. 최고의 민생과제인 주거 안정도 남은 어려운 숙제입니다.

국민의 평가는 어제의 성과가 아니라 오늘의 문제와 내일의 과제에 맞추어져 있습니다. 정부는 무엇이 문제이고 과제인지 냉정하게 직시하고, 무거운 책임감과 비상한 각오로 임해야 할 것입니다. 공직기강을 철저히 확립하고, 더욱 낮은 자세로 국민의 목소리에 귀 기울여야 하겠습니다. 마지막까지 부패하지 않고, 마지막까지 유능해야 합니다. 각 부처는 국민 눈높이에서 정책을 더 세심하게 점검하고, 국민의 절실한 요구를 실현하는데 전력을 기울여 주기 바랍니다.

정부는 여당과 정책 협력을 강화하면서 민생을 가장 앞세우고 안정감 있게 정책을 추진해야 하겠습니다. 야당과의 소통과 협력에도 힘써주기 바랍니다. 민생의 어려움을 덜어드리고 국가의 미래를 위해 꼭 필요한 법안부터 입법에 성과를 내주기 바랍니다. 선거로 단체장이 바뀐 지자체와도 특별한 협력 체제를 구축해 주기 바랍니다. 특히 방역과 부동산 문제는 민생에서 가장 민감한 사안입니다. 아슬아슬한 방역관리에 허점이 생기거나 부동산 시장이 다시 불안한 상황이 되지 않도록 중앙정부와 지자체가 충분히 소통하고 긴밀히 협력해 주길 당부드립니다.

기업과의 소통과 지원도 더욱 확대해 주기 바랍니다. 나라들 간에 경기회복 국면의 글로벌 시장을 선점하기 위한 경쟁이 치열해진 상황에서 정부와 기업, 기업과 기업 간의 협력이 어느 때보다 절실해졌습니다. 정부는 기업들과 긴밀히 소통하며 미래 산업을 강력히 지원하기 위한 국가전략을 더욱 힘있게 추진해야 하겠습니다. 기업들도 투자 확대와 일자리 창출에 적극 나서준다면, 정부로서 할 수 있는 모든 지원을 아끼지 않겠습니다.

정부는 국제사회와의 연대와 협력도 보다 강화할 것입니다. 며칠

후 기후정상회의가 열리고, 5월 말 한국에서 P4G 정상회의를 개최합니다. 기후변화 대응에 국제사회의 일원으로서 책임과 역할을 더욱 높여가겠습니다. 5월에는 한-미 정상회담도 계획되어 있습니다. 멈춰있는 한반도 평화의 시계를 다시 돌리기 위한 노력과 함께, 경제 협력과 코로나 대응, 백신 협력 등 양국 간 현안에 긴밀한 공조를 위해 심혈을 기울이겠습니다.

2021 보아오포럼 개막식 영상 메시지

| 2021년 04월 20일 |

존경하는 시진핑 주석님, 반기문 보아오포럼 이사장님, 리바오동 사무총장님, 세계 각국의 지도자 여러분, 보아오포럼 창립 20주년을 진심으로 축하합니다.

보아오포럼은 지난 20년, 세계의 경제, 사회 문제의 해법을 모색해왔고, 아시아 나라들은 보아오포럼을 통해 서로의 차이를 인정하며 공동의 이익을 추구하는 '구동존이'의 정신을 실천해왔습니다. '구동존이'는 포용과 상생의 길이며, 인류 공동의 위기인 코로나를 극복하는 데에도 중요한 가치이자 원칙입니다. 올해 보아오포럼의 주제인 '글로벌 거버넌스 강화' 역시 '구동존이' 정신에서 나왔다고 생각합니다. 보아오포럼의 성공적인 개최를 뒷받침해주신 중국 국민들께 감사드리며, 포럼 관계자 여러분께도 격려의 인사를 전합니다.

세계 지도자 여러분,

그동안 세계는 어느 누구도 배제하지 않는 아시아의 포용 정신에 주목해왔습니다. 한국 또한 이웃을 먼저 생각하는 배려와 나눔의 정신을 바탕으로 성장할 수 있었습니다. 나는 오늘, 세계가 직면한 위기를 극복하고 '포용적 회복'을 이루기 위한 한국의 책임을 되새기며, 아시아의 역할과 글로벌 거버넌스 강화 방안을 말씀드리고자 합니다.

첫째, 포용성이 강화된 다자주의 협력이 되어야 합니다. 코로나로 교역·투자 환경이 위축되고 자국 우선주의와 보호무역주의가 확산되고 있습니다. 당장에는 자국 경제를 지키는 담이 될 수 있겠지만, 결국에는 세계 경제의 회복을 가로막는 장벽이 될 것입니다.

포스트 코로나 시대, 공존과 새로운 번영을 위해서는 국제사회의 연대와 협력이 무엇보다 중요합니다. 큰 나라와 작은 나라, 선진국과 개발도상국이 서로를 존중하며 동등하게 협력할 때 인류의 미래도 지속가능해질 것입니다. 따라서 우리는 포용성을 강화한 다자주의 협력을 새로운 시대로 가는 디딤돌로 삼아야 합니다. 지난해 체결한 RCEP을 통해 역내 경제 협력의 속도를 높이고, 다자주의에 대한 신뢰 회복과 자유무역 발전이 이뤄지길 바랍니다.

둘째, 아시아에서부터 코로나에 공동대응해야 합니다. 어떤 나라도 혼자만의 힘으로, 이웃에 대한 배려 없이 코로나와의 전쟁에서 승리할 수 없습니다. 개발도상국에 대한 백신 기부와 같은 다양한 코로나 지원

활동을 펼치고 있는 중국 정부의 노력을 높이 평가하며, 한국도 공평한 백신 공급, 원활한 인력 이동, 과감한 재정투자 등 코로나 극복을 위한 협력을 더욱 강화해나갈 것입니다. 지난해 출범한 '동북아시아 방역·보건 협력체'를 통해 역내 협력을 내실화하고, 아시아가 코로나 극복의 모범을 만들어가길 기대합니다.

셋째, '녹색 회복'을 위한 공동행동은 매우 시급한 문제입니다. 기후위기는 세계가 함께 대응해야 합니다. 나라마다 상황에 맞는 실천방안을 만들고, 서로를 보완해가며 동시에 행동해야 합니다. 한국 국민들은 '2050 탄소중립'을 실천하고 있으며, '그린 뉴딜'을 통해 친환경·저탄소 경제로의 대전환을 추진하고 있습니다. 아시아 나라들과도 신재생에너지 보급, 해양오염 대응, 물관리 역량 강화를 비롯한 환경 분야 협력을 더욱 확대하겠습니다. 오는 5월 서울에서 '2021 P4G 서울 정상회의'가 열립니다. 기후위기를 넘어 지속가능한 미래를 여는 장이 될 수 있도록 아시아 국가들의 많은 관심과 참여를 바랍니다.

넷째, 신기술과 혁신 거버넌스 협력으로 미래를 준비해야 합니다. 코로나로 인해 글로벌 가치사슬이 재편되고, 생산·공급 시스템의 디지털화가 더욱 빨라지면서 기술 발전과 혁신에 대한 요구가 더욱 커지고 있습니다. 기술 발전과 혁신의 대표적 지표는 특허입니다. 특허출원 5대국 중 한중일 3개국이 포함될 만큼 아시아는 혁신을 이끌어가고 있습니다. 아시아 국가 간 협력이 강화된다면 미래를 선도하고 위기에 대응하는 데에도 중요한 역할을 하게 될 것입니다.

한국은 디지털 분야 ODA를 비롯해 디지털 강국의 경험과 성취를 공유해나갈 것입니다. 특히, 각 나라가 필요한 전문의료인력, 제조업·IT 기술인력 등 맞춤형 인재양성 지원에 더욱 힘쓰겠습니다.

존경하는 세계 지도자 여러분,

인류는 결국 코로나를 이겨내고, 코로나 극복의 힘이 되었던 포용과 상생은 지속가능한 미래를 여는 가장 유용한 정신이 될 것입니다. 한국은 보아오포럼 창립국이자 책임 있는 중견국으로서 아시아의 공동번영을 위해 최선을 다하겠습니다. 오늘 2021 보아오포럼에서 모인 경륜과 지혜가 인류의 회복과 도약의 디딤돌이 되길 기대합니다.

감사합니다.

기후정상회의(화상) 발언

| 2021년 4월 22일 |

존경하는 바이든 대통령님, 각국 정상 여러분,

오늘 저녁, '지구의 날'을 맞아 한국 국민들은 10분간 불을 끄고 지구의 속삭임을 들었습니다. 기후변화 대응에 동참하고 있는 모든 나라들에게 한국인들의 응원의 마음이 전해지길 바랍니다. 파리협정 이행 원년을 맞아 파리협정에 재가입하고, '세계기후정상회의'를 개최하여 글로벌 리더십을 발휘해주신 바이든 대통령님과 미국 신정부의 노력에 경의를 표합니다.

각국 정상 여러분,

한국 국민들은 지난해 코로나의 어려움 속에서 '2050 탄소중립' 목표를 세웠고, 세부 시나리오를 준비하고 있습니다. 오늘, 한국 국민들을 대표하여 탄소중립 실현을 위한 두 가지 약속을 발표하게 되어 매우 기쁩니다.

첫째, 한국은 '2030 국가 온실가스 감축목표(NDC)'를 추가 상향하여, 올해 안에 유엔에 제출할 것입니다. 한국은 지난해, NDC를 기존의 배출전망치 기준에서 2017년 대비 24.4% 감축하겠다는 절대량 기준으로 변경함으로써, 1차 상향한 바 있습니다. 그에 이어 '2050 탄소중립'을 실현하기 위한 의지를 담아 NDC를 추가 상향하고자 합니다. 한국은 2018년에 온실가스 배출의 정점을 기록했고, 이후 2019년과 2020년 2년에 걸쳐 배출량을 2018년 대비 10% 이상 감축한 바 있습니다.

둘째, 신규 해외 석탄화력발전소에 대한 공적 금융지원을 전면 중단할 것입니다. 우리 정부는 출범 후 국내 신규 석탄화력발전소 건설 허가를 전면 중단하고, 노후 석탄화력발전소 열 기를 조기 폐지하여 석탄화력발전을 과감히 감축했으며, 대신 태양광과 풍력 등 재생에너지 발전을 빠르게 늘리고 있습니다. 탄소중립을 위해 전 세계적으로 석탄화력발전소를 줄여나갈 필요가 있습니다.

다만, 석탄화력발전의 의존도가 큰 개발도상국들의 어려움이 감안되어야 할 것이며, 적절한 지원 방안이 마련되어야 할 것입니다. 국내적으로도 관련 산업과 기업, 일자리 등에 미치는 부정적 영향에 대한 대책이 필요합니다. 한국은 국내외 재생에너지 설비 등에 투자하도록 하는 녹색금융의 확대를 적극 추진할 예정입니다.

오는 5월, 서울에서 '제2차 P4G 정상회의'가 열립니다. 회원국들과 시민사회, 산업계를 비롯한 다양한 파트너십이 인류의 탄소중립 비전 실현을 앞당길 것입니다. 한국은 개최국으로서 실천 가능한 비전을 만들고, 협력을 강화하는 장이 되도록 최선을 다해 준비하겠습니다. '제2차 P4G 정상회의'가 오는 11월 COP26의 성공으로 이어지는 디딤돌이 될 수 있도록 많은 관심과 참여를 부탁드립니다.

감사합니다.

배우 윤여정 님의 아카데미 여우조연상 수상을 국민과 함께 축하합니다

| 2021년 4월 26일 |

배우 윤여정 님의 아카데미 여우조연상 수상을 국민과 함께 축하합니다.

끊임없는 열정으로 다른 문화 속에서 살아온 분들에게까지 공감을 준 윤여정 님의 연기 인생에 경의를 표합니다. 영화 〈기생충〉으로 작품성과 연출 능력을 국제적으로 인정받은 데 이은 영화계의 쾌거입니다. 우리 문화·예술에 대한 자부심을 더욱 높여주었고, 무엇보다 코로나로 지친 국민들께 큰 위로가 되었습니다.

한국인 최초의 아카데미 여우조연상 수상은 102년 한국 영화사의 역사를 '연기'로 새롭게 썼다는 데에 매우 특별한 의미가 있습니다. 또한 미국 이민 2세인 정이삭 감독, 배우 스티븐 연과 우리 배우들이 함께 일궈낸 쾌거여서 더욱 뜻깊습니다. 이번 수상이 우리 동포들께도 자부심과 힘으로 다가가길 바랍니다.

영화 〈미나리〉는 우리에게 매우 큰 의미가 있습니다. 한 가족의 이민사를 인류 보편의 삶으로 일궈냈고, 사는 곳이 달라도 우리 모두 긴밀하게 연결되어 있다는 것을 확인해주었습니다. 우리들의 할머니, 어머니의 모습을 생생하게 살려낸 윤여정 님의 연기가 너무나 빛났습니다. 다시 한번 수상을 자랑스럽게 여기며 축하합니다.

스탠리 어크 노바백스 CEO 접견 모두발언

| 2021년 4월 27일 |

반갑습니다. 노바백스사의 스탠리 어크 회장님, 존 헤르만 최고법무경영자님, 그리고 SK의 최창원 부회장님, 안재용 사장님, 청와대에 오신 것을 환영합니다. 특히 어크 회장님은 지난 1월에 나와 화상으로 대화를 나눈 바 있었는데, 오늘 이렇게 직접 만나게 되어 아주 기쁩니다.

한국 국민들은 노바백스 백신에 큰 기대를 걸고 있습니다. 한국뿐만 아니라 다른 나라들도 마찬가지일 것입니다. 노바백스 백신은 임상시험 과정에서 아주 탁월한 면역 효과를 보여 주었고, 특히 영국 변이 바이러스와 남아공 변이 바이러스가 출연한 이후에 임상시험이 이루어졌기 때문에 그 두 변이 바이러스에 대해서도 높은 효과가 있다는 것이 확인되었다고 들었습니다. 아주 우수한 기술력으로 훌륭한 백신을 신속하게 개발해서 인류의 코로나바이러스 퇴치에 기여할 수 있게 된 노바백스사에 축하와 감사를 드립니다.

노바백스 백신은 실제 사용에 있어서도 보관에서 별도의 콜드체인 필요 없이 일반 냉장고의 온도로 보관하면 되고, 유통기간이 아주 길어서 실제 접종에 사용하기에 아주 편리하다고 들었습니다. 그 점에서 더욱 기대가 큽니다. 특히 노바백스사는 우리 한국의 SK와 기술 이전을 통한 위탁생산 계약을 체결했고, 지금 실제로 한국에서 생산이 이루어지고 있어서 우리에게는 매우 의미가 깊습니다. 우리 정부는 양사의 협력 관계가 앞으로도 계속 유지되고, 더욱더 발전해 나가기를 바랍니다.

이미 우리 정부는 노바백스 백신 생산에 필요한 원자재 수급에 어려움 있다는 이야기를 듣고 기업과 협력해서 상반기 백신 생산 물량에 충분한 원부자재를 확보한 바 있습니다. 앞으로도 양사 협력이 더 발전해 나갈 수 있도록 정부가 긴밀히 협력해 나가겠습니다.

이제 남은 것은 사용허가입니다. 관련 절차가 신속하게 이뤄지길 바라고, 그리고 또 그 과정에서 백신의 효과와 안전성이 충분히 증명되기를 바랍니다. 그리고 또 그 절차가 신속하게 이루어질 수 있도록 함께 협력해 나가기를 바라겠습니다.

감사합니다.

국무회의 모두발언

| 2021년 4월 27일 |

제18회 국무회의를 시작하겠습니다.

오늘 한국은행이 발표한 1분기 GDP 속보치에 따르면 우리 경제는 올해 1분기에 이미 코로나 이전의 경제 수준을 넘어선 것으로 나타났습니다. 국제기구들과 시장의 예상을 뛰어넘는 분기 성장률을 기록하며, 위기 이전 수준을 당초 전망했던 것보다 한 분기 앞당겨 회복한 것입니다.

OECD 주요 국가들 가운데 가장 앞서가는 회복세로서, 우리 경제의 놀라운 복원력이라 하지 않을 수 없습니다. 이제 한국 경제는, 코로나의 어둡고 긴 터널을 벗어나 경제 성장의 정상궤도에 올라섰다고 말할 수 있게 되었습니다. 위기에 더욱 강한 한국 경제의 면모를 여실히 보여 준 것입니다.

한국은 코로나로 인한 세계적인 경제위기 속에서 GDP 규모에서 세계 10대 대국이 되었고, 빠른 경제 회복을 이끄는 세계 선도그룹이 되었습니다. 한국 경제가 선방하고 더욱 강해진 것은 가계와 기업, 정부 등 모든 경제 주체가 하나가 되어 경제 위기 극복의 주역이 되어 주었기에 가능한 일이었습니다. 실제로 수출과 투자, 민간소비, 재정 모두가 플러스 성장하며 1분기 성장에 기여한 것으로 확인되었습니다. 어려움을 견디며 힘을 모아 주신 국민들과 모든 경제 주체들에게 깊은 존경과 감사의 마음을 전합니다.

더욱 희망적인 것은 1분기의 경제 회복 흐름이 2분기에도 더욱 힘 있게 이어져 상승세가 지속되고 있다는 점입니다. 4월 수출은 전년 동월 대비 40% 이상 증가하고 있고, 카드매출액도 크게 느는 등 소비도 활력을 되찾아 가고 있습니다. 이 같은 추세를 이어나간다면 올해 성장률에서 3% 중후반대 이상의 빠르고 강한 회복이 충분히 가능할 것으로 전망합니다.

양적인 면에서 보여주는 경제 회복의 실적뿐 아니라, 한국 경제를 질적으로 도약시키는 선도형 경제 전환에서도 괄목할만한 성과를 내고 있습니다. 디지털 경제, 저탄소 경제 전환에 속도를 내고 있고, 바이오, 시스템반도체, 친환경차 등 신산업의 성장과 함께 제2벤처붐의 확산은 우리 경제의 역동성과 미래 경쟁력을 보여주기에 충분합니다. 정부는 경제 반등 흐름을 가속화하기 위해 총력을 기울이면서, 선도형 경제로의 대전환에 더욱 박차를 가하겠습니다.

여러 차례 강조했지만 회복도, 도약도, 포용 없이는 온전히 이룰 수 없음을 명심해야 하겠습니다. 우리 경제에 훈풍이 불고 있지만, 여전히 위기 속에서 어려움을 겪고 있는 국민이 많습니다. 점차 개선되고 있는 고용 상황도 코로나 이전 수준을 회복하려면 더 많은 시간이 필요합니다. 특히 코로나 격차와 불평등 문제는 역량을 집중하여 해결해야 할 국가적 과제입니다. 정부는 포용적 회복과 포용적 도약으로, 코로나 불평등을 완화하는데 최선의 노력을 기울여야 할 것입니다.

남·북 정상이 8천만 겨레 앞에서 판문점 선언을 한 지 어느덧 3년이 되었습니다. 도보다리의 풍경이 아직도 눈에 선하지만, 하노이 북미회담 결렬 이후 교착 상태가 장기화되고 있어 매우 안타까운 심정입니다. 판문점 선언은 누구도 훼손할 수 없는 평화의 이정표입니다. 어떤 경우에도 판문점 선언이 약속한 평화의 길을 되돌릴 수 없습니다. 대외 여건과 현실적 제약으로 판문점 선언의 성과를 발전시키는 데 어려움이 많지만, 남북관계의 크고 작은 악재 속에서도 군사적 충돌 없이 한반도 정세가 어느 시기보다 안정적으로 관리되고 있습니다. 경색국면 속에서도 평화가 지속되고 있습니다.

하지만, 지금의 평화는 미완의 평화입니다. 판문점 선언의 토대 위에서 불가역적인 항구적 평화로 나아가야 합니다. 이제 오랜 숙고의 시간을 끝내고 다시 대화를 시작해야 할 시간이 다가오고 있습니다. 진통을 겪으면서 얻은 교훈을 바탕으로 평화의 시계를 다시 돌릴 준비를 해야 할 때입니다. 5월 하순으로 예정된 한미 정상회담이 한미동맹을 더욱 굳건하게 다지는 한편, 대북정책을 긴밀히 조율하고 발전적으로 나아갈 방향을 정립하는 계기가 되길 기대합니다. 우리 정부는 바이든 정부와 견고한 협력을 바탕으로 한반도 평화 프로세스를 진전시켜 나갈 길을 찾고자 합니다.

남·북과 북·미 간에도 대화 복원과 협력의 물꼬가 트일 수 있기를 바랍니다.

정진석 추기경님의 선종을 애도합니다

| 2021년 4월 28일 |

정진석 추기경님의 선종을 애도합니다.

한국 천주교의 큰 언덕이며 나라의 어른이신 추기경님이 우리 곁을 떠나 하늘나라에 드셨습니다. 참으로 온화하고 인자한 어른이셨습니다. 서른아홉 젊은 나이에 주교로 서품되신 후, 한평생 천주교 신자뿐 아니라 국민 모두에게 평화를 주신 추기경님의 선종이 너무나 안타깝습니다.

추기경님은 '모든 이를 위한 모든 것'이란 사목표어를 삶의 마지막 순간까지 실천하심으로써 우리에게 '나눔과 상생'의 큰 가르침을 남겨주셨고, "가장 중요한 것은 돈보다 사람을 중심으로 한 책"이란 말씀은 국민들의 가슴에 깊이 새겨졌습니다.

추기경님, 지상에서처럼 언제나 인자한 모습으로 우리 국민과 함께해주시길 기도합니다. 추기경님의 정신을 기억하겠습니다.

영원한 평화의 안식을 누리소서.

광주글로벌모터스 준공 기념 행사 모두발언

| 2021년 4월 29일 |

여러분, 반갑습니다.

GGM 광주글로벌모터스 공장 준공식이 오늘 드디어 열리게 되었습니다. 여기 오기까지 그 시간과 노력을 되돌아보면 광주 시민들께서는 정말 뿌듯하고 감개무량하실 것입니다. 지역에 절실히 필요한 광주형 일자리를 구현할 완성차 공장입니다. 이미 시험생산과 품질검증을 시작했고, 9월부터 본격적인 양산에 들어갑니다.

광주 시민과 지자체, 노사가 사회적 대타협으로 탄생시킨 광주의 미래이며, 대한민국의 미래입니다. 광주글로벌모터스의 성장과 함께 '함께 잘사는 사회'를 향한 광주의 꿈도 더 크게 자라날 것입니다. 오늘 뜻깊은 준공식이 있기까지 상생의 마음으로 함께 애써 주신 모든 분들께,

그리고 누구보다도 광주 시민들께 진심으로 축하와 감사 인사를 드립니다.

대한민국 제1호 상생형 지역일자리 모델 광주형 일자리는 우리 경제의 새로운 균형을 찾기 위한 도전입니다. 사람과 노동의 가치를 존중하며 노사 협력을 통해 새로운 일자리를 창출하고, 노동자와 기업이 함께 성장하는 경제를 만드는 시도입니다. 지역경제의 활력을 높이고 국가 균형발전의 새로운 시대를 열기 위한 노력입니다. 쉽지 않은 여정 끝에 마침내 첫 목적지에 도착했습니다. 상생의 약속을 지키기 위해 노·사·민·정이 최선을 다해 주신 결과입니다.

현대차와 광주시가 함께 투자하며 협력했습니다. 노동자들은 당당한 주체로서 사측과 상생협의회를 구성하고, 생산성을 높일 방안을 함께 고민했습니다. 어려운 문제와 고비를 만날 때마다 이용섭 시장님과 광주시가 적극적으로 중재에 나서 주셨고, 이제는 서로가 튼튼한 신뢰 관계를 구축하게 되었습니다. 무엇보다도 시민 여러분의 변함없는 지지와 응원이 큰 힘이 되었습니다. 이제 민주주의의 도시 빛고을 광주에 '상생'이라는 이름을 더하게 되었습니다.

광주글로벌모터스 공장은 우리나라에 무려 23년 만에 새로 들어선 완성차 공장입니다. 서로 조금씩 양보하고 힘을 합하면 해외로 향하던 기업의 발길을 되돌리고 얼마든지 좋은 일자리를 만들 수 있다는 것을 증명했습니다. 하나의 일자리라도 아쉬운 지역 청년들에게 희망이 되어 준 것이 무엇보다 고마운 일입니다. 현재까지 채용된 385명의 직원 중 70% 이상이 광주와 전남의 20, 30대 청년들입니다. 내년에는 직원 수가 900명을 넘어서서 더 많은 취업 기회가 열리게 됩니다. 모두 고용 안정성이 높은 정규직 일자리입니다. 사회적 합의에 따른 적정임금 수준을 유지하면서 기업이 커나갈 때 지역의 청년들에게 더 많은 기회와 희망을 주게 될 것입니다.

작업 환경도 노동을 존중하면서 기업 경쟁력을 최고로 유지할 수 있도록 설계되었습니다. 노동자들을 보호하면서 작업 능률을 높이는 웨어러블 로봇 등 최신 설비를 갖췄고, 인공지능을 활용한 스마트공장 시스템으로 생산 효율을 최적화할 것입니다.

지역경제에도 새로운 도약의 계기가 될 것입니다. 완성차 1대에 2만 개가 넘는 부품이 들어갑니다. 연 7만 대로 생산량을 늘리면 다양한 지역기업의 성장을 이끌게 될 것입니다. 900개의 직접고용에 더해 11,000개의 간접고용 일자리를 추가로 창출해 지역 주민의 소득을 높이고, 골목상권에 활기를 불어넣을 것입니다.

마침 우리나라가 글로벌 자동차 5대 강국으로 도약하고, 전기차와 수소차 등 미래차 시대를 선도하고 있는 좋은 기회를 맞았습니다. 광주글로벌모터스의 성장 가능성이 활짝 열려있는 것입니다. 여건 변화에 따라 생산라인을 탄력적으로 조정할 수 있고, 공장을 더 확장할 수도 있는 그런 부지도 확보하고 있습니다. 광주시가 역점을 두고 추진 중인 미래차 클러스터 육성과 연계해서 친환경차, 자율주행차 분야로 영역을 확장해 나간다면 지역경제의 혁신성장을 선도하게 될 것입니다.

광주형 일자리는 상생형 지역일자리의 모범이 되어 대한민국 곳곳에서 새로운 변화를 일으키고 있습니다. 상생형 지역일자리가 밀양, 대구, 구미, 횡성, 군산, 부산, 신안까지 확산되었고, 총 51조 원의 투자와 13만 개의 고용 창출을 예정하고 있습니다. 지금 이 순간에도 새로운 상생형 지역일자리 모델을 찾으려는 노력이 전국 각지에서 계속되고 있고, 그중 몇 곳은 올해 안 협약 체결을 목표로 하고 있습니다.

광주형 일자리의 정신은 지역균형 뉴딜로도 이어졌습니다. 기업과 주민의 이익 공유에서부터 행정구역의 경계를 뛰어넘는 초광역 협력까지 다양한 시도가 모색되고 있습니다. 이제 대한민국은 광주형 일자리의 성공을 통해 얻은 자신감으로 함께 더 높이 도약하는 혁신적 포용국가를 향해 흔들림 없이 나아갈 것입니다.

정부도 적극 뒷받침하겠습니다. 다양한 지원을 통해 상생형 지역일자리를 우리 경제의 또 하나의 성공 전략으로 키우겠습니다. 특히 지역이 사회적 합의를 통해 창의적인 일자리 사업을 제시해 준다면 정부는 맞춤형 지원 방안을 적극 강구해 나갈 것입니다.

오늘 이 자리에는 광주글로벌모터스의 청년들이 함께하고 있습니다. 우리 청년들의 밝고 희망찬 내일을 위해 노·사·민·정이 계속 힘을 모아 주시길 바랍니다. 광주의 꿈이 곧 대한민국의 꿈입니다. 상생으로 혁신하고 도약하는 광주의 도전을 계속 응원하겠습니다.

감사합니다.

청렴한 공직사회로 가는
제도적 틀이 구축되었습니다

| 2021년 4월 30일 |

　'공직자 이해충돌방지법' 국회 통과를 크게 환영합니다. '부정청탁
금지법'에 이어 8년 만입니다. 청렴한 공직사회로 가는 제도적 틀이 구
축되었습니다. '부정청탁금지법'이 공직자의 금품과 향응 수수를 금지하
는 사후적 통제 장치라면, '이해충돌방지법'은 공직자의 직위와 정보를
이용한 사적 이익 추구를 미연에 방지하여 공직부패를 사전에 차단하기
위한 강력한 예방 장치입니다.

　이로써 공직부패의 사후 통제와 사전 예방의 제도적 장치가 모두
마련되었다는 점에서 매우 큰 의미가 있습니다. 공직사회의 청렴 수준을
한 단계 더 높이고 우리 사회 전체의 투명성과 공정성을 강화하는 계기
가 되리라 믿습니다. 이해충돌방지법은 발의와 폐기를 거듭하며 국회의
문턱을 넘기가 쉽지 않았습니다. 우리 정부는 20대와 21대 국회에 정부

안을 연속 제출하는 등 지속적인 노력을 기울여 왔습니다.

이번에 결실을 맺게 된 데는 최근 국민적 공분을 일으킨 LH 사태가 강력한 입법동력이 되었습니다. '다시는 이런 일이 반복돼서는 안 된다'는 반성과 개혁 의지가 뜻깊은 입법 성과를 이루는 힘이 된 것입니다. 이법이 시행되면, 공직자의 부정한 부동산 투기는 물론, 사적 이해관계를 활용한 거래나 계약체결, 불공정 채용 등 공직부패의 싹을 원천적으로 차단하는 데 큰 역할을 하게 될 것입니다. 공직자 모두가 공직윤리를 되새기며 새로운 각오로 출발하는 계기가 되도록 정부가 더욱 노력하겠습니다.

대통령 문재인의 4년 : 화합과 치유의 시대로 나아가다

초판 1쇄 펴낸 날 2021년 5월 31일

엮 은 이 편집부
펴 낸 이 장영재
펴 낸 곳 (주)미르북컴퍼니
자 회 사 더휴먼
전   화 02)3141-4421
팩   스 0505-333-4428
등   록 2012년 3월 16일(제313-2012-81호)
주   소 서울시 마포구 성미산로32길 12, 2층 (우 03983)
E-mail sanhonjinju@naver.com
카   페 cafe.naver.com/mirbookcompany